세상이 변해도
배움의 즐거움은
변함없도록

시대는 빠르게 변해도
배움의 즐거움은
변함없어야 하기에

어제의 비상은
남다른 교재부터
결이 다른 콘텐츠
전에 없던 교육 플랫폼까지

변함없는 혁신으로
교육 문화 환경의 새로운 전형을
실현해왔습니다.

비상은 오늘, 다시 한번
새로운 교육 문화 환경을 실현하기 위한
또 하나의 혁신을 시작합니다.

오늘의 내가 어제의 나를 초월하고
오늘의 교육이 어제의 교육을 초월하여
배움의 즐거움을 지속하는 혁신,

바로, 메타인지학습을.

상상을 실현하는 교육 문화 기업 비상

메타인지학습

초월을 뜻하는 meta와 생각을 뜻하는 인지가 결합된 메타인지는
자신이 알고 모르는 것을 스스로 구분하고 학습계획을 세우도록 하는
궁극의 학습 능력입니다. 비상의 메타인지학습은 메타인지를 키워주어
공부를 100% 내 것으로 만들도록 합니다.

한 권 으 로 끝 내 기

한끝

중등 사회 ②-1

이 책의 구성과 특징

진도 교재

단원별 **내용** 학습

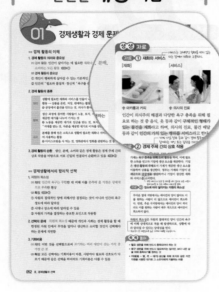

1. **교과 내용 정리**
   사회 교과서에서 다루는 내용을 상세하고 이해하기 쉽게 정리하였습니다.

2. **생생 자료**
   교과서 자료들을 철저하게 분석하여 시험 출제 가능성이 높은 지도, 사진, 도표 등 중요 자료만 콕콕 찍어 알기 쉽게 설명하였습니다.

3. **쏙쏙 용어**
   교과서에 등장하는 주요 용어를 읽기만 해도 쉽게 이해할 수 있도록 친절하게 설명하였습니다.

문제로 **실력** 쌓기

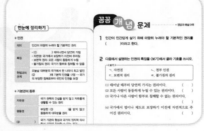

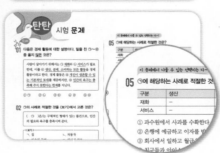

1. **꼼꼼 개념 문제**
   중단원에서 학습한 내용을 간단한 문제를 통해 확인해 보세요. '한눈에 정리하기 / 대표 자료로 확인하기'로 주요 학습 요소를 잘 이해했는지 점검할 수 있습니다.

2. **탄탄 시험 문제**
   학교 시험에 꼭 나오는 핵심 문제들을 엄선하여 구성하였습니다. 다양한 유형의 문제로 여러분의 실력을 탄탄하게 다져 보세요.

3. **학교 시험에 잘 나오는 서술형 문제**
   학교 시험에 자주 출제되는 유형의 서술형 문제를 선별하여 구성하였습니다.

대단원 마무리

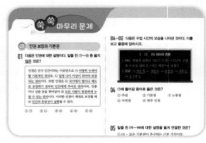

1. **표와 자료로 정리하는 대단원**
   대단원별 학습 내용을 체계적으로 정리하고 학습 목표에 따라 주요 개념을 잘 이해했는지 점검할 수 있습니다.

2. **쏙쏙 마무리 문제**
   단원 통합형 문제를 확실히 대비할 수 있도록 다양한 문제 유형을 제공하였습니다.

시험 대비 문제집

시험 전 한끝

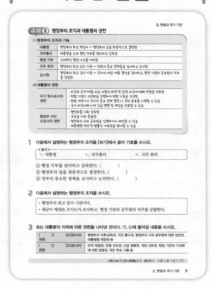

정답과 해설

---

1 핵심 정리
단원별 핵심 내용을 콕 집어 정리한 시험 대비 문제집으로 개념을 익혀 보세요. 아무리 시험 범위가 많아도 쉽고 빠르게 학습할 수 있습니다.

2 100점 도전 실전 문제
학교 시험 기출 문제를 철저하게 분석하여 빈출 유형의 문제들로 구성하였습니다. 실전 문제로 실력을 키워 학교 시험 100점에 도전해 보세요.

3 서술형 문제
빈출 유형의 서술형 문제로 실력을 쌓으면, 학교 시험에서도 자신 있게 답안을 작성할 수 있습니다.

● 시험에 자주 나오는 주제를 빠짐없이 정리하였습니다. 단원별 핵심 내용을 익히고 문제를 풀며 시험 직전 소중한 시간을 알차게 사용해 보세요.

● 한끝에 수록된 모든 문제에 대한 답과 상세한 풀이가 담겨 있습니다. 해설을 꼼꼼히 읽으면 오답의 이유에 대해서도 정확하게 이해할 수 있습니다.

한끝 과 내 교과서 단원 비교하기

	단원명	한끝	비상교육	미래엔	천재교육	천재교과서	동아	지학사	금성	박영사
I 인권과 헌법	**01** 인권 보장과 기본권	10~15	10~15	12~16	12~17	12~15	12~15	12~17	12~17	10~13
	02 인권의 침해 및 구제	16~19	16~19	17~21	18~23	16~21	16~21	18~21	18~21	14~18
	03 근로자의 권리와 노동권 침해 및 구제	20~23	20~23	22~25	24~27	22~25	22~25	22~25	22~25	19~23

	단원명	한끝	비상교육	미래엔	천재교육	천재교과서	동아	지학사	금성	박영사
II 헌법과 국가 기관	**01** 국회	32~35	28~31	30~33	32~35	30~35	30~33	32~35	30~33	28~31
	02 행정부와 대통령	36~39	32~35	34~37	36~39	36~39	34~37	36~39	34~37	32~36
	03 법원과 헌법 재판소	40~43	36~40	38~41	40~43	40~43	38~41	40~45	38~41	37~41

	단원명	한끝	비상교육	미래엔	천재교육	천재교과서	동아	지학사	금성	박영사
III 경제생활과 선택	**01** 경제생활과 경제 문제	52~57	46~51	48~53	50~57	50~53	46~53	50~55	48~53	46~50
	02 기업의 역할과 사회적 책임	58~61	52~55	54~57	58~61	54~57	54~57	56~59	54~57	51~54
	03 금융 생활의 중요성	62~67	56~61	58~61	62~67	58~63	58~61	60~65	58~61	55~59

이 책의
차례

I

인권과 헌법

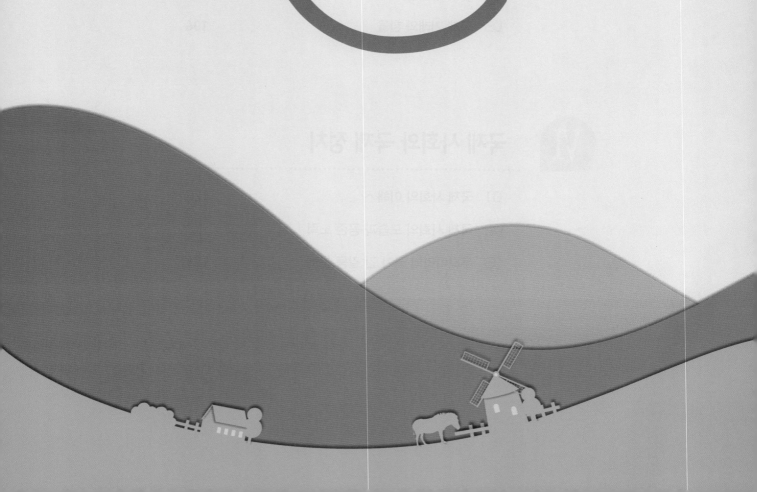

01 인권 보장과 기본권

●● 인권의 의미와 인권 보장

1. 인권의 의미와 특징

(1) 인권: 인간이 마땅히 누려야 할 기본적인 권리 → 인간이라는 이유만으로 누구나 똑같이 존중받으며 인권을 누릴 수 있음

(2) 인권의 특징 ［서술형 단골］인권의 특징을 묻는 문제가 자주 출제돼.

천부 인권	인간이 태어나면서부터 당연히 가지는 권리
자연권	국가에서 법이나 제도로 보장하기 이전에 자연적으로 주어진 권리
보편적 권리	피부색, 성별, 나이, 사회적 신분 등에 상관없이 모든 사람이 동등하게 누릴 수 있는 권리
불가침의 권리	국가나 다른 사람이 함부로 침해할 수 없는 권리

2. 인권 보장의 중요성과 역사적 전개

(1) 인권 보장의 중요성: 인권이 제대로 보장될 때 인간이 인격적 존재로 존중받으며 최소한의 인간다운 삶을 살 수 있음 → *인간의 존엄성을 실현하는 바탕이 됨 ［자료①］

(2) 인권 보장의 역사적 전개

① 근대 이전: 고대의 노예나 중세의 농노 등은 인간으로 대접받지 못하고 심한 차별을 받았음

② 근대: 시민들이 절대 군주의 억압에 맞서 인권 보장을 위해 투쟁한 시민 혁명이 일어남 → 시민의 자유와 평등이 제도적으로 보장되기 시작하였음

③ 현대: 국제 연합(UN)에서 채택된 세계 인권 선언에 모든 사람이 보편적으로 누려야 할 인권의 기준이 제시되었음 ［자료②］

●● 인권과 헌법

1. 인권과 *헌법의 관계

(1) 헌법의 의의: 한 나라의 최고 법으로서 모든 법과 제도의 기초가 됨 → 법률이나 정책은 헌법에 따라 제정 및 시행되어야 함, 모든 국가 기관은 헌법이 정하는 내용과 절차에 따라 권한을 행사해야 함

(2) 인권 보장 장치로서의 헌법: 오늘날 대부분의 국가에서는 헌법에 기본적 인권을 규정함 → 헌법이 국가의 부당한 간섭이나 침해로부터 국민의 인권을 보장하는 법적 장치로서의 역할을 함

2 우리나라 헌법과 인권 보장 ［자료③］

(1) 인권의 불가침성 규정: 기본적 인권을 침해할 수 없는 권리로 규정하고 있음

(2) 국가의 인권 보장 의무 명시: 국가는 개인이 가지는 불가침의 기본적 인권을 보장할 의무가 있음을 명시하고 있음

자료① 일상생활에서 찾은 인권 보장의 사례

> 우리나라에서는 장애인의 화장실 접근권을 보장하기 위해 1998년부터 공공장소에 장애인 화장실을 설치하는 것이 의무화되었다. 또한 남녀의 구별이 없는 장애인 화장실이 장애인의 평등권과 행복 추구권을 침해한다는 국가 인권 위원회의 권고에 따라 2007년 이후 남녀가 분리된 장애인 화장실을 설치하고 있다.

제시된 사례는 부당한 차별을 받던 장애인의 인권이 강화되고 있는 모습을 보여 준다. 많은 사람의 노력으로 인권 사상이 성장하면서 인권의 의미와 범위가 점차 넓어지고 있다.

┌ 국제 인권법의 토대로서 수많은 국제 조약과 국제 선언의 바탕이 되고 있지.

자료② 세계 인권 선언

> • 제1조 모든 사람은 태어날 때부터 자유롭고 존엄하며 평등하다. 모든 사람은 이성과 양심을 가지고 있으므로 서로에게 형제애의 정신으로 대해야 한다.
> • 제2조 모든 사람은 인종, 피부색, 성별, 언어, 종교 등 어떤 이유로도 차별받지 않으며, 이 선언에 나와 있는 모든 권리와 자유를 누릴 자격이 있다.

1948년 국제 연합 총회에서 채택된 세계 인권 선언은 인권 보장이 인류가 보편적으로 추구해야 할 가치임을 선포하였다는 데 큰 의의를 지닌다. 세계 인권 선언의 이념과 내용은 오늘날 여러 나라의 헌법과 법률에 반영되어 있다.

┌ 헌법의 내용은 매우 추상적이므로, 일상생활에서 개인의 인권을 실질적으로 보장하기 위해서는 구체적인 법과 제도가 필요해.

자료③ 인권 보장과 관련한 우리 헌법 조항

> 제10조 …… 국가는 개인이 가지는 불가침의 기본적 인권을 확인하고 이를 보장할 의무를 진다.

우리 헌법은 기본적 인권을 불가침의 권리로 규정하고, 이를 보장하는 것이 국가의 의무임을 분명히 밝히고 있다. 이처럼 국민의 기본적 인권을 보장하는 것이 국가의 핵심적 의무로 인식되므로, 국민은 인권을 침해당하였을 때 구제받을 수 있다.

쏙쏙 용어

★ **인간의 존엄성** 모든 인간은 그 자체로 존중받을 자격이 있다는 것

★ **헌법(憲 – 법, 法 – 법)** 국민의 기본적 인권을 규정하고, 국가 기관을 어떻게 조직하고 운영할 것인지를 정하는 법

●● 기본권의 보장과 제한

1. 기본권의 의미와 특징

(1) **기본권**: 헌법에 보장된 기본적 인권

(2) **기본권의 특징**: 모든 기본권이 추구하는 최고의 가치인 인간의 존엄과 가치 및 행복 추구권을 토대로 국민의 기본권을 보장함 **자료 4**

2. 기본권의 종류 **자료 5**

(1) **자유권**

의미	국가 권력의 간섭을 받지 않고 자유롭게 생활할 수 있는 권리
내용	신체의 자유, 종교의 자유, 언론·출판의 자유, 경제 활동의 자유 등

(2) **평등권**

의미	성별, 종교, 사회적 신분, 인종, 장애 등에 의해 부당한 차별을 받지 않고 동등하게 대우받을 권리
내용	모든 국민은 법 앞에서 평등하며, 정치적·경제적·사회적·문화적 생활의 모든 영역에서 합리적인 이유 없이 차별받아서는 안 됨

(3) **참정권**

의미	국가 기관의 형성과 국가의 정치적 의사 형성 과정에 참여할 수 있는 권리
특징	국민 주권주의를 실현하는 수단임
내용	선거권, *공무 담임권, *국민 투표권 등

(4) **사회권**

의미	국가에 인간다운 생활의 보장을 요구할 수 있는 권리
특징	국가의 행위를 요구하는 적극적 성격을 띰
내용	교육을 받을 권리, 근로의 권리, 인간다운 생활을 할 권리, 쾌적한 환경에서 살 권리, 사회 보장을 받을 권리 등

(5) **청구권**

의미	국가에 대하여 일정한 행위를 요구할 수 있는 권리
특징	다른 기본권을 보장하기 위한 수단적 성격을 띰
내용	*청원권, 재판 청구권, *국가 배상 청구권 등

3. 기본권의 제한 **자료 6**

(1) **기본권 제한의 내용**: 국가 안전 보장, 질서 유지, *공공복리를 위하여 필요한 경우에 한하여 기본권을 제한할 수 있음

(2) **기본권 제한의 한계**: 국회에서 만든 법률로써만 기본권을 제한할 수 있음, 기본권을 제한하더라도 자유와 권리의 본질적인 내용을 침해해서는 안 됨 〔서술형 단골〕 기본권 제한의 한계와 그 한계를 명확하게 정한 이유를 묻는 문제가 자주 출제돼.

(3) **기본권 제한의 한계를 명확하게 정한 이유**: 국가 권력의 남용을 방지함으로써 국민의 기본권을 최대한 보장하기 위함

생생 자료

자료 4 인간의 존엄과 가치 및 행복 추구권

> 헌법 제10조 모든 국민은 인간으로서의 존엄과 가치를 가지며, 행복을 추구할 권리를 가진다. …….

우리 헌법은 모든 국민이 존엄과 가치를 지닌 인격적 존재임을 규정하고 있으며, 개인의 행복을 추구할 권리를 보장하고 있다. 인간의 존엄과 가치 및 행복 추구권은 물질적 풍요뿐만 아니라 정신적 만족을 동시에 충족할 수 있는 포괄적 권리를 의미한다.

⎾ 인간의 존엄과 가치를 실현하는 데 필요한 기본적인 권리라면 헌법에 명시되지 않아도 보장되지.

자료 5 우리 헌법에 규정된 국민의 기본권

자유권	제15조 모든 국민은 직업 선택의 자유를 가진다.
평등권	제11조 ① 모든 국민은 법 앞에 평등하다. …….
참정권	제24조 모든 국민은 법률이 정하는 바에 의하여 선거권을 가진다.
사회권	제34조 ① 모든 국민은 인간다운 생활을 할 권리를 가진다.
청구권	제26조 ① 모든 국민은 …… 국가 기관에 문서로 청원할 권리를 가진다.

⎿ 다른 기본권이 침해되거나 침해될 우려가 있을 때 이에 대한 구제를 요구할 수 있어.

자료 6 기본권의 제한 요건을 규정한 헌법 조항

> 제37조 ② 국민의 모든 자유와 권리는 국가 안전 보장, 질서 유지 또는 공공복리를 위하여 필요한 경우에 한하여 법률로써 제한할 수 있으며, 제한하는 경우에도 자유와 권리의 본질적인 내용을 침해할 수 없다. ⎿ 예 시위를 할 때 시간이나 장소를 제한할 수는 있지만 시위 자체를 금지할 수는 없는 것

개인의 기본권 행사가 다른 사람의 기본권을 침해하거나 사회 질서 또는 공동체의 이익을 해칠 경우 국가는 국민의 기본권을 제한할 수 있다. 하지만 국가가 무제한적으로 기본권을 제한하게 되면 국민의 기본권이 온전히 보장될 수 없기 때문에 우리 헌법은 기본권의 제한 요건과 한계를 엄격히 규정하고 있다.

쏙쏙 용어

★ **공무 담임권** 국민이 공직을 맡을 수 있는 권리

★ **국민 투표권** 국가의 중요한 정책을 국민이 직접 결정할 수 있는 권리

★ **청원권** 국민이 국가 기관에 대해 자신의 의견이나 희망을 문서로 제출할 수 있는 권리

★ **국가 배상 청구권** 공무원의 직무상 불법 행위로 손해를 입은 국민이 국가에 정당한 배상을 청구할 수 있는 권리

★ **공공복리** 사회 구성원 전체에 공통되는 이익이나 복지

◆ 인권

의미	인간이 마땅히 누려야 할 기본적인 권리
특징	• (①): 태어나면서 당연히 가짐 • 자연권: 국가에서 보장하기 이전에 주어짐 • 보편적 권리: 모든 사람이 동등하게 누림 • 불가침의 권리: 국가가 함부로 침해할 수 없음
헌법과의 관계	오늘날 대부분의 국가에서 한 나라의 최고 법인 (②)에 기본적 인권을 규정 → 국가의 부당한 침해로부터 국민의 인권을 보장

◆ 기본권의 종류

자유권	국가 권력의 간섭을 받지 않고 자유롭게 생활할 수 있는 권리
평등권	부당한 (③)을 받지 않고 동등하게 대우받을 권리
(④)	국가 기관의 형성과 국가의 정치적 의사 형성 과정에 참여할 수 있는 권리
사회권	국가에 인간다운 생활의 보장을 요구할 수 있는 권리
(⑤)	국가에 대하여 일정한 행위를 요구할 수 있는 권리

◆ 기본권의 제한

내용	국가 안전 보장, 질서 유지, (⑥)를 위하여 필요한 경우에 한하여 기본권을 제한할 수 있음
한계	• (⑦)로써만 기본권을 제한할 수 있음 • 기본권을 제한하더라도 자유와 권리의 본질적인 내용을 침해해서는 안 됨

◆ 일상생활에서의 기본권 실현 사례

↑ 자유로운 직업 선택

↑ 방문 간호

• 국민이 자신이 원하는 직업을 갖는 것은 국가의 간섭 없이 자유롭게 생활할 권리인 (①   )이 실현된 사례이다.
• 국민이 국가에서 운영하는 제도의 혜택을 받아 방문 간호를 받는 것은 국가에 인간다운 생활의 보장을 요구할 권리인 (②   )이 실현된 사례이다.

꼼꼼 개념 문제

정답과 해설 0쪽

1 인간이 인간답게 살기 위해 마땅히 누려야 할 기본적인 권리를 (   )이라고 한다.

2 다음에서 설명하는 인권의 특징을 〈보기〉에서 골라 기호를 쓰시오.

> ┤ 보기 ├
> ㄱ. 자연권   ㄴ. 천부 인권
> ㄷ. 보편적 권리   ㄹ. 불가침의 권리

(1) 태어날 때부터 당연히 가지는 권리이다.   (   )
(2) 모든 사람이 동등하게 누릴 수 있는 권리이다. (   )
(3) 국가나 다른 사람이 함부로 침해할 수 없는 권리이다.
                                            (   )
(4) 국가에서 법이나 제도로 보장하기 이전에 자연적으로 주어진 권리이다.   (   )

3 다음 설명이 맞으면 ○표, 틀리면 ×표를 하시오.

(1) 시민 혁명의 결과 시민의 자유와 평등이 제도적으로 보장되기 시작하였다.   (   )
(2) 오늘날 대부분의 국가에서는 한 나라의 최고 법인 법률에 기본적 인권을 규정하고 있다.   (   )

4 (㉠   )은 헌법에 보장된 기본적 인권으로, 인간의 존엄과 가치 및 (㉡   )을 토대로 보장된다.

5 기본권의 종류와 그에 대한 설명을 옳게 연결하시오.

(1) 자유권 •   • ㉠ 국가 기관의 형성에 참여할 권리
(2) 평등권 •   • ㉡ 국가에 일정한 행위를 요구할 권리
(3) 참정권 •   • ㉢ 차별 없이 동등하게 대우받을 권리
(4) 사회권 •   • ㉣ 국가 권력의 간섭 없이 생활할 권리
(5) 청구권 •   • ㉤ 국가에 인간다운 생활의 보장을 요구할 권리

6 다음 괄호 안의 내용 중 알맞은 말에 ○표를 하시오.

(1) (사회권, 참정권)에는 선거권, 공무 담임권 등이 있다.
(2) 국가 안전 보장을 위하여 필요한 경우 기본권을 제한할 수 (있다, 없다).
(3) 기본권을 제한할 때에는 자유와 권리의 본질적인 내용을 침해할 수 (있다, 없다).

중요해

01 (가)에 들어갈 내용으로 적절한 것을 〈보기〉에서 고른 것은?

> 인권은 인간이 인간답게 살아가기 위해 마땅히 누려야 할 기본적인 권리로, 단지 인간이라는 이유만으로 누구나 똑같이 존중받으며 누릴 수 있는 권리이다. 이러한 인권은 _____ (가) _____

┌ 보기 ┐
ㄱ. 국가가 함부로 침해할 수 없다.
ㄴ. 태어날 때부터 인간에게 주어진다.
ㄷ. 국가가 문서로써 보장해야만 가질 수 있다.
ㄹ. 피부색과 성별에 따라 차등적으로 부여된다.

① ㄱ, ㄴ   ② ㄱ, ㄷ   ③ ㄴ, ㄷ
④ ㄴ, ㄹ   ⑤ ㄷ, ㄹ

02 다음에서 설명하는 인권의 특징으로 옳은 것은?

> 인권은 국가에서 법이나 제도로 보장하기 전부터 이미 인간에게 부여된 권리이다.

① 기본권   ② 사회권
③ 자연권   ④ 보편적 권리
⑤ 불가침의 권리

03 다음 사례를 통해 유추할 수 있는 내용으로 적절한 것은?

> 우리나라에서는 장애인의 화장실 접근권을 보장하기 위해 1998년부터 공공장소에 장애인 화장실을 설치하는 것이 의무화되었다. 또한 남녀의 구별이 없는 장애인 화장실이 장애인의 평등권과 행복 추구권을 침해한다는 국가 인권 위원회의 권고에 따라 2007년 이후 남녀가 분리된 장애인 화장실을 설치하고 있다.

① 인권 사상이 점점 쇠퇴하고 있다.
② 인권의 의미가 점차 넓어지고 있다.
③ 장애를 이유로 한 차별이 심해지고 있다.
④ 인간의 존엄성이 실현될 가능성이 낮아지고 있다.
⑤ 최소한의 인간다운 삶을 누리기가 더욱 어려워지고 있다.

04 다음 자료에 대한 설명으로 옳은 것은?

> • 제1조 모든 사람은 태어날 때부터 자유롭고 존엄하며 평등하다. 모든 사람은 이성과 양심을 가지고 있으므로 서로에게 형제애의 정신으로 대해야 한다.
> • 제2조 모든 사람은 인종, 피부색, 성별, 언어, 종교 등 어떤 이유로도 차별받지 않으며, 이 선언에 나와 있는 모든 권리와 자유를 누릴 자격이 있다.

① 시민 혁명이 전개되는 과정에서 채택되었다.
② 근대 이전에 국제 인권법이 마련되는 배경이 되었다.
③ 시민의 자유가 제도적으로 보장되는 최초의 계기가 되었다.
④ 모든 사람이 보편적으로 누려야 할 인권의 기준을 제시하였다.
⑤ 시민들이 절대 군주의 억압에 맞서 투쟁하는 과정에서 등장하였다.

05 ㉠에 들어갈 용어에 대한 옳은 설명을 〈보기〉에서 고른 것은?

> 개인의 인권을 보호하기 위해 대부분의 민주 국가에서는 모든 법과 제도의 기초가 되는 (㉠)에 국민의 기본적인 인권을 규정하고 있다.

┌ 보기 ┐
ㄱ. 한 나라의 최고 법이다.
ㄴ. 내용이 매우 구체적이다.
ㄷ. 별도의 법과 제도를 필요로 하지 않는다.
ㄹ. 국가 기관이 권한을 행사하는 절차를 규정한다.

① ㄱ, ㄴ   ② ㄱ, ㄹ   ③ ㄴ, ㄷ
④ ㄴ, ㄹ   ⑤ ㄷ, ㄹ

이 문제에서 나올 수 있는 선택지는 다~!

06 기본권에 대한 설명으로 옳지 <u>않은</u> 것은?

① 헌법에 보장된 기본적 인권이다.
② 제한 사유가 헌법에 규정되어 있다.
③ 무제한적으로 누릴 수 있는 권리이다.
④ 사회 질서를 해치지 않는 범위 내에서 보장된다.
⑤ 자유권, 평등권, 참정권, 사회권, 청구권 등으로 구분된다.
⑥ 인간의 존엄과 가치 및 행복 추구권을 기초로 하여 보장된다.

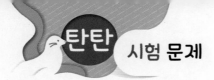
07 다음 헌법 조항에서 규정하고 있는 권리에 대한 설명으로 옳은 것은?

> 제10조 모든 국민은 인간으로서의 존엄과 가치를 가지며, 행복을 추구할 권리를 가진다. …….

① 사회권을 바탕으로 보장된다.
② 물질적 풍요는 충족할 수 없다.
③ 국민 주권주의를 실현하는 수단이다.
④ 다른 기본권의 보장을 위한 수단적 성격을 띤다.
⑤ 모든 기본권이 추구하는 최고의 가치에 해당한다.

08 다음 과제를 잘못 수행한 모둠은?

모둠	실현 사례
과제: 자유권의 실현 사례 조사	
1모둠	대통령을 뽑는 선거에 참여한 것
2모둠	다른 사람들과 마음껏 통화한 것
3모둠	회사와 가까운 곳으로 이사한 것
4모둠	자신의 선택에 따라 의사가 된 것
5모둠	동물을 주제로 한 책을 출판한 것

① 1모둠   ② 2모둠   ③ 3모둠
④ 4모둠   ⑤ 5모둠

09 (가), (나)에서 설명하는 기본권을 옳게 연결한 것은?

> (가) 국가 권력의 간섭 없이 자유롭게 생활할 권리이다.
> (나) 성별, 종교, 사회적 신분, 인종, 장애 등에 의해 차별을 받지 않고 동등하게 대우받을 권리이다.

	(가)	(나)		(가)	(나)
①	사회권	자유권	②	사회권	평등권
③	자유권	참정권	④	자유권	평등권
⑤	평등권	참정권			

10 다음 권리들을 포함하는 기본권으로 옳은 것은?

> • 공무 담임권   • 국민 투표권

① 자유권   ② 평등권   ③ 참정권
④ 사회권   ⑤ 청구권

11 다음에서 설명하는 기본권에 속하는 권리로 적절한 것을 〈보기〉에서 고른 것은?

> 국가에 인간다운 생활의 보장을 요구할 수 있는 권리로, 국가의 행위를 요구하는 적극적인 성격을 띤다.

┤보기├
ㄱ. 근로의 권리   ㄴ. 재판 청구권
ㄷ. 경제 활동의 자유   ㄹ. 교육을 받을 권리

① ㄱ, ㄴ   ② ㄱ, ㄹ   ③ ㄴ, ㄷ
④ ㄴ, ㄹ   ⑤ ㄷ, ㄹ

12 다음은 어떤 학생이 작성한 수행 평가의 답안이다. 이 학생이 얻을 점수로 옳은 것은?

수행 평가

청구권에 대한 설명이 옳으면 ○표, 틀리면 ×표를 하시오. (각 1점씩)

문항	내용	답안
1	사회 보장을 받을 권리를 포함한다.	×
2	국가에 대하여 일정한 행위를 요구할 수 있는 권리이다.	○
3	국민이 생활의 모든 영역에서 동등하게 대우받을 권리이다.	○
4	도로를 정비해 달라고 국가 기관에 요청하는 것을 실현 사례로 들 수 있다.	×

① 0점   ② 1점   ③ 2점   ④ 3점   ⑤ 4점

13 (가)~(마) 헌법 조항에서 규정하고 있는 기본권을 옳게 연결한 것은?

> (가) 모든 국민은 법 앞에 평등하다.
> (나) 모든 국민은 직업 선택의 자유를 가진다.
> (다) 모든 국민은 인간다운 생활을 할 권리를 가진다.
> (라) 모든 국민은 법률이 정하는 바에 의하여 선거권을 가진다.
> (마) 모든 국민은 …… 국가 기관에 문서로 청원할 권리를 가진다.

① (가) – 자유권   ② (나) – 평등권   ③ (다) – 참정권
④ (라) – 사회권   ⑤ (마) – 청구권

[14~15] 다음은 우리나라 헌법 조항의 일부이다. 이를 읽고 물음에 답하시오.

> 제37조 ② 국민의 모든 자유와 권리는 국가 안전 보장, 질서 유지 또는 공공복리를 위하여 필요한 경우에 한하여 (㉠)(으)로써 제한할 수 있으며, ……

14 ㉠에 들어갈 용어로 옳은 것은?

① 규칙   ② 법률   ③ 재판
④ 정책   ⑤ 조례

중요해
15 위 헌법 조항에 따른 기본권 제한 사례로 적절하지 않은 것은?

① 집회를 전면적으로 금지한다.
② 공공장소에서의 흡연을 금지한다.
③ 고속도로에서의 과속 운전을 금지한다.
④ 군사 지역에서의 사진 촬영을 제한한다.
⑤ 개발 제한 구역에서의 토지 이용을 일부 제한한다.

16 우리나라 헌법에서 규정하고 있는 기본권의 제한에 대한 옳은 설명을 〈보기〉에서 고른 것은?

┤ 보기 ├
ㄱ. 기본권을 제한하는 요건과 한계를 명확히 규정하고 있다.
ㄴ. 행정부의 신속한 정책 집행을 위해 언제든지 기본권을 제한할 수 있다.
ㄷ. 기본권 제한 시 국민의 자유와 권리의 본질적인 내용까지도 침해할 수 있다.
ㄹ. 개인의 기본권 행사가 공동체의 이익을 해칠 염려가 있을 경우 기본권을 제한할 수 있다.

① ㄱ, ㄴ   ② ㄱ, ㄹ   ③ ㄴ, ㄷ
④ ㄴ, ㄹ   ⑤ ㄷ, ㄹ

학교 시험에 잘 나오는 **서술형 문제**

1 다음 내용을 읽고 물음에 답하시오.

> • 인간이 누려야 할 기본적인 권리이다.
> • 한 나라의 최고 법인 헌법을 통해 보장된다.

(1) 위 내용에서 설명하는 용어를 쓰시오.

(2) (1)의 특징을 두 가지 이상 서술하시오.

2 다음 사례들에서 공통으로 실현된 기본권을 쓰고, 그 의미를 서술하시오.

> • 가을 씨는 결혼 여부나 나이에 의해 차별받지 않고 회사에서 승진하였다.
> • ○○ 미용 고등학교의 입학 조건에서 성별 제한이 없어지면서 남자인 나석이도 ○○ 미용 고등학교에 입학할 수 있게 되었다.

3 밑줄 친 부분을 규정하고 있는 이유를 서술하시오.

> 우리 헌법은 기본권을 제한하더라도 자유와 권리의 본질적인 내용을 침해할 수 없도록 명시함으로써 기본권 제한의 한계를 정하고 있다.

02 인권의 침해 및 구제

●● 일상생활에서의 인권 침해

1. 인권 침해
(1) 인권 침해: 다른 사람이나 단체 또는 국가 기관에 의하여 개인의 인권이 존중받지 못하고 침해되는 것
(2) 인권 침해의 사례: 차별, 집단 따돌림, 사생활 침해, 폭행 등 **자료①**
(3) 인권 침해의 원인: 사회 구성원의 고정 관념이나 편견, 사회의 잘못된 관습이나 관행, 국가의 불합리한 법과 제도 등 **서술형 단골** 인권 침해의 의미와 원인을 묻는 문제가 자주 출제돼.
(4) 인권 침해의 특징: 일상생활 전반에 걸쳐 다양한 형태로 나타남

2. 인권 보호를 위한 노력
(1) 인권 감수성 향상: 인권 감수성을 높여 자신뿐만 아니라 다른 사람의 인권 침해 상황에도 관심을 두고 민감하게 반응해야 함
(2) 인권 구제 방법과 절차 이해: 인권 침해를 당했을 때 구제받을 수 있는 방법과 절차를 미리 알고 있어야 함
(3) 인권 침해 상황에 적극 대응: 인권 침해를 당한 경우 권리 구제를 위해 적극적으로 대응해야 하며, 국가 기관에 도움을 요청해야 함

●● 국가 기관을 통한 인권 구제 **자료②**

1. 법원을 통한 인권 구제

법원	분쟁이나 범죄가 발생한 경우 사법권을 행사하여 국민의 권리를 보호하는 국가 기관
인권 구제 방법	타인이나 국가 기관에 의해 권리를 침해당한 사람이 소를 제기하면 재판을 통해 침해된 권리를 구제함

2. 헌법 재판소를 통한 인권 구제

헌법 재판소	헌법 질서를 수호하고 국민의 기본권을 보장하는 국가 기관
인권 구제 방법	*공권력에 의해 기본권이 침해된 국민이 *헌법 소원을 제기하면 헌법 소원 심판을 통해 권리를 구제함

3. 국가 인권 위원회를 통한 인권 구제

국가 인권 위원회	인권 보호와 관련한 전반적인 업무를 수행하는 독립된 국가 기관
인권 구제 방법	국가 기관에 의해 인권 침해를 당하거나 회사 또는 단체 등에 의해 차별 등 인권 침해를 당한 사람이 *진정을 내면 이를 조사하여 권리를 구제함 **자료③**

4. 기타: 국가 기관의 잘못된 법 집행 등으로 피해를 입은 경우 *국민 권익 위원회에 고충 민원이나 *행정 심판 제기, 잘못된 언론 보도로 피해를 입은 경우 언론 중재 위원회에 도움 요청 등

생생 자료

> 인권 침해는 누구에게나 일어날 수 있는 현상이야

자료① 인권 침해의 사례

> (가) A 씨는 나이가 많다는 이유만으로 기업의 신입 사원 채용에서 탈락하였다.
> (나) B 씨는 자신의 사진을 친구가 동의 없이 블로그에 공개한 탓에 정신적 고통을 받고 있다.

(가)는 나이에 따른 차별, (나)는 사생활 침해로 모두 인권 침해에 해당한다. 인권 침해를 당한 경우 여러 국가 기관에 도움을 요청하여 권리를 구제받을 수 있다.

자료② 인권 침해 주체별 인권 구제 방법

국가 기관에 의한 인권 침해	• 헌법 소원 제기 ┌ 헌법 재판소에 법률의 위헌 여부 판단을 요청하는 것이야 • 위헌 법률 심판 제청 • 행정 심판 및 행정 소송 제기 • 입법 청원, 상소 등
개인, 단체에 의한 인권 침해	• 민사 소송 제기 • 국가 인권 위원회에 진정 • 수사 기관에 고소, 고발 등

인권 침해 시의 구제 방법은 누가 어떻게 인권을 침해하였는지에 따라 다르게 나타난다.
타인에 의한 권리 침해 시 민사 소송을, 행정 기관에 의한 권리 침해 시 행정 소송을 법원에 제기할 수 있다.

자료③ 국가 인권 위원회를 통한 인권 구제 사례

> ○○ 대학원에 다니는 C 씨는 임신하여 휴학을 신청하였지만, ○○ 대학원에 임신·출산과 관련한 휴학 제도가 없어 육아 때문에 학업을 포기해야 했다. 이에 C 씨는 국가 인권 위원회에 차별을 바로잡아 달라고 진정서를 제출하였다. 국가 인권 위원회는 임신·출산 및 육아 휴학 제도가 없는 대학원에 관련 제도를 마련할 것을 권고하였다.

제시된 사례에서 국가 인권 위원회는 평등권 침해의 우려가 있는 제도의 개선을 권고하였다. 이처럼 국가 인권 위원회는 인권 침해 우려가 있는 법이나 제도 또는 차별 등의 인권 침해 행위를 조사하여 시정이나 개선 등을 권고함으로써 국민의 인권을 보호한다.

쏙쏙 용어

* ★ **공권력** 국가가 국민을 대상으로 행사하는 강제적인 권력
* ★ **헌법 소원** 공권력에 의해 기본권을 침해당한 국민이 헌법 재판소에 권리 구제를 요청하는 것
* ★ **진정** 국가 기관에 사정을 알리고 조치를 희망하는 것
* ★ **국민 권익 위원회** 국민의 권리 보호와 구제, 부패 방지 등을 목적으로 설립된 국가 기관
* ★ **행정 심판** 잘못된 행정으로 이익을 침해받은 국민이 행정 기관에 제기하는 권리 구제 절차

한눈에 정리하기

◆ 인권 침해

의미	다른 사람이나 단체 또는 국가 기관에 의하여 개인의 (①)이 존중받지 못하고 침해되는 것 → 일상생활 전반에 걸쳐 나타남
사례	차별, 집단 따돌림, 사생활 침해, 폭행 등
원인	사회 구성원의 (②)이나 편견, 사회의 잘못된 관습, 국가의 불합리한 법과 제도 등

↓

인권 보호를 위한 노력

- 인권 감수성을 높여 인권 침해 상황에 민감하게 반응
- 인권 침해를 당했을 때의 구제 방법과 절차 이해
- 인권 침해를 당한 경우 권리 구제를 위해 적극적으로 대응 및 (③   )에 도움 요청

◆ 국가 기관을 통한 인권 구제

(④)	타인이나 국가 기관에 의해 권리를 침해당한 사람이 소 제기 → 재판을 통해 침해된 권리 구제
헌법 재판소	공권력에 의해 기본권이 침해된 국민이 (⑤) 제기 → 헌법 소원 심판을 통해 권리 구제
국가 인권 위원회	일상생활에서 차별 등 인권 침해를 당한 사람이 진정 제기 → 조사 등을 통해 권리 구제

대표 자료 확인하기

◆ 국가 인권 위원회를 통한 인권 구제 사례

○○ 대학원에 다니는 C 씨는 임신하여 휴학을 신청하였지만, ○○ 대학원에 임신·출산과 관련한 휴학 제도가 없어 육아 때문에 학업을 포기해야 했다. 이에 C 씨는 국가 인권 위원회에 차별을 바로잡아 달라고 진정서를 제출하였다. 국가 인권 위원회는 임신·출산 및 육아 휴학 제도가 없는 대학원에 관련 제도를 마련할 것을 권고하였다.

(①   )는 인권 보호와 관련한 전반적인 업무를 수행하는 국가 기관으로, 임신·출산에 따른 차별 등 인권 침해를 당한 사람이 (②   )을 제기하면 이를 조사하여 권리를 구제해 준다.

---

1 (   )는 개인의 인권이 존중받지 못하고 침해되는 현상으로, 개인의 고정 관념이나 편견의 영향을 받아 발생하기도 한다.

2 다음 설명이 맞으면 ○표, 틀리면 ×표를 하시오.

(1) 인권 침해는 다양한 형태로 나타난다.   (   )

(2) 인권 침해는 국가 기관에 의해서만 이루어진다.   (   )

(3) 다른 사람의 사생활을 침해하는 것은 인권 침해의 사례에 해당한다.   (   )

(4) 인권 침해를 당한 경우에는 권리 구제를 위해 적극적으로 대응해서는 안 된다.   (   )

3 인권 침해를 당한 경우 각 국가 기관에 구제를 요청하는 방법을 옳게 연결하시오.

(1) 법원 •   • ㉠ 소 제기

(2) 헌법 재판소 •   • ㉡ 진정 제기

(3) 국가 인권 위원회 •   • ㉢ 헌법 소원 제기

4 다음에서 설명하는 국가 기관을 〈보기〉에서 골라 기호를 쓰시오.

┌─ 보기 ┐
ㄱ. 법원   ㄴ. 헌법 재판소
ㄷ. 국가 인권 위원회   ㄹ. 국민 권익 위원회
└─────────────┘

(1) 독립된 국가 기관으로, 인권 보호를 위한 전반적인 업무를 수행한다.   (   )

(2) 분쟁이나 범죄가 발생한 경우 사법권을 행사하여 국민의 권리를 보호한다.   (   )

(3) 국민의 기본권을 보장하는 국가 기관으로, 헌법 소원 심판을 통해 국민의 권리를 보호한다.   (   )

(4) 국가 기관의 잘못된 법 집행 등으로 피해를 입은 국민이 고충 민원을 제기하면 권리를 구제해 준다.   (   )

5 다음 괄호 안의 내용 중 알맞은 말에 ○표를 하시오.

(1) 법원은 (재판, 행정 심판)을 통해 국민의 권리를 보호하는 국가 기관이다.

(2) 잘못된 언론 보도로 피해를 본 경우 (국민 권익, 언론 중재) 위원회에 도움을 요청할 수 있다.

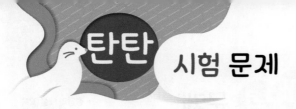
[01~02] 다음 글을 읽고 물음에 답하시오.

> 오늘날 헌법, 법률, 국제법 등 다양한 법이 인권을 보호하고 있지만, 여전히 인간으로서 가진 권리나 기본권을 존중받지 못하는 사람들이 존재한다. 이처럼 개인이나 단체 또는 국가 기관에 의해 개인의 인권이 존중받지 못하고 침해되는 것을 (㉠)(이)라고 한다.

01 ㉠의 발생 원인으로 적절한 것만을 〈보기〉에서 있는 대로 고른 것은?

> ┤보기├
> ㄱ. 개인의 고정 관념　　ㄴ. 사회 구성원의 편견
> ㄷ. 사회의 잘못된 관습　　ㄹ. 합리적인 국가 제도

① ㄱ, ㄴ　　　② ㄱ, ㄹ　　　③ ㄷ, ㄹ
④ ㄱ, ㄴ, ㄷ　　⑤ ㄴ, ㄷ, ㄹ

중요해
02 ㉠에 대한 설명으로 옳은 것은?

① 특정한 사람에게만 나타난다.
② 국가 기관을 통해서는 해결이 어렵다.
③ 일상생활 전반에서 찾아볼 수 있는 현상이다.
④ 헌법에 보장된 기본적 인권이 존중받는 것을 뜻한다.
⑤ 키 차이를 고려하여 버스에 손잡이를 다양한 높이로 설치한 것이 이에 해당한다.

03 밑줄 친 ㉠~㉣ 중 인권 침해의 사례로 볼 수 없는 것은?

> 인권 침해는 다양한 형태로 나타난다. 먼저 가정에서는 ㉠ 노인과 아동이 무관심 속에서 방치되어 피해를 보기도 하고, 다른 사람에 의해 ㉡ 사생활이 노출되기도 한다. 학교에서는 ㉢ 피부색이 다르다는 이유만으로 일부 학생이 따돌림을 당하기도 하고, 직장에서는 ㉣ 장애 여부와 상관없이 임금과 승진 등에서 동등한 대우를 받기도 한다. 한편 ㉤ 예술 작품에 관한 국가의 지나친 검열로 표현의 자유를 억압받기도 한다.

① ㉠　　② ㉡　　③ ㉢　　④ ㉣　　⑤ ㉤

04 다음 사례들에서 공통으로 침해된 기본권으로 옳은 것은?

> • 인터넷 실명제가 시행되면서 일부 사람들이 자신의 의견을 밝히는 데 부담을 느끼고 있다.
> • 길을 가던 중에 경찰로부터 범죄 용의자로 의심받아 동의 없이 가방을 수색당하고 체포되었다.

① 자유권　　　② 평등권　　　③ 참정권
④ 사회권　　　⑤ 청구권

05 인권 보호를 위한 노력으로 적절한 것을 〈보기〉에서 고른 것은?

> ┤보기├
> ㄱ. 인권이 침해되었을 때의 구제 방법과 절차를 미리 숙지한다.
> ㄴ. 다른 사람이 처한 인권 침해 상황에는 관심을 두지 않도록 주의한다.
> ㄷ. 인권 감수성을 높여 인권 침해 상황에 민감하게 반응할 수 있도록 한다.
> ㄹ. 자신의 인권이 침해된 경우에는 이에 대응하기보다는 상황이 해소될 때까지 기다린다.

① ㄱ, ㄴ　　　② ㄱ, ㄷ　　　③ ㄴ, ㄷ
④ ㄴ, ㄹ　　　⑤ ㄷ, ㄹ

이 문제에서 나올 수 있는 선택지는 다~!
06 (가)에 들어갈 내용으로 적절한 것은?

> 인권 침해 시의 구제 방법은 누가 어떻게 인권을 침해하였는지에 따라 다르게 나타난다. 이때 개인이나 단체에 의해 인권 침해를 당한 경우에는 권리를 구제받기 위해서 _____(가)_____

① 입법 청원을 할 수 있다.
② 행정 소송을 제기할 수 있다.
③ 행정 심판을 제기할 수 있다.
④ 헌법 소원을 제기할 수 있다.
⑤ 위헌 법률 심판을 제청할 수 있다.
⑥ 국가 인권 위원회에 진정을 제기할 수 있다.

07 ⊙, ⓒ에 들어갈 내용을 옳게 연결한 것은?

> 법원은 타인이나 국가 기관에 의해 권리를 침해당한 사람이 (⊙)을/를 제기하면 (ⓒ)을/를 통해 침해된 권리를 구제해 준다.

① ⊙ – 소 ② ⊙ – 진정
③ ⊙ – 헌법 소원 ④ ⓒ – 위헌 법률 심판
⑤ ⓒ – 헌법 소원 심판

08 밑줄 친 '이 국가 기관'에 대한 설명으로 옳지 <u>않은</u> 것은?

> A 씨는 인터넷 실명제로 표현의 자유가 침해되고 있다 며, 이 국가 기관에 헌법 소원을 제기하였다.

① 법률의 위헌 여부를 판단한다.
② 헌법 질서를 수호하는 국가 기관이다.
③ 국민의 기본권이 충실히 보장되도록 한다.
④ 공권력에 의해 침해된 국민의 권리를 구제한다.
⑤ 인권 침해 우려가 있는 제도를 조사하여 개선을 권고한다.

[09~10] 다음 글을 읽고 물음에 답하시오.

> ○○ 대학원에 다니는 C 씨는 임신하여 휴학을 신청하였지만, ○○ 대학원에 임신·출산과 관련한 휴학 제도가 없어 육아 때문에 학업을 포기해야 했다. 이로 인해 (⊙)을 침해당했다고 생각한 C 씨는 국가 인권 위원회에 차별을 바로잡아 달라고 (ⓒ)을 제기하였다.

09 ⊙에 들어갈 기본권으로 옳은 것은?

① 자유권 ② 평등권 ③ 참정권
④ 사회권 ⑤ 청구권

10 ⓒ에 들어갈 내용으로 가장 적절한 것은?

① 진정 ② 민사 소송 ③ 입법 청원
④ 행정 소송 ⑤ 행정 심판

11 그림의 (가)~(다)에 해당하는 국가 기관을 옳게 연결한 것은? (단, (가)~(다)는 법원, 헌법 재판소, 국가 인권 위원회 중 하나이다.)

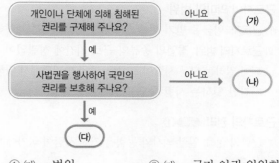

① (가) – 법원 ② (가) – 국가 인권 위원회
③ (나) – 헌법 재판소 ④ (다) – 법원
⑤ (다) – 헌법 재판소

12 국민 권익 위원회를 통한 인권 구제 방법으로 적절한 것을 〈보기〉에서 고른 것은?

> ┤ 보기 ├
> ㄱ. 고소 ㄴ. 고충 민원 제기
> ㄷ. 행정 심판 제기 ㄹ. 헌법 소원 제기

① ㄱ, ㄴ ② ㄱ, ㄷ ③ ㄴ, ㄷ
④ ㄴ, ㄹ ⑤ ㄷ, ㄹ

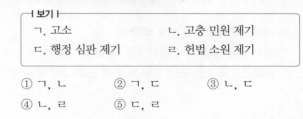
학교 시험에 잘 나오는 **서술형** 문제

1 다음에서 설명하는 용어를 쓰고, 그 의미를 서술하시오.

> • 차별, 집단 따돌림, 사생활 침해, 폭행 등을 사례로 들 수 있다.
> • 사회 구성원의 고정 관념과 편견, 사회의 잘못된 관습이나 관행, 국가의 불합리한 법과 제도 등의 영향을 받아 발생한다.

_____

_____

_____

03 근로자의 권리와 노동권 침해 및 구제

•• 헌법에 보장된 근로자의 권리

1. 근로자의 의미와 범위

(1) 근로자: 임금을 받기 위해 *사용자에게 근로를 제공하는 사람

(2) 근로자의 범위: 직업의 종류와 근로 기간에 상관없이 사용자에게 고용되어 일하는 모든 사람이 포함됨 → 국가 기관에서 일하는 공무원, 일정 기간만 일하는 사람 등도 근로자에 포함됨

2. 근로자의 권리 [자료 ①]

(1) 근로의 권리: 일할 의사와 능력을 가진 사람이 국가에 일할 기회를 요구할 권리

(2) 노동 삼권

> **서술형 단골** 제시된 사례에서 행사된 노동 삼권의 종류와 그 의미를 묻는 문제가 자주 출제돼.

단결권	근로자가 *근로 조건을 유지·개선하고 경제적 지위를 향상하기 위해 *노동조합을 만들고, 이에 가입하여 활동할 수 있는 권리
단체 교섭권	근로자가 노동조합을 통해 사용자와 근로 조건에 관하여 협의할 수 있는 권리
단체 행동권	단체 교섭이 원만하게 이루어지지 않을 경우 일정한 절차를 거쳐 파업, 태업 등의 쟁의 행위를 할 수 있는 권리

(3) 최소한의 근로 조건 보장 [자료 ②]

① 최저 임금 보장: 최저 임금제를 시행하여 최소한의 임금을 보장함

② 근로 조건의 기준 규정: 법률을 통해 근로 조건의 최저 기준을 규정함

•• 노동권 침해 사례 및 구제 방법

1. 노동권 침해 사례

(1) 부당 해고

의미	정당한 이유 없이 근로자를 해고하거나 해고의 조건을 갖추지 않은 것
사례	결혼이나 출산, 육아 휴직을 이유로 해고하는 것 등

(2) 부당 노동 행위

의미	사용자가 근로자의 노동 삼권을 침해하는 행위
사례	노동조합의 조직이나 가입 등을 이유로 불이익을 주는 것, 정당한 이유 없이 노동조합과의 단체 교섭을 거부하는 것 등

(3) 기타: 임금 미지급, 최저 임금 미준수, 근로 계약서 미작성, 근로 조건 위반 등

2. 노동권 침해 시의 구제 방법 [자료 ③]

(1) 부당 해고 및 부당 노동 행위 시: 노동 위원회에 구제 신청, 법원에 소 제기

> **서술형 단골** 부당 해고 및 부당 노동 행위를 당한 경우의 구제 방법을 묻는 문제가 자주 출제돼.

(2) 임금 미지급 시: 고용 노동부에 진정, 법원에 소 제기

(생생) 자료

[자료 ①] 우리 헌법에 규정된 근로자의 권리

- 제32조 ① 모든 국민은 근로의 권리를 가진다.
- 제33조 ① 근로자는 근로 조건의 향상을 위하여 자주적인 단결권, 단체 교섭권 및 단체 행동권을 가진다.

우리 헌법은 근로자의 권익을 향상하기 위해 근로의 권리를 보장하고 있으며, 경제적 약자인 근로자가 사용자와 대등한 위치에서 근로 조건을 협의하고 결정할 수 있도록 노동 삼권을 보장하고 있다.

> 청소년은 원칙적으로 1일 7시간 이상 일할 수 없으며 성인과 같은 최저 임금을 적용받지.

[자료 ②] 법률로 정해진 근로 조건의 기준

근로 시간	원칙적으로 휴식 시간을 제외하고 1일 8시간, 1주 40시간을 초과할 수 없다.
휴식 시간	원칙적으로 근로 시간이 4시간이면 30분 이상, 8시간이면 1시간 이상의 휴식 시간을 일하는 도중에 주어야 한다.
임금	원칙적으로 매달 1회 이상 일정한 날짜에 본인에게 직접 통화로 전액을 지급해야 하며, 반드시 최저 임금 이상 주어야 한다.

근로자와 사용자는 근로관계를 맺을 때 근로 조건에 관해 근로 계약서를 써야 하는데, 계약상의 근로 조건은 법률이 정한 기준보다 낮아서는 안 된다.

> 사용자는 적어도 30일 전에 근로자에게 해고 계획을 알리고 문서를 통해 해고 사유와 시기를 알려야 하는데 이러한 조건을 갖추지 않을 때는 부당 해고가 돼.

[자료 ③] 부당 해고와 부당 노동 행위에 대한 노동 위원회의 구제 절차

노동 위원회는 노사 문제의 공정하고 신속한 처리를 목적으로 만들어진 행정 기관으로, 부당 해고나 부당 노동 행위를 당한 근로자가 도움을 요청하면 관련 사실을 조사하여 권리를 구제해 준다.

(쏙쏙) 용어

- ★ **사용자** 근로자를 채용하거나 해고하고, 근로에 대해 지휘·감독할 책임을 지는 사람
- ★ **근로 조건** 임금, 근로 시간, 휴가 등 근로자가 노동력을 제공하는 조건
- ★ **노동조합** 근로 조건의 유지·개선, 근로자의 지위 향상 등을 목적으로 근로자들이 조직한 단체

한눈에 정리하기

◆ 노동 삼권

(①)	근로자가 근로 조건의 유지 및 개선을 위해 노동조합을 만들고, 이에 가입하여 활동할 수 있는 권리
단체 교섭권	근로자가 노동조합을 통해 사용자와 (②)에 관하여 협의할 수 있는 권리
단체 행동권	단체 교섭이 원만하게 이루어지지 않을 경우 일정한 절차를 거쳐 쟁의 행위를 할 수 있는 권리

◆ 노동권 침해 사례

(③)	정당한 이유 없이 근로자를 해고하거나 해고의 조건을 갖추지 않은 것 예 결혼을 이유로 해고하는 것 등
부당 노동 행위	사용자가 근로자의 (④)을 침해하는 행위 예 노동조합의 조직을 이유로 불이익을 주는 것 등
기타	임금 미지급, 최저 임금 미준수, 근로 계약서 미작성, 근로 조건 위반 등

◆ 노동권 침해 시의 구제 방법

부당 해고 및 부당 노동 행위 시	• (⑤)에 구제 신청 • 법원에 소 제기
임금 미지급 시	• 고용 노동부에 진정 • 법원에 소 제기

대표 자료 확인하기

◆ 부당 해고와 부당 노동 행위에 대한 구제 절차

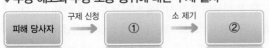

부당 해고를 당하거나 부당 노동 행위로 노동 삼권을 침해받은 경우에는 (①   )에 구제를 요청할 수 있다. 이에 불복할 경우 (②   )에 소를 제기할 수 있다.

---

1 (   )는 임금을 받기 위해 사용자에게 근로를 제공하는 사람을 말한다.

2 다음 설명이 맞으면 ○표, 틀리면 ×표를 하시오.
(1) 공무원은 근로자에 포함되지 않는다. (   )
(2) 근로자는 국가에 일할 기회를 요구할 수 없다. (   )
(3) 우리 헌법은 근로 조건의 향상을 위해 노동 삼권을 보장하고 있다. (   )

3 다음 내용에 해당하는 노동 삼권의 종류를 〈보기〉에서 골라 기호를 쓰시오.

┌ 보기 ┐
ㄱ. 단결권   ㄴ. 단체 교섭권   ㄷ. 단체 행동권
└─────────────────────────────────┘

(1) 근로자가 노동조합을 만들고, 이에 가입하여 활동할 수 있는 권리 (   )
(2) 단체 교섭이 원만하게 이루어지지 않을 경우 쟁의 행위를 할 수 있는 권리 (   )
(3) 근로자가 노동조합을 통해 사용자와 근로 조건에 관하여 협의할 수 있는 권리 (   )

4 우리나라에서는 (㉠   )를 시행하여 최소한의 임금을 보장하고 있으며, 근로 조건의 최저 기준을 (㉡   )로 정하고 있다.

5 노동권 침해의 유형과 그 사례를 옳게 연결하시오.
(1) 부당 해고 •   • ㉠ 출산을 이유로 해고하는 것
(2) 부당 노동 행위 •   • ㉡ 노동조합의 조직을 이유로 불이익을 주는 것

6 다음 괄호 안의 내용 중 알맞은 말에 ○표를 하시오.
(1) (부당 해고, 부당 노동 행위)는 사용자가 근로자의 노동 삼권을 침해하는 행위를 말한다.
(2) 근로 계약을 맺을 때 근로 계약서를 (작성, 미작성)하는 것은 노동권 침해의 사례에 해당한다.

7 노동권을 침해당한 경우에는 법원에 (   )를 제기함으로써 권리를 구제받을 수 있다.

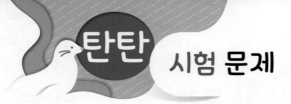

01 다음 설명에 해당하는 사람으로 적절한 것을 〈보기〉에서 고른 것은?

> 사용자에게 근로를 제공하고 임금을 받는 사람

┤ 보기 ├
ㄱ. 대기업을 운영하는 회장
ㄴ. 매달 월급을 받고 일하는 회사원
ㄷ. 음식 배달을 위해 직원을 고용한 식당 주인
ㄹ. 일정 기간만 편의점에서 아르바이트하는 학생

① ㄱ, ㄴ   ② ㄱ, ㄷ   ③ ㄴ, ㄷ
④ ㄴ, ㄹ   ⑤ ㄷ, ㄹ

02 다음 헌법 조항들을 통해 알 수 있는 내용으로 적절하지 <u>않은</u> 것은?

> • 제32조 ① 모든 국민은 근로의 권리를 가진다.
> • 제33조 ① 근로자는 근로 조건의 향상을 위하여 자주적인 단결권, 단체 교섭권 및 단체 행동권을 가진다.

① 근로자의 권리는 헌법으로 보장된다.
② 근로자는 노동 삼권을 행사할 수 있다.
③ 근로자의 쟁의 행위는 제도적으로 금지된다.
④ 근로자는 자유롭게 노동조합을 결성할 수 있다.
⑤ 일할 의사와 능력을 가진 사람은 국가에 일할 기회를 요구할 수 있다.

⭐중요해
03 (가), (나) 사례에서 행사된 근로자의 권리를 옳게 연결한 것은?

(가)	(나)
○○ 회사 직원들, 근로 조건에 대한 협의가 결렬되자 파업을 결의하다.	□□ 회사 직원들, 고용 안정과 임금 보장을 위해 노동조합을 설립하다.

	(가)	(나)
①	단결권	단체 교섭권
②	단결권	단체 행동권
③	단체 교섭권	단체 행동권
④	단체 행동권	단결권
⑤	단체 행동권	단체 교섭권

04 다음 사례와 관련 있는 근로자의 권리에 대한 옳은 설명을 〈보기〉에서 고른 것은?

> △△ 회사의 노동조합은 근무 조건 개선에 대한 직원들의 요구를 수렴하여 회사 측과 근무 조건에 대한 의견을 절충하였다.

┤ 보기 ├
ㄱ. 노동 삼권에 포함되는 권리이다.
ㄴ. 우리 헌법에 규정되지 않은 권리이다.
ㄷ. 태업과 같은 형태로 행사할 수 있는 권리이다.
ㄹ. 근로자가 사용자와 임금, 근로 시간 등에 관해 협의할 수 있는 권리이다.

① ㄱ, ㄴ   ② ㄱ, ㄹ   ③ ㄴ, ㄷ
④ ㄴ, ㄹ   ⑤ ㄷ, ㄹ

05 우리 헌법에서 다음과 같은 권리들을 보장하는 목적으로 가장 적절한 것은?

> • 단결권   • 단체 교섭권   • 단체 행동권

① 사용자의 지위를 약화하기 위해
② 근로자의 근로 조건을 낮추기 위해
③ 근로자의 최저 임금을 보장하기 위해
④ 근로 조건의 최저 기준을 신속하게 결정하기 위해
⑤ 근로자가 사용자와 대등한 위치에서 근로 조건을 협의할 수 있도록 하기 위해

06 다음은 어떤 학생이 정리한 노트 필기이다. 밑줄 친 ㉠~㉤ 중 옳지 <u>않은</u> 것은?

> **법률로 정해진 근로 조건의 기준**
> 1. 근로 시간: 원칙적으로 휴식 시간을 제외하고 ㉠ 1일 8시간, ㉡ 1주 40시간을 초과할 수 없다.
> 2. 휴식 시간: 원칙적으로 근로 시간이 ㉢ 8시간이면 30분 이상의 휴식 시간을 일하는 도중에 주어야 한다.
> 3. 임금: 원칙적으로 매달 1회 이상 일정한 날짜에 본인에게 ㉣ 직접 통화로 전액을 지급해야 하며, 반드시 ㉤ 최저 임금 이상 주어야 한다.

① ㉠   ② ㉡   ③ ㉢   ④ ㉣   ⑤ ㉤

07 다음은 직장인의 노동 실태를 조사한 것이다. A~D 중 노동권을 침해당한 사람만을 있는 대로 고른 것은?

- 임금을 최저 임금 미만으로 받는 A
- 근로 계약을 맺을 때 근로 계약서를 작성한 B
- 4시간 동안 일하면서 1시간의 휴식 시간을 받는 C
- 자신의 해고 소식을 하루 전에 문자 메시지로 통보받은 D

① A, B   ② A, D   ③ C, D
④ A, B, C   ⑤ B, C, D

08 다음 사례에 나타난 노동권 침해의 유형으로 옳은 것은?

결혼을 앞둔 가인 씨는 자신이 근무하는 회사에 결혼 소식을 전하였다. 그러자 회사에서는 결혼한 여성이 사무직으로 근무한 적이 없다며 회사를 그만두라고 말하였다.

① 부당 해고   ② 임금 미지급
③ 부당 노동 행위   ④ 근로 조건 위반
⑤ 최저 임금 미준수

이 문제에서 나올 수 있는 선택지는 다~!

09 ㉠에 해당하는 사례로 적절한 것은?

사용자가 근로자에게 보장되는 노동 삼권을 침해하는 행위를 (㉠)(이)라고 한다.

① 임금을 제때 모두 주지 않는 것
② 육아 휴직을 이유로 해고하는 것
③ 임금을 할인 쿠폰으로 지급하는 것
④ 본인 이외의 사람에게 임금을 지급하는 것
⑤ 별다른 협의 없이 1일 8시간 넘게 일을 시키는 것
⑥ 정당한 이유 없이 노동조합과의 단체 교섭을 거부하는 것

10 다음에서 설명하는 국가 기관으로 옳은 것은?

- 노사 문제를 공정하고 신속하게 처리할 목적으로 만들어진 행정 기관이다.
- 부당 해고나 부당 노동 행위를 당한 근로자가 도움을 요청하면 근로자의 권리를 구제해 준다.

① 법원   ② 고용 노동부
③ 노동 위원회   ④ 헌법 재판소
⑤ 국가 인권 위원회

중요해

11 ㈎~㈐에 대한 옳은 설명을 〈보기〉에서 고른 것은?

| ㈎ 부당 해고 | ㈏ 임금 미지급 | ㈐ 부당 노동 행위 |

⊣ 보기 ⊢
ㄱ. ㈎의 사례로는 해고의 조건을 갖추지 않은 것을 들 수 있다.
ㄴ. ㈏의 상황에 처한 근로자는 권리 구제를 위해 고용 노동부에 진정을 낼 수 있다.
ㄷ. ㈐는 근로자가 사용자의 권리를 침해하는 행위에 해당한다.
ㄹ. ㈎와 달리 ㈐를 당한 경우에는 법원에 소를 제기함으로써 침해된 권리를 구제받을 수 있다.

① ㄱ, ㄴ   ② ㄱ, ㄷ   ③ ㄴ, ㄷ
④ ㄴ, ㄹ   ⑤ ㄷ, ㄹ

학교 시험에 잘 나오는 **서술형** 문제

1 다음 사례에 나타난 노동권 침해의 유형을 쓰고, 그 구제 방법을 **두 가지** 이상 서술하시오.

나훈 씨는 동료와 노동조합을 만들기로 하였다. 그러자 회사에서는 나훈 씨 등이 노동조합을 만들지 못하게 방해하였다.

_____
_____
_____

표와 자료로 정리하는 대단원

1 세계 인권 선언의 의의

> • 제1조 모든 사람은 태어날 때부터 자유롭고 존엄하며 평등하다. 모든 사람은 이성과 양심을 가지고 있으므로 서로에게 형제애의 정신으로 대해야 한다.
> • 제2조 모든 사람은 인종, 피부색, 성별, 언어, 종교 등 어떤 이유로도 차별받지 않으며, 이 선언에 나와 있는 모든 권리와 자유를 누릴 자격이 있다.

세계 인권 선언 제1조는 인간이 태어날 때부터 당연히 가지는 ① ☐☐☐으로서의 인권을, 제2조는 모든 사람이 동등하게 누릴 수 있는 ② ☐☐☐ 권리로서의 인권을 나타낸다. 세계 인권 선언은 ③ ☐☐ 보장이 인류가 보편적으로 추구해야 할 가치임을 선포하였다는 데 큰 의의를 지닌다.

|답| ① 천부 인권 ② 보편적 ③ 인권

2 기본권의 실현 사례

↑ 선거 참여

↑ 재판 청구

• 국민이 선거에 참여하여 대표를 뽑는 것은 국가 기관의 형성에 참여할 권리인 ① ☐☐☐이 실현된 사례이다.
• 국민이 재판을 청구하여 공정하게 재판받는 것은 국가에 대하여 일정한 행위를 요구할 권리인 ② ☐☐☐이 실현된 사례이다.

|답| ① 참정권 ② 청구권

3 기본권 제한의 사례

↑ 군사 지역 출입 금지

↑ 과속 단속

군사 시설 지역에서 개인의 사진 촬영이나 출입을 제한하는 것은 ① ☐☐☐☐☐ 보장을 위해, 도로에서 지나치게 빠른 속도로 운전하지 못하도록 하는 것은 ② ☐☐ 유지를 위해 헌법에 보장된 국민의 기본권을 제한한 사례이다.

|답| ① 국가 안전 ② 질서

---

01 인권 보장과 기본권

인권의 의미와 특징

의미	인간이 마땅히 누려야 할 기본적인 권리	
특징	천부 인권	인간이 태어나면서부터 당연히 가지는 권리
	(①)	국가에서 보장하기 이전에 주어진 권리
	보편적 권리	모든 사람이 동등하게 누릴 수 있는 권리
	불가침의 권리	국가나 타인이 함부로 침해할 수 없는 권리

인권 보장의 중요성과 역사적 전개

중요성	인간의 (②)을 실현하는 바탕이 됨
① 역사적 전개	• 근대: 시민 혁명의 결과로 시민의 자유와 평등이 제도적으로 보장되기 시작함 • 현대: 세계 인권 선언에 모든 사람이 보편적으로 누려야 할 인권의 기준이 제시됨

인권과 헌법의 관계

헌법의 의의	모든 법과 제도의 기초가 되는 한 나라의 최고 법
인권 보장 장치로서의 헌법	대부분의 국가에서 (③)에 기본적 인권 규정 → 국가의 부당한 간섭 및 침해로부터 국민의 인권 보장

기본권의 의미와 종류

의미	헌법에 보장된 기본적 인권 → 모든 기본권이 추구하는 최고 가치인 인간의 존엄과 가치 및 (④)을 토대로 보장됨	
② 종류	자유권	국가 권력의 간섭 없이 자유롭게 생활할 권리 ⑩ 신체의 자유, 종교의 자유 등
	(⑤)	성별, 종교, 사회적 신분, 인종 등에 의해 부당한 차별을 받지 않고 동등하게 대우받을 권리
	참정권	국가 기관의 형성과 국가의 정치적 의사 형성 과정에 참여할 권리 ⑩ 선거권, 공무 담임권, 국민 투표권 등
	(⑥)	국가에 인간다운 생활의 보장을 요구할 권리 ⑩ 교육을 받을 권리, 근로의 권리 등
	청구권	국가에 대하여 일정한 행위를 요구할 권리 ⑩ 청원권, 재판 청구권 등

기본권의 제한

③ 내용	국가 안전 보장, 질서 유지, 공공복리를 위하여 필요한 경우에 한하여 기본권을 제한할 수 있음
한계	• 국회에서 만든 (⑦)로써만 기본권 제한 가능 • 기본권 제한 시 자유와 권리의 본질적인 내용은 침해 불가

|답| ① 자연권 ② 존엄성 ③ 헌법 ④ 행복 추구권 ⑤ 평등권 ⑥ 사회권 ⑦ 법률

02 인권의 침해 및 구제

일상생활에서의 인권 침해

인권 침해	의미	다른 사람이나 단체 또는 국가 기관 등에 의해 개인의 (⑧)이 침해되는 것 ⓓ 차별 등
	원인	사회 구성원의 고정 관념이나 편견, 사회의 잘못된 관습, 국가의 불합리한 법과 제도 등
인권 보호 노력		인권 감수성 향상, 인권 구제 방법과 절차 이해, 인권 침해를 당한 경우 적극적으로 대응 및 국가 기관에 도움 요청 등

국가 기관을 통한 인권 구제

법원	타인 등에 의해 권리를 침해당한 사람이 소 제기 → (⑨)을 통해 침해된 권리 구제
④ 헌법 재판소	공권력에 의해 기본권이 침해된 국민이 헌법 소원 제기 → 헌법 소원 심판을 통해 권리 구제
(⑩) 위원회	차별 등의 인권 침해를 당한 사람이 진정 제기 → 조사 등을 통해 권리 구제

03 근로자의 권리와 노동권 침해 및 구제

근로자의 권리

(⑪)		일할 의사와 능력을 가진 사람이 국가에 일할 기회를 요구할 권리
⑤ 노동 삼권	단결권	근로자가 (⑫)을 만들고 이에 가입하여 활동할 권리
	단체 교섭권	근로자가 노동조합을 통해 사용자와 근로 조건을 협의할 권리
	단체 행동권	단체 교섭이 원만하게 이루어지지 않을 경우 쟁의 행위를 할 권리
근로 조건 보장		최저 임금 보장, 근로 조건의 최저 기준 규정 등

노동권 침해 사례

부당 해고	정당한 이유 없이 근로자를 해고하거나 해고의 조건을 갖추지 않은 것
부당 노동 행위	사용자가 근로자의 (⑬)을 침해하는 행위

노동권 침해 시의 구제 방법

⑥ 부당 해고 및 부당 노동 행위 시	노동 위원회에 구제 신청, 법원에 소 제기
임금 미지급 시	고용 노동부에 진정, (⑭)에 소 제기

답 | ⑧ 인권 ⑨ 재판 ⑩ 국가 인권 ⑪ 근로권 ⑫ 노동조합 ⑬ 노동 삼권 ⑭ 법원

---

④ 헌법 재판소를 통한 인권 구제

A 씨는 인터넷 실명제로 인해 표현의 자유가 침해되고 있다며 헌법 재판소에 헌법 소원을 제기하였다. 이에 헌법 재판소는 인터넷 실명제가 표현의 자유를 과도하게 침해한다며 관련 법 조항에 대해 위헌 결정을 내렸다.

헌법 질서를 수호하고 국민의 기본권을 보장하는 국가 기관인 ① ☐☐☐ ☐☐☐는 공권력에 의해 기본권이 침해된 국민이 헌법 소원을 제기하면 ② ☐☐ ☐☐☐ ☐☐을 통해 권리를 구제해 준다.

답 | ① 헌법 재판소 ② 헌법 소원 심판

---

⑤ 우리 헌법에 보장된 노동 삼권

제33조 ① 근로자는 근로 조건의 향상을 위하여 자주적인 단결권, 단체 교섭권 및 단체 행동권을 가진다.

우리 헌법은 근로자가 사용자와 대등한 위치에서 근로 조건을 협의하고 결정할 수 있도록 노동 삼권, 즉 노동조합을 결성하여 활동할 수 있는 ① ☐☐☐, 노동조합을 통해 사용자와 근로 조건을 협상할 수 있는 ② ☐☐ ☐☐☐, 단체 교섭이 원만하게 이루어지지 않을 경우 쟁의 행위를 할 수 있는 ③ ☐☐ ☐☐☐을 보장한다.

답 | ① 단결권 ② 단체 교섭권 ③ 단체 행동권

---

⑥ 부당 해고와 부당 노동 행위에 대한 노동 위원회의 구제 절차

정당한 이유 없이 근로자를 해고하거나 해고의 조건을 갖추지 않은 ① ☐☐ ☐☐를 당하거나 사용자가 근로자의 노동 삼권을 침해하는 행위인 ② ☐☐ ☐☐ ☐☐를 당한 경우에는 ③ ☐☐ ☐☐☐에 구제를 요청하거나 법원에 소를 제기함으로써 권리를 구제받을 수 있다.

답 | ① 부당 해고 ② 부당 노동 행위 ③ 노동 위원회

01 인권 보장과 기본권

01 다음은 인권에 대한 설명이다. 밑줄 친 ㉠~㉤ 중 옳지 **않은** 것은?

> 인권은 단지 인간이라는 이유만으로 ㉠ 마땅히 누려야 할 기본적인 권리로, ㉡ 일정 나이 이상이 되어야 보장되는 권리이다. 또한 인권은 ㉢ 국가에서 법이나 제도로 보장하기 전부터 인간에게 주어진 권리이며, 인종이나 신분 등을 뛰어넘어 ㉣ 모든 사람이 동등하게 누릴 수 있는 권리이다. 이러한 인권이 제대로 보장될 때 ㉤ 인간의 존엄성이 실현될 수 있다.

① ㉠ ② ㉡ ③ ㉢ ④ ㉣ ⑤ ㉤

02 ㈎, ㈏에 대한 설명으로 옳은 것은?

> ㈎ 시민 혁명 ㈏ 세계 인권 선언

① ㈎는 중세 농노의 주도로 발생한 사건이다.
② ㈎로 인해 시민들에 대한 절대 군주의 차별이 법으로 보장되었다.
③ ㈏의 이념은 오늘날 여러 나라의 헌법과 법률에 반영되어 있다.
④ ㈏의 채택은 ㈎가 일어나는 계기가 되었다.
⑤ ㈎와 ㈏로 인해 인권 사상이 쇠퇴하였다.

03 다음 헌법 조항을 통해 알 수 있는 내용으로 적절하지 **않은** 것은?

> 제10조 …… 국가는 개인이 가지는 불가침의 기본적 인권을 확인하고 이를 보장할 의무를 진다.

① 인권은 헌법에 의해 부여되는 권리이다.
② 헌법은 인권을 보호하는 법적 장치이다.
③ 국가는 국민의 인권을 보장할 의무가 있다.
④ 기본적 인권은 함부로 침해할 수 없는 권리이다.
⑤ 국가 기관은 국민의 인권에 대해 부당하게 간섭할 수 없다.

[04~05] 다음은 수업 시간의 모습을 나타낸 것이다. 이를 보고 물음에 답하시오.

> (㉠)의 의미와 종류
> 1. 의미: 헌법에 보장된 기본적 인권 → 인간의 존엄과 가치 및 행복 추구권을 바탕으로 보장됨
> 2. 종류: ㈎ 자유권, ㈏ 평등권, ㈐ 참정권, ㈑ 사회권, ㈒ 청구권 등

04 ㉠에 들어갈 용어로 옳은 것은?

① 주권 ② 기본권 ③ 노동권
④ 자연권 ⑤ 천부 인권

05 밑줄 친 ㈎~㈒에 대한 설명을 옳게 연결한 것은?

① ㈎ – 모든 기본권이 추구하는 근본 가치이다.
② ㈏ – 정치적 영역에서의 차별은 인정한다.
③ ㈐ – 국가에 대하여 인간다운 생활의 보장을 요구할 권리이다.
④ ㈑ – 국가의 적극적인 개입을 필요로 한다.
⑤ ㈒ – 국가 권력의 간섭을 받지 않을 권리이다.

06 다음 헌법 조항에 규정된 기본권의 실현 사례로 적절한 것을 〈보기〉에서 고른 것은?

> 제11조 ① 모든 국민은 법 앞에 평등하다. 누구든지 성별·종교 또는 사회적 신분에 의하여 …… 차별을 받지 아니한다.

┤ 보기 ├
ㄱ. 종교의 자유를 주장하는 시위에 참여하였다.
ㄴ. 국회 의원이 되어 정치에 참여하고자 국회 의원 선거에 후보자로 등록하였다.
ㄷ. ○○ 축구 동호회의 회원 자격에서 성별 제한이 폐지됨에 따라 여성도 가입할 수 있게 되었다.
ㄹ. 수능 시험을 보는 장애인 응시생들의 편의가 확대되어 이들이 겪었던 부당한 대우가 해소되었다.

① ㄱ, ㄴ ② ㄱ, ㄷ ③ ㄴ, ㄷ
④ ㄴ, ㄹ ⑤ ㄷ, ㄹ

07 ㉠에 들어갈 기본권에 포함되는 권리만을 나열한 것은?

(㉠)은 국민이 국가의 정치적 의사 형성 과정에 참여할 수 있는 권리로, 국민 주권주의를 실현하는 수단에 해당한다.

① 선거권, 국민 투표권
② 선거권, 신체의 자유
③ 국민 투표권, 경제 활동의 자유
④ 공무 담임권, 국가 배상 청구권
⑤ 공무 담임권, 쾌적한 환경에서 살 권리

08 다음 사례들에서 공통으로 실현된 기본권으로 옳은 것은?

• 박○○ 씨는 국가에서 마련한 의무 교육 및 무상 교육 방침에 따라 능력에 맞게 교육을 받고 있다.
• 고령과 질병으로 움직임이 불편한 강○○ 씨는 국가에서 운영하는 제도의 혜택을 받아 방문 간호를 받고 있다.

① 자유권   ② 평등권   ③ 참정권
④ 사회권   ⑤ 청구권

09 다음에서 설명하는 기본권을 규정한 헌법 조항으로 적절한 것을 〈보기〉에서 고른 것은?

다른 기본권이 침해되거나 침해될 우려가 있을 때 이에 대한 구제를 요구할 수 있는 기본권이다.

┤보기├
ㄱ. 모든 국민은 인간다운 생활을 할 권리를 가진다.
ㄴ. 모든 국민은 법률이 정하는 바에 의하여 공무 담임권을 가진다.
ㄷ. 모든 국민은 법률이 정하는 바에 의하여 국가 기관에 문서로 청원할 권리를 가진다.
ㄹ. 모든 국민은 헌법과 법률이 정한 법관에 의하여 법률에 의한 재판을 받을 권리를 가진다.

① ㄱ, ㄴ   ② ㄱ, ㄷ   ③ ㄴ, ㄷ
④ ㄴ, ㄹ   ⑤ ㄷ, ㄹ

10 다음 연극 대본을 분석한 내용으로 옳은 것은?

장면 #1. ○○ 병원 격리실
• 전염병 의심 대상자: (기침하며) 왜 나를 가두어 놓는 것입니까?
• 정부 관계자: (단호한 말투로) 법정 전염병 관리 대상자이십니다. 다른 사람들에게 전염이 될 수 있기 때문에 며칠간 이곳에 계셔야 합니다.

① 공공복리를 위해 자유권을 제한한 것이다.
② 공공복리를 위해 참정권을 제한한 것이다.
③ 질서 유지를 위해 평등권을 제한한 것이다.
④ 국가 안전 보장을 위해 자유권을 제한한 것이다.
⑤ 국가 안전 보장을 위해 평등권을 제한한 것이다.

11 밑줄 친 부분에 해당하는 내용으로 적절한 것을 〈보기〉에서 고른 것은?

국가가 무제한적으로 기본권을 제한하게 되면 국민의 기본권이 온전히 보장될 수 없다. 그래서 우리 헌법은 기본권 제한의 요건과 한계를 명확히 정하고 있다.

┤보기├
ㄱ. 법률로써만 기본권을 제한할 수 있는 것
ㄴ. 질서 유지를 위해서는 기본권을 제한할 수 없는 것
ㄷ. 자유와 권리의 본질적인 내용은 침해할 수 없는 것
ㄹ. 사법부의 재판을 위해 필요한 경우에만 기본권을 제한할 수 있는 것

① ㄱ, ㄴ   ② ㄱ, ㄷ   ③ ㄴ, ㄷ
④ ㄴ, ㄹ   ⑤ ㄷ, ㄹ

12 교사의 질문에 옳게 대답한 학생은?

• 교사: 우리 헌법에서 기본권 제한의 한계를 명확하게 정한 이유는 무엇일까요?
• 학생: _____하기 위해서입니다.

① 가현: 국가 권력의 남용을 강화
② 나현: 국가의 안전을 최대한 보장
③ 다현: 국민의 기본권을 최대한 보장
④ 라현: 헌법에 열거된 기본권만을 보장
⑤ 마현: 사회 구성원들의 공공복리를 최소화

02 인권의 침해 및 구제

13 다음 자료들을 활용하여 작성한 보고서의 주제로 가장 적절한 것은?

> • 집안일을 하는 사람을 대부분 여성으로 표현하고 있는 방송 자료
> • 자신의 사진이 동의 없이 다른 사람의 블로그에 공개된 탓에 정신적 고통을 받고 있는 사람의 인터뷰

① 인권 침해의 사례
② 기본권 제한의 한계
③ 자유권 보장의 중요성
④ 인권 보호를 위한 노력
⑤ 노동권 침해 시의 구제 방법

14 다음 자료에서 침해된 기본권으로 옳은 것은?

> ### ○○ 회사 신입 사원 채용 공고
> 1. 선발 예정 인원: 10명 내외
> 2. 지원 자격
>   • 나이: 35세 미만
>   • 학력: 대학교 졸업 이상
> 3. 기타: △△ 지역 출신 우대

① 자유권　　　② 평등권　　　③ 참정권
④ 사회권　　　⑤ 청구권

15 다음 내용들의 공통적인 특징으로 적절한 것은?

> • 행정 소송 제기　　　• 위헌 법률 심판 제청

① 법원에 인권 구제를 요청하는 방법이다.
② 개인에 의한 인권 침해 시의 구제 방법이다.
③ 헌법 재판소에 인권 구제를 요청하는 방법이다.
④ 국가 기관에 의한 인권 침해 시의 구제 방법이다.
⑤ 단체에 의해 차별 행위를 당한 국민이 활용할 수 있는 인권 구제 방법이다.

16 인권 구제 기관 (가), (나)에 대한 옳은 설명을 〈보기〉에서 고른 것은?

> (가) 법원　　　　　　　(나) 국가 인권 위원회

> ┤보기├
> ㄱ. (가)는 재판을 통해 국민의 인권을 보호한다.
> ㄴ. (나)는 사법부에 속한 국가 기관이다.
> ㄷ. (가)와 달리 (나)는 분쟁 발생 시 사법권을 행사하여 국민의 권리를 보호한다.
> ㄹ. 인권이 침해된 경우 (가)에 소 제기, (나)에 진정 제기를 함으로써 권리를 구제받을 수 있다.

① ㄱ, ㄴ　　　② ㄱ, ㄹ　　　③ ㄴ, ㄷ
④ ㄴ, ㄹ　　　⑤ ㄷ, ㄹ

17 (가)에 해당하는 인권 구제 방법으로 적절한 것은?

> 의사 A 씨 등은 현수막 광고를 하였는데, 이 광고가 "의료 광고를 하기 전에 보건 복지부 장관의 심의를 받아야 한다."라는 「의료법」 제56조를 위반했다는 이유로 벌금을 물게 되었다. 그러자 의사 A 씨 등은 해당 법 조항이 헌법에 보장된 표현의 자유를 침해한다며 헌법 재판소에 _____(가)_____

① 진정을 제기하였다.
② 민사 소송을 제기하였다.
③ 헌법 소원을 제기하였다.
④ 행정 소송을 제기하였다.
⑤ 행정 심판을 제기하였다.

18 다음 상황에서 가람 씨가 인권 구제를 요청할 수 있는 국가 기관으로 가장 적절한 것은?

> 가람 씨는 극장에 갔다가 영화를 홍보하는 배우를 만나 사인을 받았다. 그런데 며칠 후 배우의 사인을 받고 좋아하는 자신의 모습이 텔레비전에 나온 사실을 알게 되었다. 가람 씨는 자신의 동의 없이 자신의 모습을 방송에 내보낸 것은 명백한 인권 침해라고 여겨 권리를 구제받고자 한다.

① 국회　　　　　　　　② 헌법 재판소
③ 국가 인권 위원회　　　④ 국민 권익 위원회
⑤ 언론 중재 위원회

19 질문에 대한 답변을 옳게 작성한 사람은?

> ▶ 지식 Q&A
>
> 근로자에 대해 자세히 알고 싶어요.
>
> ▶ 답변하기
>
> ↳ 가린: 사용자에게서 근로를 제공받아요.
> ↳ 나린: 1년 이상 근무하는 사람만 포함해요.
> ↳ 다린: 스스로 사업하는 자영업자도 포함돼요.
> ↳ 라린: 임금 획득을 목적으로 일하지는 않아요.
> ↳ 마린: 최소한의 임금을 제도적으로 보장받아요.

① 가린   ② 나린   ③ 다린   ④ 라린   ⑤ 마린

20 (가)~(라)에 대한 설명으로 옳은 것은?

> (가) 단결권   (나) 근로의 권리
> (다) 단체 교섭권   (라) 단체 행동권

① (가)는 사용자의 경제적 지위를 향상할 목적으로 보장하는 권리이다.
② (나)는 단체 교섭이 원만하게 이루어지지 않을 경우 쟁의 행위를 할 수 있는 권리이다.
③ (다)는 일할 의사와 능력을 가진 사람이 국가에 일할 기회를 요구할 권리이다.
④ (라)를 행사할 때에는 일정한 절차를 거쳐야 한다.
⑤ (가), (나), (라)를 일컬어 노동 삼권이라고 한다.

21 근로 조건에 대한 옳은 설명을 〈보기〉에서 고른 것은?

> ┤ 보기 ├
> ㄱ. 우리나라에서는 근로 조건의 최저 기준을 법률로 정한다.
> ㄴ. 근로자는 사용자와 근로 조건에 대해 협의할 권리가 없다.
> ㄷ. 계약상의 근로 조건은 법률이 정한 기준보다 높아서는 안 된다.
> ㄹ. 근로자와 사용자는 근로관계를 맺을 때 근로 조건에 관하여 근로 계약서를 써야 한다.

① ㄱ, ㄴ   ② ㄱ, ㄹ   ③ ㄴ, ㄷ
④ ㄴ, ㄹ   ⑤ ㄷ, ㄹ

22 다음 사례를 노동권 침해로 볼 수 있는 이유로 가장 적절한 것은?

> 취업이 안 되어 힘들어하던 나혁 씨는 입사 면접을 볼 때 회사 측과 노동조합에 가입하지 않겠다고 약속하였다. 그러나 입사 후 나혁 씨는 회사 동료들의 권유로 고민 끝에 노동조합에 가입하였다. 그러자 회사에서는 면접에서 한 약속을 어겼다는 이유로 나혁 씨를 해고하였다.

① 근로자의 단결권을 침해했기 때문이다.
② 해고 계획을 미리 알리지 않았기 때문이다.
③ 근로자의 단체 교섭권을 침해했기 때문이다.
④ 근로자의 단체 행동권을 침해했기 때문이다.
⑤ 최소한의 근로 조건을 보장하지 않았기 때문이다.

23 부당 해고에 대한 설명으로 옳지 <u>않은</u> 것은?

① 정당한 이유 없이 근로자를 해고하는 것이다.
② 해고 계획을 최소 30일 전에 알리지 않은 경우 부당 해고가 된다.
③ 문서를 통해 해고의 사유와 시기를 알린 경우 부당 해고가 된다.
④ 출산 휴가를 신청했다는 이유로 퇴직을 강요한 것을 사례로 들 수 있다.
⑤ 부당 해고로 피해를 입은 당사자는 법원의 도움을 받아 권리를 구제받을 수 있다.

24 다음 상황에서 다현 씨가 침해된 노동권을 구제받기 위한 방법으로 적절한 것을 〈보기〉에서 고른 것은?

> 의류 회사에 다니는 다현 씨는 매일 근로 시간 동안 열심히 일하였다. 그런데 회사는 벌써 두 달째 임금을 주지 않고 있으며, 이번 달에도 임금의 절반밖에 줄 수 없다고 한다.

> ┤ 보기 ├
> ㄱ. 법원에 소를 제기한다.
> ㄴ. 고용 노동부에 진정을 제기한다.
> ㄷ. 헌법 재판소에 헌법 소원을 제기한다.
> ㄹ. 국민 권익 위원회에 행정 심판을 제기한다.

① ㄱ, ㄴ   ② ㄱ, ㄷ   ③ ㄴ, ㄷ
④ ㄴ, ㄹ   ⑤ ㄷ, ㄹ

II

헌법과 국가 기관

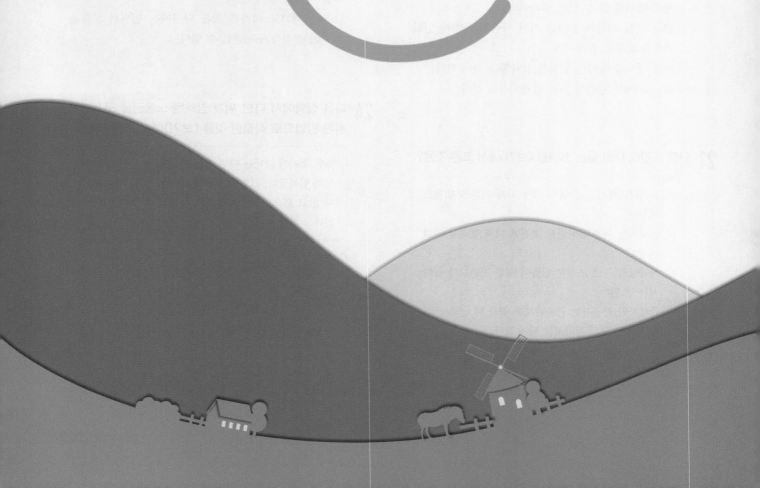

01 국회

●● 국회의 위상과 조직

1. 대의 민주 정치의 실시 현대 국가는 영토가 넓고, 인구가 많아서 국민이 직접 정치에 참여하기 어려움 → 대부분의 국가는 국민이 뽑은 대표들로 구성된 의회에서 법을 만들고 중요한 일을 결정함

2. 국회의 의미와 위상
(1) 국회(입법부): 국민이 선거를 통해 선출한 대표로 구성된 국가 기관
(2) 국회의 위상 **자료 ①** 서술형 단골 국회가 다른 국가 기관들을 감시하고 견제하는 목적을 묻는 문제가 자주 출제돼

국민의 대표 기관	국민이 직접 뽑은 대표들로 구성됨
입법 기관	국가의 조직과 통치의 기초가 되는 법률을 만들거나 고침
국가 권력의 견제 기관	사법부와 행정부 등 다른 국가 기관을 감시하고 견제함 → 국가 권력의 남용 방지, 국민의 기본권 보장

3. 국회의 구성과 조직
(1) 국회의 구성: 지역구 국회 의원과 비례 대표 국회 의원으로 구성됨 → 국회가 구성되면 국회 의장 1인과 부의장 2인을 선출함
① 지역구 국회 의원: 각 지역구에서 최고 득표자로 선출된 국회 의원
② 비례 대표 국회 의원: 정당별 득표율에 비례하여 선출된 국회 의원
(2) 국회의 조직
① 본회의: 국회의 의사를 최종적으로 결정하는 회의 → 정기회, 임시회로 구분됨 **자료 ②**
② 상임 위원회: 본회의에서 결정할 안건을 미리 조사 및 심의하는 기관 → 효율적인 의사 진행을 위함
③ 교섭 단체: 일정 수 이상의 국회 의원으로 구성되는 단체 → 원활한 국회 운영을 위해 국회 의원들의 의사를 사전에 통합하고 조정함

●● 국회의 권한 서술형 단골 구체적인 사례에 나타난 국회의 권한이 무엇인지를 묻는 문제가 자주 출제돼

1. 입법에 관한 권한 국회의 대표적인 권한
(1) 법률 제정·개정: 모든 국가 작용의 근거인 법률을 제정·개정함 **자료 ③**
(2) 헌법 개정안 제안·의결: 헌법 개정안을 제안하고 의결함
(3) *조약 체결 동의: 대통령이 체결한 조약에 대해 동의권을 행사함

2. *재정에 관한 권한
(1) 예산안 심의·확정: 정부가 제출한 예산안을 심의하여 확정함
(2) 결산 심사: 정부가 예산을 제대로 집행하였는지 심사함

3. 일반 국정에 관한 권한
(1) *국정 감사 및 *국정 조사: 국정의 잘못된 부분을 찾아내어 바로잡음
(2) 중요 공무원의 임명 동의: 대통령이 국무총리, 대법원장, 헌법 재판소장 등 중요 공무원을 임명할 때 동의권을 행사함
(3) *탄핵 소추 의결: 고위 공무원이 위법 행위를 하면 탄핵 소추를 의결함

생생 자료

국회는 헌법에 따라 200인 이상의 국회 의원으로 구성돼

자료 ① 헌법에 명시된 국회의 위상

- 제40조 입법권은 국회에 속한다.
- 제41조 ① 국회는 국민의 보통·평등·직접·비밀 선거에 의하여 선출된 국회 의원으로 구성한다.

우리 헌법은 법을 만드는 국가 작용인 입법이 국회의 권한임을 명시함으로써 국회가 입법 기관임을 규정하고 있으며, 국민이 선거로 뽑은 대표인 국회 의원으로 구성된 국민의 대표 기관임을 밝히고 있다.

국회 의원의 임기는 4년이야. 우리나라 국회 의원 선거에서는 4년마다 지역구 국회 의원과 비례 대표 국회 의원을 선출하기 위한 투표를 동시에 실시해

자료 ② 정기회와 임시회

정기회	매년 1회 정기적으로 열리는 회의
임시회	필요에 따라 수시로 열리는 회의 → 대통령이나 국회 재적 의원 1/4 이상의 요구로 열림

법률안과 예산안 등을 최종적으로 결정하는 본회의는 정기회와 임시회로 구분할 수 있다. 이때 국회의 회의는 공개하는 것을 원칙으로 하며, 의사 결정은 일반적으로 재적 의원 과반수의 출석과 출석 의원 과반수의 찬성으로 이루어진다. 국회 의원 전원으로 구성되지.

자료 ③ 법률 제정 절차

법률안은 국회 의원 10인 이상이 발의하거나 정부가 제출할 수 있다. 상임 위원회의 심의를 거친 법률안은 본회의에서 재적 의원 과반수의 출석과 출석 의원 과반수의 찬성으로 의결되며, 대통령이 15일 이내에 공포함으로써 확정된다. 대통령은 법률안에 이의가 있을 때 거부권을 행사할 수 있다.

쏙쏙 용어

★ **조약** 국가 간에 문서로서 약속한 합의
★ **재정** 국가가 행정 활동을 하기 위해 필요한 재산을 조달하며, 관리하고 사용하는 모든 경제 활동
★ **국정 감사** 매년 정기적으로 국정 전반을 감사하는 것
★ **국정 조사** 필요한 경우에 특정한 사안을 조사하는 것
★ **탄핵 소추** 법률이 정한 공무원이 직무를 수행하는 과정에서 헌법이나 법률을 위반한 경우 해당 직무를 그만두게 하는 심판을 헌법 재판소에 요구하는 것

한눈에 정리하기

◆ 국회의 위상

국민의 대표 기관	국민이 직접 뽑은 대표들로 구성됨
입법 기관	(①)을 만들거나 고침
국가 권력의 견제 기관	사법부, 행정부 등 다른 국가 기관들을 감시하고 견제함

◆ 국회의 구성

(②) 국회 의원	각 지역구에서 최고 득표자로 선출된 국회 의원
비례 대표 국회 의원	정당별 득표율에 비례하여 선출된 국회 의원

◆ 국회의 조직

본회의	국회의 의사를 최종적으로 결정하는 회의 → 정기회, 임시회로 구분됨
(③)	본회의에서 결정할 안건을 미리 조사 및 심의함
교섭 단체	국회 의원들의 의사를 사전에 조정함

◆ 국회의 권한

입법에 관한 권한	• 법률 제정·개정 • 헌법 개정안 제안·의결 • (④) 체결 동의
(⑤)에 관한 권한	• 예산안 심의·확정 • 결산 심사
일반 국정에 관한 권한	• 국정 감사 및 국정 조사 • 중요 공무원의 임명 동의 • (⑥) 의결

대표 자료 확인하기

◆ 법률 제정 절차

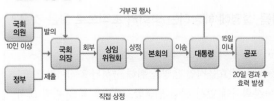

법률안은 국회 의원 (①   )인 이상이 발의하거나 정부가 제출할 수 있으며, 제출된 법률안은 해당 상임 위원회의 심의를 받는다. 심의를 거친 법률안은 (②   )에서 의결된다. 대통령은 15일 이내에 법률안을 공포하거나 법률안에 이의가 있을 때 거부권을 행사할 수 있다.

---

1 다음 설명이 맞으면 ○표, 틀리면 ✕표를 하시오.

(1) 국회를 입법부라고도 한다. (   )

(2) 국회는 국민의 대표 기관인 동시에 입법 기관이다. (   )

(3) 대부분의 현대 국가는 직접 민주 정치를 실시하고 있다. (   )

2 다음 설명에 해당하는 국회의 위상을 〈보기〉에서 골라 기호를 쓰시오.

> ┤ 보기 ├
> ㄱ. 입법 기관   ㄴ. 국민의 대표 기관
> ㄷ. 국가 권력의 견제 기관

(1) 국민이 직접 뽑은 대표들로 구성된다. (   )

(2) 사법부와 행정부 등을 감시하고 견제한다. (   )

(3) 모든 국가 작용의 근거인 법률을 제정 및 개정한다. (   )

3 다음 빈칸에 들어갈 내용을 쓰시오.

(1) 국회의 회의는 정기적으로 열리는 정기회와 필요에 따라 수시로 열리는 (   )로 구분된다.

(2) 국회는 원활한 국회 운영을 위해 (   )를 두어 국회 의원들의 의사를 사전에 통합하고 조정한다.

(3) 국회는 효율적인 의사 진행을 위해 상임 위원회를 두고, (   )에서 최종적인 의사 결정이 이루어진다.

(4) 국회는 각 지역구에서 최고 득표자로 선출된 지역구 국회 의원과 정당별 득표율에 비례하여 선출된 (   ) 국회 의원으로 구성된다.

4 국회의 권한과 그 내용을 옳게 연결하시오.

(1) 입법에 관한 권한   •   • ㉠ 결산 심사

(2) 재정에 관한 권한   •   • ㉡ 법률 제정

(3) 일반 국정에 관한 권한   •   • ㉢ 탄핵 소추 의결

5 다음 괄호 안의 내용 중 알맞은 말에 ○표를 하시오.

(1) 국회의 대표적인 권한은 법률을 (집행, 제정)하는 것이다.

(2) 국회는 (법원, 대통령)이/가 체결한 조약에 대해 동의권을 행사한다.

(3) 국회는 (국정 감사, 결산 심사)를 통해 국정의 잘못된 부분을 찾아내어 바로잡는다.

(4) 국회는 고위 공무원이 헌법이나 법률을 위반했을 때 탄핵 소추를 (심판, 의결)할 권한이 있다.

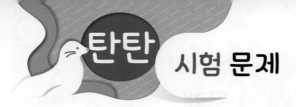

01 ㉠에 들어갈 정치 제도가 나타나게 된 배경을 〈보기〉에서 고른 것은?

> 대부분의 현대 국가에서는 선거를 통해 대표자를 선출하고 그들이 법을 만들거나 나라의 중요한 일을 결정하는 (㉠)이/가 이루어지고 있다.

┤보기├
ㄱ. 인구가 많고 영토가 넓다.
ㄴ. 국민의 정치적 무관심이 증대되었다.
ㄷ. 입법부의 권한이 행정부의 권한보다 강화되었다.
ㄹ. 국민이 직접 국가의 정책을 결정하기가 어려워졌다.

① ㄱ, ㄷ   ② ㄱ, ㄹ   ③ ㄴ, ㄷ
④ ㄴ, ㄹ   ⑤ ㄷ, ㄹ

이 문제에서 나올 수 있는 선택지는 다~!

02 국회의 위상에 대한 설명으로 옳은 것은?

① 사법부라고 한다.
② 헌법을 제정하는 입법 기관이다.
③ 법률을 해석하고 적용하는 기관이다.
④ 국가 정책을 세우고 법률을 집행하는 기관이다.
⑤ 행정부와 법원 등 다른 국가 기관을 감시하고 견제한다.
⑥ 직접 민주 정치에서 국민이 선출한 대표로 구성된 기관이다.

03 다음은 우리나라 국회의 구성에 대한 설명이다. 밑줄 친 ㉠～㉤ 중 옳지 않은 것은?

> 국회는 ㉠ 지역구 국회 의원과 비례 대표 국회 의원으로 구성된다. 지역구 국회 의원은 ㉡ 각 지역에서 선거를 통해 선출되고, 비례 대표 국회 의원은 ㉢ 각 정당의 득표율에 비례하여 선출된다. 국회 의원의 ㉣ 임기는 5년이고, 국회가 구성되면 국회 의원 중에서 국회를 대표하는 ㉤ 국회 의장 1인과 부의장 2인을 선출한다.

① ㉠   ② ㉡   ③ ㉢   ④ ㉣   ⑤ ㉤

04 밑줄 친 ㉠, ㉡에 대한 설명으로 옳은 것은?

> 국회 의원 선거일에 유권자는 투표소에서 총 두 장의 투표용지를 받게 된다. 유권자는 ㉠ 지역구 국회 의원을 뽑기 위한 투표용지에는 지역에 출마한 '후보자'에게, ㉡ 비례 대표 국회 의원을 뽑기 위한 투표용지에는 '정당'에 한 표씩 행사하면 된다.

① ㉠은 정당별 득표율에 비례하여 선출한다.
② 국회는 ㉡으로만 구성된다.
③ 헌법상 ㉠, ㉡의 합은 400인 이상이어야 한다.
④ ㉠, ㉡을 뽑기 위한 선거는 동시에 이루어진다.
⑤ ㉠, ㉡은 국민이 직접 5년마다 한 번씩 선거를 통해 선출한다.

05 밑줄 친 부분에 해당하는 국회의 조직에 대한 옳은 설명을 〈보기〉에서 고른 것은?

오른쪽 사진은 국회 의원들이 모두 모여 법률안 등 국가의 중요한 문제를 논의하는 회의의 모습을 나타낸다.

┤보기├
ㄱ. 정기회와 임시회로 구분할 수 있다.
ㄴ. 회의는 공개하지 않는 것이 원칙이다.
ㄷ. 위원회에서 심의한 안건을 최종적으로 결정한다.
ㄹ. 재적 의원 과반수의 출석과 출석 의원 2/3 이상의 찬성으로 의사 결정이 이루어진다.

① ㄱ, ㄴ   ② ㄱ, ㄷ   ③ ㄴ, ㄷ
④ ㄴ, ㄹ   ⑤ ㄷ, ㄹ

06 다음 설명에 해당하는 국회의 조직으로 옳은 것은?

> • 전문 분야별로 조직하여 운영된다.
> • 국회의 효율적인 운영을 위해 구성된 조직이다.
> • 본회의에 앞서 관련 법률안, 예산안 등을 미리 조사하고 심의한다.

① 임시회   ② 정기회
③ 교섭 단체   ④ 상임 위원회
⑤ 인사 청문회

07 다음 사례에서 알 수 있는 국회의 권한으로 적절한 것은?

> 국회는 본회의에서 주민 등록 번호 유출로 막대한 피해가 우려되는 경우에 주민 등록 번호를 변경할 수 있도록 한 「주민 등록법」 개정안을 의결하였다.

① 헌법 개정안을 의결한다.
② 국정 감사나 국정 조사를 실시한다.
③ 국가 작용의 근거가 되는 법률을 개정한다.
④ 정부가 제출한 예산안을 심의하고 확정한다.
⑤ 대통령 등 고위 공무원에 대한 탄핵 소추를 의결한다.

08 밑줄 친 부분에 해당하는 국회의 권한으로 적절한 것을 〈보기〉에서 고른 것은?

> 국민의 재산과 권리를 보호하기 위해서는 국민의 세금으로 이루어지는 정부의 살림살이에 대해 국회에서 감시하고 통제할 필요가 있다. 이에 따라 국회는 재정에 관한 권한을 행사할 수 있다.

┤보기├
ㄱ. 결산 심사
ㄴ. 탄핵 소추 의결
ㄷ. 예산안 심의·확정
ㄹ. 조약 체결에 대한 동의

① ㄱ, ㄴ   ② ㄱ, ㄷ   ③ ㄴ, ㄷ
④ ㄴ, ㄹ   ⑤ ㄷ, ㄹ

09 다음 사례에서 알 수 있는 국회의 권한에 대한 설명으로 적절한 것은?

> A 헌법 재판소장 후보자 임명 동의안이 국회 본회의를 통과하였다. 해당 안건은 본회의에서 재적 의원 260명 가운데 찬성 178명, 반대 74명, 기권 8명으로 가결되었다.

① 입법과 관련된 권한이다.
② 국가 재정과 관련된 권한이다.
③ 국회의 가장 대표적인 권한이다.
④ 예산안 심의·확정과 같은 유형의 권한에 속한다.
⑤ 대통령의 중요 공무원 임명 권한을 견제하는 권한이다.

10 다음은 어떤 국회 의원의 하루 일정표이다. 밑줄 친 ㉠, ㉡에 해당하는 국회 권한을 옳게 연결한 것은?

시간	활동
10:00~12:00	㉠ 국정 감사 실시
13:00~15:00	사교육 절감을 위한 특별 법안 논의
16:00~18:00	지진으로 인한 ㉡ 피해 복구 예산 심의

	㉠	㉡
①	입법에 관한 권한	재정에 관한 권한
②	입법에 관한 권한	일반 국정에 관한 권한
③	재정에 관한 권한	일반 국정에 관한 권한
④	일반 국정에 관한 권한	입법에 관한 권한
⑤	일반 국정에 관한 권한	재정에 관한 권한

11 그림은 법률 제정 절차를 나타낸 것이다. 밑줄 친 ㉠~㉢의 주체를 잘못 연결한 것은?

㉠ 법률안 발의·제출 → ㉡ 법률안 심의 → ㉢ 법률안 의결 → ㉣ 법률안 공포

① ㉠ – 정부
② ㉠ – 국회 의원 10인 이상
③ ㉡ – 상임 위원회
④ ㉢ – 본회의
⑤ ㉣ – 국회 의장

학교 시험에 잘 나오는 **서술형** 문제

1 다음 글을 읽고 물음에 답하시오.

> 국회는 국민이 뽑은 대표들로 구성된 국민의 대표 기관이자 국가의 조직과 통치의 기초가 되는 법률을 만들거나 고치는 (㉠) 기관으로서의 위상이 있다. 또한 행정부와 법원 등 다른 국가 기관들을 감시하고 견제하는 국가 권력의 견제 기관으로서의 위상을 갖는다.

(1) ㉠에 들어갈 용어를 쓰시오.

_____

(2) 국회가 밑줄 친 활동을 하는 목적을 서술하시오.

_____
_____
_____

02 행정부와 대통령

●● 행정부의 의미와 조직

1. 행정과 행정부의 의미 자료①

(1) **행정**: 법률을 집행하고 공익을 실현할 목적으로 정책을 수립하여 실행하는 국가 기관의 작용 예 도로 건설, 국방, 교통정리 등

(2) **행정부**: 행정을 담당하는 국가 기관 → 사회 질서 유지, 복지 증진 등

2. 행정부의 조직과 기능 자료② 서술형 단골 행정부 조직의 기능을 묻는 문제가 자주 출제돼.

대통령	행정부의 최고 책임자 → 행정부의 일을 최종적으로 결정함
국무총리	대통령을 도와 행정 각부를 관리·감독함
행정 각부	구체적인 행정 사무를 처리함 → 업무에 따라 여러 부서로 나뉨
국무 회의	대통령, 국무총리, 국무 위원으로 구성되는 행정부의 최고 심의 기관 → 정부의 중요 정책들을 심의함
감사원	독립적인 지위를 가진 행정부의 최고 감사 기관 → 국가의 세입·세출 결산 검사, 행정 기관과 공무원의 직무 감찰

●● 대통령의 지위와 권한

1. 대통령의 선출
국민의 직접 선거로 선출됨, 임기는 5년이며, 중임할 수 없음 → 장기 집권에 따른 국민의 자유와 권리 침해 방지

2. 대통령의 지위
국가 원수와 행정부 *수반의 지위를 가짐 자료③

3. 대통령의 권한

(1) 국가 원수로서의 권한

외교에 관한 권한 행사	외국과 조약을 체결하고, 외교 사절을 파견하거나 접견할 수 있음, 외국에 대해 전쟁을 선포할 수 있음
헌법 기관 구성	국회의 동의를 얻어 헌법 기관의 구성원을 임명할 수 있음
국민 투표 시행	헌법 개정, 중요 정책 결정 시 국민 투표를 시행할 수 있음
*긴급 명령권 행사 및 *계엄 선포	국가 안전과 헌법 수호를 위해 긴급 명령 및 계엄을 선포할 수 있음

(2) 행정부 수반으로서의 권한

행정부 지휘·감독	행정부를 지휘·감독하며, 국무 회의의 의장으로서 국가의 중요한 정책을 심의하고 최종 결정함
국군 통수	국군의 최고 사령관으로서 국군을 지휘·통솔함
행정부 고위 공무원 임면	국무총리, 국무 위원, 행정 각부의 장 등 행정부 고위 공무원을 임명하거나 해임할 수 있음
*대통령령 제정	법률에서 위임받은 사항과 법률 집행에 필요한 사항에 대해 대통령령을 만들 수 있음
법률안 거부권 행사	국회에서 의결된 법률안을 거부할 수 있음

정부는 넓은 의미로는 입법부, 행정부, 사법부를 말하지만, 좁은 의미로는 행정부만을 뜻해.

자료① 행정부의 역할

⬆ 교통질서 유지 ⬆ 노인 복지 증진

행정부는 국민의 편의와 안전을 위한 일과 국민의 건강 보장 등 국민의 복지와 관련된 일 등을 담당하는데, 이러한 행정 작용은 법률의 범위 안에서 이루어진다. 오늘날 현대 복지 국가에서는 복지와 관련된 국민의 요구가 늘면서 행정부의 역할이 커지고 있다.

자료② 우리나라의 정부 조직도(2018년 기준)

우리나라의 행정부는 대통령을 중심으로 국무총리와 감사원, 행정 각부 등으로 구성된다.

대통령의 자리가 공석일 경우 대통령의 권한을 대행해.

자료③ 헌법에 명시된 대통령의 지위

- 제66조 ① 대통령은 국가의 원수이며, 외국에 대하여 국가를 대표한다.
- 제66조 ④ 행정권은 대통령을 수반으로 하는 정부에 속한다.

우리 헌법은 대통령이 외국에 대해 국가를 대표할 자격을 지닌 국가 원수인 동시에 행정부 최고 책임자인 행정부 수반임을 명시하고 있다.

서술형 단골 대통령의 지위를 제시하고 그에 따른 권한을 묻는 문제가 자주 출제돼.

★ **수반** 행정부의 가장 높은 자리에 있는 사람
★ **긴급 명령** 국가 비상사태 시에 법률에 의하지 않고 국민의 기본권을 제한할 수 있는 법률적 효력을 가진 명령
★ **계엄** 전쟁이나 이에 준하는 국가 비상사태가 발생했을 때 해당 지역의 사법권과 행정권을 군이 맡아 다스리는 일
★ **대통령령** 대통령이 제정하여 공포하는 명령

한눈에 정리하기

◆ 행정부의 조직과 기능

대통령	행정부의 일을 최종적으로 결정함
(①)	대통령을 도와 행정 각부를 관리·감독함
행정 각부	구체적인 행정 사무를 처리함
(②)	행정부의 최고 심의 기관 → 정부의 권한에 속하는 중요 정책을 심의함
감사원	행정부의 최고 감사 기관 → 국가의 세입·세출 결산 검사, 행정 기관 및 공무원의 직무 감찰

◆ 대통령의 권한

국가 원수로서의 권한	• 외교 사절 파견 및 접견, 전쟁 선포, 외국과 (③) 체결 등 외교에 관한 권한 행사 • 대법원장, 헌법 재판소장, 감사원장 등 헌법 기관의 구성원을 임명하여 헌법 기관 구성 • 헌법 개정이나 국가의 중요 정책 결정 시 (④) 시행 • 긴급 명령권 행사 및 계엄 선포
행정부 수반으로서의 권한	• (⑤)를 지휘·감독하며, 국가의 중요 정책을 최종 결정 • 국군 지휘·통솔 • 국무총리 등 행정부의 고위 공무원 임면 • 대통령령 제정 • 법률안 거부권 행사

대표 자료 확인하기

◆ 대통령의 지위에 따른 권한

⬆ 조약 체결

⬆ 국무 회의 참석

• (①   )(으)로서 대통령은 대외적으로 우리나라를 대표하여 조약을 체결하고, 외교 사절의 파견 및 접견 등 외교에 관한 권한을 행사한다.
• (②   )(으)로서 대통령은 모든 행정 작용에 최종적인 권한을 가지고 책임을 지며, 국무 회의의 의장이 되어 국가의 중요한 정책을 심의하고 최종적으로 결정한다.

꼼꼼 개념 문제

1 다음 빈칸에 들어갈 내용을 쓰시오.

(1) (   )은 법률을 집행하고, 공익의 실현을 목적으로 정책을 수립하여 실행하는 국가 기관의 작용이다.

(2) 현대 복지 국가에서는 사회 복지, 교육 등과 관련한 국민의 요구가 늘면서 (   )의 역할이 더욱 커지고 있다.

2 행정부의 조직과 그 기능을 옳게 연결하시오.

(1) 감사원 •   • ㉠ 정부의 정책 심의
(2) 대통령 •   • ㉡ 행정 작용 최종 결정
(3) 국무총리 •   • ㉢ 공무원의 직무 감찰
(4) 국무 회의 •   • ㉣ 행정 각부의 관리·감독
(5) 행정 각부 •   • ㉤ 구체적인 행정 사무 처리

3 다음 설명이 맞으면 ○표, 틀리면 ✕표를 하시오.

(1) 우리나라 대통령은 국민이 선거를 통해 선출한다. (   )
(2) 우리나라 대통령의 임기는 4년이고, 중임할 수 있다.
(   )
(3) 대통령의 임기를 제한하는 이유는 국민의 자유와 권리를 보장하기 위해서이다. (   )

4 다음 괄호 안의 내용 중 알맞은 말에 ○표를 하시오.

(1) 대통령은 (국가 원수, 행정부 수반)(으)로서 외국에 대해 국가를 대표할 자격을 지닌다.

(2) 대통령은 (국가 원수, 행정부 수반)(으)로서 행정 작용에 대한 최종적인 권한과 책임을 진다.

(3) 대통령은 헌법을 개정하거나 국가의 중요 정책을 결정할 때 (선거, 국민 투표)를 시행할 수 있다.

(4) 대통령은 (국회, 법원)의 동의를 얻어 대법원장, 헌법 재판소장 등 헌법 기관의 구성원을 임명할 수 있다.

5 대통령의 지위에 따른 권한을 〈보기〉에서 골라 기호를 쓰시오.

┌─ 보기 ┐
ㄱ. 법률안 거부   ㄴ. 대통령령 제정
ㄷ. 국민 투표 시행   ㄹ. 헌법 기관 구성
ㅁ. 외국과 조약 체결   ㅂ. 국군 지휘 및 통솔
└────────────────────┘

(1) 국가 원수로서의 권한   (   )
(2) 행정부 수반으로서의 권한   (   )

[01~02] 다음 글을 읽고 물음에 답하시오.

> 국회에서 법률을 만들면 현실에서는 이를 구체화하여 국가의 목적이나 공공의 이익을 위해 여러 정책을 만들어 실행해야 한다. 이러한 국가 작용을 (㉠)이라고 하고, 이를 담당하는 국가 기관을 (㉡)(이)라고 한다.

01 ㉠, ㉡에 들어갈 용어를 옳게 연결한 것은?

	㉠	㉡		㉠	㉡
①	사법	국회	②	입법	국회
③	입법	정부	④	행정	법원
⑤	행정	행정부			

02 ㉠에 해당하는 사례만을 〈보기〉에서 있는 대로 고른 것은?

┤보기├
ㄱ. 음식점에서 식재료의 원산지를 표시하도록 하는 것
ㄴ. 「학교 폭력 예방 및 대책에 관한 법률」을 제정하는 것
ㄷ. 아이가 태어나면 주민 센터에 출생 신고를 하도록 하는 것
ㄹ. 어린이 보호 구역에서 자동차의 제한 속도 위반 행위를 단속하는 것

① ㄱ, ㄴ   ② ㄴ, ㄷ   ③ ㄷ, ㄹ
④ ㄱ, ㄴ, ㄹ   ⑤ ㄱ, ㄷ, ㄹ

03 행정부에 대한 설명으로 옳지 <u>않은</u> 것은?

① 행정 작용을 담당하는 국가 기관이다.
② 각 분야별로 정책을 수립하여 집행한다.
③ 현대 복지 국가에서 역할이 커지고 있다.
④ 국민을 보호하고 국민의 복지를 증진하는 역할을 한다.
⑤ 행정 활동은 원칙적으로 법률의 범위 밖에서 이루어져야 한다.

04 다음 내용에 해당하는 행정부의 조직에 대한 설명으로 옳은 것은?

> • 국회의 동의를 얻어 대통령이 임명한다.
> • 대통령의 국정 운영을 보좌하는 역할을 한다.

① 행정 각부의 장을 임명한다.
② 국무 회의에서 의장을 맡는다.
③ 행정 작용에 대한 최종적인 책임을 진다.
④ 대통령의 명을 받아 행정 각부를 총괄한다.
⑤ 국가 원수와 행정부 수반의 지위를 동시에 지닌다.

05 다음 내용에서 설명하는 행정부의 조직으로 옳은 것은?

> • 행정부의 최고 심의 기관이다.
> • 대통령, 국무총리, 행정 각부의 장을 비롯한 국무 위원으로 구성된다.
> • 법률안, 예산안, 외교와 군사에 관한 중요 사항, 중요 공무원의 임명 등을 처리한다.

① 국회   ② 법원   ③ 감사원
④ 국무 회의   ⑤ 헌법 재판소

06 밑줄 친 'A 기관'에 대한 설명으로 옳은 것은?

> <u>A 기관</u>은 ○○ 행정 기관 등을 대상으로 직무 관련 감사를 실시하였다. 이번 감사는 행정 기관과 공무원이 관련 업무를 법령 등 절차에 따라 적정하게 처리하였는지, 처리 과정에서 특혜를 제공한 사실은 없었는지 등에 중점을 두고 실시되었다.

① 정부의 중요 정책을 논의한다.
② 행정부의 최고 감사 기관이다.
③ 국가의 세입·세출을 결산한다.
④ 조직상으로는 국무총리에 소속되어 있다.
⑤ 법률로 정한 구체적인 행정 사무를 집행한다.

07 다음은 우리나라 헌법 조항의 일부이다. ㉠에 들어갈 국가 기관에 대한 옳은 설명을 〈보기〉에서 고른 것은?

> • 제66조 ① (㉠)은/는 국가의 원수이며, 외국에 대하여 국가를 대표한다.
> • 제66조 ④ 행정권은 (㉠)을/를 수반으로 하는 정부에 속한다.

> ┤보기├
> ㄱ. 임기는 4년이다.
> ㄴ. 국민의 직접 선거로 선출된다.
> ㄷ. 두 차례에 한하여 직무를 수행할 수 있다.
> ㄹ. 행정부 수반과 국가 원수로서의 지위를 모두 가진다.

① ㄱ, ㄴ   ② ㄱ, ㄷ   ③ ㄴ, ㄷ
④ ㄴ, ㄹ   ⑤ ㄷ, ㄹ

이 문제에서 나올 수 있는 선택지는 다~!

08 국가 원수로서 대통령의 권한으로 적절하지 <u>않은</u> 것은?

① 외교 사절을 접견한다.
② 외국에 대하여 전쟁을 선포한다.
③ 법률 집행에 필요한 사항을 대통령령으로 정한다.
④ 국가 기관의 장을 임명하여 헌법 기관을 구성한다.
⑤ 국가가 비상사태에 처한 경우 긴급 명령을 선포한다.
⑥ 국가의 중요 정책을 결정할 때 국민 투표를 시행한다.

09 다음은 우리나라 대통령의 가상 일정이다. 밑줄 친 ㉠~㉤ 중 적절하지 <u>않은</u> 것은?

> • 월: ㉠ 국무 회의 참석
> • 화: 미국 ㉡ 외교 사절 접견
> • 수: ㉢ 헌법 개정에 대한 국민 투표 시행
> • 목: ○○도 지역의 ㉣ 군부대 방문
> • 금: 대법원장에 대한 ㉤ 탄핵 소추 의결

① ㉠   ② ㉡   ③ ㉢   ④ ㉣   ⑤ ㉤

☆중요해

10 (가), (나)와 관련된 대통령의 지위를 옳게 연결한 것은?

(가)   (나)

	(가)	(나)
①	국가 원수	행정부 수반
②	국가 원수	국무 회의 의장
③	행정부 수반	국가 원수
④	행정부 수반	국무 회의 의장
⑤	국무 회의 의장	행정부 수반

학교 시험에 잘 나오는 서술형 문제

1 그림은 우리나라의 정부 조직도이다. 이를 보고 물음에 답하시오.

```
        대통령
          │
          │────── ㉠
        국무총리
```

기획 재정부	교육부	과학 기술 정보 통신부
외교부	통일부	법무부
국방부	행정 안전부	문화 체육 관광부
농림 축산 식품부	산업 통상 자원부	보건 복지부
환경부	고용 노동부	여성 가족부
국토 교통부	해양 수산부	중소 벤처 기업부

(1) ㉠에 들어갈 행정부의 조직을 쓰시오.

_____

(2) (1)의 기능을 두 가지 이상 서술하시오.

_____

_____

_____

03 법원과 헌법 재판소

●● 법원의 조직과 기능

1. 사법과 법원의 의미

(1) 사법: 법을 적용하여 판단하는 국가 작용 → 재판을 통해 이루어짐

(2) 법원(사법부): 사법을 담당하는 국가 기관 → 분쟁을 해결하고 사회 질서를 유지하여 국민의 권리를 보호함

2. 사법권의 독립 재판이 외부의 간섭 없이 독립적으로 이루어지는 것

→ 공정한 재판을 통해 국민의 권리 보장 **자료①**

3. 법원의 조직 **자료②**

대법원	고등 법원의 판결에 불복하여 상고한 사건 재판(3심), 특허 법원의 판결에 불복하여 상고한 사건 재판 → 최종적인 재판 담당
고등 법원	지방 법원, 가정 법원, 행정 법원의 1심 판결에 불복하여 항소한 사건을 재판(2심)함
지방 법원	주로 민사 또는 형사 재판의 1심 판결을 담당함
특수 법원	특허 법원, 가정 법원, 행정 법원

4. 법원의 기능

(1) 재판: 법적 분쟁을 해결함 → 법원의 가장 중요한 기능

(2) 위헌 법률 심판 제청: 재판의 전제가 된 법률이 헌법에 위반되는지 헌법 재판소에 심판을 제청함

(3) 위헌 명령·규칙 심사: 국가 기관이 만든 명령, 규칙이 헌법과 법률에 위반되는지가 재판의 전제가 될 경우에 대법원이 최종적으로 심사함

(4) 기타: *위헌 행정 처분 심사, *등기 업무, 가족 관계 등록 등

●● 헌법 재판소의 위상과 역할

1. 헌법 재판소의 위상 헌법 재판을 담당하는 독립된 국가 기관 → 헌법 수호 기관, 기본권 보장 기관으로서의 위상을 지님

2. 헌법 재판소의 구성 법관의 자격을 가진 9명의 재판관으로 구성됨 → 대통령과 대법원장이 각각 3명을 지명하고, 국회에서 3명을 선출하여 대통령이 임명함

3. 헌법 재판소의 역할 **자료③**

위헌 법률 심판	법원이 제청한 경우 법률의 위헌 여부를 심판함
헌법 소원 심판	기본권을 침해당한 국민이 직접 구제를 요청한 경우 법률이나 공권력이 국민의 기본권을 침해하였는지 심판함
탄핵 심판	고위 공무원에 대한 파면 요구의 타당성을 심판함
권한 쟁의 심판	국가 기관 간의 권한 분쟁을 심판함
정당 해산 심판	민주적 기본 질서에 위배되는 정당의 해산을 심판함

생생 자료 ┌ 입법부, 행정부, 사법부가 서로 견제하여 균형을 이룰 때 국가 권력의 남용을 막고 국민의 기본권을 보장할 수 있어.

자료① 사법권의 독립과 관련된 헌법 조항

• 제101조 ① 사법권은 법관으로 구성된 법원에 속한다.

• 제103조 법관은 헌법과 법률에 의하여 그 양심에 따라 독립하여 심판한다.

헌법 제101조 1항은 법원의 조직이나 운영에서 외부의 영향을 받지 않는 것을 의미하는 법원의 독립을, 제103조는 법관의 독립을 보장하는 조항이다. 우리 헌법은 사법권의 독립을 위해 법원의 독립과 법관의 독립을 보장한다.

자료② 우리나라 법원의 조직

```
        대법원 ── 대법원장과 대법관으로 구성돼
         │
    ┌────┴────┐
  고등 법원    특허 법원
    │
 ┌──┼──┐
행정 법원  지방 법원  가정 법원
```

최고 법원인 대법원 아래에는 고등 법원과 특허 법원이 있고, 고등 법원 아래에는 지방 법원, 가정 법원, 행정 법원이 있다. 특허 법원은 특허 업무와 관련된 사건을, 가정 법원은 가사 사건과 소년 보호 사건을, 행정 법원은 잘못된 행정 작용에 관한 소송 사건을 재판하는 법원이다.

서술형 단골 제시된 사례에 나타난 헌법 재판소의 역할을 묻는 문제가 자주 출제돼.

자료③ 헌법 재판소의 역할

재혼 등으로 가족 관계가 바뀌었음에도 자녀가 성을 바꾸지 못하도록 하는 법률의 위헌 여부가 재판의 전제가 되자, 법원은 헌법 재판소에 해당 법률의 위헌 여부를 심판해 달라고 제청하였다. 이에 헌법 재판소는 해당 법률이 헌법에 맞지 않는다는 결정을 내렸다. ┌ 위헌으로 결정된 법률은 효력을 상실하게 돼

제시된 사례는 재판의 전제가 되는 법률이 헌법에 위반되는지 여부를 헌법 재판소가 심판한 위헌 법률 심판의 모습을 나타낸다. 헌법 재판소가 법률의 위헌 결정을 비롯하여 헌법 소원을 받아들이는 결정, 탄핵의 결정, 정당 해산의 결정을 할 때는 재판관 6인 이상의 찬성이 있어야 한다. ┌ 헌법 재판소의 결정은 재판 당사자뿐만 아니라 모든 국가 기관이 따라야 해.

쏙쏙 용어

★ **위헌 행정 처분 심사** 국가 기관의 행정 처분이 헌법이나 법률을 위반한 경우에 이를 심사하여 취소·변경할 수 있음

★ **등기** 부동산의 소유를 분명하게 표시하기 위해 국가 기관에 그것을 등록하는 것

한눈에 정리하기

◆ 법원의 조직

(①)	최종적인 재판을 담당함
고등 법원	지방 법원, 가정 법원, 행정 법원의 1심 판결에 불복하여 항소한 사건을 재판함
지방 법원	주로 1심 판결을 담당함
특수 법원	특허 법원, 가정 법원, 행정 법원

◆ 법원의 기능

(②)	법적 분쟁을 해결함
위헌 법률 심판 제청	재판의 전제가 된 법률이 헌법에 위반되는지 (③)에 심판을 제청함
위헌 명령·규칙 심사	명령이나 규칙이 헌법과 법률에 위반되는지 대법원이 최종적으로 심사함
기타	위헌 행정 처분 심사, 등기 업무, 가족 관계 등록 등

◆ 헌법 재판소의 역할

(④) 심판	법률의 위헌 여부를 심판함
(⑤) 심판	법률이나 공권력의 기본권 침해 여부를 심판함
탄핵 심판	고위 공무원에 대한 파면 요구의 타당성을 심판함
권한 쟁의 심판	국가 기관 간의 권한 분쟁을 심판함
정당 해산 심판	정당의 해산 여부를 심판함

대표 자료 확인하기

◆ 우리나라 법원의 조직

(①) 법원은 주로 1심 재판을 담당하고, 고등 법원은 1심 판결에 대한 항소 사건을 재판(2심)한다. 대법원은 (②) 법원에서 올라온 상고 사건(2심 사건)과 고등 법원에서 올라온 상고 사건(3심 사건)을 재판하며, 모든 사건의 최종 재판을 담당한다.

---

1 법을 적용하여 판단하는 국가 작용을 ( )이라고 하고, 우리나라에서는 법원이 이를 담당한다.

2 (㉠)은 재판이 외부의 간섭 없이 독립적으로 이루어지는 것으로, 법적 분쟁을 공정하게 해결하여 사회 질서를 유지하고 국민의 (㉡)를 보장할 수 있다.

3 다음 괄호 안의 내용 중 알맞은 말에 ○표를 하시오.
(1) (지방 법원, 행정 법원)은 민사 재판의 1심 사건을 재판한다.
(2) (대법원, 특허 법원)은 최종적인 재판을 담당하는 최고 법원이다.
(3) (대법원, 고등 법원)은 지방 법원의 1심 판결에 불복하여 항소한 사건을 재판한다.

4 다음 설명이 맞으면 ○표, 틀리면 ✕표를 하시오.
(1) 법원의 가장 중요한 기능은 법률을 제정하는 것이다.
( )
(2) 법원은 법률이 헌법에 위반되는지 헌법 재판소에 심판을 제정할 수 있다. ( )
(3) 명령, 규칙이 헌법과 법률에 위반되는지는 헌법 재판소가 최종적으로 심사한다. ( )

5 다음 설명에 해당하는 헌법 재판소의 역할을 〈보기〉에서 골라 기호를 쓰시오.

보기	
ㄱ. 탄핵 심판	ㄴ. 권한 쟁의 심판
ㄷ. 위헌 법률 심판	ㄹ. 헌법 소원 심판

(1) 국가 기관 간의 권한 분쟁을 심판한다. ( )
(2) 재판의 전제가 된 법률의 위헌 여부를 심판한다. ( )
(3) 법률이나 공권력의 기본권 침해 여부를 심판한다. ( )
(4) 대통령 등 고위 공무원에 대한 파면 요구의 타당성을 심판한다. ( )

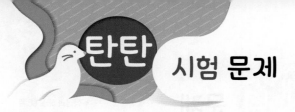

탄탄 시험 문제

01 ㉠에 들어갈 용어로 옳은 것은?

> 법을 위반하여 사회 질서를 어지럽히는 일이 발생하거나 사람들 사이에 분쟁이 생겼을 때 법을 적용하여 판단하는 국가 작용을 (㉠)(이)라고 한다.

① 사법　　② 상고　　③ 입법
④ 항소　　⑤ 행정

02 법원에 대한 설명으로 옳지 않은 것은?

① 일정한 자격을 갖춘 법관으로 구성된다.
② 법을 해석하고 적용하는 국가 기관이다.
③ 재판을 통해 개인 간의 다툼을 해결한다.
④ 재판을 통해 사회 질서를 유지하는 기능을 한다.
⑤ 궁극적으로는 법관의 권리를 보장하는 역할을 한다.

03 다음 헌법 조항들을 규정한 목적으로 적절한 것을 〈보기〉에서 고른 것은?

> • 제101조 ① 사법권은 법관으로 구성된 법원에 속한다.
> • 제103조 법관은 헌법과 법률에 의하여 그 양심에 따라 독립하여 심판한다.

┤ 보기 ├
ㄱ. 국민의 권리를 보장하기 위해
ㄴ. 사법부의 권한을 약화하기 위해
ㄷ. 법적 분쟁을 공정하게 해결하기 위해
ㄹ. 법원의 판결에 이의 제기를 못하게 하기 위해

① ㄱ, ㄴ　　② ㄱ, ㄷ　　③ ㄴ, ㄷ
④ ㄴ, ㄹ　　⑤ ㄷ, ㄹ

04 법원의 조직에 대한 설명으로 옳지 않은 것은?

① 대법원은 사법부의 최고 법원이다.
② 특허 법원은 특허 업무와 관련된 사건을 담당한다.
③ 지방 법원은 가사 사건과 소년 보호 사건의 재판을 담당한다.
④ 행정 법원은 잘못된 행정 작용에 대한 소송 사건을 담당한다.
⑤ 대법원은 고등 법원의 판결에 불복해 상고한 사건을 재판한다.

05 그림은 우리나라 법원의 조직을 나타낸 것이다. (가)에 들어갈 법원에 대한 설명으로 옳은 것은?

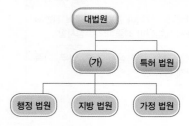

① 형사 재판의 1심 사건을 재판한다.
② 모든 사건의 최종적인 재판을 담당한다.
③ 국가 기관의 행정 작용에 대한 재판을 담당한다.
④ 가정 법원의 1심 판결에 불복하여 항소한 사건을 재판한다.
⑤ 특허 법원의 판결에 불복하여 상고한 사건을 재판한다.

06 (가), (나) 사건을 담당하는 법원을 옳게 연결한 것은?

> (가) 박 씨는 시비 끝에 이웃인 김 씨를 다치게 하여 상해 혐의로 기소되어 1심 재판을 받게 되었다.
> (나) A 사는 잡초를 효과적으로 제거하는 농기계를 개발하여 특허를 신청했으나 유사한 상품이 있다며 등록되지 않아 재판을 신청하기로 하였다.

	(가)	(나)
①	대법원	가정 법원
②	가정 법원	고등 법원
③	고등 법원	대법원
④	지방 법원	특허 법원
⑤	특허 법원	행정 법원

이 문제에서 나올 수 있는 선택지는 다~!

07 법원의 기능에 대한 설명으로 옳지 <u>않은</u> 것은?

① 재판을 통해 법적 분쟁을 해결한다.
② 가족 관계 등록, 등기 업무를 담당한다.
③ 재판의 전제가 된 법률의 위헌 여부를 심판한다.
④ 법질서를 유지함으로써 국민의 권리를 보장한다.
⑤ 행정 처분이 법률을 위반했는지 심사하여 취소한다.
⑥ 명령이나 규칙이 헌법과 법률에 위반되는지 대법원이 최종적으로 심사한다.

08 다음에서 설명하는 국가 기관의 위상으로 적절한 것을 〈보기〉에서 고른 것은?

> 국가 권력이 헌법과 다르게 행사되거나 국회에서 만든 법률이 헌법에 어긋나 국민의 기본권을 침해할 경우에 이를 해결하기 위해 진행되는 재판을 담당하는 독립된 국가 기관이다.

┤ 보기 ├
ㄱ. 국민의 기본권을 보장하는 기관이다.
ㄴ. 헌법 재판을 담당하는 헌법 수호 기관이다.
ㄷ. 모든 법적 분쟁에 대해 재판하는 사법 기관이다.
ㄹ. 최종적인 재판을 담당하는 사법부의 최고 법원이다.

① ㄱ, ㄴ　　② ㄱ, ㄷ　　③ ㄴ, ㄷ
④ ㄴ, ㄹ　　⑤ ㄷ, ㄹ

09 다음은 헌법 재판소에 대한 설명이다. 밑줄 친 ㉠~㉤ 중 옳지 <u>않은</u> 것은?

> 헌법 재판소는 ㉠ 헌법 재판을 담당하는 국가 기관이다. 헌법 재판소는 ㉡ 법관의 자격을 가진 9명의 재판관으로 구성되며, ㉢ 재판관 중 3명은 대통령이 임명한다. 헌법 재판소에서 ㉣ 법률의 위헌 결정을 하기 위해서는 재판관 6인 이상의 찬성이 필요하며, 해당 법률이 헌법에 위반된다고 결정되면 ㉤ 그 법률은 효력을 상실하게 된다.

① ㉠　② ㉡　③ ㉢　④ ㉣　⑤ ㉤

10 ㉠에 들어갈 헌법 재판소의 역할에 대한 설명으로 옳은 것은?

> A 씨는 주민 등록 번호가 불법 유출되어 관할 지방 자치 단체장에게 주민 등록 번호를 변경해 줄 것을 신청했지만 지방 자치 단체장은 현행 주민 등록법이 주민 등록 번호 변경을 허용하지 않는다며 A 씨의 신청을 거부하였다. 이에 A 씨는 헌법 재판소에 (㉠)을 청구하였다. 헌법 재판소는 현행 주민 등록법은 개인의 기본권을 과도하게 침해하여 헌법에 합치되지 않는다고 결정하였다.

① 재판의 전제가 된 법률의 위헌 여부를 심판한다.
② 국가 기관 간에 권한 다툼이 발생했을 때 이를 심판한다.
③ 민주적 기본 질서를 어긴 정당의 해산 여부를 심판한다.
④ 고위 공직자가 헌법을 위반한 경우에 파면 여부를 심판한다.
⑤ 법률이나 국가 권력이 국민의 기본권을 침해하였는지를 심판한다.

학교 시험에 잘 나오는 서술형 문제

1 다음 글을 읽고 물음에 답하시오.

> B 군은 어머니가 재혼을 하면서 새아버지의 호적에 올랐으나, 친아버지의 성만 따라야 하는 법 조항 때문에 성을 바꿀 수 없었다. B 군은 법원에 호적 정정 신고를 했고, 재판 과정에서 해당 법률이 헌법에 위배된다고 주장했다. 법원은 (㉠)에 해당 법률의 위헌 여부를 심사해 달라고 제청하였다.

(1) ㉠에 들어갈 국가 기관을 쓰시오.

(2) (1)의 역할을 세 가지 이상 서술하시오.

❶ 법률 제정 절차

법률안 발의·제출	국회 의원 10인 이상이 발의하거나 정부가 법률안을 제출함
↓	
심의	국회 의장이 법률안을 (①)에 회부하여 심의를 받도록 함
↓	
의결	심의를 마친 법률안은 (②)에서 의결됨
↓	
공포	의결된 법률안은 대통령이 15일 이내에 공포함

① ☐☐☐☐☐ ② ☐☐☐

정답 ① 상임 위원회 ② 본회의

---

❷ 국회의 권한

- 헌법 제40조 입법권은 국회에 속한다.
- 헌법 제54조 ① 국회는 국가의 예산안을 심의·확정한다.
- 헌법 제104조 ② 대법관은 대법원장의 제청으로 국회의 동의를 얻어 대통령이 임명한다.

국회는 법률을 제정·개정하는 ①☐☐에 관한 권한을 가지며, 정부가 제출한 예산안을 심의·확정하는 ②☐☐에 관한 권한을 가진다. 또한 국정을 감시하고 행정부를 견제하는 ③☐☐☐☐에 관한 권한을 가진다.

정답 ① 입법 ② 재정 ③ 일반 국정

---

❸ 우리나라의 정부 조직도(2018년 기준)

우리나라의 행정부는 ①☐☐☐을 중심으로 국무총리, 감사원, 행정 각부 등으로 구성된다.

정답 ① 대통령

---

01 **국회**

국회의 위상

국민의 대표 기관	국민이 직접 뽑은 대표들로 구성됨
❶ 입법 기관	국가의 조직과 통치의 기초가 되는 (①)을 만들거나 고침
국가 권력의 견제 기관	다른 국가 기관들을 감시하고 견제함 → 국가 권력의 남용 방지, 국민의 (②) 보장

국회의 구성

지역구 국회 의원	각 지역구에서 최고 득표자로 선출된 국회 의원
비례 대표 국회 의원	정당별 득표율에 비례하여 선출된 국회 의원

국회의 조직

본회의	국회의 의사를 최종적으로 결정하는 회의
(③)	본회의에서 결정할 안건을 미리 조사 및 심의함
교섭 단체	국회 의원들의 의사를 사전에 통합·조정함

국회의 권한

❷ 입법에 관한 권한	• 모든 국가 작용의 근거인 법률을 제정 및 개정함 • 헌법 개정안을 제안하고 의결함 • 대통령이 체결한 조약에 대해 동의권을 행사함
재정에 관한 권한	• (④)가 제출한 예산안을 심의하여 확정함 • 정부가 예산을 제대로 집행하였는지 심사함
일반 국정에 관한 권한	• 국정 감사 및 국정 조사를 통해 국정의 잘못된 부분을 찾아내어 바로잡음 • 대통령이 중요 공무원을 임명할 때 동의권을 행사함 • 고위 공무원이 위법 행위를 하면 (⑤)를 의결함

---

02 **행정부와 대통령**

행정부의 조직과 기능

❸ 대통령	행정부의 최고 책임자 → 행정부의 일을 최종 결정함
(⑥)	대통령을 도와 행정 각부를 관리·감독함
행정 각부	구체적인 행정 사무를 처리함
국무 회의	행정부의 최고 (⑦) 기관 → 정부의 권한에 속하는 중요한 정책을 심의함
감사원	행정부의 최고 감사 기관 → 국가의 세입·세출 결산에 대한 검사, 행정 기관 및 공무원의 직무 감찰

정답 ① 법률 ② 기본권 ③ 상임 위원회 ④ 정부 ⑤ 탄핵 소추안 ⑥ 국무총리 ⑦ 심의

대통령의 지위와 권한

임기		임기는 5년, 중임할 수 없음 → 국민의 직접 선거로 선출됨
지위		국가 원수와 행정부 수반으로서의 지위를 동시에 가짐
❹ 권한	국가 원수로서의 권한	외교에 관한 권한 행사, 헌법 기관 구성, 국민 투표 시행, 긴급 명령권 행사 및 계엄 선포 등
	행정부 수반으로서의 권한	(⑧) 지휘 및 감독, 국군 통수, 행정부 고위 공무원 임면, 대통령령 제정, 법률안 거부권 행사 등

03 법원과 헌법 재판소

사법권의 독립

의미	재판이 외부의 간섭 없이 독립적으로 이루어지는 것
필요성	(⑨)을 통해 국민의 권리 보장

법원의 조직

❺ 대법원	최고 법원으로 최종적인 재판 담당 → 고등 법원의 판결에 불복하여 상고한 사건 재판(3심), 특허 법원의 판결에 불복하여 상고한 사건 재판 담당
고등 법원	1심 판결에 불복하여 항소한 사건 재판(2심) 담당
(⑩)	주로 민사 또는 형사 재판의 1심 판결 담당
특수 법원	특허 법원, 가정 법원, 행정 법원

법원의 기능

(⑪)	법적 분쟁을 해결함 → 법원의 가장 중요한 기능
❻ 위헌 법률 심판 제청	재판의 전제가 된 법률이 헌법에 위반되는지 헌법 재판소에 심판을 제청함
위헌 명령·규칙 심사	국가 기관이 만든 명령이나 규칙이 헌법과 법률에 위반되는지를 (⑫)이 최종적으로 심사함
기타	위헌 행정 처분 심사, 등기 업무, 가족 관계 등록 등

헌법 재판소의 역할

(⑬) 심판	법원이 제청한 경우 법률의 위헌 여부를 심판함
(⑭) 심판	기본권을 침해당한 국민이 구제를 요청하면 법률이나 공권력이 기본권을 침해하였는지 심판함
탄핵 심판	고위 공무원에 대한 파면 요구의 타당성을 심판함
권한 쟁의 심판	국가 기관 간의 권한 분쟁을 심판함
정당 해산 심판	민주 질서에 위배되는 정당의 해산을 심판함

정답 | ⑧ 행정부 ⑨ 공정한 재판 ⑩ 지방 법원 ⑪ 재판 ⑫ 대법원 ⑬ 위헌 법률 ⑭ 헌법 소원

❹ 대통령의 지위에 따른 권한

↑ 조약 체결   ↑ 국무 회의 참석

대통령은 ① ⬜⬜ ⬜⬜로서 대외적으로 우리나라를 대표하여 외교에 관한 권한을 행사하고, ② ⬜⬜⬜⬜으로서 국가의 중요한 정책을 최종 결정하고 그에 대한 책임을 진다.

정답 | ① 국가 원수 ② 행정부 수반

❺ 우리나라 법원의 조직

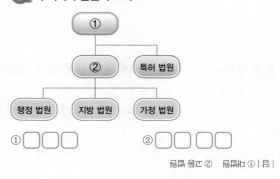

① ⬜⬜⬜   ② ⬜⬜⬜⬜

정답 | ① 대법원 ② 고등 법원

❻ 국가 기관의 권력 분립

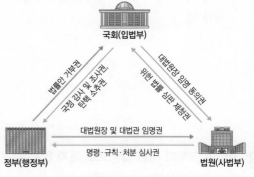

우리 헌법에서는 국가 권력을 서로 다른 기관이 나누어 맡도록 하고, 서로 ① ⬜⬜할 수 있는 권한을 부여하고 있다. 이를 통해 국가 권력의 남용을 막고, 국민의 ② ⬜⬜⬜을 보장하고자 한다.

정답 | ① 견제 ② 기본권

01 국회

01 다음에서 설명하는 국가 기관의 위상으로 적절한 것을 〈보기〉에서 고른 것은?

> 국민이 선거를 통해 직접 선출한 대표들로 구성된 국가 기관이다.

┤보기├
ㄱ. 입법 기관   ㄴ. 정책 집행 기관
ㄷ. 법률 적용 기관   ㄹ. 국민의 대표 기관

① ㄱ, ㄴ   ② ㄱ, ㄹ   ③ ㄴ, ㄷ
④ ㄴ, ㄹ   ⑤ ㄷ, ㄹ

02 우리나라 국회의 구성에 대해 잘못 말한 사람은?

① 가연: 국회 의원의 임기는 4년이야.
② 나연: 지역구 국회 의원과 비례 대표 국회 의원으로 구성돼.
③ 다연: 지역구 국회 의원은 각 지역구에서 최고 득표자가 선출돼.
④ 라연: 비례 대표 국회 의원은 각 정당의 득표율에 비례하여 선출돼.
⑤ 마연: 유권자는 지역구 국회 의원 투표와 비례 대표 국회 의원 투표 중 한 가지만 선택해 한 표를 행사해야 해.

03 국회의 조직에 대한 설명으로 옳지 않은 것은?

① 예산안은 본회의에서 의결된다.
② 정기회는 매년 4회 정기적으로 열린다.
③ 국회의 회의는 공개하는 것을 원칙으로 한다.
④ 효율적인 의사 진행을 위해 상임 위원회를 둔다.
⑤ 임시회는 대통령이나 국회 재적 의원 1/4 이상이 요구할 때 열린다.

04 (개)에 들어갈 국회의 조직으로 옳은 것은?

> (개)
>
> 일정한 수 이상의 국회 의원으로 구성된 단체로, 국회의 원활한 운영을 위하여 국회 의원들의 의사를 사전에 통합하고 조정하는 역할을 담당한다.

① 본회의   ② 임시회   ③ 정기회
④ 교섭 단체   ⑤ 상임 위원회

05 밑줄 친 ㉠, ㉡과 관련된 국회의 권한을 옳게 연결한 것은?

> 신용 카드를 사용하는 고객들의 개인 정보가 대량으로 유출되자 국회는 개인 정보 유출과 관련하여 ㉠ 국정 조사를 실시하였다. 이후 국회는 본회의를 열고 ㉡「개인 정보 보호법」 개정안을 통과시켰다.

	㉠	㉡
①	입법에 관한 권한	재정에 관한 권한
②	입법에 관한 권한	일반 국정에 관한 권한
③	재정에 관한 권한	입법에 관한 권한
④	일반 국정에 관한 권한	입법에 관한 권한
⑤	일반 국정에 관한 권한	재정에 관한 권한

06 (개)~(마)는 「학교 밖 청소년 지원에 관한 법률」의 제정 과정을 나타낸 것이다. 이를 법률 제정 절차에 따라 순서대로 나열한 것은?

> (개) 대통령이 법률안을 공포하였다.
> (내) 국회 의장이 제출된 법률안을 국회 여성 가족 위원회에 회부하였다.
> (대) 국회 의원 10인이 학교를 다니지 않는 청소년들을 보호하기 위한 법률안을 발의하였다.
> (라) 임시 국회가 개최되어 본회의에 상정된 '학교 밖 청소년 지원에 관한 법률안'이 통과되었다.
> (마) 여성 가족 위원회 회의에서 '학교 밖 청소년 지원에 관한 법률안'이 통과되어 본회의에 상정되었다.

① (개) - (대) - (내) - (라) - (마)
② (내) - (대) - (라) - (개) - (마)
③ (대) - (내) - (마) - (라) - (개)
④ (라) - (내) - (대) - (개) - (마)
⑤ (마) - (라) - (대) - (내) - (개)

07 다음 사례와 관련 있는 국회의 권한으로 적절한 것은?

> 386조 원 규모의 예산안이 국회를 통과하였다. 이는 정부가 제출한 예산안보다 3,062억 원이 줄어든 규모이다.

① 사법에 관한 권한   ② 입법에 관한 권한
③ 재정에 관한 권한   ④ 행정에 관한 권한
⑤ 일반 국정에 관한 권한

---

02 행정부와 대통령

08 다음에서 설명하는 용어에 해당하는 사례를 〈보기〉에서 고른 것은?

> 국회에서 만든 법률을 집행하고, 공익을 실현할 목적으로 정책을 수립하여 실행하는 국가 기관의 작용이다.

┌ 보기 ├
ㄱ. 교통 법규 위반을 단속하였다.
ㄴ. 전염병 방지 대책을 마련하였다.
ㄷ. 민사 재판을 통해 분쟁을 해결하였다.
ㄹ. 「아동 학대 범죄의 처벌 등에 관한 특례법」을 제정하였다.

① ㄱ, ㄴ   ② ㄱ, ㄷ   ③ ㄴ, ㄷ
④ ㄴ, ㄹ   ⑤ ㄷ, ㄹ

09 (가)에 들어갈 내용으로 적절한 것은?

> 근대 국가는 주로 사회 질서를 유지하는 기능만을 수행하였지만, 현대 국가는 복지 국가 사상이 대두되면서 국민의 실질적인 자유와 평등을 보장하기 위하여 노력하고 있다. 따라서 현대 국가에서는 _____(가)_____

① 행정 기능이 약화되고 있다.
② 행정부의 업무가 축소되고 있다.
③ 행정부의 역할이 더욱 커지고 있다.
④ 행정부의 전문성이 점차 낮아지고 있다.
⑤ 공익을 실현하기 위한 행정부의 정책들이 줄어들고 있다.

10 행정부의 조직과 그 기능을 옳게 연결한 것은?

① 감사원 – 조직상으로 독립적인 지위를 가진다.
② 국무 회의 – 세금이 제대로 쓰이는지 조사한다.
③ 국무총리 – 국무 위원이나 행정 각부의 장을 임명한다.
④ 대통령 – 국무총리를 도와 행정 각부를 관리하고 감독한다.
⑤ 행정 각부 – 국가의 행정을 나누어 맡아 전문적으로 처리한다.

11 ㉠에 들어갈 국가 기관에 대한 설명으로 옳은 것은?

> (㉠)은/는 국가 기관과 법률이 정한 단체의 회계를 수시로 검사·감독하여 집행에 적정을 기하며, 행정 기관의 사무와 공무원의 직무를 감찰하여 행정 운영의 개선을 도모한다. 이러한 권한 또는 직무 범위는 함부로 침해하지 않도록 헌법에 그 설치 근거를 두고 있다.

① 국정 조사 및 감사권을 가진다.
② 대통령의 국정 운영을 보좌한다.
③ 국가의 세입·세출의 결산을 검사한다.
④ 직무에 관해서는 국무총리의 지휘와 감독을 따라야 한다.
⑤ 대통령, 국무총리, 국무 위원으로 구성되어 정부의 정책을 심의한다.

12 우리나라의 대통령에 대한 설명으로 옳지 <u>않은</u> 것은?

① 임기는 5년이다.
② 국민의 직접 선거로 선출된다.
③ 국가의 최고 지도자인 국가 원수로서의 지위를 갖는다.
④ 장기 집권에 따른 독재 방지를 위해서 두 번까지만 직위를 맡을 수 있다.
⑤ 행정부 수반으로서 행정 작용에 대하여 최종적인 권한과 책임을 진다.

13 (가), (나)의 헌법 조항에 나타난 대통령의 지위에 따른 권한을 옳게 연결한 것은?

> (가) 제66조 ① 대통령은 국가의 원수이며, 외국에 대하여 국가를 대표한다.
> (나) 제66조 ④ 행정권은 대통령을 수반으로 하는 정부에 속한다.

         (가)   (나)
① 조약 체결   전쟁 선포
② 국무총리 임명   헌법 재판소장 임명
③ 국민 투표 시행   대통령령 제정
④ 긴급 명령권 행사   외교 사절 파견
⑤ 국군 지휘 및 통솔   법률안 거부권 행사

14 다음 사례에 대한 설명으로 적절한 것은?

> 우리나라 대통령과 ○○국의 정상은 서울에서 정상 회담을 갖고 양국 간에 경제 협력 기반을 마련하는 공동 선언에 서명하였다.

① 대통령이 법률안을 제출한 것이다.
② 대통령이 국가 원수로서의 권한을 행사한 것이다.
③ 대통령이 행정부를 지휘하는 권한을 행사한 것이다.
④ 대통령이 법률을 집행하는 데 필요한 사항에 대하여 명령을 만든 것이다.
⑤ 대통령이 국가의 중요 정책을 결정하기 위해 국민에게 직접 의견을 물은 것이다.

03   법원과 헌법 재판소

15 법원의 기능에 대한 옳은 설명을 〈보기〉에서 고른 것은?

> ┤보기├
> ㄱ. 법률을 제정한다.
> ㄴ. 정책을 수립하여 집행한다.
> ㄷ. 재판을 통해 분쟁을 해결한다.
> ㄹ. 법에 따라 판결하여 사회 질서를 유지하고 국민의 권리를 보호한다.

① ㄱ, ㄴ   ② ㄱ, ㄷ   ③ ㄴ, ㄷ
④ ㄴ, ㄹ   ⑤ ㄷ, ㄹ

16 다음 헌법 조항들을 규정한 이유로 가장 적절한 것은?

> • 제101조 ① 사법권은 법관으로 구성된 법원에 속한다.
> • 제103조 법관은 헌법과 법률에 의하여 그 양심에 따라 독립하여 심판한다.
> • 제105조 ③ 대법원장과 대법관이 아닌 법관의 임기는 10년으로 하며, 법률이 정하는 바에 의하여 연임할 수 있다.

① 법률을 효율적으로 집행하기 위해
② 사법부에 막강한 권한을 주기 위해
③ 법원의 정치적 지위를 향상시키기 위해
④ 법원의 판결에 이의 제기를 못하게 하기 위해
⑤ 공정한 재판을 통해 국민의 권리를 보호하기 위해

17 그림은 우리나라 법원의 조직을 나타낸 것이다. (가)에 대한 설명으로 옳지 않은 것은?

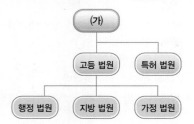

① 최종적인 재판을 담당한다.
② 명령이나 규칙의 위헌 여부를 심사한다.
③ 헌법 재판을 담당하는 독립된 국가 기관이다.
④ 고등 법원의 판결에 불복하여 상고한 사건을 재판한다.
⑤ 특허 법원의 판결에 불복하여 상고한 사건을 재판한다.

18 밑줄 친 재판을 담당하는 법원으로 옳은 것은?

> 흥부는 형인 놀부가 부모님의 재산을 모두 상속받아 유산을 한 푼도 받지 못하였다. 흥부는 같은 자식인데 형에게만 모든 재산이 상속된 것이 억울하여 법원에 재판을 신청하기로 하였다.

① 대법원   ② 가정 법원
③ 고등 법원   ④ 특허 법원
⑤ 행정 법원

19 법원의 기능에 대한 설명으로 옳지 <u>않은</u> 것은?

① 등기나 가족 관계 등록 업무를 처리한다.
② 재판을 통해 다양한 법적 분쟁을 해결한다.
③ 국민의 대표 기관인 국회에서 만든 법률을 해석하고 적용한다.
④ 명령이나 규칙이 헌법과 법률에 위반되는지를 고등 법원이 최종적으로 심사한다.
⑤ 진행 중인 재판과 관련된 법률이 헌법에 위반되는지 헌법 재판소에 심판을 제청한다.

20 ㉠, ㉡에 들어갈 권한을 옳게 연결한 것은?

> 우리나라는 입법부, 행정부, 사법부가 국가 권력을 나누어 맡아 서로 견제와 균형을 이룸으로써 국가 권력의 남용을 막고 국민의 기본권을 보장하고자 한다. 사법부는 (㉠)을/를 행사하여 입법부를 견제할 수 있고, (㉡)을/를 행사하여 행정부를 견제할 수 있다.

① ㉠ – 법률안 거부권
② ㉠ – 위헌 법률 심판 제청권
③ ㉡ – 탄핵 소추권
④ ㉡ – 대법원장 임명권
⑤ ㉡ – 국정 감사 및 조사권

창의 융합

21 ㉠에 들어갈 국가 기관에 대한 설명으로 옳은 것은?

체험 학습 신청서	
인적 사항	○학년 ○반 ○번 ○○○
신청 기간	×월 ×일 ~ ×월 ×일(×일간)
체험 장소	㉠
활동 내용	법률이나 공권력에 의해 기본권을 침해당한 국민이 헌법 소원을 제기하면 권리를 구제해 주는 국가 기관을 방문한다.

위와 같이 현장 체험 학습을 신청합니다.

① 입법부에 속한다.
② 헌법 소원 심판을 통해 인권을 보호한다.
③ 형사 재판을 통해 침해된 인권을 구제한다.
④ 헌법 개정을 제안할 수 있는 국가 기관이다.
⑤ 인권 침해 소지가 있는 제도의 문제점을 발견하여 개선할 것을 권고한다.

22 밑줄 친 재판의 대상에 해당하지 <u>않는</u> 것은?

> <u>헌법 재판</u>은 국회에서 만든 법률이나 국가 기관의 작용이 헌법에 위배되거나 국민의 기본권을 침해했는지 여부를 심판하는 재판을 의미한다.

① 고위 공직자에 대한 탄핵 여부
② 입법부가 제정한 법률의 위헌 여부
③ 국가 권력에 의한 국민의 기본권 침해 여부
④ 민사 재판에서 다루기 곤란한 중대한 범죄의 유무죄 여부
⑤ 목적이나 활동이 민주적 기본 질서에 위배되는 정당의 해산 여부

23 다음 사례와 관련된 헌법 재판소의 역할로 옳은 것은?

> ○○시는 이 지역을 지나는 고속 철도 역의 이름을 정부가 협의 없이 일방적으로 결정하자, 역의 이름을 정하는 것이 정부 기관의 권한인지, ○○시의 권한인지 헌법 재판소에 심판을 청구하기로 했다.

① 법률의 위헌 여부를 심판한다.
② 국가 기관 간의 권한 분쟁을 심판한다.
③ 법률이나 공권력의 기본권 침해 여부를 심판한다.
④ 고위 공무원에 대한 파면 요구의 타당성을 심판한다.
⑤ 정당의 목적이나 활동이 헌법상 민주적 기본 질서에 어긋나는지를 심판한다.

24 ㉠에 들어갈 용어로 옳은 것은?

> 과거 민법 제809조 1항은 "동성동본의 혈족끼리는 혼인하지 못한다."라고 규정하였다. 이에 법원은 해당 조항의 위헌 여부를 심판해 달라고 헌법 재판소에 (㉠)을 제청하였다. 헌법 재판소는 이 조항이 혼인의 상대방 결정권을 광범위하게 제한하고, 혼인의 자유에 어긋난다며 위헌 결정을 내렸다.

① 탄핵 심판
② 권한 쟁의 심판
③ 위헌 법률 심판
④ 정당 해산 심판
⑤ 헌법 소원 심판

경제생활과 선택

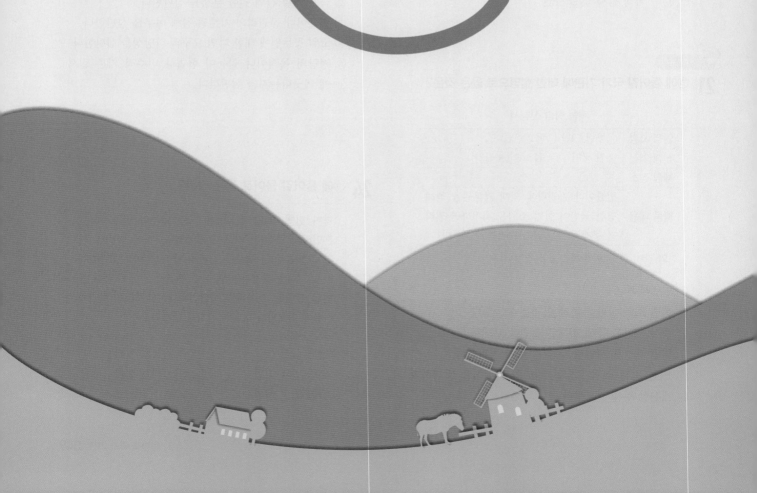

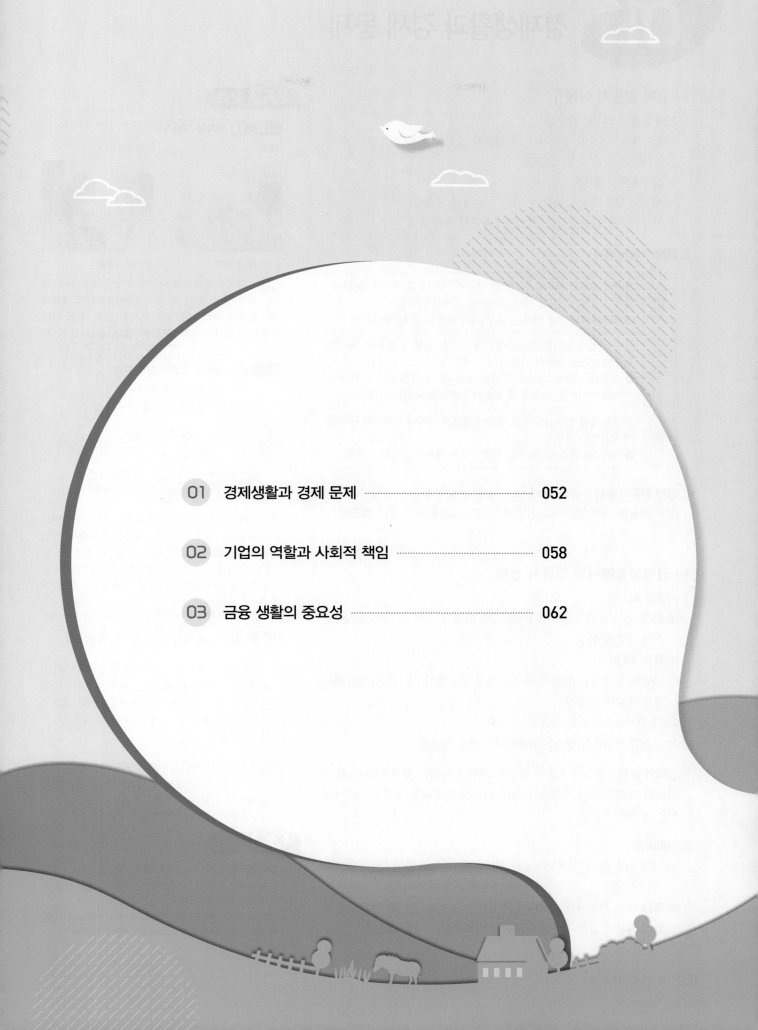

01 경제생활과 경제 문제

●● 경제 활동의 이해

1. 경제 활동의 의미와 중요성

(1) 경제 활동: 인간이 살아가는 데 필요한 재화나 서비스를 생산, 분배, 소비하는 모든 활동 자료①

(2) 경제 활동의 중요성

① 개인이 행복하게 살아갈 수 있는 기본적인 토대임

② 인간의 *필요와 물질적·정신적 *욕구를 충족해 줌

2. 경제 활동의 종류

생산	생활에 필요한 재화와 서비스를 만들어 내거나 그 가치를 증대하는 활동 → 상품을 운반, 저장, 판매하는 활동을 포함함 ⓔ 공장에서 물건을 만드는 것, 의사가 환자를 진료하는 것 등
분배	생산 과정에 참여한 사람들이 노동, 토지, 자본 등의 생산 요소를 제공한 대가를 나누어 가지는 것 ⓔ 노동을 제공한 대가로 임금을 받는 것, 토지를 제공한 대가로 *지대를 받는 것, 자본을 제공한 대가로 이자를 받는 것 등
소비	분배를 통해 얻은 소득으로 생활에 필요한 재화나 서비스를 구입하여 사용하는 활동 ⓔ 아이스크림을 사 먹는 것, 영화관에서 영화를 관람하는 것 등

3. 경제 활동의 순환
생산, 분배, 소비와 같은 경제 활동은 경제 주체 간의 상호 작용을 바탕으로 서로 긴밀히 연결되어 순환하고 있음 자료②

●● 경제생활에서의 합리적 선택

1. 자원의 희소성

(1) 의미: 인간의 욕구는 무한한 데 비해 이를 충족해 줄 자원은 상대적으로 부족한 현상

(2) 특징 자료③

① 자원의 절대적인 양에 의해서만 결정되는 것이 아니라 인간의 욕구 정도에 따라 달라짐

② 시대나 장소에 따라 달라질 수 있음

③ 자원의 가격을 결정하는 중요한 요인으로 작용함

2. 선택의 문제
자원의 희소성 때문에 개인과 사회는 경제 활동을 할 때 한정된 자원 안에서 무엇을 얼마나 생산하고 소비할 것인지 선택해야 하는 문제에 직면함

3. 기회비용

(1) 의미: 어떤 것을 선택함으로써 포기하는 여러 대안이 갖는 가치 중 가장 큰 것

(2) 특징: 모든 선택에는 기회비용이 따름, 사람마다 필요와 선호도가 다르기 때문에 같은 선택을 하더라도 기회비용은 다를 수 있음

생생 자료

자료 ① 재화와 서비스

서비스는 구체적인 형태를 띠지 않는다는 점에서 재화와 구분되지.

[재화]

↑ 마카롱과 커피

[서비스]

↑ 의사의 진료

인간이 의식주의 해결과 다양한 욕구 충족을 위해 필요로 하는 것 중 음식, 옷 등과 같이 구체적인 형태가 있는 물건을 재화라고 하며, 의사의 진료, 물건 배달 등과 같이 인간의 가치 있는 행위를 서비스라고 한다.

자료 ② 경제 주체 간의 상호 작용

가계, 기업, 정부 등과 같이 경제 활동에 참여하는 개인 또는 집단을 의미하지.

가계는 욕구 충족을 위해 소비 활동을 하며, 이에 필요한 소득을 얻고자 기업에 생산 요소를 제공한다. 기업은 생산 활동의 주체로서 가계가 제공한 생산 요소를 이용하여 상품을 생산한다. 정부는 가계와 기업이 낸 세금으로 공공재를 생산하거나 기업이 생산한 재화와 서비스를 소비한다.

국방 서비스나 도로 등 대가를 내지 않아도 모든 사람이 함께 소비할 수 있는 재화나 서비스를 말해.

자료 ③ 장소에 따라 달라지는 자원의 희소성

> 무더운 열대 지방에서는 에어컨의 양이 많아도 이를 원하는 사람이 더 많으므로 에어컨이 희소하다. 반면, 추운 극지방에서는 에어컨의 양이 적더라도 이를 원하는 사람이 매우 적으므로 에어컨이 희소하지 않다.

자원의 희소성은 자원의 절대적인 양이 인간의 욕구에 비해 상대적으로 적을 때 발생하므로, 상황에 따라 달라질 수 있다는 상대성을 띤다.

희소성이 큰 자원일수록 높은 가격에 거래될 가능성이 커.

쏙쏙 용어

★ **필요** 생존을 위해 반드시 충족되어야 하는 것

★ **욕구** 생존을 위해 반드시 필요하지는 않지만, 보다 나은 삶을 위해 충족되기를 원하는 것

★ **지대(地 - 땅, 代 - 대가)** 생산을 위해 토지와 같은 자연 자원을 사용한 대가로 그 소유자에게 지불하는 비용

4. 합리적 선택

(1) **의미**: 가장 적은 비용으로 가장 큰 편익을 얻을 수 있는 선택

비용	선택으로 치르는 대가
편익	선택으로 얻게 되는 이익이나 만족감

(2) **방법**: 같은 비용이 든다면 편익이 가장 큰 것을, 같은 편익을 얻는다면 비용이 가장 적은 것을 선택하는 것이 합리적임 → 편익이 기회비용보다 크도록 선택해야 함 **자료④** **서술형 단골** 합리적 선택의 의미와 방법을 묻는 문제가 자주 출제돼.

•• 경제 문제를 해결하기 위한 경제 체제

1. 기본적인 경제 문제
자원의 희소성 때문에 모든 사회에서 공통적으로 나타나는 선택의 문제

무엇을 얼마나 생산할 것인가?	생산물의 종류와 수량을 결정하는 문제
어떻게 생산할 것인가?	생산 방법을 결정하는 문제
누구를 위하여 생산할 것인가? (누구에게 분배할 것인가?)	생산물을 누구에게 얼마나 지급할 것인가를 결정하는 문제 → 분배의 문제

2. 경제 체제

(1) **경제 체제**: 기본적인 경제 문제를 해결하는 방식이 제도적으로 정착된 것

(2) **경제 체제의 종류** **자료⑤**

① 시장 경제 체제

의미	개인과 기업이 시장 가격에 기초하여 자율적으로 의사 결정을 함으로써 경제 문제를 해결하는 경제 체제
특징	개인의 자유로운 이익 추구가 인정됨, 개인의 자유로운 경제 활동이 보장됨, *사유 재산이 인정됨 → 경제 주체 간 경쟁 발생
장점	개인의 창의성이 최대한 발휘될 수 있음, 희소한 자원을 효율적으로 사용할 수 있음 → 사회 전체의 생산성이 높아짐
단점	빈부 격차가 발생할 수 있음, 개인의 이익 추구 과정에서 환경 오염이 심해지거나 공동체의 이익이 침해될 수 있음

② 계획 경제 체제

의미	국가가 경제 활동에 대한 계획을 세우고, 개인과 기업에 명령함으로써 경제 문제를 해결하는 경제 체제
특징	분배의 평등을 추구함, 개인의 경제 활동이 제한됨, 일반적으로 국가가 *생산 수단을 소유함 → 경제 활동에서 사회의 공동 목표 중시
장점	국가가 채택한 주요 목적을 신속히 달성할 수 있음
단점	국민의 다양한 욕구를 파악하기 어려워 국민에게 필요한 것을 적절하게 공급하기 어려움, 근로자의 근로 의욕이 저하됨, 이윤을 추구하려는 동기가 부족하여 경제적 효율성이 떨어짐

③ **혼합 경제 체제**: 시장 경제 체제와 계획 경제 체제의 요소가 혼합된 경제 체제 → 오늘날 대부분의 국가에서 채택하고 있음 **자료⑥**

생생 자료

자료④ 합리적 의사 결정 과정

문제 인식	해결해야 할 문제를 명확히 인식함
대안 탐색	이용할 수 있는 자원을 확인하고, 선택 가능한 여러 대안을 찾음
대안 평가	비용과 편익을 비교하여 각 대안을 평가함 ┌ 경제적 의사 결정 상황에서의 비용은 기회비용을 의미해.
대안 선택 및 실행	평가 결과를 바탕으로 최적의 대안을 선택하여 실행함
실행 결과의 반성	자신의 선택이 올바르게 이루어졌는지 평가하고 반성함

합리적 의사 결정 과정에 따라 선택할 경우 한정된 자원을 효율적으로 활용할 수 있게 되어 선택에 따른 후회를 최소화할 수 있다.

┌ 기본적인 경제 문제를 해결하는 방식에 따라 크게 시장 경제 체제와 계획 경제 체제로 구분할 수 있어.

자료⑤ 경제 체제에 따른 경제 문제의 해결 모습

- 가국에서는 생산자가 생산 품목과 생산량을 자유롭게 결정한다.
- 나국에서는 국가가 생산 품목의 종류와 수량을 결정하여 생산자에게 명령한다.

가국은 시장의 자율성에 따라 경제 문제를 해결하는 시장 경제 체제, 나국은 국가의 계획에 따라 경제 문제를 해결하는 계획 경제 체제에 해당한다. 이처럼 경제 문제를 해결하는 방식은 사회마다 다를 수 있다.

서술형 단골 제시된 사례에 나타난 경제 체제를 찾고, 그 장단점을 묻는 문제가 자주 출제돼.

자료⑥ 헌법에 나타난 우리나라의 경제 체제

제119조 ┌ 시장 경제 체제의 요소
① 대한민국의 경제 질서는 개인과 기업의 경제상의 자유와 창의를 존중함을 기본으로 한다.
② 국가는 균형 있는 국민 경제의 성장 및 안정과 적정한 소득의 분배를 유지하고, 시장의 지배와 경제력의 남용을 방지하며, 경제 주체 간의 조화를 통한 경제의 민주화를 위하여 경제에 관한 규제와 조정을 할 수 있다. ── 계획 경제 체제의 요소

제시된 헌법 조항을 통해 우리나라는 시장 경제 체제를 바탕으로, 시장의 가격 기능만으로는 해결이 어려운 문제를 해결하고자 계획 경제 체제의 요소를 일부 도입한 혼합 경제 체제를 채택하고 있음을 알 수 있다.
┌ 시장 경제 체제의 요소와 계획 경제 체제의 요소가 혼합된 정도는 국가마다 차이가 있어.

쏙쏙 용어

* **사유 재산** 개인의 의사에 따라 소유, 사용, 처분이 자유로운 재산
* **생산 수단** 토지, 자원, 기계 등 재화와 서비스를 생산하는 데 도움을 주는 것

한눈에 정리하기

◆ 경제 활동의 종류

(①)	생활에 필요한 재화와 서비스를 만들어 내거나 그 가치를 증대하는 활동
분배	생산 과정에 참여한 사람들이 생산 요소를 제공한 대가를 나누어 가지는 것
(②)	생활에 필요한 재화나 서비스를 구입하여 사용하는 활동

◆ 경제생활에서의 합리적 선택

자원의 (③)

인간의 욕구는 무한한 데 비해 이를 충족해 줄 자원은 상대적으로 부족한 현상

↓

선택의 문제 발생

↓

합리적 선택

가장 적은 비용으로 가장 큰 (④)을 얻을 수 있는 선택 → 편익이 기회비용보다 크도록 선택해야 함

◆ 경제 체제의 종류

시장 경제 체제	(⑤)에 기초하여 경제 문제를 해결하는 경제 체제
(⑥) 경제 체제	국가의 계획과 명령에 따라 경제 문제를 해결하는 경제 체제
혼합 경제 체제	시장 경제 체제와 계획 경제 체제의 요소가 혼합된 경제 체제

대표 자료 확인하기

◆ 경제 주체 간의 상호 작용

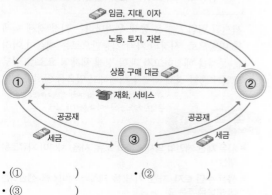

- ① ( )
- ② ( )
- ③ ( )

꼼꼼 개념 문제

1 ( )은 인간이 살아가는 데 필요한 재화나 서비스를 생산, 분배, 소비하는 모든 활동을 말한다.

2 다음 괄호 안의 내용 중 알맞은 말에 ○표를 하시오.
(1) 상품을 판매하는 활동은 (생산, 소비)에 포함된다.
(2) (분배, 소비)는 생산 과정에 참여한 대가를 나누어 가지는 것을 의미한다.

3 다음 빈칸에 들어갈 내용을 쓰시오.
(1) ( ) 때문에 개인과 사회는 경제 활동을 할 때 선택의 문제에 직면한다.
(2) 어떤 것을 선택함으로써 포기하는 여러 대안이 갖는 가치 중 가장 큰 것을 ( )이라고 한다.

4 다음 설명이 맞으면 ○표, 틀리면 ×표를 하시오.
(1) 합리적 선택은 가장 많은 비용으로 가장 작은 편익을 얻을 수 있는 선택을 말한다. ( )
(2) 선택으로 얻게 되는 이익이나 만족감이 기회비용보다 크도록 선택하는 것이 합리적이다. ( )
(3) 비용이 같다면 편익이 가장 작은 것을, 편익이 같다면 비용이 가장 많은 것을 선택하는 것이 합리적이다. ( )

5 '무엇을 얼마나 생산할 것인가?', '어떻게 생산할 것인가?', '누구를 위하여 생산할 것인가?'와 같은 기본적인 (㉠)를 해결하는 방식이 제도화된 것을 (㉡)라고 한다.

6 경제 체제의 종류와 그 특징을 옳게 연결하시오.
(1) 계획 경제 체제 •   • ㉠ 시장 가격에 기초하여 경제 문제 해결
(2) 시장 경제 체제 •   • ㉡ 국가의 계획과 명령에 따라 경제 문제 해결

7 다음 설명이 맞으면 ○표, 틀리면 ×표를 하시오.
(1) 시장 경제 체제는 개인의 자유로운 이익 추구를 인정한다. ( )
(2) 계획 경제 체제는 근로자의 근로 의욕을 향상한다는 장점이 있다. ( )
(3) 오늘날 대부분의 국가는 시장 경제 체제와 계획 경제 체제의 요소가 혼합된 경제 체제를 채택하고 있다. ( )

탄탄 시험 문제

중요해

01 다음은 경제 활동에 대한 설명이다. 밑줄 친 ㉠~㉤ 중 옳지 <u>않은</u> 것은?

> 사람이 살아가기 위해서는 ㉠ 재화와 ㉡ 서비스가 필요한데, 이를 ㉢ 생산, 분배, 소비하는 모든 활동을 경제 활동이라고 한다. 경제 활동은 ㉣ 개인이 생존할 수 있는 기본적인 토대를 제공하지만, ㉤ 인간의 욕구는 충족해 주지 못한다는 한계를 지닌다.

① ㉠ ② ㉡ ③ ㉢ ④ ㉣ ⑤ ㉤

02 ㉠의 사례로 적절한 것을 〈보기〉에서 고른 것은?

> (㉠)은/는 구체적인 형태가 있는 물건으로, 인간의 필요와 욕구를 충족시켜 준다.

| 보기 |
ㄱ. 집　　　　　　　ㄴ. 자동차
ㄷ. 가수의 공연　　　ㄹ. 의사의 진료

① ㄱ, ㄴ ② ㄱ, ㄷ ③ ㄴ, ㄷ
④ ㄴ, ㄹ ⑤ ㄷ, ㄹ

03 ⑺~⑼에 해당하는 경제 활동을 옳게 연결한 것은?

> ⑺ 재화나 서비스를 구입하여 사용하는 활동
> ⑻ 생산 요소를 제공한 대가를 나누어 가지는 것
> ⑼ 재화와 서비스를 만들거나 그 가치를 높이는 활동

	⑺	⑻	⑼		⑺	⑻	⑼
①	분배	생산	소비	②	분배	소비	생산
③	생산	소비	분배	④	소비	분배	생산
⑤	소비	생산	분배				

04 다음 사례들과 관련 있는 경제 활동에 대한 설명으로 옳은 것은?

> • 토지를 제공한 대가로 지대를 받는 것
> • 자본을 제공한 대가로 이자를 받는 것

① 상품을 운반하는 활동을 포함한다.
② 분배를 통해 얻은 소득을 바탕으로 한다.
③ 생산 요소를 제공한 대가를 받는 것이다.
④ 기존에 있던 상품의 가치를 높이는 활동이다.
⑤ 서비스를 구입하여 사용하는 활동을 포함한다.

이 문제에서 나올 수 있는 선택지는 다~!

05 ㉠에 해당하는 사례로 적절한 것은?

구분	생산	소비
재화	–	–
서비스	–	㉠

① 과수원에서 사과를 수확한다.
② 은행에 예금하고 이자를 받는다.
③ 회사에서 일하고 월급을 받는다.
④ 친구들과 아이스크림을 사 먹는다.
⑤ 미용사가 손님의 머리를 손질한다.
⑥ 가족들과 영화관에서 영화를 관람한다.

06 그림은 경제 주체 간의 상호 작용을 나타낸 것이다. ⑺~⑼에 대한 설명으로 옳지 <u>않은</u> 것은?

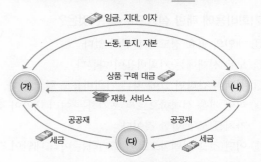

① ⑺는 생산 요소를 바탕으로 소득을 얻는다.
② ⑻는 욕구 충족을 위해 소비 활동을 한다.
③ ⑼는 국방 서비스나 도로 등을 제공한다.
④ ⑼는 ⑻가 생산한 재화와 서비스를 소비하기도 한다.
⑤ ⑺는 가계, ⑻는 기업, ⑼는 정부에 해당한다.

07 ㉠에 들어갈 용어로 옳은 것은?

> ☆ 경제 용어 사전 ☆
> ㉠ : 인간의 욕구는 무한한 데 비해 이를 충족해 줄 자원은 상대적으로 부족한 현상을 뜻한다. 개인과 사회가 경제 활동을 할 때 선택의 문제에 직면하게 되는 원인이기도 하다.

① 기회비용 ② 경제 문제
③ 경제 주체 ④ 경제 체제
⑤ 자원의 희소성

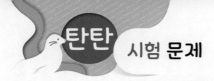

08 (가)에 들어갈 내용으로 가장 적절한 것은?

> 무더운 열대 지방에서는 에어컨의 양이 많아도 이를 원하는 사람이 더 많으므로 에어컨이 희소하다. 반면, 추운 극지방에서는 에어컨의 양이 적어도 이를 원하는 사람이 매우 적으므로 에어컨이 희소하지 않다. 이처럼 자원의 희소성은 _____ (가)

① 장소에 따라 달라지기도 한다.
② 시간이 흐름에 따라 변화하기도 한다.
③ 자원의 절대적인 양에 의해 결정된다.
④ 자원의 양이 한정되어 있기 때문에 발생한다.
⑤ 인간의 욕구가 자원의 양에 비해 상대적으로 적을 때 발생한다.

09 기회비용에 대한 설명으로 옳은 것은?

① 개인의 필요 정도와 관련이 없다.
② 모든 선택에는 기회비용이 따른다.
③ 선택이 같다면 그에 따른 기회비용도 항상 같다.
④ 어떤 것을 선택함으로써 포기하는 여러 대안이 갖는 가치를 모두 합한 것이다.
⑤ 어떤 것을 선택함으로써 포기하는 여러 대안이 갖는 가치 중 가장 작은 것이다.

10 (가), (나)에 해당하는 용어에 대한 옳은 설명을 〈보기〉에서 고른 것은?

> (가) 선택으로 치르는 대가
> (나) 선택으로 얻게 되는 이익이나 만족감

> ┤보기├
> ㄱ. 합리적 선택을 위해서는 (나)가 기회비용보다 크도록 선택해야 한다.
> ㄴ. 가장 적은 (가)로 가장 큰 (나)를 얻을 수 있는 선택을 합리적 선택이라고 한다.
> ㄷ. 같은 (나)를 얻는다면 (가)가 가장 많은 것을 선택하는 것이 합리적이다.
> ㄹ. (가)는 편익, (나)는 비용에 해당한다.

① ㄱ, ㄴ   ② ㄱ, ㄹ   ③ ㄴ, ㄷ
④ ㄴ, ㄹ   ⑤ ㄷ, ㄹ

11 다음 조건을 고려할 때 ㉠, ㉡에 들어갈 내용을 옳게 연결한 것은?

> [조건]
> – 가혁이는 김밥, 순대, 어묵 중 하나를 선택하여 먹고자 한다.
> – 가혁이가 좋아하는 순서는 순대, 김밥, 어묵 순이다.
> – 김밥, 순대, 어묵의 가격은 모두 같다.
>
> [결론]
> 가혁이는 합리적 선택을 할 경우 (㉠)을/를 먹게 되며, 그에 따른 기회비용은 (㉡)을/를 먹을 때의 편익이다.

	㉠	㉡		㉠	㉡
①	김밥	순대	②	김밥	어묵
③	순대	김밥	④	순대	어묵
⑤	어묵	순대			

12 다음에 나타난 기본적인 경제 문제로 옳은 것은?

> 운동화의 생산량을 늘리기 위해서 생산 직원을 더 고용할까? 공장에 자동화 설비를 도입할까?

① 언제 생산할 것인가?
② 무엇을 생산할 것인가?
③ 얼마나 생산할 것인가?
④ 어떻게 생산할 것인가?
⑤ 누구를 위하여 생산할 것인가?

13 다음과 같은 모습이 나타나는 경제 체제에 대한 설명으로 옳지 **않은** 것은?

> • 직원: 시장에서 컴퓨터 가격이 오르고 있어요.
> • 사장: 그렇다면 더 많은 이윤을 얻기 위해 컴퓨터의 생산량을 늘려야겠네요.

① 시장의 자율성을 중시한다.
② 개인의 사유 재산이 인정된다.
③ 희소한 자원이 효율적으로 분배된다.
④ 시장 가격을 통해 경제 문제를 해결한다.
⑤ 일반적으로 생산 수단을 국가가 소유한다.

14 가국에서 채택하고 있는 경제 체제의 단점으로 적절한 것을 〈보기〉에서 고른 것은?

> 가국의 정부는 기업에 원료를 제공하여 양말, 쌀국수 등의 생필품을 생산하기로 결정하였다.

┤ 보기 ├
ㄱ. 근로자의 근로 의욕이 낮은 편이다.
ㄴ. 분배의 평등을 추구하는 데 부적합하다.
ㄷ. 국가가 채택한 목적을 신속히 달성하기 어렵다.
ㄹ. 경제 활동에 대한 국민의 다양한 욕구를 정확하게 파악하기 어렵다.

① ㄱ, ㄴ
② ㄱ, ㄹ
③ ㄴ, ㄷ
④ ㄴ, ㄹ
⑤ ㄷ, ㄹ

중요해
15 표는 시장 경제 체제와 계획 경제 체제를 비교한 것이다. 그 내용이 옳은 것은?

	구분	시장 경제 체제	계획 경제 체제
①	경제 문제의 해결 수단	국가의 계획과 명령	시장 가격
②	경제적 의사의 결정 주체	국가	개별 경제 주체
③	사유 재산	불인정	인정
④	경제 활동의 자유	제한	보장
⑤	경제적 효율성	높음	낮음

16 다음 헌법 조항에서 알 수 있는 우리나라 경제 체제의 특징으로 적절하지 않은 것은?

> 제119조
> ① 대한민국의 경제 질서는 개인과 기업의 경제상의 자유와 창의를 존중함을 기본으로 한다.
> ② 국가는 …… 경제 주체 간의 조화를 통한 경제의 민주화를 위하여 경제에 관한 규제와 조정을 할 수 있다.

① 계획 경제 체제를 기반으로 한다.
② 혼합 경제 체제를 채택하고 있다.
③ 정부가 경제에 일부 개입하는 것을 허용한다.
④ 시장의 가격 기능이 지닌 한계를 보완하고 있다.
⑤ 이익 추구를 위한 경제 주체 간의 경쟁이 나타난다.

학교 시험에 잘 나오는 서술형 문제

1 (가), (나)에 해당하는 경제 활동의 종류를 쓰고, 그 의미를 각각 서술하시오.

> (가) 대형 할인점에서 사과를 구입하였다.
> (나) 공장에서 만들어진 휴대 전화의 부속품을 창고에 보관하였다.

_____
_____
_____

2 다음 글을 통해 알 수 있는 자원의 희소성이 지닌 특징을 제시된 내용을 포함하여 서술하시오.

> 자원의 양이 적어도 그것을 원하는 사람이 없다면 그 자원은 희소하지 않고, 자원의 양이 많아도 그것을 원하는 사람이 더 많다면 그 자원은 희소하다.

• 인간의 욕구   • 절대적인 양

_____
_____
_____

3 다음에서 설명하는 경제 체제를 쓰고, 그 장점을 두 가지 이상 서술하시오.

> • 개인과 기업이 자율적으로 의사 결정을 함으로써 경제 문제를 해결하는 경제 체제이다.
> • 빈부 격차가 발생할 수 있다는 단점이 있다.

_____
_____
_____

02 기업의 역할과 사회적 책임

●● 기업의 의미와 역할

1. 기업 생산 활동을 담당하는 경제 주체 → 시장 경제에서 기업은 생산물의 종류와 양 등을 직접 결정하며, *이윤의 극대화를 추구함

2. 기업의 역할 `자료 ①`

상품 생산	이윤을 얻기 위해 재화나 서비스를 만들고 이를 판매함 → 이윤 증대를 위해 질 좋은 상품을 적은 비용으로 생산하고자 노력하는 과정에서 소비자의 만족감과 삶의 질이 향상됨
고용과 소득 창출	• 생산 활동을 위해 근로자를 고용함 → 가계에 일자리 제공 • 생산 활동을 하는 과정에서 가계가 제공하는 노동, 토지, 자본 등의 생산 요소를 사용하고 그 대가로 임금, 지대, 이자 등을 지급함 → 가계에 소득 제공
세금 납부	생산 활동을 통해 벌어들인 수입 중 일부를 국가에 세금으로 납부함 → 국가의 *재정에 기여
기타	*주주에게 이윤 배분, 연구 개발 투자를 통한 경제 성장 촉진 등

●● 기업의 사회적 책임과 기업가 정신

1. 기업의 사회적 책임

(1) **의미**: 기업이 이윤 추구 활동 이외에 법령과 윤리를 준수하고, 기업의 유지 기반인 소비자, 주주, 지역 사회 등에 대한 역할을 다하는 것

(2) **특징**: 오늘날 기업의 활동이 사회와 국가 경제에 미치는 영향력이 커지면서 기업에 요구되는 사회적 책임도 강조되고 있음

(3) **수행 노력**

법령 준수	법에 근거하여 경제 활동을 하며, 다른 업체와 공정하게 경쟁 및 거래해야 함
소비자와 근로자의 권익 보호	• 안전한 제품을 생산하고, 소비자의 권리와 이익을 침해하지 않도록 노력해야 함 • 근로자에게 정당한 임금과 안전한 작업 환경을 제공해야 함
사회 공헌 활동 참여	교육, 문화, 복지 등을 적극적으로 지원하고, 자선이나 기부와 같은 사회 공헌 활동에 참여해야 함 `자료 ②`
환경 보호	생산 과정에서 생태계를 보호하고 환경 오염을 최소화해야 함
기타	투명 경영, 장애인 및 여성 고용 확대, 성실한 세금 납부 등

2. 기업가 정신 `자료 ③`

(1) **의미**: 불확실성과 위험을 무릅쓰고 *혁신을 바탕으로 한 생산 활동을 통해 이윤을 창출하여 기업을 성장시키려는 기업가의 도전 정신

(2) **발휘 사례**: 신상품 개발, 새로운 시장 개척, 새로운 생산 방법 도입, 새로운 경영 조직 구성, 품질 개선이나 기술 개발 등

(3) **의의**: 새로운 기술 및 상품 개발로 소비자의 삶이 더욱 풍요로워짐, 새로운 가치 창출에 이바지하여 경제 발전의 원동력이 될 수 있음

생생 자료

서술형 단골 시장 경제에서의 기업의 역할을 묻는 문제가 자주 출제돼

자료 ① 기업이 개인과 사회에 미치는 영향

> • ○○ 기업의 스마트폰 개발로 인터넷과 위성 지도의 사용이 가능해지고, 누리 소통망(SNS) 이용이 활발해지면서 생활이 편리해졌다.
> • △△ 기업이 한 지역에 공장을 건설한 이후 고용 창출 효과가 나타났고, 주변 상업 시설 및 주택 건설 등으로 지역 경제가 활성화되었다.

현대 사회에서 기업의 활동은 개인의 경제적인 이익이나 삶의 질에 영향을 미칠 뿐만 아니라 <u>국가 경제의 발전</u>에도 큰 영향을 미친다.

└ 기업의 생산 활동이 활발해질수록 사회 전체의 고용과 소득이 늘어 경제가 활성화되고 국민의 생활 수준이 높아질 수 있어.

자료 ② 기업의 사회 공헌 활동

> 미국의 신발 회사인 A사는 '일대일 기부'라는 방식으로 신발을 판매하고 있다. 신발이 한 켤레 팔릴 때마다 신발 없이 생활하는 제3 세계 어린이에게 한 켤레의 신발을 기부하는 것이다. 이 판매 방식은 A사의 매출 증대에 크게 이바지하였다.

제시된 사례에서 A사는 기부를 통해 사회에 공헌함으로써 사회 전체의 복지 증진에 기여하였다. 이러한 기업의 활동은 <u>기업에 대한 인식을 좋게 하여 장기적으로 기업의 성장을 촉진</u>할 수 있다.

┌ 기업의 혁신 과정에서 소비자는 우수한 제품을 보다 싼 가격에 구입할 수 있게 되며, 기존에 없었던 편리한 상품을 접할 수 있게 되지.

자료 ③ 기업가 정신과 관련된 격언

> • 기술 혁신을 통해 새로운 것을 만들어내는 '창조적 파괴'가 기업가 정신의 핵심이다. – 슘페터
> • 변화를 탐구하고, 변화에 대응하며, 변화를 기회로 이용하는 것이 기업가 정신이다.
> – 드러커, 피터 퍼디낸드

기업가는 미래의 불확실성 속에서도 장래를 예측하고 변화를 모색해야 하며, 급변하는 사회 환경에 유연하고 <u>신속하게 대처할 수 있는 능력을 갖추어야 한다.</u>

└ 기업가가 남과 다른 시각에서 혁신적인 사고를 할 때 기업이 경쟁력을 확보할 수 있어.

쏙쏙 용어

★ **이윤** 기업이 재화와 서비스를 팔아 벌어들인 수입에서 만드는 데 들어간 비용을 뺀 것

★ **재정** 국가 또는 지방 자치 단체가 행정 활동이나 공공 정책을 시행하기 위해 자금을 만들어 관리하고 이용하는 경제 활동

★ **주주** 주식을 가지고 회사 경영에 참여하는 개인이나 법인

★ **혁신**(革 – 가죽, 新 – 새롭다) 기존에 없었던 방식을 도입하여 관습, 조직 등을 새롭게 하는 창조적 과정

한눈에 정리하기

◆ 기업의 역할

상품 생산	(①)을 얻기 위해 재화나 서비스를 만들어 판매함
고용과 소득 창출	• 생산을 위해 근로자 고용 → 가계에 일자리 제공 • 생산 요소를 사용한 대가로 임금, 지대, 이자 등 지급 → 가계에 (②) 제공
세금 납부	수입 중 일부를 국가에 세금으로 납부 → 국가의 (③)에 기여

◆ 기업의 사회적 책임

의미	기업이 이윤 추구 활동 이외에 (④)과 윤리를 준수하고, 기업의 유지 기반인 소비자, 주주, 지역 사회 등에 대한 역할을 다하는 것
특징	오늘날 기업의 활동이 사회와 국가 경제에 미치는 영향력이 커지면서 강조되고 있음
수행 노력	법에 근거한 경제 활동 수행, 다른 업체와의 공정 거래, 소비자와 근로자의 권익 보호, 사회 공헌 활동 참여, 환경 보호 등

◆ 기업가 정신

의미	(⑤)과 위험을 무릅쓰고 혁신을 바탕으로 한 생산 활동을 통해 이윤을 창출하여 기업을 성장시키려는 기업가의 도전 정신
발휘 사례	신상품 개발, 새로운 시장 개척, 새로운 생산 방법 도입, 새로운 경영 조직 구성 등
의의	소비자의 삶의 질 향상에 기여, 새로운 가치 창출을 통해 (⑥)의 원동력으로 작용

대표 자료 확인하기

◆ 기업가 정신과 관련된 격언

- 기술 혁신을 통해 새로운 것을 만들어내는 '창조적 파괴'가 (①   )의 핵심이다.   - 슘페터
- 변화를 탐구하고, 변화에 대응하며, 변화를 기회로 이용하는 것이 (①   )이다.   - 드러커, 피터 퍼디낸드

(①   )은 위험을 무릅쓰고 (②   )을 바탕으로 한 생산 활동을 통해 기업을 성장시키려는 기업가의 도전 정신을 의미한다.

---

1 기업에 대한 설명이 맞으면 ○표, 틀리면 ×표를 하시오.
  (1) 기업은 생산 활동을 담당하는 경제 주체이다.   (   )
  (2) 시장 경제에서 기업은 이윤의 최소화를 추구한다. (   )
  (3) 시장 경제에서 기업은 국가에서 정한 생산물의 종류와 양을 따른다.   (   )
  (4) 기업이 이윤을 증대하기 위해 노력하는 과정에서 소비자의 만족감과 삶의 질이 향상될 수 있다.   (   )

2 기업의 역할에 해당하는 것을 〈보기〉에서 골라 기호를 쓰시오.

┌ 보기 ├─────────────────
  ㄱ. 세금 납부   ㄴ. 공공재 생산
  ㄷ. 노동력 제공   ㄹ. 일자리 제공
└────────────────────────

3 기업은 생산 활동을 위해 노동, 토지, 자본 등의 (㉠   )를 사용하고 그에 대한 대가로 임금, 지대, 이자 등을 지급함으로써 가계의 (㉡   )을 창출한다.

4 기업이 이윤을 추구하는 활동 이외에 법령과 윤리를 준수하고, 기업의 유지 기반인 소비자, 주주, 지역 사회 등에 대한 역할을 다하는 것을 기업의 (   )이라고 한다.

5 다음 괄호 안의 내용 중 알맞은 말에 ○표를 하시오.
  (1) 기업은 사회적 책임을 다하기 위해 장애인 및 여성의 고용을 (축소, 확대)해야 한다.
  (2) 기업이 사회적 책임을 다한 사례로는 소비자의 권리와 이익을 (보호, 침해)하는 것을 들 수 있다.
  (3) 오늘날 기업의 활동이 사회에 미치는 영향력이 (커, 작아)지면서 기업에 요구되는 사회적 책임이 강조되고 있다.

6 다음 설명이 맞으면 ○표, 틀리면 ×표를 하시오.
  (1) 기업가 정신은 혁신을 바탕으로 한다.   (   )
  (2) 기업가 정신이 발휘될수록 기업의 이윤은 감소한다.   (   )
  (3) 신상품을 개발하는 것은 기업가 정신이 발휘된 사례로 보기 어렵다.   (   )

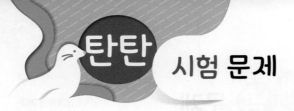
[01~02] 다음 내용을 읽고 물음에 답하시오.

질문	답변
생산 활동을 담당하는가?	예
이윤 극대화를 추구하는가?	예
세금을 바탕으로 공공재를 생산하는가?	아니요

01 위 내용에 부합하는 경제 주체로 옳은 것은?

① 가계   ② 국회   ③ 기업
④ 법원   ⑤ 정부

중요해

02 위 내용에 부합하는 경제 주체에 대한 옳은 설명을 〈보기〉에서 고른 것은?

┤ 보기 ├
ㄱ. 생산 활동을 통해 고용을 창출한다.
ㄴ. 국가 경제의 발전에는 영향을 미치지 못한다.
ㄷ. 시장 경제 체제에서 생산물의 종류와 양을 직접 결정한다.
ㄹ. 질 좋은 상품을 더 많은 비용을 들여 생산하기 위해 노력한다.

① ㄱ, ㄴ   ② ㄱ, ㄷ   ③ ㄴ, ㄷ
④ ㄴ, ㄹ   ⑤ ㄷ, ㄹ

이 문제에서 나올 수 있는 선택지는 다~!

03 기업의 역할로 적절하지 <u>않은</u> 것은?

① 가계에 일자리를 제공한다.
② 주주에게 이윤을 배분한다.
③ 국가에 각종 세금을 납부한다.
④ 욕구 충족을 위해 재화나 서비스를 소비한다.
⑤ 연구 개발 투자를 통해 경제 성장을 촉진한다.
⑥ 생산 요소를 사용한 대가를 지불하여 가계의 소득을 창출한다.

04 다음 사례를 통해 알 수 있는 기업의 영향으로 가장 적절한 것은?

기존의 휴대 전화는 통화 위주의 기능을 가지고 있었지만, ○○ 기업이 스마트폰을 개발하면서 휴대 전화는 작은 컴퓨터가 되었다. 스마트폰을 통해 인터넷 사용, 전자 우편 확인 및 작성, 위성 지도 사용 등이 가능해졌고, 이를 계기로 누리 소통망(SNS) 이용이 활발해져 쌍방향 소통이 빠르게 늘어나면서 사람들의 생활이 더욱 편리해졌다.

① 경제가 활성화된다.
② 국가의 재정이 확대된다.
③ 개인의 삶의 질이 향상된다.
④ 소비자의 만족감이 낮아진다.
⑤ 사회 전체의 고용이 증가한다.

05 ㉠, ㉡에 들어갈 용어를 옳게 연결한 것은?

기업은 생산 활동을 위해 (㉠)을/를 사용하고, 그 대가로 (㉡)을/를 지급함으로써 가계에 소득을 제공한다.

	㉠	㉡		㉠	㉡
①	노동	임금	②	임금	지대
③	자본	토지	④	지대	이자
⑤	토지	노동			

06 다음 질문에 대한 답으로 옳은 것은?

오늘날 기업의 활동이 소비자, 근로자와 밀접하게 관계를 맺을 뿐만 아니라, 국가 경제 전반에 걸쳐 영향을 미침에 따라 이것의 중요성이 커지고 있습니다. 기업이 이윤을 추구하는 활동 이외에 법령과 윤리를 준수하고 소비자, 주주, 지역 사회 등에 대한 역할을 다하는 것을 의미하는 이것은 무엇일까요?

① 기부   ② 혁신
③ 기업가 정신   ④ 기업의 경제적 책임
⑤ 기업의 사회적 책임

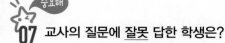

07 교사의 질문에 **잘못** 답한 학생은?

> • 교사: 기업은 사회적 책임을 다하기 위해 어떤 노력을 해야 할까요?

① 가현: 다른 업체와 공정하게 경쟁해야 해요.
② 나현: 장애인과 여성의 고용을 확대해야 해요.
③ 다현: 법에 근거하여 경제 활동을 해 나가야 해요.
④ 라현: 생산 과정에서 환경을 최대한 개발해야 해요.
⑤ 마현: 소비자의 안전을 고려하여 제품을 생산해야 해요.

08 다음 사례에 대한 옳은 분석을 〈보기〉에서 고른 것은?

> 미국의 신발 회사인 A사는 '일대일 기부'라는 방식으로 신발을 판매하고 있다. 신발이 한 켤레 팔릴 때마다 신발 없이 생활하는 제3 세계 어린이에게 한 켤레의 신발을 기부하는 것이다. 이 판매 방식은 A사의 매출 증대에 크게 이바지하였다.

┤ 보기 ├
ㄱ. 궁극적으로 A사의 이윤은 감소할 것이다.
ㄴ. A사는 사회 전체의 복지 증진에 기여하였다.
ㄷ. A사의 판매 방식은 장기적으로 기업의 성장을 촉진할 것이다.
ㄹ. A사는 이윤 추구 활동에 집중함으로써 사회에 대한 책임을 다하였다.

① ㄱ, ㄴ   ② ㄱ, ㄷ   ③ ㄴ, ㄷ
④ ㄴ, ㄹ   ⑤ ㄷ, ㄹ

09 ㉠에 들어갈 용어에 대한 설명으로 옳은 것은?

> 경제학자인 슘페터는 오래된 것을 거부하고 새로운 것을 끊임없이 만들어 내는 창조적 파괴가 (㉠)의 핵심이라고 말하였다.

① 불확실성을 줄이려는 태도이다.
② 시장에서의 경쟁력을 약화시킨다.
③ 현재의 이윤을 유지하려는 자세이다.
④ 변화를 모색하는 능력을 필요로 하지 않는다.
⑤ 위험을 무릅쓰고 기업을 성장시키려는 정신이다.

10 다음 과제를 옳게 수행한 모둠을 고른 것은?

과제: 기업가 정신의 발휘 사례 조사	
모둠	발휘 사례
1모둠	기술 개발을 통해 제품의 질을 높인 것
2모둠	기존의 조직 체계를 안정적으로 유지한 것
3모둠	판매처 확보를 위해 새로운 시장을 개척한 것
4모둠	현재 잘 팔리고 있는 제품의 생산량을 늘린 것

① 1모둠, 2모둠   ② 1모둠, 3모둠
③ 2모둠, 3모둠   ④ 2모둠, 4모둠
⑤ 3모둠, 4모둠

11 (가)에 들어갈 내용으로 적절하지 **않은** 것은?

> 기업이 빠르게 변화하는 현대 사회에서 살아남기 위해서는 기업가 정신이 필요한데, 기업가 정신이 발휘되는 과정에서 _____(가)_____

① 국가의 경제 발전이 저해된다.
② 새로운 상품을 접할 수 있게 된다.
③ 소비자의 삶이 더욱 풍요로워진다.
④ 보다 싼 가격에 제품을 구입할 수 있게 된다.
⑤ 기존에 없었던 새로운 가치가 창출되기도 한다.

학교 시험에 잘 나오는 서술형 문제

1 그림은 한 경제 주체의 역할을 나타낸 것이다. 이를 보고 물음에 답하시오.

(1) (가)에 들어갈 경제 주체를 쓰시오.
_____

(2) (1)이 지닌 사회적 책임의 의미를 서술하시오.
_____
_____
_____

03 금융 생활의 중요성

•• 일생 동안의 경제생활

1. 평생 이루어지는 경제생활 인간의 경제생활은 태어나면서부터 평생에 걸쳐 이루어짐 → 경제생활 모습은 *생애 주기에 따라 다르게 나타남

2. 생애 주기에 따른 경제생활 자료①

(1) 생애 주기에 따른 일반적인 경제생활 모습

유소년기	생산 활동보다 소비 활동이 많이 이루어짐, 경제적 자립이 어려워 주로 부모의 소득에 의존하여 소비 생활을 함 → 바람직한 경제생활 태도를 형성하는 것이 중요함
청년기	취업을 통해 본격적으로 생산 활동에 참여하여 소득이 발생하며, 소득과 소비가 모두 적은 편임 → *저축을 통해 결혼, 자녀 출산 등에 대비해야 함
중장년기	소득이 크게 늘어나지만, 자녀 출산 및 양육, 주택 마련 등으로 소비도 집중적으로 늘어남 → 노후 준비를 위해 소비를 줄이고 소득을 저축해야 함
노년기	직장에서 은퇴한 후 소득이 크게 줄어들거나 없어져 이전에 모아 둔 노후 대비 자금이나 연금으로 생활함 → 고령화 시대에 접어들면서 노년기의 중요성이 커지고 있음

(2) 생애 주기에 따른 경제생활의 특징

① 소비 생활은 평생에 걸쳐 이루어지지만, 소득을 얻을 수 있는 기간은 한정되어 있음

② 생애 주기의 시기별로 개인의 소득과 소비 수준이 달라짐

•• 지속 가능한 경제생활을 위한 자산 관리

1. 자산 자신이 소유하고 있는 것 중에서 경제적 가치를 지닌 것

금융 자산	예금, 주식, 채권 등
실물 자산	자동차, 부동산, 귀금속 등

2. 자산 관리

(1) 자산 관리: 자신이 벌어들인 소득으로 언제, 얼마만큼 소비할지, 어떻게 자산을 모으고 불릴지에 대한 계획을 세우고 실천하는 것 자료②

서술형 단골 자산 관리의 의미와 필요성을 묻는 문제가 자주 출제돼.

(2) 자산 관리의 필요성 자료③

지속 가능한 경제생활 유지	일생 동안 소득과 소비가 일정하지 않음 → 경제생활을 지속하기 위해 일생의 소득과 소비를 고려하여 자산을 확보 및 운영해야 함
고령화 사회 대비	평균 수명의 연장으로 은퇴 이후의 생활 기간이 점점 늘어남 → 안정적인 노후 생활을 위해 자산을 관리해야 함
미래의 불확실한 상황 대비	사고, 질병, 자연재해 등에 따른 갑작스러운 지출에도 대비해야 함

생생 자료

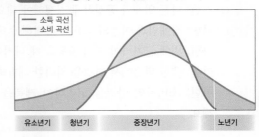

자료① 생애 주기에 따른 소득과 소비

> ┌ 소득은 직업을 가지게 되는 청년기부터 중장년기에 주로 발생하지.

생애 주기를 살펴보면 소득이 소비보다 많은 시기가 있고, 소비가 소득보다 많은 시기도 있다. 따라서 지속 가능한 경제생활을 하기 위해서는 생애 주기에 따른 수입과 지출을 살펴보고, 장기적 관점에서 경제생활 계획을 수립하고 실천해야 한다.

자료② 자산 관리의 과정

목표 결정	생애 주기별로 자신이 이루고 싶은 목표를 세우고, 비용을 예측함
자산 파악	자신이 현재 및 미래에 가지게 될 자산의 규모를 파악함
자금 마련 계획 수립	소득 발생 시점과 은퇴 시점을 고려하여 자금을 마련할 계획을 수립함
실행	자금 마련 계획을 구체적으로 실행함
검토와 평가	실행 내용을 정기적으로 검토하고, 필요 시 목표나 계획을 재설정함

자신이 원하는 삶을 살아가기 위해서는 현재의 경제생활을 돌이켜 보고, 미래에 필요한 금액을 예상하여 미리 준비해야 한다.

> ┌ 여유 자금을 은행에 예금하거나 주식 등에 투자하여 자산을 늘릴 수 있어.

자료③ 자산 관리의 필요성

> 정부 발표에 따르면 1970년에 62.3세였던 우리나라 국민의 평균 기대 수명은 점차 증가하여 2016년에 82.4세인 것으로 나타났다.

한정된 기간에 얻은 소득으로 평생 동안 지속 가능한 삶을 유지하기 위해서는 효율적인 자산 관리가 필요하다. 특히 평균 수명이 늘어나는 오늘날에는 자산 관리의 필요성이 더욱 커지고 있다.

쏙쏙 용어

★ **생애 주기** 시간의 흐름에 따라 개인이나 가족의 삶이 어떻게 변화하는지를 몇 단계로 나타낸 것

★ **저축** 소득 가운데 소비하지 않고 남긴 부분

3. 합리적인 자산 관리 방법

(1) **자산의 특성 고려**: 자산 관리의 목적과 기간에 맞게 안전성, 수익성, 유동성을 고려하여 적절한 자산 관리 방법을 선택해야 함

안전성(↔ 위험성)	투자한 원금이 손실되지 않는 정도
수익성	투자를 통해 이익을 얻을 수 있는 정도
유동성	필요할 때 쉽게 현금으로 바꿀 수 있는 정도

(2) **분산 투자**: 다양한 유형의 자산에 분산하여 투자함으로써 적정한 이익을 얻는 동시에 투자로 인한 위험을 줄여 나가야 함 **자료④**

(3) **기타**: 불필요한 지출 축소, 자신의 소득과 소비 및 미래 계획 고려 등

4. 자산 관리에 활용되는 주요 자산 **자료⑤**

예금, *적금	이자 등을 목적으로 은행과 같은 금융 기관에 맡긴 자산 → 원금 손실의 우려가 적어 안전성은 높지만, 수익성이 낮음
주식	주식회사가 자금 마련을 위해 투자자에게서 돈을 받고 발행하는 증서 → 수익성은 높지만, 원금 손실의 우려가 커 안전성이 낮음
채권	정부, 기업 등이 일정한 이자를 지급할 것을 약속하고 돈을 빌리면서 발행하는 증서
보험	예기치 못한 위험에 대비할 목적으로 미리 보험료를 내고, 질병이나 사고 등이 발생하면 일정액을 받는 금융 상품
연금	노후 대비를 목적으로 미리 일정액을 낸 후 노후에 매달 일정액을 받는 금융 상품
부동산	토지나 건물 등과 같이 옮길 수 없는 자산

서술형 단골 예금과 주식의 특징을 안전성과 수익성을 기준으로 비교하는 문제가 자주 출제돼.

●● 지속 가능한 경제생활을 위한 신용 관리

1. 신용

(1) **신용**: 나중에 대가를 지불할 것을 약속하고 현재 상품을 이용하거나 돈을 빌릴 수 있는 능력 → 개인의 지불 능력에 관한 사회적 평가

(2) ***신용 거래의 사례**: *할부 거래, 은행 *대출, 신용 카드 사용 등

(3) **신용 거래의 장단점**

장점	당장 현금이 없더라도 상품을 구매할 수 있음, 현재의 소득보다 더 많은 소비를 할 수 있음
단점	미래에 갚아야 할 빚이 늘어남, 충동구매와 과소비의 우려가 있음

2. 신용 관리 **자료⑥**

(1) **신용 관리의 중요성**: 신용이 낮아지면 높은 이자 지불, 신용 카드 발급 제한, 대출 거절, 취업 제한 등의 불이익을 받을 수 있음 → 개인의 경제생활에 지장 초래, 국가의 경제 성장에 장애 요인으로 작용

(2) **올바른 신용 관리 방법**: 자신의 소득과 지불 능력을 고려하여 신용 이용, 돈을 갚기로 하거나 상품 대금을 지불하기로 한 약속 준수, 높은 신용도를 유지하도록 꾸준히 관리, 소득을 초과하는 소비 자제 등

자료④ 분산 투자의 필요성과 관련된 격언

> 달걀을 한 바구니에 담아서는 안 된다. 만일 바구니를 떨어뜨리면 모든 것이 끝이기 때문이다.
> – 제임스 토빈

제시된 격언은 한 가지 유형의 자산에 집중적으로 투자하기보다는 여러 유형의 자산에 적절하게 분산하여 투자하는 분산 투자의 원리를 강조하고 있다. 분산 투자를 하면 어느 한 곳에서 손해를 보더라도 다른 곳에서 그 손해를 보충할 수 있어 좀 더 안정적으로 자산을 운용할 수 있다.

전문 운용 기관이 투자받은 자금을 주식 등에 투자한 후, 수익을 투자자에게 돌려주는 금융 상품이야.

자료⑤ 자산별 수익과 위험 간의 관계

일반적으로 주식이나 펀드처럼 수익성이 높은 자산은 안전성이 낮고, 예금이나 적금처럼 안전성이 높은 자산은 수익성이 낮다. 이처럼 자산마다 특성이 다르므로, 자산 관리 시 자산의 특성과 자산 관리의 목적을 파악하여 그에 맞는 적절한 자산을 선택해야 한다.

자료⑥ 신용 관리의 중요성

휴대 전화 서비스를 이용하고 나중에 요금을 내는 것도 신용 거래에 해당해.

> A 씨는 대학교를 다니던 중 휴대 전화 요금과 카드 결제 대금을 자주 연체하여 신용 등급이 하락하였다. A 씨는 졸업 후 급히 목돈이 필요하여 은행에서 대출을 받으려고 했지만, 신용 등급이 낮아 거절당하였다.

제시된 사례는 상품 대금을 제때 갚지 않아 신용 등급이 낮아진 결과, 대출 거절과 같은 불이익을 당하였음을 보여 준다. 이처럼 상환 기한을 지키지 않고 상품 대금을 연체하여 신용을 잃으면 정상적인 경제생활이 어려워지므로, 연체하지 않도록 주의해야 한다.

쏙쏙 용어

* **적금**(積 – 쌓다, 金 – 돈) 금융 기관에 일정 금액을 일정 기간 넣은 후 찾는 예금
* **신용 거래** 신용을 바탕으로 돈을 빌리고 갚는 행위
* **할부**(割 – 나누다, 賦 – 내다) 돈을 일정 기간 동안 여러 번에 나누어 내는 것
* **대출** 돈이나 물건 등을 빌려주거나 빌리는 것

한눈에 정리하기

◆ 생애 주기에 따른 일반적인 경제생활 모습

유소년기	주로 부모의 소득에 의존하여 소비 생활을 함
청년기	생산 활동에 참여하여 (①)이 발생함
중장년기	소득이 크게 늘어나지만, 자녀 출산 및 양육 등으로 (②)도 집중적으로 늘어남
노년기	은퇴 후 소득이 크게 줄거나 없어짐 → 노후 대비 자금이나 연금으로 생활함

◆ 자산 관리

의미	자신이 벌어들인 소득으로 언제, 얼마만큼 소비할지, 어떻게 자산을 모으고 불릴지에 대한 계획을 세우고 실천하는 것
필요성	(③) 가능한 경제생활 유지, 고령화 사회 대비, 미래의 불확실한 상황 대비 등

◆ 합리적인 자산 관리 방법

자산의 특성 고려	안전성, 수익성, (④)을 고려하여 자산을 관리해야 함
(⑤) 투자	다양한 유형의 자산에 분산하여 투자함으로써 적정한 이익을 얻는 동시에 투자로 인한 위험을 줄여 나가야 함

◆ 신용

의미	개인의 (⑥) 능력에 관한 사회적 평가
관리의 중요성	신용이 낮아지면 높은 이자 지불, 대출 거절, 취업 제한 등의 불이익을 받을 수 있음
올바른 관리 방법	자신의 소득과 지불 능력을 고려한 신용 이용, 상환 기한 준수, 높은 신용도 유지 등

대표 자료 확인하기

◆ 생애 주기에 따른 소득과 소비

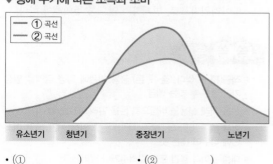

- ① 곡선
- ② 곡선

| 유소년기 | 청년기 | 중장년기 | 노년기 |

•① (   )　　•② (   )

꼼꼼 개념 문제

1 다음 설명이 맞으면 ○표, 틀리면 ×표를 하시오.

(1) 경제생활은 평생에 걸쳐 이루어진다. (   )
(2) 소득을 얻을 수 있는 기간은 한정되어 있다. (   )
(3) 소득과 소비의 수준은 생애 주기와 관계없이 항상 일정하게 유지된다. (   )

2 생애 주기에 따른 일반적인 경제생활 모습을 옳게 연결하시오.

(1) 유소년기 •　　• ㉠ 취업을 통해 소득을 형성함
(2) 청년기 •　　• ㉡ 은퇴 후 연금 등으로 생활함
(3) 중장년기 •　　• ㉢ 부모의 소득에 의존하여 생활함
(4) 노년기 •　　• ㉣ 소득이 크게 늘지만, 소비도 집중적으로 늘어남

3 자신이 소유한 것 중에서 경제적 가치를 지닌 것을 (㉠   )이라고 하며, 이를 어떻게 모으고 불릴지에 대한 계획을 세우고 실천하는 것을 (㉡   )라고 한다.

4 다음에서 설명하는 자산의 특성을 〈보기〉에서 골라 기호를 쓰시오.

┌ 보기 ┐
ㄱ. 수익성　　　　ㄴ. 안전성　　　　ㄷ. 유동성
└──────────────┘

(1) 투자한 원금이 손실되지 않는 정도이다. (   )
(2) 투자를 통해 이익을 얻을 수 있는 정도이다. (   )
(3) 필요할 때 쉽게 현금으로 바꿀 수 있는 정도이다. (   )

5 다음 괄호 안의 내용 중 알맞은 말에 ○표를 하시오.

(1) (예금, 주식)은 수익성은 높지만, 안전성은 낮은 편이다.
(2) 노후 대비를 위해 미리 일정액을 낸 후 노후에 매달 일정액을 받는 금융 상품을 (연금, 채권)이라고 한다.

6 (   )은 나중에 대가를 지불할 것을 약속하고 현재 상품을 이용하거나 돈을 빌릴 수 있는 능력을 말한다.

7 신용에 대한 설명이 맞으면 ○표, 틀리면 ×표를 하시오.

(1) 할부 거래는 신용 거래의 사례에 해당한다. (   )
(2) 자신의 신용을 많이 이용할수록 미래에 갚아야 할 빚이 줄어든다. (   )

01 일생 동안의 경제생활에 대한 설명으로 옳은 것은?

① 소득은 평생에 걸쳐 얻을 수 있다.
② 저축은 주로 노년기에 이루어진다.
③ 소득은 일반적으로 청년기에 가장 높게 형성된다.
④ 유소년기에는 소비 활동보다 생산 활동이 많이 이루어진다.
⑤ 지속적인 경제생활을 위해 장기적인 관점에서 경제생활 계획을 수립해야 한다.

02 다음과 같은 경제생활 모습이 나타나는 시기에 대한 옳은 설명을 〈보기〉에서 고른 것은?

> 인생에서 첫 직장을 가지고 본격적으로 생산 활동에 참여하여 소득을 형성한다.

┤ 보기 ├
ㄱ. 경제생활이 시작되는 시기이다.
ㄴ. 경제적 자립이 어려운 시기이다.
ㄷ. 소득과 소비가 모두 적은 시기이다.
ㄹ. 결혼, 자녀 출산 등에 대비해야 하는 시기이다.

① ㄱ, ㄴ   ② ㄱ, ㄷ   ③ ㄴ, ㄷ
④ ㄴ, ㄹ   ⑤ ㄷ, ㄹ

03 (가), (나) 시기의 경제생활 모습에 대한 설명으로 옳지 않은 것은?

> (가) 노년기   (나) 중장년기

① (가) 시기에는 소득이 크게 줄어들거나 없어진다.
② 고령화 시대에 접어들면서 (가) 시기의 중요성이 작아지고 있다.
③ (나) 시기에는 소득이 크게 늘어난다.
④ (나) 시기에는 자녀 교육, 주택 마련 등에 따른 소비가 늘어난다.
⑤ (나) 시기에 소비를 줄이고 소득을 저축해야 (가) 시기에 안정적으로 소비 생활을 할 수 있다.

04 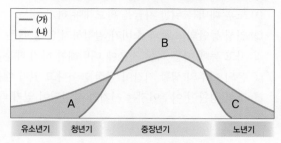 그림은 생애 주기에 따른 소득과 소비를 나타낸 것이다. 이에 대한 옳은 분석을 〈보기〉에서 고른 것은?

┤ 보기 ├
ㄱ. (가)는 소비 곡선, (나)는 소득 곡선이다.
ㄴ. B는 '소득 > 소비'를 나타낸다.
ㄷ. A에서의 저축을 통해 C를 보충해야 한다.
ㄹ. 개인의 소득과 소비 수준이 생애 주기의 시기별로 달라짐을 나타낸다.

① ㄱ, ㄴ   ② ㄱ, ㄷ   ③ ㄴ, ㄷ
④ ㄴ, ㄹ   ⑤ ㄷ, ㄹ

05 자산에 대한 설명으로 옳지 않은 것은?

① 실물 자산에는 예금, 주식 등이 포함된다.
② 크게 금융 자산과 실물 자산으로 구분된다.
③ 자신이 소유하고 있는 것 중에서 경제적 가치를 지닌 것이다.
④ 오늘날 평균 수명이 늘어나면서 합리적으로 관리해야 할 필요성이 커지고 있다.
⑤ 지속 가능한 경제생활을 위해 일생의 소득과 소비를 고려하여 확보하고 운영해야 한다.

06 다음은 한 학생이 정리한 노트 필기이다. ㉠에 들어갈 용어로 옳은 것은?

> (㉠)의 의미와 과정
> • 의미: 자신이 벌어들인 소득으로 언제, 얼마만큼 소비할지, 어떻게 자산을 모으고 불릴지 미리 계획을 세우고, 이를 실천하는 것을 말한다.
> • 과정: 목표 결정 → 자산 파악 → 자금 마련 계획 수립 → 실행 → 검토와 평가

① 저축   ② 분산 투자   ③ 자산 관리
④ 신용 관리   ⑤ 생애 주기

07 오늘날 자산 관리의 필요성이 강조되고 있는 이유로 적절하지 않은 것은?

① 노후 대비를 위한 자금을 확보해야 하기 때문
② 일생 동안의 소득과 소비가 일정하지 않기 때문
③ 사고 등에 따른 목돈 지출에 대비해야 하기 때문
④ 은퇴 이후의 생활 기간이 점점 늘어나고 있기 때문
⑤ 소비 생활이 이루어지는 시기가 한정되어 있기 때문

08 (가)~(다)에 해당하는 자산의 특성을 옳게 연결한 것은?

> (가) 투자한 원금이 손실되지 않는 정도
> (나) 투자를 통해 이익을 얻을 수 있는 정도
> (다) 필요할 때 쉽게 현금으로 바꿀 수 있는 정도

	(가)	(나)	(다)
①	안전성	수익성	유동성
②	안전성	유동성	수익성
③	유동성	안전성	수익성
④	위험성	수익성	유동성
⑤	위험성	유동성	안전성

중요해

09 합리적인 자산 관리 방법으로 적절한 것을 〈보기〉에서 고른 것은?

> ┤보기├
> ㄱ. 불필요한 지출을 줄여야 한다.
> ㄴ. 자산 관리의 기간은 고려해서는 안 된다.
> ㄷ. 안전성, 유동성, 수익성을 모두 고려해야 한다.
> ㄹ. 투자 위험을 줄이기 위해 한 가지 유형의 자산에 집중적으로 투자해야 한다.

① ㄱ, ㄴ   ② ㄱ, ㄷ   ③ ㄴ, ㄷ
④ ㄴ, ㄹ   ⑤ ㄷ, ㄹ

10 다음에 해당하는 자산에 대한 설명으로 옳은 것은?

> 이자 등을 목적으로 금융 기관에 맡긴 자산

① 수익성이 높은 편이다.
② 안전성이 낮은 편이다.
③ 원금 손실의 우려가 적다.
④ 경제적 가치를 지니지 않는다.
⑤ 부동산과 같은 유형의 자산에 해당한다.

11 다음에서 설명하는 자산으로 옳은 것은?

> • 주식회사가 자금을 마련하기 위해 투자자에게서 돈을 받고 발행하는 증서이다.
> • 투자를 통해 배당금을 얻을 수도 있다.

① 보험   ② 예금   ③ 주식
④ 채권   ⑤ 부동산

12 ㉠, ㉡에 들어갈 자산을 옳게 연결한 것은?

> • 가람: 여유 자금이 생겨서 자산을 늘리고 싶은데, 어떤 자산에 투자하면 좋을까?
> • 나람: 정부나 기업 등에 돈을 빌려준 대가로 일정한 이자를 받을 수 있는 (㉠)을 추천해.
> • 다람: 나는 예기치 못한 위험에 대비하고 싶은데, 어떤 자산에 투자하면 좋을까?
> • 나람: 미리 돈을 내면 질병이나 사고가 발생했을 때 일정액을 받아 손해를 줄일 수 있는 (㉡)을 추천해.

① ㉠ – 연금   ② ㉠ – 주식   ③ ㉠ – 부동산
④ ㉡ – 보험   ⑤ ㉡ – 적금

중요해

13 그림은 자산별 기대 수익률과 위험 간의 관계를 나타낸 것이다. 이에 대한 분석으로 옳지 않은 것은?

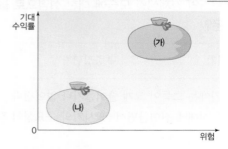

① 펀드는 (가)에 해당한다.
② (가)는 수익성과 위험성이 모두 높은 자산이다.
③ 예금은 (나)에 해당한다.
④ (나)는 수익성과 안전성이 모두 낮은 자산이다.
⑤ 수익성과 위험성이 비례 관계에 있음을 나타낸다.

[14~15] 다음 자료를 보고 물음에 답하시오.

사람의 경제적 지불 능력 또는 지불 능력에 관한 사회적 평가를 의미하는 것으로, 현대 사회에서는 이를 바탕으로 한 경제 활동이 활발하게 이루어지고 있다.

이 문제에서 나올 수 있는 선택지는 다~!

14 (가)에 들어갈 용어에 대한 설명으로 옳지 않은 것은?

① 거래에 활용할 경우 충동구매를 막을 수 있다.

② 많이 이용할수록 미래에 갚아야 할 빚이 늘어난다.

③ 현재의 소득보다 더 많은 소비를 할 수 있도록 해 준다.

④ 당장 현금이 없더라도 서비스를 이용할 수 있도록 해 준다.

⑤ 제대로 관리하지 못할 경우 경제생활에 지장을 초래하기도 한다.

⑥ 나중에 대가를 지불할 것을 약속하고 현재 돈을 빌릴 수 있는 능력을 말한다.

15 (가)를 이용한 거래의 사례로 적절한 것만을 〈보기〉에서 있는 대로 고른 것은?

┌─ 보기 ├─
ㄱ. 자동차를 할부로 구입하였다.
ㄴ. 햄버거를 주문하고 현금으로 바로 결제하였다.
ㄷ. 급히 목돈이 필요하여 은행에서 대출을 받았다.
ㄹ. 한 달간 휴대 전화를 이용한 후 요금을 지불하였다.
└─────

① ㄱ, ㄴ
② ㄱ, ㄷ
③ ㄴ, ㄹ
④ ㄱ, ㄷ, ㄹ
⑤ ㄴ, ㄷ, ㄹ

16 올바른 신용 관리 자세를 가진 사람은?

① 가현: 신문 결제 대금은 되도록 연체하고 있어.

② 나현: 꾸준히 소득을 넘어서는 소비를 하고 있어.

③ 다현: 친구에게 빌린 돈을 제때 갚지 못하고 있어.

④ 라현: 신용 등급을 가능한 한 낮게 유지하고 있어.

⑤ 마현: 소득을 고려하여 신용 카드를 이용하고 있어.

학교 시험에 잘 나오는 서술형 문제

1 다음 글을 읽고 물음에 답하시오.

생애 주기를 살펴보면 소득이 소비보다 많은 시기가 있고, 소비가 소득보다 많은 시기도 있다. 이처럼 일생 동안 소득과 소비가 일정하지 않으므로, 장기적 관점에서 경제적 가치를 지닌 것들을 확보하고 운영하는 이것을 해야 한다.

(1) 밑줄 친 '이것'에 해당하는 용어를 쓰시오.

_____

(2) (1)의 필요성을 세 가지 이상 서술하시오.

_____
_____
_____

2 자산 관리와 관련하여 다음 격언이 강조하는 내용을 서술하시오.

달걀을 한 바구니에 담아서는 안 된다. 만일 바구니를 떨어뜨리면 모든 것이 끝이기 때문이다.
– 제임스 토빈

_____
_____
_____

3 다음 상황이 지속될 경우 A 씨가 받게 될 불이익을 두 가지 이상 서술하시오.

회사원인 A 씨는 휴대 전화 요금과 카드 결제 대금을 자주 연체하여 신용 등급이 하락하였다.

_____
_____
_____

1 경제 주체 간의 상호 작용

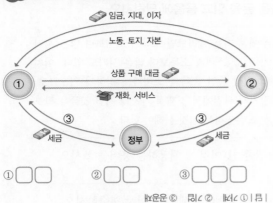

임금, 지대, 이자

노동, 토지, 자본

상품 구매 대금

재화, 서비스

③ → 세금 ← 정부 → 세금 ← ③

① □□   ② □□   ③ □□□

답 | ① 가계 ② 기업 ③ 정부

- - -

2 합리적 의사 결정 과정

(①)	해결해야 할 문제를 명확히 인식함
대안 탐색	이용할 수 있는 자원을 확인하고, 선택 가능한 여러 대안을 찾음
대안 평가	비용과 (②)을 비교하여 각 대안을 평가함
대안 선택 및 실행	평가 결과를 바탕으로 최적의 대안을 선택하여 실행함
실행 결과의 반성	자신의 선택이 올바르게 이루어졌는지 평가하고 반성함

① □□□   ② □□

답 | ① 문제 인식 ② 편익

- - -

3 시장 경제 체제와 계획 경제 체제

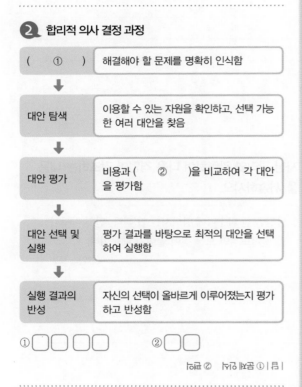

(①) 경제 체제
- 경제적 효율성 중시
- 경제 활동의 자유 보장

(②) 경제 체제
- 분배의 형평성 중시
- 경제 활동의 자유 제한

요소 혼합

(③) 경제 체제

오늘날 대부분의 국가에서는 ① □□ 경제 체제의 요소와 ② □□ 경제 체제의 요소가 섞인 ③ □□ 경제 체제가 운영되고 있다.

답 | ① 시장 ② 계획 ③ 혼합

01 경제생활과 경제 문제

경제 활동의 의미와 종류

1 의미	재화나 서비스를 생산, 분배, 소비하는 모든 활동 → 경제 주체 간의 상호 작용을 바탕으로 긴밀히 연결됨	
종류	생산	재화와 서비스를 만들거나 가치를 높이는 활동
	(①)	생산 과정에 참여한 대가를 나누어 가지는 것
	소비	재화나 서비스를 구입하여 사용하는 활동

경제생활에서의 합리적 선택

자원의 (②)	인간의 욕구는 무한한 데 비해 이를 충족해 줄 자원은 상대적으로 부족한 현상 → 자원의 희소성 때문에 개인과 사회는 선택의 문제에 직면함
기회비용	어떤 것을 선택함으로써 포기하는 여러 대안이 갖는 가치 중 가장 큰 것
2 (③) 선택	가장 적은 비용으로 가장 큰 편익을 얻을 수 있는 선택 → 편익이 기회비용보다 크도록 선택해야 함

경제 문제와 경제 체제

기본적인 경제 문제	• 무엇을 얼마나 생산할 것인가? • 어떻게 생산할 것인가? • 누구를 위하여 생산할 것인가?(누구에게 분배할 것인가?)
경제 체제	기본적인 (④)를 해결하는 방식이 제도화된 것

경제 체제의 종류

3 시장 경제 체제	• 의미: (⑤)에 기초하여 경제 문제를 해결하는 경제 체제 → 개인의 자유로운 이익 추구 인정 • 장점: 개인의 창의성 발휘 가능, 자원의 효율적 사용 가능 등 • 단점: 빈부 격차 발생 우려, 환경 오염 심화 우려 등
계획 경제 체제	• 의미: 국가의 (⑥)과 명령에 따라 경제 문제를 해결하는 경제 체제 → 국가가 대부분의 생산 수단 소유 • 장점: 국가가 채택한 주요 목적의 신속한 달성 가능 등 • 단점: 근로 의욕 저하, 경제적 효율성 저하 등
혼합 경제 체제	시장 경제 체제와 계획 경제 체제의 요소가 섞인 경제 체제 → 오늘날 대부분의 국가에서 채택

02 기업의 역할과 사회적 책임

기업의 의미와 역할

의미	생산 활동의 주체 → 시장 경제에서 이윤의 극대화 추구
역할	상품 생산, 고용과 소득 창출, (⑦) 납부 등

답 | ① 분배 ② 희소성 ③ 합리적 ④ 경제 문제 ⑤ 시장 가격 ⑥ 계획 ⑦ 세금

■ 기업의 사회적 책임

의미	기업이 (⑧　　　　　) 추구 활동 이외에 법령과 윤리를 준수하고, 소비자, 주주 등에 대한 역할을 다하는 것
수행 노력	합법적인 경제 활동 수행, 소비자와 근로자의 권익 보호 등

■ 기업가 정신

의미	불확실성과 위험을 무릅쓰고 (⑨　　　　　)을 바탕으로 이윤을 창출하려는 기업가의 도전 정신
❹ 발휘 사례	신상품 개발, 새로운 시장 개척, 새로운 생산 방법 도입 등

03 금융 생활의 중요성

■ 생애 주기에 따른 일반적인 경제생활 모습

❺ 유소년기	주로 부모의 소득에 의존하여 소비 생활을 함
청년기	(⑩　　　　　) 활동에 참여하여 소득이 발생함
중장년기	소득이 크게 늘지만, 소비도 집중적으로 늘어남
노년기	소득이 크게 줄어들거나 없어짐 → 연금 등으로 생활함

■ 자산 관리의 의미와 필요성

의미	자신의 소득으로 (⑪　　　　　)을 확보하여 운영하는 것
필요성	지속 가능한 경제생활 유지, 고령화 사회 대비 등

■ 합리적인 자산 관리 방법

자산의 특성 고려	안전성	투자한 원금이 손실되지 않는 정도
	수익성	투자를 통해 이익을 얻을 수 있는 정도
	(⑫　　　)	필요할 때 쉽게 현금화할 수 있는 정도
분산 투자	다양한 유형의 자산에 분산하여 투자해야 함	

■ 자산 관리에 활용되는 주요 자산

❻ 예금, 적금	이자 등을 목적으로 금융 기관에 맡긴 자산
(⑬　　　)	주식회사가 투자자에게서 돈을 받고 발행하는 증서
기타	채권, 보험, 연금, 부동산 등

■ 지속 가능한 경제생활을 위한 신용 관리

(⑭　　　)	개인의 지불 능력에 대한 사회적 평가
신용 관리	• 중요성: 신용이 낮으면 높은 이자 지불, 대출 거절, 취업 제한 등의 불이익을 받을 수 있음 • 방법: 신용 이용 시 소득 고려, 상환 기한 준수 등

정답 | ⑧ 이윤 ⑨ 혁신 ⑩ 생산 ⑪ 자산 ⑫ 유동성 ⑬ 주식 ⑭ 신용

---

❹ 기업가 정신의 발휘 사례

> A 씨는 스마트폰을 통해 자녀의 알림장을 쉽고 빠르게 확인할 수 있게 해 주는 서비스인 '키즈 ○○'를 개발하였다. '키즈 ○○'는 스마트 알림장이라는 새로운 시장을 개척하였으며, 올해부터 외국 시장 공략에 본격적으로 나설 계획이다. – 「매일경제」, 2015. 2. 4.

새로운 서비스를 개발하고 기존에 없던 시장을 개척하는 것은 ①　　　과 위험을 무릅쓰고 혁신을 바탕으로 한 생산 활동을 통해 ②　　을 창출하여 기업을 성장시키려는 기업가의 도전 정신인 ③　　　　이 발휘된 사례에 해당한다.

정답 | ① 불확실성 ② 이윤 ③ 기업가 정신

---

❺ 생애 주기에 따른 소득과 소비

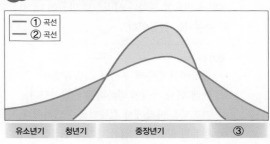

유소년기	청년기	중장년기	③

①　　을 얻는 기간은 한정되어 있지만, ②　　 생활은 평생에 걸쳐 이루어진다. 따라서 은퇴 후 소득이 크게 줄어들거나 없어지는 ③　　　에 안정적인 경제생활을 하기 위해서는 자산 관리가 필요하다.

정답 | ① 소득 ② 소비 ③ 노년기

---

❻ 자산별 수익과 위험 간의 관계

주식이나 펀드는 원금이 손실될 위험이 커 ①　　　　이 낮은 반면, 예금이나 적금은 ②　　　　이 낮아 큰 이익을 얻기 어렵다. 따라서 합리적인 투자자라면 다양한 유형의 자산에 ③　　　　를 함으로써 적정한 이익을 얻는 동시에 투자에 따른 위험을 줄여 나가는 것이 좋다.

정답 | ① 안전성 ② 수익성 ③ 분산 투자

01 경제생활과 경제 문제

01 다음 사례를 모두 포함하는 용어로 옳은 것은?

> • 시장에서 상인이 과일을 판매하였다.
> • 주식에 투자한 대가로 배당금을 받았다.
> • 수강료를 지불하고 학원에서 수학 강의를 들었다.

① 경제 활동   ② 분배 활동   ③ 소비 활동
④ 정치 활동   ⑤ 판매 활동

02 다음에서 설명하는 경제 활동의 사례로 적절한 것을 〈보기〉에서 고른 것은?

> 생활에 필요한 재화와 서비스를 만들어 내거나 그 가치를 증대하는 활동이다.

┤ 보기 ├
ㄱ. 공장에서 컴퓨터 부품을 조립하였다.
ㄴ. 택배 회사 직원이 컴퓨터를 배달하였다.
ㄷ. 가전제품 매장에서 컴퓨터를 구입하였다.
ㄹ. 컴퓨터 공장에서 일한 대가로 월급을 받았다.

① ㄱ, ㄴ   ② ㄱ, ㄹ   ③ ㄴ, ㄷ
④ ㄴ, ㄹ   ⑤ ㄷ, ㄹ

03 다음은 어떤 학생이 작성한 형성 평가의 답안이다. 이 학생이 얻을 점수로 옳은 것은?

형성 평가

경제 활동에 대한 설명이 옳으면 ○표, 틀리면 ×표를 하시오. (각 1점씩)

문항	내용	답안
1	경제 활동은 경제 주체 간 상호 작용을 바탕으로 순환된다.	×
2	상품을 운반, 저장, 판매하는 활동은 경제 활동에 포함되지 않는다.	○
3	생산에 참여한 대가를 나누어 가지는 것은 경제 활동 중 소비에 해당한다.	×
4	경제 활동을 통해 물질적 욕구는 충족할 수 있지만, 정신적 욕구는 충족할 수 없다.	○

① 0점   ② 1점   ③ 2점   ④ 3점   ⑤ 4점

04 다음은 경제 주체에 대한 설명이다. ㉠~㉤에 들어갈 내용을 잘못 연결한 것은?

> 가계는 (㉠) 충족을 위해 소비 활동을 하며, 소득을 얻기 위해 기업에 (㉡) 등을 제공한다. 기업은 경제 활동 중 (㉢)의 주체로서 재화와 서비스를 만들어 판매한다. 정부는 가계와 기업으로부터 거두어들인 (㉣)을/를 바탕으로 국방 서비스나 도로 등과 같은 (㉤)을/를 생산한다.

① ㉠ – 욕구   ② ㉡ – 노동   ③ ㉢ – 생산
④ ㉣ – 세금   ⑤ ㉤ – 생산 요소

05 자원의 희소성에 대한 설명으로 옳은 것은?

① 선택의 문제를 해결하는 데 도움을 준다.
② 인간의 욕구 정도에 따라 달라질 수 있다.
③ 시대에 상관없이 항상 일정하게 유지된다.
④ 자원의 가격을 결정하는 데 영향을 주지 않는다.
⑤ 자원의 양이 절대적으로 부족한 경우에만 나타난다.

06 다음 상황들이 나타나는 원인으로 적절한 것은?

> • 학생은 한정된 용돈으로 간식을 먹을지 학용품을 살지 선택해야 한다.
> • 정부는 한정된 예산으로 사회 보장을 늘릴지 국방에 투자할지 선택해야 한다.

① 욕구의 유한성   ② 욕구의 희소성
③ 자원의 무한성   ④ 자원의 희소성
⑤ 필요의 무한성

07 (가)에 들어갈 내용으로 적절한 것은?

> 여러 사람이 같은 선택을 했더라도 그에 대한 기회비용은 서로 다를 수 있다. 왜냐하면 _____ (가) 때문이다.

① 모든 사람이 합리적 선택을 하기
② 모든 선택에는 기회비용이 따르기
③ 사람마다 필요와 선호도가 다르기
④ 선택으로 얻을 수 있는 편익이 같기
⑤ 선택할 때의 우선순위는 모든 사람이 같기

08 (가)~(마)는 컴퓨터 구입 과정에서 나타난 모습들이다. 이를 합리적 의사 결정 과정의 순서대로 나열한 것은?

> (가) 어떤 컴퓨터를 사야 할지 생각하였다.
> (나) 컴퓨터의 성능과 가격을 비교하는 표를 작성하여 각 대안들을 평가하였다.
> (다) 여러 컴퓨터 중에서 평가 기준을 가장 잘 충족하는 최적의 컴퓨터를 선택하였다.
> (라) 컴퓨터를 구입하는 과정을 정리하고, 구입 과정에서 소홀한 점이 없었는지 평가하였다.
> (마) 컴퓨터를 사는 데 쓸 수 있는 금액을 확인하고, 인터넷 쇼핑몰에서 여러 회사의 컴퓨터를 찾아보았다.

① (가) – (마) – (나) – (다) – (라)
② (가) – (마) – (라) – (다) – (나)
③ (다) – (가) – (나) – (라) – (마)
④ (다) – (나) – (가) – (마) – (라)
⑤ (라) – (가) – (다) – (나) – (마)

09 다음은 한 사람이 작성한 일기이다. 밑줄 친 ㉠~㉢에 나타난 경제 문제를 옳게 연결한 것은?

> 3월 3일
> 회사를 그만두고 모아 둔 돈으로 빵집을 차리기로 결정하였다. 우선 한 가지 빵만 만들어 팔려고 하는데, ㉠ 단팥빵을 만들까? 크림빵을 만들까?
>
> 3월 7일
> 단팥빵을 만들어 팔기로 결정하였는데, 이제는 ㉡ 빵을 만들 때 반죽을 손으로 해야 할지, 기계로 해야 할지 고민이다.
>
> 5월 5일
> 빵이 잘 팔려서 직원들에게 성과급을 주려고 하는데, ㉢ 성과급을 모든 직원에게 똑같이 줄지, 열심히 일한 직원에게 더 많이 줄지 고민이다.

① ㉠ – 어떻게 생산할 것인가?
② ㉠ – 누구에게 분배할 것인가?
③ ㉡ – 어떻게 생산할 것인가?
④ ㉡ – 누구를 위하여 생산할 것인가?
⑤ ㉢ – 무엇을 생산할 것인가?

10 경제 체제를 다음과 같이 구분하는 질문으로 적절하지 않은 것은?

> • 계획 경제 체제   • 시장 경제 체제

① 경제 활동의 자유가 보장되는가?
② 개인의 자유로운 이익 추구가 인정되는가?
③ 대부분의 생산 수단을 국가가 소유하는가?
④ 기업이 국가의 명령에 따라 경제 활동을 하는가?
⑤ 기본적인 경제 문제를 해결하는 방식이 제도화되어 있는가?

11 다음 글을 통해 알 수 있는 시장 경제 체제의 특징으로 적절한 것은?

> 시장 경제 체제에서는 경제 주체 사이에 이익을 추구하기 위한 경쟁이 활발하게 나타나며, 각 경제 주체들은 경쟁에서 이기기 위해 보다 적은 비용으로 더 많이 생산하려고 노력한다.

① 빈부 격차를 줄일 수 있다.
② 분배의 평등을 추구할 수 있다.
③ 경제적 효율성이 낮아질 수 있다.
④ 사회 전체의 생산성을 높일 수 있다.
⑤ 국민의 다양한 욕구를 정확히 파악할 수 있다.

02 기업의 역할과 사회적 책임

12 ㉠에 들어갈 용어로 옳은 것은?

> 시장 경제에서 기업은 무엇을, 어떻게, 얼마나 생산할 것인지를 직접 결정하는 경제 주체로, 생산 활동을 통해 (㉠)의 극대화를 추구한다.

① 복지   ② 이윤   ③ 지출
④ 편익   ⑤ 기회비용

13 기업의 역할에 대해 옳게 말한 사람은?

① 가인: 세금을 바탕으로 복지 정책을 시행하지.
② 나인: 생산 활동에 필요한 생산 요소를 제공해.
③ 다인: 국민의 편의 증진을 위해 공공재를 생산해.
④ 라인: 근로자를 고용하여 가계에 일자리를 제공해.
⑤ 마인: 여러 상품을 구입하여 사용함으로써 경제 활성화에 기여해.

14 기업이 다음과 같은 활동을 하는 목적으로 가장 적절한 것은?

> • 경영의 투명성을 높인다.
> • 생산 과정에서 생태계를 보호한다.
> • 근로자에게 안전한 작업 환경을 제공한다.

① 이윤을 극대화하기 위해
② 사회적 책임을 다하기 위해
③ 상품의 품질을 개선하기 위해
④ 도전에 따른 위험을 줄이기 위해
⑤ 국가에 납부할 세금을 최소화하기 위해

15 밑줄 친 책임을 다한 기업의 사례로 적절한 것을 〈보기〉에서 고른 것은?

> 오늘날 기업의 활동이 사회와 국가 경제에 미치는 영향력이 커지면서 기업에 요구되는 사회적 책임도 강조되고 있다.

┤보기├
ㄱ. 이윤의 일부를 기부하여 사회적 약자를 돕고 있는 ○○ 기업
ㄴ. 제품 생산 과정에 친환경적인 생산 방법을 도입한 △△ 기업
ㄷ. 비용 절감을 위해 안전성이 검증되지 않은 물질을 사용하여 제품을 생산하고 있는 □□ 기업
ㄹ. 커피 생산 과정에서 아동과 여성의 노동력을 착취하여 막대한 수익을 올리고 있는 ☆☆ 기업

① ㄱ, ㄴ
② ㄱ, ㄷ
③ ㄴ, ㄷ
④ ㄴ, ㄹ
⑤ ㄷ, ㄹ

16 다음 사례들과 관계 깊은 용어로 가장 적절한 것은?

> • A 씨는 스마트폰을 이용하여 자녀의 알림장을 쉽고 빠르게 확인할 수 있도록 해 주는 새로운 서비스를 개발하였다.
> • B 기업은 가방 생산 과정에서 수작업으로 이루어졌던 기존의 재단 방식을 대신하여 무인 자동 재단 방식을 도입하였다.

① 경제 문제
② 신용 관리
③ 기업가 정신
④ 혼합 경제 체제
⑤ 기업의 사회적 책임

---

03 금융 생활의 중요성

17 유소년기의 일반적인 경제생활에 대한 옳은 설명을 〈보기〉에서 고른 것은?

┤보기├
ㄱ. 노후 대비 자금이나 연금으로 생활한다.
ㄴ. 취업을 통해 생산 활동이 활발하게 이루어진다.
ㄷ. 주로 부모의 소득에 의존하여 소비 생활을 한다.
ㄹ. 바람직한 경제생활 태도를 형성하는 것이 중요하다.

① ㄱ, ㄴ
② ㄱ, ㄷ
③ ㄴ, ㄷ
④ ㄴ, ㄹ
⑤ ㄷ, ㄹ

18 (가), (나)와 같은 특징이 나타나는 시기를 옳게 연결한 것은?

> (가) 직장에서 은퇴한 후 소득이 크게 줄어들거나 없어진다.
> (나) 소득이 크게 늘어나지만, 자녀 출산 및 양육, 주택 마련 등으로 소비도 집중적으로 늘어난다.

	(가)	(나)
①	노년기	청년기
②	노년기	중장년기
③	청년기	노년기
④	중장년기	노년기
⑤	중장년기	청년기

19 다음 자료들을 활용한 수업의 주제로 가장 적절한 것은?

> • 평균 기대 수명의 증가 추세를 나타내는 통계 자료
> • 일생 동안의 소득과 소비의 수준을 그래프로 표현한 생애 주기 곡선

① 분산 투자의 필요성
② 신용 거래의 편리성
③ 신용 관리의 중요성
④ 자산 관리의 필요성
⑤ 주식 투자의 위험성

20 (가)~(다)에 대한 설명으로 옳은 것은?

> (가) 수익성   (나) 안전성   (다) 유동성

① (가)가 높은 자산은 일반적으로 위험성도 높다.
② (나)는 필요할 때 쉽게 현금으로 바꿀 수 있는 정도이다.
③ (다)는 투자를 통해 이익을 얻을 수 있는 정도이다.
④ (나)가 높은 자산은 일반적으로 (가)도 높다.
⑤ (가), (나)와 달리 (다)는 자산 관리 시 고려해서는 안 되는 요인이다.

21 밑줄 친 ㉠, ㉡에 대한 옳은 설명을 〈보기〉에서 고른 것은?

> 돈을 모으기 위해서는 소득과 소비를 고려하여 저축을 해야 하며, 모은 돈을 불릴 때는 ㉠ 예금, ㉡ 주식 등의 금융 상품을 적절히 이용할 수 있다.

┤ 보기 ├
ㄱ. ㉠은 이자 수익을 제공한다.
ㄴ. 안전한 목돈 마련이 목적이라면 ㉠보다 ㉡을 선택하는 것이 현명하다.
ㄷ. ㉡은 ㉠보다 수익성이 높은 편이다.
ㄹ. ㉠은 실물 자산, ㉡은 금융 자산에 해당한다.

① ㄱ, ㄴ   ② ㄱ, ㄷ   ③ ㄴ, ㄷ
④ ㄴ, ㄹ   ⑤ ㄷ, ㄹ

22 가현이가 자산 관리에 활용한 자산으로 옳은 것은?

> • 가현: 나는 얼마 전부터 미리 일정액을 낸 후 노후에 매달 일정액을 받는 금융 상품에 가입했어.
> • 나현: 그런 금융 상품을 통해서는 높은 이익을 얻기 어렵지 않아?
> • 가현: 응 맞아. 그래도 노후 생활을 안정적으로 대비하기 위해 선택했어.

① 보험   ② 연금   ③ 적금
④ 채권   ⑤ 펀드

23 신용 거래에 대한 설명으로 옳은 것은?

① 과소비를 줄여 주는 기능을 한다.
② 현금이 있어야만 거래가 이루어진다.
③ 이자를 얻기 위해 은행에 예금하는 것을 사례로 들 수 있다.
④ 현재의 소득 내에서만 소비를 할 수 있도록 한다는 단점이 있다.
⑤ 거래 대금을 연체할 경우 정상적인 경제생활이 어려워질 수 있다.

24 (가)에 들어갈 내용으로 적절하지 않은 것은?

> 자신의 소득 규모를 훨씬 넘어서는 소비를 하여 상환 기한을 지키지 못하면 신용이 나빠진다. 이처럼 신용을 지나치게 사용하여 신용 등급이 낮아지거나 채무 불이행자가 될 경우 _____ (가) _____

① 취업 시 불이익을 받을 수 있다.
② 신용 카드 발급이 제한될 수 있다.
③ 신용을 이용하지 못하여 불편을 겪을 수 있다.
④ 목돈이 필요한 상황에서 대출을 거절당할 수 있다.
⑤ 돈을 빌릴 때 다른 사람보다 낮은 이자를 지불하게 될 수 있다.

시장 경제와 가격

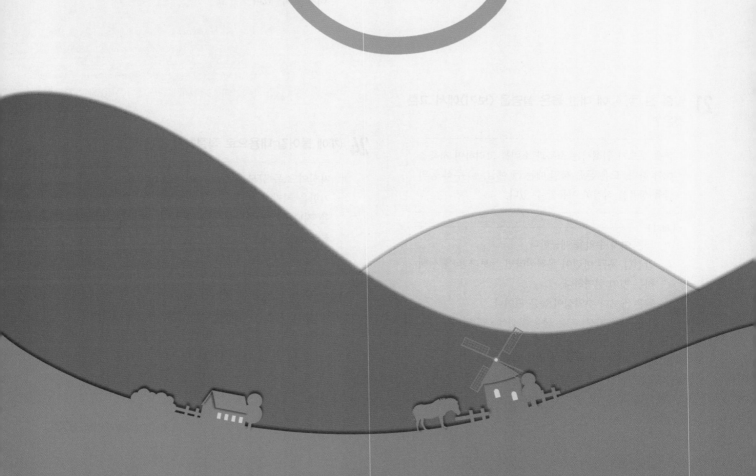

01~02 시장의 의미와 종류 ~시장 가격의 결정

●● 시장의 의미와 종류

1. 시장의 의미와 역할 [자료①]

(1) 시장: 재화나 서비스를 사려는 사람과 팔려는 사람이 만나 거래하는 곳 → 구체적인 장소뿐만 아니라 상품 거래에 필요한 정보가 교환되고 거래가 이루어지는 과정 전체를 포함함

(2) 시장의 역할

① 거래 비용 절약: 상품을 사려는 사람과 팔려는 사람을 연결해 주어 거래할 상대방을 찾는 데 드는 비용과 시간을 줄여 줌 → 거래가 편리해짐

② 상품에 관한 정보 제공: 상품의 종류, 특징, 가격 등 상품에 관한 정보를 쉽게 얻을 수 있게 함 → 상품을 선택할 수 있는 폭이 넓어짐

③ *분업의 촉진으로 생산성 증대: 교환이 활성화되면서 분업이 촉진되어 특정 분야를 전문화하여 생산하는 사람들이 늘어남 → 질 좋은 상품이 효율적으로 생산되고 사회 전체의 생산량이 증가함

2. 시장의 종류

(1) 거래하는 모습이 구체적으로 드러나는지, 아닌지에 따른 구분

보이는 시장	거래가 이루어지는 장소나 거래하는 모습이 구체적으로 드러나는 시장 ⑩ 재래시장, 백화점, 대형 할인점 등
보이지 않는 시장 [자료②]	거래가 이루어지는 장소나 거래하는 모습이 구체적으로 드러나지 않는 시장 ⑩ 주식 시장, *외환 시장, 전자 상거래 시장 등

(2) 거래되는 대상의 종류에 따른 구분 [자료③]

생산물 시장	생활에 필요한 재화나 서비스가 거래되는 시장 ⑩ 농수산물 시장, 꽃 시장, 가구 시장, 영화관, 공연장 등
생산 요소 시장	상품을 생산하는 과정에서 필요한 토지, 노동, 자본 등의 생산 요소가 거래되는 시장 ⑩ 부동산 시장, 노동 시장 등

(3) 그 밖의 기준에 따른 구분

① 개설 시기에 따른 구분: 상설 시장, 정기 시장

② 판매 대상에 따른 구분: 도매 시장, 소매 시장

●● 수요 법칙과 공급 법칙

1. 수요와 공급의 의미

수요	구매력이 있는 *수요자가 일정한 가격에 어떤 상품을 구매하고자 하는 욕구
공급	판매 능력이 있는 *공급자가 일정한 가격에 어떤 상품을 판매하고자 하는 욕구

생생 자료

자료① 시장의 형성 및 발달 과정

자급자족 경제	과거에는 식량, 의복 등 생활에 필요한 물건을 스스로 만들어 사용하였음
물물 교환 발생	자신이 사용하고도 남는 생산물을 다른 물건과 교환하기 시작하였음
분업 발생	자신이 더 잘 만들 수 있는 물건을 집중적으로 생산하게 됨 → 분업이 발생함
시장 형성	효율적인 교환을 위해 일정한 시간과 장소를 정해 모이는 시장이 형성됨

특화를 통한 분업을 바탕으로 효율적인 거래를 위해 형성된 시장은 화폐의 출현으로 교환이 원활해지면서 더욱 발달하였다.
└ 각자 잘하는 일에 전념하여 전문화하는 것을 말해

자료② 전자 상거래 시장

↑ 인터넷 쇼핑몰

오늘날에는 효율적인 거래를 위해 새로운 형태의 시장이 생겨나고 있다. 특히 정보 통신 기술의 발달로 전자 상거래가 활발해지면서, 인터넷 쇼핑몰 등과 같은 전자 상거래 시장의 규모가 점차 확대되고 있다.
└ 인터넷 등 정보 통신망을 이용하여 이루어지는 거래로, 상품 거래 시 시간이나 장소에 제약을 받지 않아.

자료③ 생산물 시장과 생산 요소 시장

[생산물 시장]   [생산 요소 시장]

↑ 농산물 시장   ↑ 취업 박람회

농산물 시장은 딸기, 사과 등 생활에 필요한 상품이 거래되는 시장이므로, 생산물 시장에 해당한다. 취업 박람회는 상품 생산에 필요한 요소인 노동이 거래되는 시장이므로, 생산 요소 시장에 해당한다.

쏙쏙 용어

* **분업(分 – 나누다, 業 – 일)** 생산 과정을 여러 부문으로 나누어 여러 사람이 일을 나누어 맡는 것
* **외환 시장** 달러화, 유로화, 엔화와 같은 외화가 거래되는 시장
* **수요자** 상품을 구입하고자 하는 사람
* **공급자** 상품을 팔고자 하는 사람

2. 수요 법칙과 공급 법칙 [자료 ④]

(1) 수요 법칙과 수요 곡선

① 수요량: 일정한 가격 수준에서 수요자가 구매하고자 하는 상품의 양

② 수요 법칙: 상품의 가격이 상승하면 수요량이 감소하고, 가격이 하락하면 수요량이 증가하는 것 → 상품의 가격과 수요량은 음(−)의 관계에 있음

③ 수요 곡선: 수요 법칙을 그래프로 나타낸 것 → 우하향하는 모양을 띰

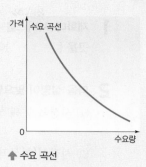
↑ 수요 곡선

(2) 공급 법칙과 공급 곡선

① 공급량: 일정한 가격 수준에서 공급자가 판매하고자 하는 상품의 양

② 공급 법칙: 상품의 가격이 상승하면 공급량이 증가하고, 가격이 하락하면 공급량이 감소하는 것 → 상품의 가격과 공급량은 양(+)의 관계에 있음

③ 공급 곡선: 공급 법칙을 그래프로 나타낸 것 → 우상향하는 모양을 띰

↑ 공급 곡선

●● 시장 가격의 결정

1. 시장 가격의 결정 [자료 ⑤]

(1) 시장의 *균형: 수요량과 공급량이 일치할 때 시장이 균형을 이룸 → 수요 곡선과 공급 곡선이 만나는 지점에서 균형 가격과 균형 거래량이 결정됨

(2) 균형 가격과 균형 거래량

① 균형 가격(시장 가격): 수요량과 공급량이 일치하여 시장이 균형을 이루는 지점에서의 가격

② 균형 거래량: 균형 가격에서 거래되는 상품의 양

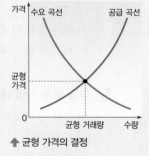
↑ 균형 가격의 결정

2. *초과 수요와 초과 공급

서술형 단골 초과 수요와 초과 공급이 발생할 때 나타나는 상품의 가격 변동을 묻는 문제가 자주 출제돼.

(1) 초과 수요와 초과 공급의 의미

① 초과 수요: 특정 가격 수준에서 수요량이 공급량보다 많은 상태

② 초과 공급: 특정 가격 수준에서 공급량이 수요량보다 많은 상태

(2) 시장이 균형을 이루는 과정 [자료 ⑥]

초과 수요 발생 시	수요자들 간의 구매 경쟁 발생 → 상품 가격 상승 → 수요량 감소, 공급량 증가
초과 공급 발생 시	공급자들 간의 판매 경쟁 발생 → 상품 가격 하락 → 수요량 증가, 공급량 감소

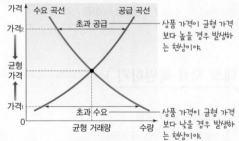

자료 ④ 수요 법칙과 공급 법칙

- 빵의 가격이 낮아지자 가영 씨는 원래 사려고 했던 개수보다 빵을 2개 더 구매했다.
- 제과점을 운영하는 나영 씨는 빵의 가격이 낮아지자 원래 만들던 양의 절반만 만들어 판매했다.

제시된 사례에서 빵의 가격이 하락하자 빵의 수요량은 증가하고, 빵의 공급량은 감소하였다. 이와 같이 상품의 가격과 수요량이 반대 방향으로 움직이는 현상을 수요 법칙, 상품의 가격과 공급량이 같은 방향으로 움직이는 현상을 공급 법칙이라고 한다.
⎿ 상품의 가격이 하락하면 수요자가 소비를 통해 얻을 수 있는 만족감이 높아져 수요량은 증가하고, 공급자가 생산을 통해 얻을 수 있는 이윤이 줄어들어 공급량은 감소하지.

자료 ⑤ 초콜릿의 균형 가격과 균형 거래량

가격(원)	1,500	2,000	2,500
수요량(만 개)	20	15	10
공급량(만 개)	10	15	20

↑ 가격에 따른 초콜릿의 수요량과 공급량

제시된 자료에서 초콜릿 가격이 한 개에 2,000원일 때, 초콜릿의 수요량과 공급량이 15만 개로 일치하여 시장의 균형이 형성된다. 따라서 초콜릿의 균형 가격은 2,000원이고, 균형 거래량은 15만 개가 된다.

자료 ⑥ 시장 균형의 달성 과정

초과 수요가 발생할 경우 수요자들은 돈을 더 내고서라도 상품을 사려고 하므로, 상품 가격은 초과 수요량이 없어질 때까지 상승한다. 반면 초과 공급이 발생할 경우 공급자들은 가격을 낮춰서라도 상품을 팔고자 하므로, 상품 가격은 초과 공급량이 없어질 때까지 하락한다. 이러한 과정을 거쳐 상품 가격이 시장 가격에 도달하면 시장은 균형을 이루게 된다.
⎿ 상품의 가격은 수요자나 공급자가 일방적으로 결정하는 것이 아니라, 시장에서 상품의 수요량과 공급량에 의해 결정돼.

쏙쏙 용어

★ 균형 어느 한쪽으로 기울거나 치우치지 아니하고 고른 상태

★ 초과(超 − 뛰어넘다, 過 − 지나다) 일정한 수나 한도를 넘는 것

한눈에 정리하기

◆ 시장의 의미와 역할

의미	재화나 서비스를 사려는 사람과 팔려는 사람이 만나 거래하는 곳
역할	거래 비용 절약, 상품에 관한 (①) 제공, 분업의 촉진으로 생산성 증대 등

◆ 생산물 시장과 생산 요소 시장

(②) 시장	생활에 필요한 재화나 서비스가 거래되는 시장
생산 요소 시장	상품을 생산하는 과정에서 필요한 토지, 노동, 자본 등의 생산 요소가 거래되는 시장

◆ 수요 법칙과 공급 법칙

(③)	상품의 가격이 상승하면 수요량이 감소하고, 가격이 하락하면 수요량이 증가하는 것
(④)	상품의 가격이 상승하면 공급량이 증가하고, 가격이 하락하면 공급량이 감소하는 것

◆ 초과 수요와 초과 공급

초과 수요	수요량 > 공급량 → 상품 가격 (⑤)
초과 공급	수요량 < 공급량 → 상품 가격 (⑥)

대표 자료 확인하기

◆ 시장 균형의 달성 과정

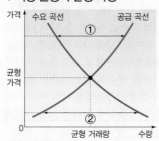

(①)이 발생할 경우 공급자들은 가격을 낮춰서라도 상품을 팔고자 하므로, 상품 가격은 초과 공급량이 없어질 때까지 하락한다. 반면 (②)가 발생할 경우 수요자들은 돈을 더 내고서라도 상품을 사려고 하므로, 상품 가격은 초과 수요량이 없어질 때까지 상승한다.

---

1 재화나 서비스를 사려는 사람과 팔려는 사람이 만나 거래하는 곳을 ( )이라고 한다.

2 다음 설명이 맞으면 ○표, 틀리면 ×표를 하시오.

(1) 시장을 통해 상품에 관한 다양한 정보를 얻을 수 있다. ( )

(2) 시장이 형성되면서 거래할 상대방을 찾는 데 더 많은 시간이 필요해졌다. ( )

(3) 시장의 발달로 분업을 통해 재화나 서비스를 생산하는 사람들이 늘어났다. ( )

3 다음 시장의 종류에 해당하는 사례를 〈보기〉에서 골라 기호를 쓰시오.

┌ 보기 ┐
ㄱ. 백화점　　　ㄴ. 재래시장　　　ㄷ. 외환 시장
ㄹ. 주식 시장　　ㅁ. 대형 할인점　　ㅂ. 전자 상거래 시장

(1) 보이는 시장 ( )
(2) 보이지 않는 시장 ( )

4 다음 빈칸에 들어갈 내용을 쓰시오.

(1) 구매력이 있는 사람이 일정한 가격에 어떤 상품을 구입하고자 하는 욕구를 ( )라고 한다.

(2) 판매 능력이 있는 사람이 일정한 가격에 어떤 상품을 판매하고자 하는 욕구를 ( )이라고 한다.

5 다음 괄호 안의 내용 중 알맞은 말에 ○표를 하시오.

(1) 수요 법칙에 따르면 상품의 가격이 올라가면 수요량은 (증가, 감소)한다.

(2) 공급 법칙에 따르면 상품의 가격이 올라가면 공급량은 (증가, 감소)한다.

(3) 일반적으로 수요 곡선은 (우상향, 우하향)하는 모양을 띠며, 공급 곡선은 (우상향, 우하향)하는 모양을 띤다.

6 다음 설명이 맞으면 ○표, 틀리면 ×표를 하시오.

(1) 균형 가격은 수요량과 공급량이 일치할 때의 가격을 말한다. ( )

(2) 시장에서 공급량이 수요량보다 많은 상태를 초과 공급이라고 한다. ( )

(3) 시장에서 초과 수요가 발생하면 수요자들 간의 경쟁으로 상품의 가격이 하락한다. ( )

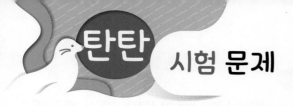

시험 문제

01 시장에 대한 설명으로 옳지 <u>않은</u> 것은?

① 거래하는 데 드는 비용과 시간을 줄여 준다.

② 다양한 재화나 서비스의 거래가 이루어진다.

③ 거래가 이루어지는 구체적 장소만을 의미한다.

④ 상품에 관한 정보를 쉽게 교환할 수 있게 해 준다.

⑤ 인터넷을 이용한 전자 상거래 시장의 규모는 점차 확대되고 있다.

02 다음은 시장의 형성 및 발달 과정에 대한 설명이다. 밑줄 친 ㉠~㉤ 중 옳지 <u>않은</u> 것은?

> ㉠ 과거에는 생활에 필요한 물건을 스스로 만들어 사용하였다. 이후 경제가 발전하면서 생산량이 증가하였고, ㉡ 사람들은 자신이 생산한 것 중에서 사용하고 남은 물건을 다른 물건과 교환하기 시작하였다. 이 과정에서 사람들은 ㉢ 자신이 더 잘 만들 수 있는 물건만을 집중적으로 생산하게 되었고, 이를 ㉣ 효율적으로 교환하기 위해 시장을 형성하였다. 그러나 ㉤ 화폐의 등장으로 교환이 어려워져 시장은 점차 쇠퇴하였다.

① ㉠   ② ㉡   ③ ㉢   ④ ㉣   ⑤ ㉤

03 다음 시장들의 공통점으로 가장 적절한 것은?

> • 외환 시장   • 주식 시장   • 전자 상거래 시장

① 수요자와 공급자가 직접 만나 거래를 한다.

② 거래하는 모습이 구체적으로 드러나지 않는다.

③ 정해진 장소와 시간 내에서 거래가 이루어진다.

④ 눈에 보이는 재화나 서비스만 거래되는 시장이다.

⑤ 거래 장소가 일정하지 않아 시장 가격이 형성되지 않는다.

04 (가), (나)에 해당하는 시장에 대한 설명으로 옳지 <u>않은</u> 것은?

(가)   (나)

① (가)는 생활에 필요한 상품이 거래되는 시장이다.

② (나)는 상품을 만드는 데 필요한 생산 요소가 거래되는 시장이다.

③ 부동산 시장은 (나)와 같은 유형의 시장으로 분류될 수 있다.

④ (나)와 달리 (가)에서는 수요자와 공급자 사이에 거래가 이루어진다.

⑤ (가)는 생산물 시장, (나)는 생산 요소 시장에 해당한다.

05 다음 조건을 모두 만족하는 시장으로 옳은 것은?

> • 재화나 서비스를 거래한다.
> • 거래가 이루어지는 장소가 구체적으로 드러난다.

① 재래시장   ② 주식 시장

③ 부동산 시장   ④ 취업 박람회

⑤ 인터넷 쇼핑몰

06 수요에 대한 옳은 설명을 〈보기〉에서 고른 것은?

> ┤보기├
> ㄱ. 수요 곡선은 일반적으로 우상향하는 모양을 띤다.
> ㄴ. 수요는 일정한 가격에 어떤 상품을 구매하고자 하는 욕구이다.
> ㄷ. 수요 법칙은 상품 가격과 수요량이 반대 방향으로 움직이는 것을 말한다.
> ㄹ. 수요량은 일정한 가격 수준에서 사람들이 판매하려고 하는 상품의 수량이다.

① ㄱ, ㄴ   ② ㄱ, ㄷ   ③ ㄴ, ㄷ

④ ㄴ, ㄹ   ⑤ ㄷ, ㄹ

07 그림에 대한 옳은 설명을 〈보기〉에서 고른 것은?

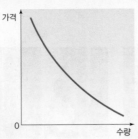

┤보기├
ㄱ. 수요 법칙을 그래프로 나타낸 것이다.
ㄴ. 상품 가격과 수요량 간의 관계를 표현한 것이다.
ㄷ. 상품 가격과 수요량 간에 양(+)의 관계가 성립된다.
ㄹ. 가격이 내려가면 수요자는 구매량을 줄일 것이다.

① ㄱ, ㄴ ② ㄱ, ㄷ ③ ㄴ, ㄷ
④ ㄴ, ㄹ ⑤ ㄷ, ㄹ

08 공급에 대한 설명으로 옳지 않은 것은?
① 공급 곡선은 일반적으로 우상향하는 모양을 띤다.
② 공급 곡선은 공급 법칙을 그래프로 나타낸 것이다.
③ 상품 가격이 오르면 공급자는 판매량을 늘릴 것이다.
④ 공급은 일정한 가격 수준에서 어떤 상품을 판매하고자 하는 욕구이다.
⑤ 공급량은 일정한 가격 수준에서 사람들이 구매하고자 하는 상품의 양이다.

09 그림은 공책 시장의 공급 곡선이다. 이를 통해 알 수 있는 내용으로 옳은 것은?

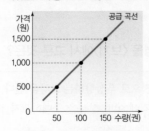

① 공책 가격이 500원일 경우 공급량은 100권이다.
② 공책 가격이 1,000원일 경우 공급량은 200권이다.
③ 공책 가격이 1,500원일 경우 공급량은 250권이다.
④ 공책 가격이 1,000원에서 1,500원으로 상승할 때, 공급량은 50권 증가한다.
⑤ 공책 가격이 1,500원에서 1,000원으로 하락할 때, 공급량은 100권 감소한다.

10 수요 법칙이나 공급 법칙이 성립한 경우가 아닌 것은?
① 빵의 가격이 하락하자 수요량이 증가하였다.
② 연필의 가격이 하락하자 공급량이 증가하였다.
③ 떡볶이의 가격이 하락하자 공급량이 감소하였다.
④ 떡의 가격이 상승하자 수요량은 감소하였고, 공급량은 증가하였다.
⑤ 책의 가격이 하락하자 수요량은 증가하였고, 공급량은 감소하였다.

11 ㈎에 들어갈 내용으로 옳은 것을 〈보기〉에서 고른 것은?

시장은 _____㈎_____ 균형을 이룬다. 이때의 가격을 균형 가격 또는 시장 가격이라고 하며, 이때의 거래량을 균형 거래량이라고 한다.

┤보기├
ㄱ. 공급량이 수요량보다 많을 때
ㄴ. 수요량과 공급량이 일치할 때
ㄷ. 수요량이 공급량보다 많을 때
ㄹ. 수요 곡선과 공급 곡선이 만날 때

① ㄱ, ㄴ ② ㄱ, ㄹ ③ ㄴ, ㄷ
④ ㄴ, ㄹ ⑤ ㄷ, ㄹ

12 표는 가격에 따른 초콜릿의 수요량과 공급량을 나타낸 것이다. 초콜릿의 균형 가격과 균형 거래량을 옳게 연결한 것은?

가격(원)	1,000	1,500	2,000	2,500	3,000
수요량(만 개)	25	20	15	10	5
공급량(만 개)	5	10	15	20	25

	균형 가격	균형 거래량
①	1,000원	25만 개
②	1,500원	20만 개
③	2,000원	15만 개
④	2,500원	10만 개
⑤	3,000원	5만 개

이 문제에서 나올 수 있는 선택지는 다~!

13 초과 수요와 초과 공급에 대한 설명으로 옳지 <u>않은</u> 것은?

① 초과 수요는 수요량이 공급량보다 많은 상태이다.
② 초과 공급은 공급량이 수요량보다 많은 상태이다.
③ 상품 가격이 균형 가격보다 높을 때 초과 수요가 발생한다.
④ 초과 수요와 초과 공급이 모두 없어질 때 시장은 균형 상태에 도달한다.
⑤ 초과 수요 상태에서는 수요자들 간의 구매 경쟁으로 상품 가격이 상승한다.
⑥ 초과 공급 상태에서는 공급자들 간의 판매 경쟁으로 상품 가격이 하락한다.

[14~15] 그림은 아이스크림 시장의 수요·공급 곡선을 나타낸 것이다. 이를 보고 물음에 답하시오.

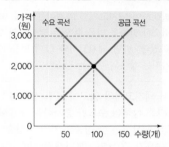

14 위 그림에 대한 옳은 설명을 〈보기〉에서 고른 것은?

┤ 보기 ├
ㄱ. 아이스크림의 균형 거래량은 200개이다.
ㄴ. 아이스크림의 균형 가격은 2,000원이다.
ㄷ. 아이스크림 가격이 1,000원일 때 수요량은 50개이다.
ㄹ. 아이스크림 가격이 3,000원일 때 공급량은 150개이다.

① ㄱ, ㄴ   ② ㄱ, ㄹ   ③ ㄴ, ㄷ
④ ㄴ, ㄹ   ⑤ ㄷ, ㄹ

중요해
15 아이스크림의 가격이 1,000원일 경우 시장에서 나타날 상황으로 적절한 것은?

① 100개의 초과 공급이 발생할 것이다.
② 공급자들은 아이스크림 가격을 낮추려고 할 것이다.
③ 공급자 간 경쟁으로 아이스크림 가격이 상승할 것이다.
④ 수요자 간 경쟁으로 아이스크림 가격이 하락할 것이다.
⑤ 수요자들은 돈을 더 내고서도 아이스크림을 구매하려고 할 것이다.

학교 시험에 잘 나오는 서 술 형 문제

1 ㉠에 들어갈 용어를 쓰고, 그 역할을 <u>두 가지</u> 이상 서술하시오.

(㉠)은/는 재화나 서비스를 사려는 사람과 팔려는 사람이 만나 거래하는 곳이다. 구체적인 장소뿐만 아니라 상품을 사고팔기 위한 정보가 교환되고 거래가 이루어지는 과정 전체를 포함한다.

2 수요 법칙의 의미를 제시된 내용을 포함하여 서술하시오.

• 수요량   • 상품의 가격

3 그림을 보고 물음에 답하시오.

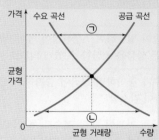

(1) ㉠, ㉡에 해당하는 용어를 각각 쓰시오.

(2) ㉠이 발생할 경우 예상되는 상품의 가격 변동을 서술하시오.

03 시장 가격의 변동

●● 수요와 공급의 변화

1. 수요의 변화

(1) 수요의 변화: 상품 가격 이외의 요인이 변화하여 수요 자체가 변화하는 것 → 수요 곡선의 이동으로 표현됨 **자료①**

(2) 수요의 변화 요인

소득의 변화	소득이 증가하면 수요가 증가하고, 소득이 감소하면 수요가 감소함
관련 상품의 가격 변화 **자료②**	• 대체재의 가격 변화: 대체재의 가격이 상승하면 수요가 증가하고, 대체재의 가격이 하락하면 수요가 감소함 • 보완재의 가격 변화: 보완재의 가격이 상승하면 수요가 감소하고, 보완재의 가격이 하락하면 수요가 증가함
소비자의 *기호 변화	소비자의 기호나 선호도가 상승하면 수요가 증가하고, 기호나 선호도가 하락하면 수요가 감소함
미래에 대한 예상	• 미래에 상품 가격이 오를 것으로 예상되면 수요가 증가하고, 상품 가격이 내릴 것으로 예상되면 수요가 감소함 • 신제품 출시 소식이 들리면 기존 상품에 대한 수요가 감소함
인구수의 변화	인구가 증가하면 수요가 증가하고, 인구가 감소하면 수요가 감소함

2. 공급의 변화

(1) 공급의 변화: 상품 가격 이외의 요인이 변화하여 공급 자체가 변화하는 것 → 공급 곡선의 이동으로 표현됨 **자료③**

(2) 공급의 변화 요인

생산 요소의 가격 변화	*원자재 가격, 임금, 이자 등 생산 요소의 가격이 하락하면 공급이 증가하고, 생산 요소의 가격이 상승하면 공급이 감소함
생산 기술의 발달	생산 기술이 발달하여 *생산성이 높아지면 동일한 비용으로 더 많은 상품을 생산할 수 있게 되므로 공급이 증가함
공급자 수의 변화	공급자 수가 증가하면 공급이 증가하고, 공급자 수가 감소하면 공급이 감소함
미래 가격에 대한 예상	미래에 상품 가격이 내릴 것으로 예상되면 공급이 증가하고, 상품 가격이 오를 것으로 예상되면 공급이 감소함

●● 시장 가격의 변동

1. 수요 변화에 따른 시장 가격의 변동

(1) 수요 증가: 소득 증가, 대체재 가격 상승, 보완재 가격 하락, 소비자의 기호 상승, 미래에 상품 가격 상승 예상, 인구 증가 등 → 수요 곡선이 오른쪽으로 이동 → 균형 가격 상승, 균형 거래량 증가

생생 자료

자료① 수요량과 수요의 변화

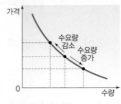

↑ 수요량의 변화 　　↑ 수요의 변화

수요량의 변화는 상품 가격에 따라 수요자가 구매하려고 하는 수량이 변화하는 것이므로, 수요 곡선상의 점의 이동으로 나타난다. 반면 수요의 변화는 모든 가격 수준에서 수요량이 변화하는 것이므로, 수요 곡선 자체의 이동으로 표현된다.

자료② 대체재와 보완재

커피와 녹차 등 서로 용도가 비슷하여 한 상품을 대신해서 사용할 수 있는 경쟁 관계의 재화를 말해

구제역이 발생하여 돼지고기의 가격이 오르자, 돼지고기와 비슷한 만족을 얻을 수 있는 닭고기의 수요가 증가하였다. 반면 돼지고기와 함께 먹을 때 만족도가 커지는 상추의 수요는 감소하였다.

제시된 글에서 돼지고기와 닭고기는 한 상품의 가격이 상승하면 다른 상품의 수요가 증가하는 대체재 관계에, 돼지고기와 상추는 한 상품의 가격이 상승하면 다른 상품의 수요가 감소하는 보완재 관계에 있음을 알 수 있다. 이처럼 한 상품의 가격 변화는 그 상품과 관련 있는 다른 상품의 수요에 영향을 미친다.

커피와 설탕, 자동차와 휘발유 등 함께 소비할 때 만족도가 커지는 보완 관계의 재화를 말해

자료③ 공급량과 공급의 변화

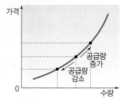

↑ 공급량의 변화 　　↑ 공급의 변화

공급량의 변화는 상품 가격에 따라 공급자가 판매하려고 하는 수량이 변화하는 것이므로, 공급 곡선상의 점의 이동으로 나타난다. 반면 공급의 변화는 모든 가격 수준에서 공급량이 변화하는 것이므로, 공급 곡선 자체의 이동으로 표현된다.

쏙쏙 용어

★ **기호** 어떤 재화나 서비스를 좋아하는 성향
★ **원자재** 상품을 생산하는 데 필요한 재료
★ **생산성** 생산 과정에서 생산 요소를 얼마나 효율적으로 사용하였는지를 나타내는 정도

(2) 수요 감소: 소득 감소, 대체재 가격 하락, 보완재 가격 상승, 소비자의 기호 하락, 미래에 상품 가격 하락 예상, 인구 감소 등 → 수요 곡선이 왼쪽으로 이동 → 균형 가격 하락, 균형 거래량 감소 자료 **④**

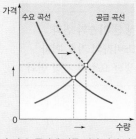
↑ 수요 증가에 따른 시장 가격 변동

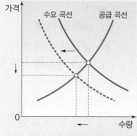
↑ 수요 감소에 따른 시장 가격 변동

2. 공급 변화에 따른 시장 가격의 변동

(1) 공급 증가: 생산 요소의 가격 하락, 생산 기술의 발달, 공급자 수의 증가, 미래에 상품 가격 하락 예상 등 → 공급 곡선이 오른쪽으로 이동 → 균형 가격 하락, 균형 거래량 증가 자료 **⑤**

(2) 공급 감소: 생산 요소의 가격 상승, 공급자 수의 감소, 미래에 상품 가격 상승 예상 등 → 공급 곡선이 왼쪽으로 이동 → 균형 가격 상승, 균형 거래량 감소

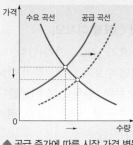
↑ 공급 증가에 따른 시장 가격 변동

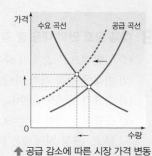
↑ 공급 감소에 따른 시장 가격 변동

서술형 단골 사례를 통해 수요·공급의 변화를 파악하고, 균형 가격과 균형 거래량의 변동을 묻는 문제가 자주 출제돼.

●● 시장 가격의 기능

1. 시장 경제의 신호등 기능
시장 가격은 소비자와 생산자에게 경제 활동을 어떻게 조절할 것인지 알려 주는 기능을 함 자료 **⑥**

시장 가격 상승	소비자는 소비를 줄이려 하고, 생산자는 생산을 늘리려 함
시장 가격 하락	소비자는 소비를 늘리려 하고, 생산자는 생산을 줄이려 함

2. 자원의 *효율적 *배분 기능
시장 가격은 사회에 필요한 적당한 양의 상품을 가장 효율적인 방법으로 생산하게 하고, 이를 효율적으로 배분하는 기능을 함

소비 측면	같은 상품을 소비하여 가장 큰 만족을 얻을 수 있는 소비자에게 상품이 돌아가게 함
생산 측면	같은 상품을 가장 낮은 비용으로 생산하는 생산자가 상품을 공급하게 함

생생 자료

자료 ④ 수요 감소에 따른 시장 가격의 변동 사례

> 한 텔레비전 프로그램은 현재 판매되고 있는 A 제품에서 인체에 유해한 물질이 발견되었다는 문제점을 보도하였다. 이에 소비자들은 A 제품에 대한 불매 운동을 추진하였다.

제시된 사례는 A 제품에 대한 소비자의 기호가 하락했다는 것을 보여 주는데, 상품에 대한 소비자의 기호 하락은 수요를 감소시키는 요인에 해당한다. 공급이 일정할 때 수요가 감소하면 균형 가격은 하락하고, 균형 거래량은 감소한다.

자료 ⑤ 공급 증가에 따른 시장 가격의 변동 사례

> • 자전거에 사용되는 타이어의 핵심 원료인 고무의 가격이 대폭 하락하였다.
> • 자전거 생산 과정이 자동화되면서 자전거 회사의 인원이 감축되어 자전거 한 대를 생산하는 데 드는 인건비가 크게 하락하였다.

첫 번째 사례는 자전거 생산에 필요한 원자재 가격의 하락, 두 번째 사례는 자전거 생산 시 들어가는 인건비의 하락을 보여 준다. 원자재 가격과 인건비 등 생산 요소의 가격이 하락하면 생산비가 적게 들어 공급자의 이윤이 늘어나므로 공급은 증가한다. 수요가 일정할 때 공급이 증가하면 균형 가격은 하락하고, 균형 거래량은 증가한다.

자료 ⑥ 시장 경제의 신호등 기능

> • 올해 배추 가격이 많이 오르자 가희 씨는 올해 김장할 때 배추를 적게 구입하라는 신호로 받아들였다.
> • 배추 농사를 짓는 나희 씨는 올해 배추 가격이 많이 오른 것을 내년에는 배추를 더 많이 생산하라는 신호로 받아들였다.

제시된 사례에서 상품 가격이 오르면 소비자는 소비를 줄이려 하고 생산자는 생산을 늘리려 한다는 것을 알 수 있다. 즉, 소비자와 생산자는 시장 가격이 주는 신호를 보고 경제 활동을 조절하고 있다.

상품 가격이 오르면 생산자는 더 많은 이윤을 얻을 수 있기 때문이야.

쏙쏙 용어

★ **효율적** 들인 노력에 비해 얻는 결과가 큰 경우
★ **배분**(配 – 짝지어 주다, 分 – 나누어 주다) 각자의 몫으로 나누는 것

한눈에 정리하기

◆ 수요 변화에 따른 시장 가격의 변동

수요 증가	• 변동 요인: 소득 (①), 대체재 가격 상승, 보완재 가격 하락, 소비자의 기호 상승, 미래에 상품 가격 (②) 예상, 인구 증가 등 • 변동 모습: 균형 가격 상승, 균형 거래량 증가
수요 감소	• 변동 요인: 소득 감소, 대체재 가격 하락, 보완재 가격 상승, 소비자의 기호 하락, 미래에 상품 가격 (③) 예상, 인구 감소 등 • 변동 모습: 균형 가격 하락, 균형 거래량 감소

◆ 공급 변화에 따른 시장 가격의 변동

공급 증가	• 변동 요인: 생산 요소의 가격 하락, 생산 기술의 발달, 공급자 수의 증가, 미래에 상품 가격 하락 예상 등 • 변동 모습: 균형 가격 (④), 균형 거래량 증가
공급 감소	• 변동 요인: 생산 요소의 가격 상승, 공급자 수의 감소, 미래에 상품 가격 상승 예상 등 • 변동 모습: 균형 가격 (⑤), 균형 거래량 감소

◆ 시장 가격의 기능

시장 경제의 (⑥) 기능	소비자와 생산자에게 경제 활동을 어떻게 조절할 것인지 알려 줌
자원의 효율적 배분 기능	사회에 필요한 적당한 양의 상품을 가장 효율적인 방법으로 생산하게 하고, 이를 효율적으로 배분함

대표 자료 확인하기

◆ 수요·공급의 변화

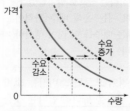
↑ 수요의 변화

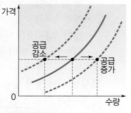
↑ 공급의 변화

• 소득의 변화, 관련 상품의 가격 변화, 소비자의 기호 변화 등 수요를 변화시키는 요인이 발생하면 모든 가격 수준에서 (①   )이 변화하여 수요 곡선 자체가 이동한다.
• 생산 요소의 가격 변화, 생산 기술의 발달, 공급자 수의 변화 등 공급을 변화시키는 요인이 발생하면 모든 가격 수준에서 (②   )이 변화하여 공급 곡선 자체가 이동한다.

1 수요와 공급의 변화 요인을 〈보기〉에서 골라 기호를 쓰시오.

┌ 보기 ┐
ㄱ. 소득의 변화   ㄴ. 생산 기술의 변화
ㄷ. 공급자 수의 변화   ㄹ. 소비자의 기호 변화
ㅁ. 관련 상품의 가격 변화   ㅂ. 생산 요소의 가격 변화

(1) 수요의 변화 요인   (   )
(2) 공급의 변화 요인   (   )

2 다음 빈칸에 들어갈 내용을 쓰시오.

(1) (   )는 용도가 비슷하여 한 상품을 대신해서 사용할 수 있는 경쟁 관계의 재화를 말한다.
(2) 두 상품이 보완재 관계에 있는 경우 한 상품의 가격이 상승하면 다른 상품의 수요는 (   )한다.

3 다음 괄호 안의 내용 중 알맞은 말에 ○표를 하시오.

(1) 일반적으로 소득이 증가하면 수요가 (감소, 증가)한다.
(2) 미래에 상품 가격 하락이 예상되면 수요가 (감소, 증가)한다.
(3) 수요가 증가하면 수요 곡선이 (오른쪽, 왼쪽)으로 이동한다.
(4) 공급이 일정할 때 수요가 감소하면 균형 가격은 (상승, 하락)하고, 균형 거래량은 (감소, 증가)한다.

4 다음 설명이 맞으면 ○표, 틀리면 ✕표를 하시오.

(1) 생산 요소의 가격이 하락하면 공급이 감소한다. (   )
(2) 수요가 일정할 경우 공급이 감소하면 균형 거래량은 감소한다. (   )
(3) 상품의 생산 기술이 발달하면 공급이 증가하여 균형 가격은 하락한다. (   )

5 공급의 변화에 따른 공급 곡선의 이동을 옳게 연결하시오.

(1) 공급 증가 •   • ㉠ 왼쪽으로 이동
(2) 공급 감소 •   • ㉡ 오른쪽으로 이동

6 (   )은 소비자와 생산자에게 경제 활동을 어떻게 조절할 것인지 알려 주는 신호등과 같은 기능을 한다.

탄탄 시험 문제

01 ㈎에 들어갈 내용으로 적절하지 <u>않은</u> 것은?

> 상품의 수요는 상품 가격 이외의 다양한 요인에 의해 증가하거나 감소한다. 이때 수요의 변화에 영향을 미치는 요인에는 _____ ㈎ _____ 등이 있다.

① 인구수의 변화
② 소비자의 기호 변화
③ 관련 상품의 가격 변화
④ 생산 요소의 가격 변화
⑤ 미래의 상품 가격에 대한 예상

이 문제에서 나올 수 있는 선택지는 다~!

02 ㉠, ㉡에 들어갈 용어에 대한 설명으로 옳지 <u>않은</u> 것은?

> 한 상품의 가격 변화는 그 상품과 관련 있는 다른 상품의 수요에 영향을 미친다. 두 상품이 (㉠) 관계에 있는 경우 한 상품의 가격이 상승하면 다른 상품의 수요는 증가한다. 반면 두 상품이 (㉡) 관계에 있는 경우 한 상품의 가격이 상승하면 다른 상품의 수요는 감소한다.

① ㉠은 대체재이다.
② ㉠의 사례로는 커피와 설탕을 들 수 있다.
③ ㉠은 서로 용도가 비슷하여 대신해서 사용할 수 있는 재화를 말한다.
④ ㉡은 보완재이다.
⑤ ㉡의 사례로는 자동차와 휘발유를 들 수 있다.
⑥ ㉡은 함께 소비할 때 만족도가 커지는 재화를 말한다.

---

03 공급의 변화에 대한 옳은 설명을 〈보기〉에서 고른 것은?

> **보기**
> ㄱ. 상품의 가격이 변화하여 나타난다.
> ㄴ. 생산 기술이 발달하면 공급이 감소한다.
> ㄷ. 공급자의 수가 감소하면 공급이 감소한다.
> ㄹ. 원자재 가격이 하락하면 공급이 증가한다.

① ㄱ, ㄴ ② ㄱ, ㄷ ③ ㄴ, ㄷ
④ ㄴ, ㄹ ⑤ ㄷ, ㄹ

---

04 교사의 질문에 옳게 답한 학생을 〈보기〉에서 고른 것은?

> • 교사: 상품의 수요와 공급은 미래의 상품 가격 예상에 영향을 받아요. 만약 라면 가격이 오를 것으로 예상된다면, 라면의 수요나 공급은 어떻게 변화할까요?

> **보기**
> ㄱ. 가준: 라면의 수요가 감소할 것입니다.
> ㄴ. 나준: 라면의 수요가 증가할 것입니다.
> ㄷ. 다준: 라면의 공급이 감소할 것입니다.
> ㄹ. 라준: 라면의 공급이 증가할 것입니다.

① ㄱ, ㄴ ② ㄱ, ㄷ ③ ㄴ, ㄷ
④ ㄴ, ㄹ ⑤ ㄷ, ㄹ

---

05 수요와 공급의 변화에 대한 설명으로 옳은 것은?

① 소비자의 소득이 변화하면 수요량이 변동한다.
② 공급량의 변화는 공급 곡선 자체의 이동으로 표현된다.
③ 수요의 변화는 수요 곡선상의 점의 이동으로 표현된다.
④ 수요와 공급을 동시에 변화시킬 수 있는 요인은 상품의 가격뿐이다.
⑤ 상품 가격 이외의 요인이 변화하면 수요나 공급 자체가 증가하거나 감소한다.

중요해

06 그림은 우유 시장의 변화를 나타낸 것이다. 이러한 변화가 나타난 요인으로 적절한 것은?

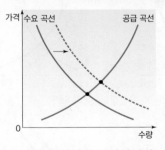

① 우유의 가격이 하락하였다.
② 우유를 사 먹을 용돈이 줄었다.
③ 대체재인 두유의 가격이 하락하였다.
④ 우유가 성장에 도움을 준다는 연구 결과가 발표되었다.
⑤ 높은 품질의 우유를 더 많이 생산할 수 있는 최첨단 기술이 도입되었다.

07 다음 상황에서 나타날 수 있는 A 제품 시장의 변화를 옳게 예측한 것은? (단, 다른 조건은 변함없다.)

> 한 텔레비전 프로그램은 현재 판매되고 있는 A 제품에서 인체에 유해한 물질이 발견되었다는 문제점을 보도하였다. 이에 소비자들은 A 제품에 대한 불매 운동을 추진하였다.

① 수요 곡선이 왼쪽으로 이동할 것이다.
② 공급 곡선이 왼쪽으로 이동할 것이다.
③ 수요 곡선이 오른쪽으로 이동할 것이다.
④ 공급 곡선이 오른쪽으로 이동할 것이다.
⑤ 수요 곡선과 공급 곡선이 모두 오른쪽으로 이동할 것이다.

08 다음 상황에서 나타날 수 있는 자전거 시장의 변화를 옳게 표현한 그림은? (단, 다른 조건은 변함없다.)

> • 자전거에 사용되는 타이어의 핵심 원료인 고무의 가격이 대폭 하락하였다.
> • 자전거 생산 과정이 자동화되면서 자전거 회사의 인원이 감축되어 자전거 한 대를 생산하는 데 드는 인건비가 크게 하락하였다.

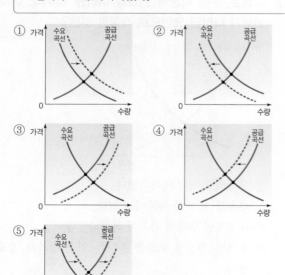

09 그림은 어떤 상품의 시장 변화를 나타낸 것이다. 이에 대한 설명으로 옳지 않은 것은?

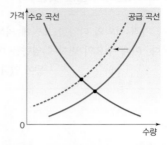

① 공급이 감소하였다.
② 균형 가격이 상승하였다.
③ 균형 거래량이 감소하였다.
④ 미래에 상품 가격 하락이 예상되면 이러한 변화가 나타날 수 있다.
⑤ 생산에 필요한 원자재의 가격이 상승하면 이러한 변화가 나타날 수 있다.

중요해
10 그림은 자동차 시장의 변화를 나타낸 것이다. 이에 대한 설명으로 옳은 것은?

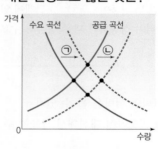

① 자동차에 대한 기호가 하락하면 ㉠이 나타난다.
② 보완재인 휘발유 가격의 상승은 ㉠의 요인이 될 수 있다.
③ 자동차의 부품 가격이 상승하면 ㉡이 나타난다.
④ 자동차 부품의 조립 기술 발달은 ㉡의 요인이 될 수 있다.
⑤ 자동차를 생산하는 기업이 줄어들면 ㉠, ㉡이 동시에 나타난다.

11 균형 가격을 하락시키는 요인으로 적절하지 않은 것은?
① 공급자의 수 감소
② 대체재의 가격 하락
③ 보완재의 가격 상승
④ 소비자의 기호 하락
⑤ 생산 요소의 가격 하락

중요해

12 다음 상황에서 고구마의 균형 가격과 균형 거래량의 변동을 옳게 예측한 것은? (단, 다른 조건은 변함없다.)

> 최근 고구마가 다이어트 식품으로 주목받으면서 고구마를 식사 대용으로 섭취하는 사람이 많아졌다.

① 균형 가격은 상승하고, 균형 거래량은 감소한다.
② 균형 가격은 상승하고, 균형 거래량은 증가한다.
③ 균형 가격은 하락하고, 균형 거래량은 감소한다.
④ 균형 가격은 하락하고, 균형 거래량은 증가한다.
⑤ 균형 가격과 균형 거래량은 모두 변화하지 않는다.

13 교사의 질문에 옳게 답한 학생은?

> • 교사: 시장 가격은 소비자와 생산자에게 경제 활동을 어떻게 조절할 것인지 알려 주는 기능을 해요. 만약 어떤 상품의 가격이 상승했다면, 소비자와 생산자의 행동은 어떻게 변화할까요?

① 가훈: 소비자는 소비를 늘리고, 생산자는 생산을 늘릴 거예요.
② 나훈: 소비자는 소비를 늘리고, 생산자는 생산을 줄일 거예요.
③ 다훈: 소비자는 소비를 줄이고, 생산자는 생산을 늘릴 거예요.
④ 라훈: 소비자는 소비를 줄이고, 생산자는 생산을 줄일 거예요.
⑤ 마훈: 소비자와 생산자의 행동은 모두 변화하지 않을 거예요.

14 (가)에 들어갈 내용으로 가장 적절한 것은?

> 시장 가격은 같은 상품에 대해 가장 높은 가격을 지불할 의사가 있는 사람, 즉 그 상품을 소비하여 가장 큰 만족을 얻을 수 있는 소비자가 상품을 구매하게 한다. 이처럼 시장 가격은 _____ (가) .

① 소득을 공평하게 분배하는 기능을 한다.
② 자원을 효율적으로 배분하는 기능을 한다.
③ 교환을 편리하게 하여 삶의 질을 향상시킨다.
④ 수요와 공급에 영향을 미치는 유일한 요인이 된다.
⑤ 과소비를 억제하여 경제 성장을 유도하는 기능을 한다.

학교 시험에 잘 나오는 서술형 문제

1 ㉠에 들어갈 용어를 쓰고, 그 변화 요인을 두 가지 이상 서술하시오.

> 상품의 가격이 변하면 수요량이 변화하지만, 상품 가격 이외의 요인이 변화하면 (㉠) 자체가 증가하거나 감소한다.

_____
_____
_____

2 다음 상황에서 나타날 수 있는 텔레비전의 균형 가격과 균형 거래량의 변동 양상을 서술하시오.

> 최근 텔레비전의 화질을 개선하는 기술이 개발되어 고화질 텔레비전의 대량 생산이 가능해졌다. 그러나 소비자들의 수요는 예전과 달라지지 않았다.

_____
_____
_____

3 다음 대화를 통해 알 수 있는 시장 가격의 기능을 서술하시오.

> • 가희: 올해 배추 가격이 비싸져서 엄마가 김장할 때 배추를 많이 못 살 것 같다고 하셨어.
> • 나희: 우리 할아버지는 배추 농사를 지으시는데, 올해 배추 가격이 많이 올라서 내년에는 배추를 더 많이 생산해야겠다고 하셨어.

_____
_____
_____

1 생산물 시장과 생산 요소 시장

↑ 농산물 시장

↑ 취업 박람회

농산물 시장은 딸기, 사과 등 생활에 필요한 재화나 서비스가 거래되는 시장이므로, ① ▢▢▢ 시장에 해당한다. 취업 박람회는 상품 생산에 필요한 요소인 노동이 거래되는 시장이므로, ② ▢▢▢▢ 시장에 해당한다.

│답│ ① 생산물 ② 생산 요소

---

2 수요 곡선과 공급 곡선

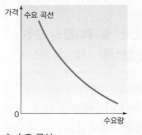
↑ 수요 곡선

↑ 공급 곡선

- 수요 곡선은 상품의 가격과 수요량 간의 음(−)의 관계를 그래프로 나타낸 것으로, ① ▢▢▢ 하는 모양을 띤다.
- 공급 곡선은 상품의 가격과 공급량 간의 양(+)의 관계를 그래프로 나타낸 것으로, ② ▢▢▢ 하는 모양을 띤다.

│답│ ① 우하향 ② 우상향

---

3 시장 균형의 달성 과정

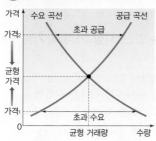

초과 수요가 발생할 경우 수요자들은 돈을 더 내고서라도 상품을 사려고 하므로, 상품 가격은 ① ▢▢ 한다. 반면 초과 공급이 발생할 경우 공급자들은 가격을 낮춰서라도 상품을 팔고자 하므로, 상품 가격은 ② ▢▢ 한다. 이러한 과정을 거쳐 상품 가격이 시장 가격에 도달하면 시장은 균형을 이루게 된다.

│답│ ① 상승 ② 하락

---

01 시장의 의미와 종류

시장의 의미와 역할

의미	재화나 서비스를 사려는 사람과 팔려는 사람이 만나 거래하는 곳
역할	(①) 비용 절약, 상품에 관한 정보 제공, 분업의 촉진으로 생산성 증대 등

시장의 종류

거래 모습에 따른 구분	• 보이는 시장: 거래가 이루어지는 장소나 거래하는 모습이 구체적으로 드러나는 시장 • 보이지 않는 시장: 거래가 이루어지는 장소나 거래하는 모습이 구체적으로 드러나지 않는 시장
거래 대상에 따른 구분	• 생산물 시장: 생활에 필요한 재화나 서비스가 거래되는 시장 • 생산 요소 시장: 상품을 생산하는 과정에서 필요한 토지, 노동, 자본 등의 (②)가 거래되는 시장

---

02 시장 가격의 결정

수요 법칙과 공급 법칙

수요와 수요 법칙	수요	구매력이 있는 수요자가 일정한 가격에 어떤 상품을 구매하고자 하는 욕구
	(③)	일정한 가격 수준에서 수요자가 구매하고자 하는 상품의 양
	수요 법칙	상품의 가격이 상승하면 수요량이 감소하고, 가격이 하락하면 수요량이 증가하는 것 → (④)으로 나타냄
공급과 공급 법칙	(⑤)	판매 능력이 있는 공급자가 일정한 가격에 어떤 상품을 판매하고자 하는 욕구
	공급량	일정한 가격 수준에서 공급자가 판매하고자 하는 상품의 양
	공급 법칙	상품의 가격이 상승하면 공급량이 증가하고, 가격이 하락하면 공급량이 감소하는 것 → 공급 곡선으로 나타냄

시장 가격의 결정

시장 가격의 결정	• 균형 가격(시장 가격): 수요량과 공급량이 일치하여 시장이 균형을 이루는 지점에서의 가격 • (⑥): 균형 가격에서 거래되는 상품의 양
초과 수요와 초과 공급	• 초과 수요: 수요량 > 공급량 → 상품 가격 상승 • 초과 공급: 수요량 < 공급량 → 상품 가격 하락

│답│ ① 거래 ② 생산 요소 ③ 수요량 ④ 수요 곡선 ⑤ 공급 ⑥ 균형 거래량

03 시장 가격의 변동

수요의 변화

수요의 변화	상품 가격 이외의 요인이 변화하여 수요 자체가 변화하는 것 → 수요 곡선의 이동으로 표현됨
수요의 변화 요인	소득의 변화, 관련 상품(대체재, 보완재)의 가격 변화, 소비자의 기호나 선호도 변화, 미래에 대한 예상, 인구수의 변화 등

공급의 변화

공급의 변화	상품 가격 이외의 요인이 변화하여 공급 자체가 변화하는 것 → 공급 곡선의 이동으로 표현됨
공급의 변화 요인	원자재 가격, 임금, 이자 등 생산 요소의 가격 변화, 생산 기술의 발달, (⑦) 수의 변화, 미래 가격에 대한 예상 등

수요 변화에 따른 시장 가격의 변동

구분	수요 증가	수요 감소
변동 요인	소득 증가, 대체재 가격 상승, 보완재 가격 (⑧), 소비자의 기호 상승, 미래에 상품 가격의 상승 예상, 인구 증가 등	소득 감소, 대체재 가격 하락, 보완재 가격 (⑨), 소비자의 기호 하락, 미래에 상품 가격의 하락 예상, 인구 감소 등
④ 변동 모습	수요 곡선이 오른쪽으로 이동 → 균형 가격 상승, 균형 거래량 증가	수요 곡선이 왼쪽으로 이동 → 균형 가격 하락, 균형 거래량 감소

공급 변화에 따른 시장 가격의 변동

구분	공급 증가	공급 감소
변동 요인	생산 요소의 가격 하락, 생산 기술의 발달, 공급자 수의 증가, 미래에 상품 가격의 하락 예상 등	생산 요소의 가격 상승, 공급자 수의 감소, 미래에 상품 가격의 상승 예상 등
⑤ 변동 모습	공급 곡선이 (⑩)으로 이동 → 균형 가격 하락, 균형 거래량 증가	공급 곡선이 (⑪)으로 이동 → 균형 가격 상승, 균형 거래량 감소

시장 가격의 기능

⑥ 시장 경제의 신호등 기능	(⑫)은 소비자와 생산자에게 경제 활동을 어떻게 조절할 것인지 알려 주는 기능을 함
자원의 효율적 배분 기능	시장 가격은 사회에 필요한 적당한 양의 상품을 가장 효율적인 방법으로 생산하게 하고, 이를 효율적으로 배분하는 기능을 함

정답 | ⑦ 공급자 ⑧ 상승 ⑨ 하락 ⑩ 오른쪽 ⑪ 왼쪽 ⑫ 시장 가격

4 수요 변화에 따른 시장 가격의 변동

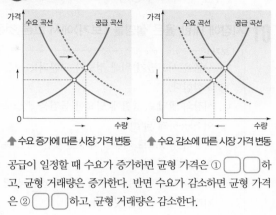

↑ 수요 증가에 따른 시장 가격 변동 ↑ 수요 감소에 따른 시장 가격 변동

공급이 일정할 때 수요가 증가하면 균형 가격은 ①◻◻하고, 균형 거래량은 증가한다. 반면 수요가 감소하면 균형 가격은 ②◻◻하고, 균형 거래량은 감소한다.

정답 | ① 상승 ② 하락

5 공급 변화에 따른 시장 가격의 변동

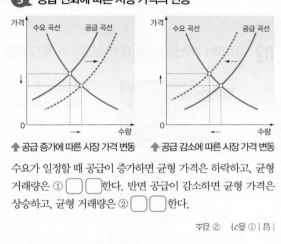

↑ 공급 증가에 따른 시장 가격 변동 ↑ 공급 감소에 따른 시장 가격 변동

수요가 일정할 때 공급이 증가하면 균형 가격은 하락하고, 균형 거래량은 ①◻◻한다. 반면 공급이 감소하면 균형 가격은 상승하고, 균형 거래량은 ②◻◻한다.

정답 | ① 증가 ② 감소

6 시장 가격의 기능

(가) 올해 배추 가격이 많이 오르자 가미 씨는 배추를 적게 구입하라는 신호로 받아들였고, 나미 씨는 배추 생산을 늘리라는 신호로 받아들였다.

(나) ○○ 오페라 공연의 관람료가 10만 원으로 정해졌다. 다미는 공연을 보기 위해 10만 원을 낼 의사가 있지만, 라미는 10만 원을 내면서까지 공연을 볼 생각이 없다.

(가)에서 시장 가격은 소비자와 생산자에게 배추의 소비나 생산을 줄여야 할지, 늘려야 할지를 알려 주는 ①◻◻◻과 같은 기능을 한다. (나)에서 시장 가격은 오페라 공연을 볼 때 가장 큰 만족을 얻을 수 있는 사람이 공연을 관람하도록 함으로써 자원을 ②◻◻◻으로 배분하는 기능을 한다.

정답 | ① 신호등 ② 효율적

01 시장의 의미와 종류

01 시장에 대한 옳은 설명을 〈보기〉에서 고른 것은?

> ┤ 보기 ├
> ㄱ. 상품을 사고팔기 위해 정보가 교환되는 모든 곳을 포함한다.
> ㄴ. 시장의 발달로 생활에 필요한 물건을 스스로 만들어 사용하게 되었다.
> ㄷ. 시장의 형성으로 거래할 대상을 찾는 데 드는 시간이 늘어나게 되었다.
> ㄹ. 상품을 사고자 하는 사람과 팔고자 하는 사람 간의 거래가 이루어지는 곳이다.

① ㄱ, ㄴ   ② ㄱ, ㄹ   ③ ㄴ, ㄷ
④ ㄴ, ㄹ   ⑤ ㄷ, ㄹ

02 자료에 나타난 시장에 대한 설명으로 옳지 <u>않은</u> 것은?

오늘날에는 제시된 사진과 같이 인터넷을 이용하여 상품을 거래하는 인터넷 쇼핑몰이 활성화되고 있다.

① 노동과 같은 생산 요소만 거래된다.
② 거래할 때 장소에 제약을 받지 않는다.
③ 거래하는 모습이 구체적으로 드러나지 않는다.
④ 정보 통신 기술의 발달로 그 규모가 확대되고 있다.
⑤ 주식 시장과 같은 유형의 시장으로 분류될 수 있다.

03 밑줄 친 시장에 해당하는 사례를 〈보기〉에서 고른 것은?

> 시장은 거래하는 모습이 보이는지 여부에 따라 거래가 이루어지는 장소가 구체적으로 드러나는 시장과 <u>거래가 이루어지는 장소가 구체적으로 드러나지 않는 시장</u>으로 구분할 수 있다.

> ┤ 보기 ├
> ㄱ. 백화점   ㄴ. 재래시장
> ㄷ. 외환 시장   ㄹ. 증권 시장

① ㄱ, ㄴ   ② ㄱ, ㄷ   ③ ㄴ, ㄷ
④ ㄴ, ㄹ   ⑤ ㄷ, ㄹ

04 ㈎, ㈏에 해당하는 시장에 대한 옳은 설명을 〈보기〉에서 고른 것은?

> ㈎ 부동산 시장, 취업 박람회 등
> ㈏ 꽃 시장, 수산물 시장, 영화관, 공연장 등

> ┤ 보기 ├
> ㄱ. 가구 시장은 ㈎와 같은 유형의 시장으로 분류될 수 있다.
> ㄴ. ㈏는 일상생활에 필요한 재화와 서비스가 거래되는 시장이다.
> ㄷ. ㈎, ㈏에서는 모두 수요자와 공급자 사이에 거래가 이루어진다.
> ㄹ. ㈎는 생산물 시장, ㈏는 생산 요소 시장이다.

① ㄱ, ㄴ   ② ㄱ, ㄷ   ③ ㄴ, ㄷ
④ ㄴ, ㄹ   ⑤ ㄷ, ㄹ

02 시장 가격의 결정

05 ㉠~㉤에 들어갈 내용을 잘못 연결한 것은?

> 수요자가 일정한 가격 수준에서 구매하고자 하는 상품의 양을 (㉠)이라고 한다. 일반적으로 상품 가격이 상승하면 수요량이 (㉡)하고, 상품 가격이 하락하면 수요량이 (㉢)한다. 이처럼 상품 가격과 수요량이 (㉣)의 관계에 있는 것을 수요 법칙이라고 하고, 이를 그래프로 나타낸 것이 (㉤)이다.

① ㉠ – 수요량   ② ㉡ – 감소   ③ ㉢ – 증가
④ ㉣ – 양(+)   ⑤ ㉤ – 수요 곡선

06 그림에서 상품의 가격이 2,000원에서 1,000원으로 하락할 때, 수요량의 변화로 옳은 것은?

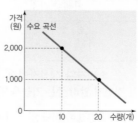

① 변함없다.   ② 10개 감소한다.
③ 10개 증가한다.   ④ 20개 감소한다.
⑤ 20개 증가한다.

07 그림에 대한 옳은 설명을 〈보기〉에서 고른 것은?

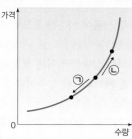

┤ 보기 ├
ㄱ. 공급 법칙을 그래프로 나타낸 것이다.
ㄴ. 가격이 내려가면 공급자는 공급량을 늘리려 한다.
ㄷ. ㉠은 가격 하락에 따른 수요량의 감소를 나타낸다.
ㄹ. ㉡은 가격 상승에 따른 공급량의 증가를 나타낸다.

① ㄱ, ㄴ   ② ㄱ, ㄹ   ③ ㄴ, ㄷ
④ ㄴ, ㄹ   ⑤ ㄷ, ㄹ

08 공급 법칙에 대한 설명으로 옳은 것은?

① 공급 법칙은 모든 상품에 적용된다.
② 우하향하는 공급 곡선으로 표현된다.
③ 상품의 가격이 내려가면 공급량이 증가하는 것이다.
④ 상품의 가격과 공급량이 반대 방향으로 움직이는 현상이다.
⑤ 운동화 가격이 오르자 운동화 회사가 공급을 늘린 것은 공급 법칙의 적용 사례에 해당한다.

09 ㈎, ㈏에 대한 설명으로 옳지 않은 것은?

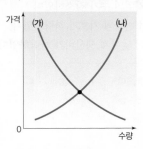

① ㈎는 수요 법칙을 그래프로 표현한 것이다.
② ㈎를 통해 상품의 가격이 내려가면 수요량이 증가한다는 것을 알 수 있다.
③ ㈏는 상품의 가격과 공급량 간의 음(−)의 관계를 표현한 것이다.
④ ㈏를 통해 상품의 가격이 올라가면 공급자의 이윤이 높아진다는 것을 알 수 있다.
⑤ ㈎는 수요 곡선, ㈏는 공급 곡선이다.

10 균형 가격에 대한 설명으로 옳지 않은 것은?

① 균형 가격은 한번 결정되면 절대 변동하지 않는다.
② 수요 곡선과 공급 곡선이 만나는 지점에서 형성된다.
③ 상품 가격이 균형 가격보다 높을 경우 초과 공급이 발생한다.
④ 상품 가격이 균형 가격보다 낮을 경우 초과 수요가 발생한다.
⑤ 균형 가격에서 거래되는 상품의 양을 균형 거래량이라고 한다.

11 초과 수요에 대한 설명으로 옳은 것은?

① 수요량이 공급량보다 많은 상태이다.
② 상품 가격이 균형 가격보다 높을 경우 발생하는 현상이다.
③ 상품을 팔려는 사람이 상품을 사려는 사람보다 많은 상태이다.
④ 초과 수요 발생 시 수요자들 간의 경쟁으로 상품 가격이 하락한다.
⑤ 초과 수요 발생 시 공급자들은 가격을 낮춰서라도 상품을 팔고자 할 것이다.

창의 융합

12 ㉠, ㉡에 대한 옳은 설명을 〈보기〉에서 고른 것은?

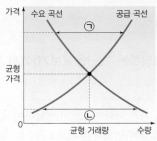

┤ 보기 ├
ㄱ. ㉠이 발생하면 공급자들 간에 경쟁이 나타나 상품의 가격이 상승한다.
ㄴ. ㉡이 발생하면 수요자들은 돈을 더 내고서라도 상품을 구매하려고 할 것이다.
ㄷ. ㉠, ㉡은 모두 시장이 균형을 이룬 상태이다.
ㄹ. ㉠은 초과 공급, ㉡은 초과 수요에 해당한다.

① ㄱ, ㄴ   ② ㄱ, ㄹ   ③ ㄴ, ㄷ
④ ㄴ, ㄹ   ⑤ ㄷ, ㄹ

[13~14] 표는 가격에 따른 오렌지의 수요량과 공급량을 나타낸 것이다. 이를 보고 물음에 답하시오.

가격(원)	100	200	300	400	500
수요량(개)	30	25	20	15	10
공급량(개)	10	15	20	25	30

13 오렌지의 균형 가격과 균형 거래량을 옳게 연결한 것은?

① 100원, 30개　　　　② 200원, 25개
③ 300원, 20개　　　　④ 400원, 15개
⑤ 500원, 10개

14 오렌지 가격이 400원일 때, 시장에서 나타날 상황으로 적절한 것은?

① 10개의 초과 수요가 발생할 것이다.
② 수요자들은 오렌지 소비를 늘릴 것이다.
③ 수요자들 간의 구매 경쟁이 발생할 것이다.
④ 가격 상승이나 하락 압력이 나타나지 않을 것이다.
⑤ 공급자들 간의 판매 경쟁으로 오렌지 가격이 하락할 것이다.

03 **시장 가격의 변동**

15 밑줄 친 부분에 해당하는 것만을 〈보기〉에서 있는 대로 고른 것은?

> 수요의 변화는 상품 가격 이외의 요인이 변화하여 모든 가격 수준에서 수요량이 변화하는 것으로, 수요 곡선 자체의 이동으로 표현된다.

┤보기├
ㄱ. 인구수의 변화
ㄴ. 공급자 수의 변화
ㄷ. 소비자의 소득 변화
ㄹ. 소비자의 선호도 변화

① ㄱ, ㄴ　　　② ㄱ, ㄷ　　　③ ㄴ, ㄹ
④ ㄱ, ㄷ, ㄹ　　　⑤ ㄴ, ㄷ, ㄹ

16 ⊙~@에 들어갈 내용을 옳게 연결한 것은?

> 닭고기와 돼지고기처럼 두 상품이 비슷한 용도로 사용되어 서로 대신하여 사용할 수 있는 (⊙) 관계에 있는 경우, 한 상품의 가격이 상승하면 다른 상품의 수요는 (ⓒ)한다. 한편 돼지고기와 상추처럼 두 상품을 함께 소비할 때 만족도가 커지는 (ⓒ) 관계에 있는 경우, 한 상품의 가격이 상승하면 다른 상품의 수요는 (@)한다.

	⊙	ⓒ	ⓒ	@
①	대체재	감소	보완재	증가
②	대체재	증가	대체재	감소
③	대체재	증가	보완재	감소
④	보완재	감소	대체재	증가
⑤	보완재	증가	보완재	감소

17 그림과 같이 수요 곡선이 이동하게 된 요인으로 적절한 것을 〈보기〉에서 고른 것은?

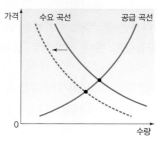

┤보기├
ㄱ. 대체재의 가격이 하락하였다.
ㄴ. 상품을 생산하는 기업의 수가 감소하였다.
ㄷ. 유행이 변화하여 소비자의 기호가 하락하였다.
ㄹ. 상품의 원료 가격이 낮아져 생산비가 하락하였다.

① ㄱ, ㄴ　　　② ㄱ, ㄷ　　　③ ㄴ, ㄷ
④ ㄴ, ㄹ　　　⑤ ㄷ, ㄹ

18 공급의 변화에 대한 설명으로 옳지 <u>않은</u> 것은?

① 신기술이 개발되면 공급이 증가한다.
② 상품 가격이 하락하면 공급이 감소한다.
③ 공급자의 수가 증가하면 공급이 증가한다.
④ 생산 요소의 가격이 상승하면 공급이 감소한다.
⑤ 미래에 상품 가격이 내릴 것으로 예상되면 공급이 증가한다.

19 다음 상황에서 나타날 수 있는 두유 시장의 변화를 옳게 예측한 사람은? (단, 다른 조건은 변함없다.)

> 국제 곡물 가격이 상승하면서 두유의 주원료인 콩의 가격이 크게 인상되었다. 이에 두유를 생산하는 데 들어가는 비용이 상승하였다.

① 가연: 두유의 공급이 감소할 거야.
② 나연: 두유의 공급이 증가할 거야.
③ 다연: 두유의 수요가 감소할 거야.
④ 라연: 두유의 수요가 증가할 거야.
⑤ 마연: 두유의 수요와 공급은 모두 변하지 않을 거야.

20 그림은 국내산 블루베리 시장의 변화를 나타낸 것이다. 이러한 변화가 나타난 요인으로 적절한 것을 〈보기〉에서 고른 것은?

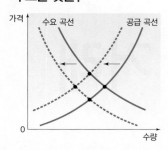

┤보기├
ㄱ. 미국산 블루베리의 가격이 하락하였다.
ㄴ. 블루베리 농사에 드는 인건비가 상승하였다.
ㄷ. 블루베리를 재배하는 국내 농가가 증가하고 있다.
ㄹ. 블루베리가 눈 건강에 도움이 된다는 연구 결과가 발표되었다.

① ㄱ, ㄴ ② ㄱ, ㄷ ③ ㄴ, ㄷ
④ ㄴ, ㄹ ⑤ ㄷ, ㄹ

21 다음 상황에서 나타날 공기 청정기 시장의 변화로 옳은 것은? (단, 다른 조건은 변함없다.)

> 미세 먼지 때문에 환기하기 어려운 날이 많아지자 공기 청정기를 사려는 소비자가 늘고 있다.

① 공기 청정기의 수요가 감소한다.
② 공기 청정기의 수요량이 증가한다.
③ 공기 청정기의 균형 가격이 상승한다.
④ 공기 청정기의 균형 거래량이 감소한다.
⑤ 공기 청정기의 수요 곡선이 왼쪽으로 이동한다.

22 스마트폰의 균형 가격을 하락시키는 요인으로 적절한 것을 〈보기〉에서 고른 것은?

┤보기├
ㄱ. 대체재인 태블릿 PC의 가격이 상승하였다.
ㄴ. 스마트폰 제조 업체 직원들의 임금이 인상되었다.
ㄷ. 신기술 개발로 인해 스마트폰의 핵심 부품 가격이 하락하였다.
ㄹ. 수요자들이 미래에 스마트폰 가격이 내릴 것이라고 예상하였다.

① ㄱ, ㄴ ② ㄱ, ㄷ ③ ㄴ, ㄷ
④ ㄴ, ㄹ ⑤ ㄷ, ㄹ

23 (가), (나)와 같은 상황에서 나타날 커피 시장의 변화를 옳게 연결한 것은? (단, 다른 조건은 변함없다.)

> (가) 커피의 대체재인 녹차의 가격이 상승하였다.
> (나) 커피를 공급하는 기업의 수가 급격히 감소하였다.

	상황	수요·공급의 변화	균형 가격
①	(가)	공급 증가	하락
②	(가)	수요 감소	상승
③	(가)	수요 증가	하락
④	(나)	공급 감소	상승
⑤	(나)	수요 증가	하락

24 다음 내용을 통해 알 수 있는 시장 가격의 기능으로 가장 적절한 것은?

> 빵 가격이 높아지면 수요자는 수요량을 줄이라는 신호로, 공급자는 빵의 생산을 늘리라는 신호로 받아들인다.

① 소득을 차등적으로 분배한다.
② 상품의 교환을 편리하게 한다.
③ 한정된 자원을 효율적으로 배분한다.
④ 정부의 개입을 통해 경제 성장을 유도한다.
⑤ 소비자와 생산자에게 경제 활동을 어떻게 조절할 것인지 알려 준다.

국민 경제와 국제 거래

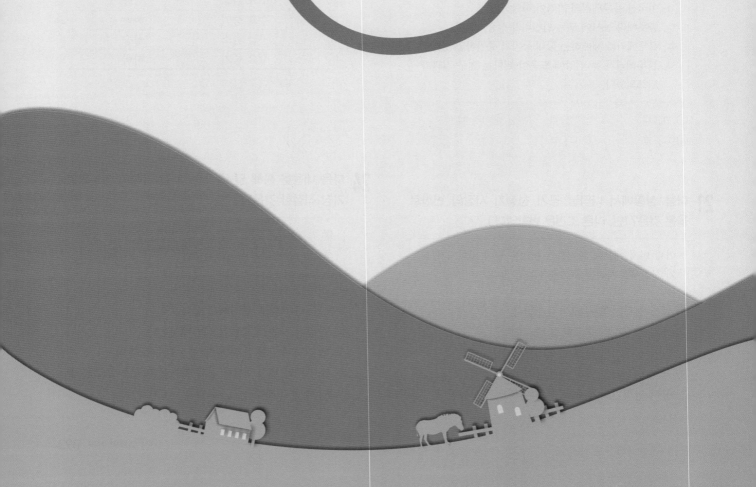

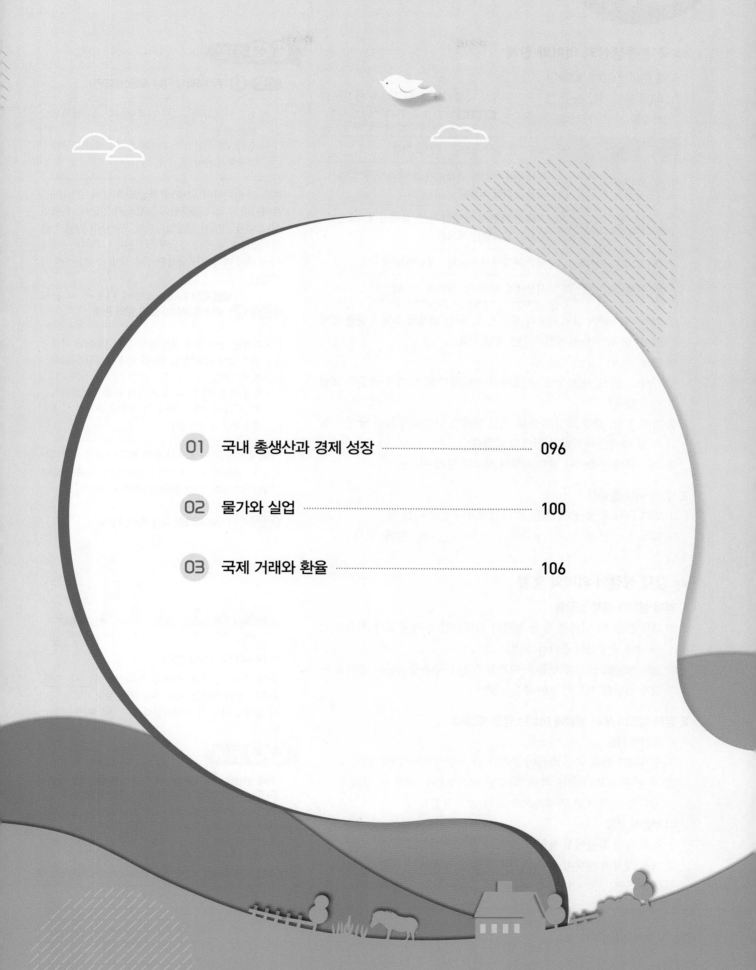

01 국내 총생산과 경제 성장

●● 국내 총생산의 의미와 한계

1. 국내 총생산(GDP) 자료①

(1) 의미: 일정 기간 동안 한 나라 안에서 새롭게 생산된 *최종 생산물의 가치를 시장 가격으로 환산한 것 **서술형 단골** 제시된 사례의 국내 총생산 포함 여부를 쓰고 그 이유를 서술하는 문제가 자주 출제돼.

일정 기간 동안	보통 1년 동안 생산된 것만 포함함
한 나라 안에서	생산자의 국적과 관계없이 그 나라 국경 안에서 생산된 것만 포함함
새롭게 생산된	그해에 새롭게 생산된 것만 포함하며, 그전에 생산된 중고품은 제외함
최종 생산물의 가치를	생산 과정에서 사용된 *중간재는 제외함
시장 가격으로 환산한 것	시장에서 거래되는 것만을 포함함

(2) 의의: 한 나라의 경제 규모와 생산 능력, 국민 전체의 소득 수준을 파악할 수 있음 → 대표적인 *국민 경제 지표

(3) 한계
① 가사 노동, 봉사 활동 등 시장에서 거래되지 않는 경제 활동은 포함하지 않음
② 자원 고갈, 환경 오염 등으로 인한 피해를 반영하지 않아 국민의 삶의 질 수준을 파악하기 어려움 자료②
③ 소득 분배 수준이나 빈부 격차의 정도를 알기 어려움

2. 1인당 국내 총생산

(1) 의미: 국내 총생산(GDP)을 그 나라의 인구수로 나눈 것
(2) 의의: 한 나라 국민들의 평균적인 소득 수준을 파악할 수 있음

●● 경제 성장의 의미와 영향

1. 경제 성장과 경제 성장률

(1) 경제 성장: 한 나라의 생산 능력이 확대되어 경제 규모가 커지는 것 → 국내 총생산이 증가하는 것
(2) 경제 성장률: 물가의 변동을 제거한 *실질 국내 총생산의 증가율 → 경제 성장의 정도를 보여 주는 지표

2. 경제 성장이 우리 생활에 미치는 영향 자료③

(1) 긍정적 영향
① 일자리가 늘고 국민 소득이 증가함 → 물질적으로 풍요로워짐
② 질 높은 교육과 의료 혜택, 다양한 문화생활을 누릴 수 있게 됨 → 사회적·문화적 욕구 충족으로 삶의 질이 향상됨

(2) 부정적 영향
① 경제 성장 과정에서 자원 고갈 및 환경 오염이 발생함
② 경제 성장의 혜택이 일부 계층에 편중될 경우 빈부 격차가 심화되어 계층 간 갈등이 나타날 수 있음

생생 자료

자료① 우리나라의 국내 총생산(GDP)

> ㈎ 외국 국적의 축구 선수가 우리나라 축구팀에서 받은 연봉
> ㈏ 우리나라 기업이 외국에 세운 공장에서 생산한 자동차의 가치

㈎는 우리나라의 국내 총생산에 포함되지만, ㈏는 우리나라의 국내 총생산에 포함되지 않는다. 외국인이나 외국 기업이 생산했더라도 우리나라 안에서 생산되었다면 국내 총생산에 포함된다. 그러나 우리나라 사람이 외국에서 생산한 것은 국내 총생산에서 제외된다.

서술형 단골 국내 총생산의 한계를 묻는 문제가 자주 출제돼.

자료② 국내 총생산과 삶의 질의 관계

> • 여가를 늘려 삶의 질이 향상되어도 늘어난 여가만큼 생산 활동이 감소하면 국내 총생산은 감소할 수 있다.
> • 환경 오염, 교통사고 등은 삶의 질을 떨어뜨리지만, 이를 복구하는 데 드는 비용은 오히려 국내 총생산을 증가시킨다.

국내 총생산은 한 국가의 경제 활동 규모를 나타내는 유용한 지표이기는 하지만, 삶의 질이나 복지 수준을 제대로 보여 주지 못한다는 한계를 지닌다.

자료③ 우리나라의 국내 총생산 변화

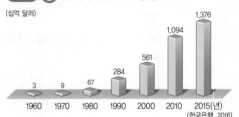

(십억 달러)

1960	1970	1980	1990	2000	2010	2015(년)
3	9	67	284	561	1,094	1,376

(한국은행, 2016)

↑ 우리나라의 국내 총생산 변화

우리나라는 급격한 경제 성장 과정에서 기대 수명, 교육의 질적 수준과 의료 수준 등이 높아지면서 국민의 삶의 질이 크게 향상되었다. 의료 혜택이 증가했기 때문이야.

쏙쏙 용어

★ **최종 생산물** 다른 상품을 생산하는 과정에서 사용되는 것이 아니라, 최종적인 용도로 사용하는 재화와 서비스

★ **중간재** 다른 생산물의 생산 과정에서 사용하는 중간 투입물로, 본래의 형태가 없어지는 재화와 서비스

★ **국민 경제 지표** 한 나라의 경제가 어떤 상태에 있는지를 알기 위해 경제 현상을 통계 수치로 나타낸 것

★ **실질 국내 총생산** 기준이 되는 연도의 가격을 적용하여 계산한 국내 총생산

한눈에 정리하기

◆ 국내 총생산(GDP)

의미	일정 기간 동안 한 나라 안에서 새롭게 생산된 최종 생산물의 가치를 시장 가격으로 환산한 것
의의	한 나라의 경제 규모와 생산 능력, 국민 전체의 소득 수준을 파악할 수 있음
한계	• 가사 노동 등 (①)에서 거래되지 않는 경제 활동은 포함되지 않음 • 국민의 삶의 질 수준을 파악하기 어려움 • (②) 분배 수준이나 빈부 격차의 정도를 알기 어려움

◆ 경제 성장과 경제 성장률

경제 성장	한 나라의 생산 능력이 (③) 되어 경제 규모가 커지는 것 → 국내 총생산이 증가하는 것
(④)	물가의 변동을 제거한 실질 국내 총생산의 증가율 → 경제 성장의 정도를 보여주는 지표

◆ 경제 성장의 영향

긍정적 영향	• 일자리 및 국민 소득 증가 → 물질적 풍요 • 질 높은 교육과 의료 혜택, 다양한 문화생활을 누리게 됨 → 삶의 질 향상
부정적 영향	• 자원 고갈 및 환경 오염 발생 • (⑤) 심화로 계층 간 갈등 우려

대표 자료 확인하기

◆ 경제 성장의 의미

(십억 달러)

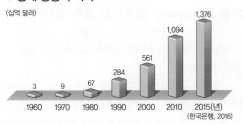

↑ 우리나라의 국내 총생산 변화

제시된 그림은 우리나라의 (①   )이 꾸준히 증가하는 것을 나타내는데, 이를 통해 우리나라가 (②   )이 확대되어 경제 규모가 커지는 것, 즉 경제 성장을 이루고 있음을 알 수 있다.

---

1 일정 기간 동안 한 나라 안에서 새롭게 생산된 최종 생산물의 가치를 시장 가격으로 환산한 것을 (   )이라고 한다.

2 다음 설명이 맞으면 ○표, 틀리면 ×표를 하시오.

(1) 국내 총생산은 시장에서 거래되지 않는 재화와 서비스의 가치까지도 포함한다. (   )

(2) 국내 총생산은 한 나라의 소득 분배 수준을 파악하는 데 적합한 경제 지표이다. (   )

(3) 국내 총생산은 생산자의 국적과 관계없이 그 나라 국경 안에서 생산된 재화와 서비스를 포함한다. (   )

3 다음 설명에 해당하는 용어를 〈보기〉에서 골라 기호를 쓰시오.

┌ 보기 ┐
ㄱ. 국내 총생산   ㄴ. 경제 성장률
ㄷ. 1인당 국내 총생산
└─────────────────┘

(1) 한 나라의 경제 규모를 파악하는 데 유용하다. (   )

(2) 한 나라의 경제 성장의 정도를 파악하는 데 유용하다. (   )

(3) 한 나라 국민들의 평균적인 소득 수준을 파악하는 데 유용하다. (   )

4 다음 빈칸에 들어갈 내용을 쓰시오.

(1) 한 나라의 국내 총생산이 증가하는 것을 (   )이라고 한다.

(2) 경제 성장률은 물가의 변동을 제거한 실질 국내 총생산의 (   )로 측정할 수 있다.

5 다음 괄호 안의 내용 중 알맞은 말에 ○표를 하시오.

(1) 경제가 성장하면 교육과 의료 혜택이 확대되어 삶의 질이 (높아, 낮아)진다.

(2) 경제 성장의 혜택이 적절하게 분배되지 않을 경우 빈부 격차가 (심화, 완화)하여 계층 간 갈등이 일어날 수 있다.

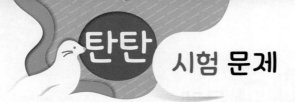

[01~02] 다음 글을 읽고 물음에 답하시오.

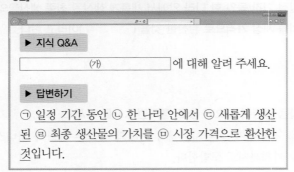

▶ 지식 Q&A

_____(가)_____ 에 대해 알려 주세요.

▶ 답변하기

㉠ 일정 기간 동안 ㉡ 한 나라 안에서 ㉢ 새롭게 생산된 ㉣ 최종 생산물의 가치를 ㉤ 시장 가격으로 환산한 것입니다.

01 (가)에 들어갈 용어로 옳은 것은?

① 경제 성장
② 국민 소득
③ 경제 성장률
④ 국내 총생산
⑤ 1인당 국내 총생산

02 밑줄 친 ㉠~㉤에 대한 설명으로 옳지 <u>않은</u> 것은?

① ㉠ – 보통 1년 동안 생산된 것을 대상으로 한다.
② ㉡ – 외국인이 그 나라의 국경 안에서 생산한 재화의 가치는 포함하지 않는다.
③ ㉢ – 그해에 새롭게 생산된 것만 포함한다.
④ ㉣ – 생산 과정에서 사용된 원자재의 가치는 포함하지 않는다.
⑤ ㉤ – 시장에서 거래되지 않는 것은 포함하지 않는다.

03 (중요해) 우리나라의 국내 총생산(GDP)에 포함되는 것을 〈보기〉에서 고른 것은?

┤보기├
ㄱ. 감기 치료를 위해 우리나라 병원에서 받은 의료 서비스의 가치
ㄴ. 외국 기업이 우리나라에 세운 공장에서 생산한 자동차의 가치
ㄷ. 우리나라 국적의 아이돌 가수가 외국에서 활동하고 받은 출연료
ㄹ. 우리나라 식당에서 음식을 만들기 위해 구입한 돼지고기의 가치

① ㄱ, ㄴ
② ㄱ, ㄷ
③ ㄴ, ㄷ
④ ㄴ, ㄹ
⑤ ㄷ, ㄹ

04 다음은 1년 동안 A국에서 나타난 경제 활동이다. 이를 통해 알 수 있는 A국의 국내 총생산(GDP)으로 옳은 것은?

농부가 밀을 생산하여 제분업자에게 100만 원을 받고 밀을 팔았다. 제분업자는 이 밀로 밀가루를 만들어 250만 원에 제과 회사에 팔았고, 제과 회사는 밀가루로 과자를 만들어 450만 원의 수익을 얻었다.

① 100만 원
② 200만 원
③ 250만 원
④ 450만 원
⑤ 800만 원

이 문제에서 나올 수 있는 선택지는 다~!

05 다음 글을 통해 알 수 있는 국내 총생산(GDP)의 한계로 가장 적절한 것은?

환경 오염, 교통사고 등은 삶의 질을 떨어뜨리지만, 이를 복구하는 데 드는 비용은 오히려 국내 총생산을 증가시킨다.

① 국민들의 평균적인 소득 수준을 파악할 수 없다.
② 국민의 삶의 질 수준을 정확하게 반영하지 못한다.
③ 생산의 결과가 공정하게 분배되었는지 알 수 없다.
④ 외국에서 생산된 재화와 서비스를 포함하지 않는다.
⑤ 시장에서 거래되지 않는 경제 활동은 포함하지 않는다.
⑥ 생산 과정에서 사용된 중간재의 가치는 포함하지 않는다.

06 ㉠에 들어갈 용어에 대한 설명으로 옳은 것은?

(㉠)은/는 국내 총생산(GDP)을 그 나라의 인구 수로 나눈 것이다.

① 한 나라의 생산 능력을 보여 준다.
② 국민 전체의 소득 수준을 파악하기에 유용하다.
③ 나라 간 경제 규모를 비교하는 데 활용할 수 있다.
④ 한 나라의 경제 성장 정도를 측정하기에 유용하다.
⑤ 각국 국민들의 평균적인 소득 수준을 비교하는 데 활용할 수 있다.

07 다음 설명에 해당하는 용어로 옳은 것은?

> 한 나라 경제의 생산 능력과 경제 규모가 커져 재화와
> 서비스의 총 생산량이 증가하는 것을 의미한다.

① 경제 성장
② 소득 분배
③ 경제 성장률
④ 실질 국내 총생산
⑤ 1인당 국내 총생산

08 경제 성장에 대한 옳은 설명을 〈보기〉에서 고른 것은?

> ┤ 보기 ├
> ㄱ. 국민 경제의 규모가 커지는 것이다.
> ㄴ. 기본적인 삶의 조건을 충족시키는 바탕이 된다.
> ㄷ. 모든 경제 주체의 생산량이 일정하게 유지되는 것
> 이다.
> ㄹ. 모든 국민이 균등하게 소득을 보장받을 수 있는 바
> 탕이 된다.

① ㄱ, ㄴ
② ㄱ, ㄷ
③ ㄴ, ㄷ
④ ㄴ, ㄹ
⑤ ㄷ, ㄹ

09 ㉠~㉢에 들어갈 내용을 옳게 연결한 것은?

> 국내 총생산(GDP)은 재화와 서비스의 생산량이 늘어
> 날 때 증가하지만, 생산량의 변화 없이 물가만 상승
> 할 때에도 증가한다. 따라서 실제로 경제가 얼마나 성
> 장했는지 나타내 주는 (㉠)은/는 물가의 변동을
> (㉡)한 (㉢)의 증가율을 측정해야 한다.

	㉠	㉡	㉢
①	물가 지수	포함	실질 국내 총생산
②	물가 지수	제거	1인당 국내 총생산
③	경제 성장률	제거	실질 국내 총생산
④	경제 성장률	포함	실질 국내 총생산
⑤	경제 성장률	제거	1인당 국내 총생산

중요해

10 경제 성장의 영향으로 적절하지 <u>않은</u> 것은?

① 질 높은 의료 혜택을 제공받을 수 있다.
② 물질적으로 풍요로운 생활을 할 수 있다.
③ 더 많은 재화와 서비스를 소비할 수 있다.
④ 완전하게 평등한 소득 분배가 이루어질 수 있다.
⑤ 다양한 문화생활을 누림으로써 삶의 질이 향상될
수 있다.

11 (가)에 들어갈 내용으로 적절한 것을 〈보기〉에서 고른
것은?

> 경제 성장이 항상 긍정적인 영향을 주는 것은 아니다.
> 왜냐하면 _____ (가) _____

> ┤ 보기 ├
> ㄱ. 경제 성장 과정에서 환경이 오염되기 때문이다.
> ㄴ. 경제 성장 과정에서 일자리가 줄어들기 때문이다.
> ㄷ. 경제 성장으로 빈부 격차가 커질 수 있기 때문이다.
> ㄹ. 경제 성장 과정에서 국민의 교육 수준이 낮아질 수
> 있기 때문이다.

① ㄱ, ㄴ
② ㄱ, ㄷ
③ ㄴ, ㄷ
④ ㄴ, ㄹ
⑤ ㄷ, ㄹ

학교 시험에 잘 나오는 **서술형** 문제

1 (가)~(다) 중 국내 총생산(GDP)에 포함되지 <u>않는</u>
것을 쓰고, 그 이유를 서술하시오.

> (가) 비상 씨는 가족을 위해 아침 식사를 준비하였다.
> (나) 비상 씨는 작년에 생산된 중고 자동차를 저렴한
> 가격에 구입하였다.
> (다) 비상 씨는 커피 전문점에서 한 달 동안 아르바
> 이트하고 100만 원을 받았다.

_____

_____

_____

02 물가와 실업

●● 물가의 의미와 물가 상승의 원인

1. 물가와 물가 지수 자료①

(1) 물가: 시장에서 거래되는 여러 상품의 가격을 종합하여 평균한 것
(2) 물가 지수: 물가의 움직임을 한눈에 파악하기 위해 수치로 표현한 것

2. 물가 상승의 원인

*총수요 > 총공급	가계의 소비, 기업의 투자, 정부의 *재정 지출 증가 등으로 경제 전체의 수요가 증가하는데, 경제 전체의 공급이 이에 미치지 못할 경우 물가가 상승함
생산비의 상승	임금, 임대료, 국내외 원자재 가격 등의 상승으로 생산비가 증가할 경우 물가가 상승함
*통화량의 증가	시중에 공급되는 통화량이 많아지면 소비나 투자가 활발해져 화폐 가치가 하락하고 물가가 상승함

●● 물가 상승의 영향과 대책

1. 물가 상승의 영향

서술형 단골 인플레이션의 의미와 영향을 묻는 문제가 자주 출제돼.

(1) 인플레이션: 물가가 지속적으로 오르는 현상
(2) 인플레이션의 영향 자료②
① 상품 구매력 하락: 화폐의 가치가 하락하여 일정한 금액으로 살 수 있는 재화와 서비스의 양이 감소함
② 부와 소득의 불공정한 재분배: 화폐의 가치는 하락하는 반면, 상대적으로 *실물 자산의 가치는 상승함

유리한 사람	실물 자산을 보유한 사람, 돈을 빌린 사람, 수입업자 등
불리한 사람	봉급생활자, 연금 생활자, 은행에 예금을 한 사람, 돈을 빌려준 사람, 수출업자 등

③ 무역 불균형 발생: 외국 상품에 비해 자국 상품의 가격이 상대적으로 비싸지므로, 수출은 감소하고 수입은 증가함

2. 물가 안정을 위한 노력

(1) 물가 안정의 필요성: 과도한 물가 상승은 국민의 안정적인 경제 활동을 어렵게 함
(2) 물가 안정을 위한 경제 주체의 노력 자료③

정부	재정 지출 축소, 조세 인상, 생활필수품의 가격 상승 규제 등
*중앙은행	통화량 감축, 시중 은행의 이자율 인상 등
기업	경영과 기술 혁신을 통한 생산의 효율성 향상 및 생산비 절감 등
근로자	자기 계발을 통한 생산성 향상, 과도한 임금 인상 요구 자제 등
소비자	과소비 자제, 건전하고 합리적인 소비 자세 함양 등

생생 자료

가격은 개별 상품의 값, 물가는 여러 상품의 종합적인 가격 수준을 의미해.

자료① 소비자 물가 지수

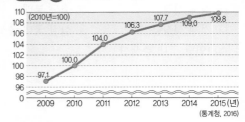

↑ 소비자 물가 지수

소비자 물가 지수는 소비자의 일상생활에 필요한 대표적인 재화의 가격과 서비스의 요금을 측정하여 작성한 것이다. 물가 지수는 기준 시점의 물가를 100으로 하여 비교 시점의 물가를 나타낸다. 따라서 제시된 그림에서 기준 시점은 2010년이며, 2014년에는 기준 연도에 비해 물가가 약 9% 상승했음을 의미한다.

자료② 인플레이션의 영향

↑ 봉급생활자

↑ 부동산 소유자

인플레이션이 발생하면 같은 돈으로 구매할 수 있는 물건이 적어지므로 정해진 급여나 연금 등으로 생활해야 하는 사람들은 불리해지는 반면, 실물 자산의 가치는 상승하여 토지나 부동산 등 실물 자산을 소유한 사람은 상대적으로 유리해진다.

자료③ 물가 안정을 위한 재정 정책과 통화 정책

재정 정책	정부는 재정 지출을 줄이고 조세를 늘림 → 기업과 가계의 수요를 억제함
통화 정책	중앙은행은 시중에 유통되는 통화를 거두어 들이고 이자율을 높임 → 저축을 유도하여 민간 소비를 축소함

쏙쏙 용어

★ **총수요** 국민 경제에서 경제의 구성원들이 일정 기간 동안 구매하려는 재화와 서비스의 총량
★ **재정(財 - 재물, 政 - 정사)** 정부의 수입과 지출에 관한 활동
★ **통화량(通 - 통하다, 貨 - 재물, 量 - 헤아리다)** 한 나라 안에서 실제로 사용되는 화폐의 양
★ **실물 자산** 토지, 건물, 기계 등 실물로 소유하는 자산
★ **중앙은행** 한 나라의 화폐 발행과 금융 정책의 수립 및 집행을 담당하는 은행

•• 실업의 의미와 유형

1. 실업의 의미 [자료 ④]

(1) 실업: 일할 능력과 의사가 있는데도 일자리를 구하지 못하는 상태

(2) 실업률: 경제 활동 인구 중에서 실업자가 차지하는 비율

$$실업률(\%) = \frac{실업자\ 수}{경제\ 활동\ 인구} \times 100$$

(3) 실업자에 포함되지 않는 경우: 일할 능력 또는 의사가 없는 사람, 일자리 구하기를 포기한 사람 등

2. 실업의 유형 [자료 ⑤]

*경기적 실업	경기가 침체되어 기업이 신규 채용이나 고용 인원을 줄이는 경우 발생함
구조적 실업	새로운 기술의 도입이나 산업 구조의 변화 등으로 관련 부문의 일자리가 사라지는 경우 발생함
계절적 실업	계절의 변화에 따라 고용 기회가 줄어드는 경우 발생함
마찰적 실업	더 나은 조건의 일자리를 구하기 위해 현재의 직장을 그만두는 경우 일시적으로 발생함

•• 실업의 영향과 대책

1. 실업의 영향

[서술형 단골] 실업이 개인과 사회에 미치는 영향을 묻는 문제가 자주 출제돼.

(1) 개인적 측면

① 생계 곤란: 소득 감소로 인해 생계유지에 어려움을 겪을 수 있음

② 자아실현 기회 상실: 직업 생활을 통한 자아실현의 기회, 자아 존중감을 상실하여 심리적 불안을 겪을 수 있음

(2) 사회적 측면

① 인적 자원의 낭비: 일할 능력이 있는 사람이 경제 활동에 참여하지 못해 *인적 자원이 낭비됨

② 정부의 재정 부담 증가: *세수는 줄어드는 반면, 실업 인구를 부양하기 위한 정부의 재정 부담은 증가함

③ 사회 불안 심화: 빈부 격차 확대, 가족 해체 및 생계형 범죄의 증가 등으로 사회 불안이 심화될 수 있음

④ 경기 침체: 가계의 소비 활동이 감소함에 따라 기업의 생산과 투자가 위축되어 경기가 침체됨

2. 고용 안정을 위한 경제 주체의 노력

(1) 정부: 체계적인 직업 교육 및 인력 개발 프로그램을 마련하고, 재정 지출을 확대하여 일자리를 창출해야 함 [자료 ⑥]

(2) 기업: 고용 안정과 일자리 창출을 위한 경영 방안을 모색하고, 근로자와 서로 협력하는 바람직한 노사 관계를 확립해야 함

(3) 근로자: 새로운 기술을 습득하여 생산성과 업무 처리 능력을 향상하기 위해 노력해야 함

생생 자료

[자료 ④] 실업률 통계를 위한 인구 분류도

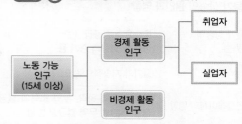

15세 이상의 노동 가능 인구 가운데 일할 능력과 의사가 있는 사람을 경제 활동 인구라고 하며, 그렇지 않은 사람을 비경제 활동 인구라고 한다. 경제 활동 인구는 일자리가 있는 취업자와 일자리가 없는 실업자로 구분한다. [예] 노약자, 학생, 가정주부, 구직 단념자 등

[자료 ⑤] 실업의 유형

(가) 가현 씨는 공장 자동화 시스템이 도입되면서 일자리를 잃었다.

(나) 스키 강사인 나현 씨는 여름철 스키장 휴업으로 일자리를 잃었다.

(다) 다현 씨는 경기 침체로 기업이 구조 조정을 하는 과정에서 일자리를 잃었다.

(라) 라현 씨는 근로 조건이 더 나은 직장을 찾기 위해 현재의 직장을 그만두었다. [계절의 영향을 많이 받는 분야에서 주로 발생해.]

(가)는 구조적 실업, (나)는 계절적 실업, (다)는 경기적 실업, (라)는 마찰적 실업에 해당한다. 실업은 개인뿐 아니라 사회에도 부정적인 영향을 미칠 수 있기 때문에 사회와 국가가 나서서 적극적으로 해결해야 한다.

[사업자와 근로자가 일정 비율로 보험료를 납부하면 실업자에게는 실업 급여를, 기업에게는 직업 훈련 장려금을 지원하는 제도야.]

[자료 ⑥] 고용 안정을 위한 정부의 노력

실업 급여 지급	고용 보험에 가입한 근로자가 실업에 처했을 때 가입 기간에 따라 일정 기간 급여를 지급함
직업 훈련 지원	실업자 또는 근로자가 직업 능력 향상을 위해 훈련을 받는 경우 훈련 비용을 지급함
취업 정보 제공	고용 노동부와 한국 고용 정보원이 '워크넷' 누리집을 통해 구인·구직 정보 및 직업·진로 정보를 제공함

쏙쏙 용어

★ **경기** 국가 전체의 경제 활동 상태

★ **인적 자원** 국민 경제가 필요로 하는 상품의 생산에 투입될 수 있는 인간의 노동력

★ **세수(稅 − 세금, 收 − 거두다)** 세금으로 얻게 되는 정부의 수입

한눈에 정리하기

◆ 물가 상승의 원인과 영향

물가 상승의 원인	총수요 > 총공급, (① ____)의 상승, 통화량의 증가 등
(② ____)	물가가 지속적으로 오르는 현상
인플레이션의 영향	상품 구매력 하락, 부와 소득의 불공정한 재분배, 무역 불균형 발생

◆ 물가 안정을 위한 경제 주체의 노력

정부	재정 지출 축소, (③ ____) 인상 등
(④ ____)	통화량 감축, 이자율 인상 등
기업	기술 혁신을 통한 생산성 향상 등
근로자	과도한 임금 인상 요구 자제 등
소비자	건전하고 합리적인 소비 자세 함양 등

◆ 실업의 영향

개인적 측면	(⑤ ____) 감소로 인한 생계유지 어려움, 자아실현의 기회 상실 등
사회적 측면	인적 자원 낭비, 정부의 재정 부담 증가, 생계형 범죄 등으로 사회 불안 심화, 경기 침체 등

◆ 고용 안정을 위한 경제 주체의 노력

정부	직업 교육 마련, 재정 지출 확대 등
(⑥ ____)	일자리 창출을 위한 경영 방안 모색 등
근로자	새로운 기술 습득을 통한 생산성과 업무 처리 능력 향상 등

대표 자료 확인하기

◆ 실업률 통계를 위한 인구 분류도

15세 이상 노동 가능 인구 중에서 일할 (① ____)과 의사가 있는 사람을 (② ____)라고 하며, 이는 취업자와 실업자로 구분된다.

---

1 시장에서 거래되는 여러 상품의 가격을 종합하여 평균한 것을 ( )라고 한다.

2 다음 괄호 안의 내용 중 알맞은 말에 ○표를 하시오.
(1) 경제 전체의 수요가 경제 전체의 공급보다 (많을, 적을) 경우 물가가 상승한다.
(2) 시중에 공급되는 통화량이 많아지면 화폐 가치가 (상승, 하락)하여 물가가 상승한다.
(3) 물가가 오르면 실물 자산을 보유한 사람이 현금을 보유한 사람에 비해 (유리, 불리)해진다.

3 물가 안정을 위한 활동과 관련 있는 경제 주체를 〈보기〉에서 골라 기호를 쓰시오.

┌ 보기 ├
ㄱ. 기업　　ㄴ. 정부　　ㄷ. 소비자　　ㄹ. 중앙은행

(1) 통화량을 줄인다. ( )
(2) 합리적인 소비 생활을 한다. ( )
(3) 기술 혁신을 통해 생산성을 높인다. ( )
(4) 생활필수품의 가격 인상을 규제한다. ( )

4 실업의 유형과 그 원인을 옳게 연결하시오.
(1) 경기적 실업 • ・㉠ 계절 변화에 따른 고용 기회 감소
(2) 구조적 실업 • ・㉡ 경기 침체로 인한 기업의 고용 감소
(3) 계절적 실업 • ・㉢ 산업 구조의 변화에 따른 일자리 감소
(4) 마찰적 실업 • ・㉣ 더 좋은 근로 조건 탐색을 위한 현재 직장 퇴사

5 다음 설명이 맞으면 ○표, 틀리면 ×표를 하시오.
(1) 실업은 소득을 감소시켜 개인의 생계유지를 어렵게 한다. ( )
(2) 실업을 해결하기 위해 정부는 재정 지출을 확대하여 일자리를 늘려야 한다. ( )
(3) 고용 안정을 위해 기업과 근로자는 상호 대립적인 노사 관계를 유지해야 한다. ( )
(4) 실업이 발생하면 가계의 소비 활동은 감소하는 반면, 기업의 생산 활동은 활발해진다. ( )

01 밑줄 친 부분에 해당하는 용어로 적절한 것은?

> 시장에서 거래되는 상품의 가격 변화는 국민 경제 전체에 큰 영향을 미친다. 따라서 바람직한 국민 경제의 안정적 성장을 위해서는 <u>여러 상품의 종합적인 가격 변화</u>를 파악하는 것이 필요하다.

① 물가
② 실업률
③ 국내 총생산
④ 경제 성장률
⑤ 1인당 국내 총생산

중요해

02 표는 A국의 연도별 물가 지수를 나타낸 것이다. 이에 대한 옳은 분석만을 〈보기〉에서 있는 대로 고른 것은?

연도	2016	2017	2018
물가 지수	100	105	120

┤ 보기 ├
ㄱ. 물가 지수의 기준 연도는 2016년이다.
ㄴ. 2017년은 2016년보다 물가가 상승하였다.
ㄷ. 2018년의 물가 수준은 2017년에 비해 20% 상승하였다.
ㄹ. 이러한 물가 변동 추이가 지속될 경우 상품 구매력이 하락할 수 있다.

① ㄱ, ㄴ
② ㄱ, ㄷ
③ ㄷ, ㄹ
④ ㄱ, ㄴ, ㄹ
⑤ ㄴ, ㄷ, ㄹ

---

03 물가 상승의 원인으로 적절하지 <u>않은</u> 것은?

① 임금 상승으로 상품의 생산비가 증가하였다.
② 기업이 새로운 사업을 위해 투자를 확대하였다.
③ 국제 석유 시장에서 원유의 가격이 상승하였다.
④ 정부가 공공사업 확대를 위해 재정 지출을 늘렸다.
⑤ 가계의 소비가 감소하고 저축이 큰 폭으로 증가하였다.

[04~05] 다음은 수업 시간의 모습을 나타낸 것이다. 이를 보고 물음에 답하시오.

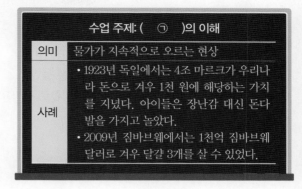

수업 주제: (㉠)의 이해	
의미	물가가 지속적으로 오르는 현상
사례	• 1923년 독일에서는 4조 마르크가 우리나라 돈으로 겨우 1천 원에 해당하는 가치를 지녔다. 아이들은 장난감 대신 돈다발을 가지고 놀았다. • 2009년 짐바브웨에서는 1천억 짐바브웨 달러로 겨우 달걀 3개를 살 수 있었다.

04 ㉠에 들어갈 경제 현상으로 적절한 것은?

① 경제 성장
② 임금 상승
③ 인플레이션
④ 경기적 실업
⑤ 무역 불균형

이 문제에서 나올 수 있는 선택지는 다~!

05 ㉠이 발생할 경우 나타날 수 있는 현상으로 적절하지 <u>않은</u> 것은?

① 국민들의 경제 활동이 불안정해진다.
② 고정된 월급을 받는 사람들이 유리해진다.
③ 화폐의 가치에 비해 실물 자산의 가치가 상승한다.
④ 일정 금액으로 구매할 수 있는 상품의 양이 감소한다.
⑤ 외국 상품에 비해 자국 상품의 가격이 상대적으로 비싸진다.
⑥ 수출은 감소하고 수입은 증가하여 무역 불균형이 발생할 수 있다.

---

06 인플레이션이 발생할 경우 유리해지는 사람을 〈보기〉에서 고른 것은?

┤ 보기 ├
ㄱ. 매달 연금을 받아 생활하는 가현 씨
ㄴ. 지난해에 토지와 주택을 구입한 나현 씨
ㄷ. 외국에서 장난감을 수입하여 판매하는 다현 씨
ㄹ. 국내에서 생산한 운동화를 외국에 수출하는 라현 씨

① ㄱ, ㄴ
② ㄱ, ㄷ
③ ㄴ, ㄷ
④ ㄴ, ㄹ
⑤ ㄷ, ㄹ

07 물가 안정을 위한 경제 주체의 노력으로 적절하지 <u>않은</u> 것은?

① 기업은 기술 개발을 통해 생산비를 줄인다.
② 정부는 생활필수품의 가격 상승을 규제한다.
③ 근로자는 과도한 임금 인상 요구를 자제한다.
④ 중앙은행은 시중에 유통되는 통화량을 늘린다.
⑤ 소비자는 건전하고 합리적인 소비 생활로 불필요한 소비를 줄인다.

08 (가), (나)에 들어갈 내용으로 적절하지 <u>않은</u> 것은?

물가 안정을 위한 정책	
재정 정책	(가)
통화 정책	(나)

① (가) – 재정 지출을 축소한다.
② (가) – 공공요금의 인상을 억제한다.
③ (가) – 소비 활동에 대한 세율을 인하한다.
④ (나) – 시중 은행의 이자율을 인상한다.
⑤ (나) – 저축을 유도하여 민간 소비를 축소한다.

09 그림은 경제 활동 인구를 분류한 것이다. ㉠, ㉡에 대한 설명으로 옳지 <u>않은</u> 것은?

① ㉠에는 구직 활동 중인 취업 준비생이 포함된다.
② 일자리 구하기를 포기한 사람은 ㉠에 포함되지 않는다.
③ ㉠은 일할 능력과 의사가 있는 15세 이상 인구를 의미한다.
④ ㉡에는 중·고등학생이 포함된다.
⑤ 실업률은 ㉠에서 ㉡이 차지하는 비율을 의미한다.

10 실업자에 해당하는 사람을 〈보기〉에서 고른 것은?

┌ 보기 ┐
ㄱ. 경기가 좋지 않아 회사에서 해고당한 A 씨
ㄴ. 다니던 회사를 관두고 더 나은 일을 찾는 B 씨
ㄷ. 자녀 육아와 집안일에 전념하는 전업주부 C 씨
ㄹ. 구직 활동을 포기하고 1년간 어학연수를 떠난 D 씨

① ㄱ, ㄴ   ② ㄱ, ㄷ   ③ ㄴ, ㄷ
④ ㄴ, ㄹ   ⑤ ㄷ, ㄹ

11 다음은 A국의 인구 구성을 나타낸 것이다. A국의 실업률로 옳은 것은?

A국의 노동 가능 인구는 500명이다. 이 중 일할 능력 또는 일할 의사가 없는 사람은 50명이고, 취업하여 일을 하고 있는 사람은 360명이다.

① 10%   ② 15%   ③ 20%
④ 25%   ⑤ 30%

12 (가)~(다)에 해당하는 실업의 유형을 옳게 연결한 것은?

(가) 가영 씨는 더 나은 조건의 직장을 구하기 위해 기존에 다니던 직장을 그만두었다.
(나) 아이스크림 공장에서 근무하던 나혁 씨는 겨울이 되어 공장이 생산을 줄이면서 해고당하였다.
(다) 고속도로 요금 징수원으로 일하던 다람 씨는 기계를 이용한 요금 결제가 확산되면서 일자리를 잃었다.

	(가)	(나)	(다)
①	경기적 실업	구조적 실업	계절적 실업
②	경기적 실업	계절적 실업	구조적 실업
③	마찰적 실업	계절적 실업	경기적 실업
④	마찰적 실업	구조적 실업	계절적 실업
⑤	마찰적 실업	계절적 실업	구조적 실업

13 경기적 실업에 해당하는 사례로 적절한 것을 〈보기〉에서 고른 것은?

┤보기├
ㄱ. 경기 침체로 기업의 신규 채용이 감소하였다.
ㄴ. 여름이 되자 스키장은 근무하는 인원을 대폭 줄였다.
ㄷ. 회사는 국제 금융 위기의 영향으로 인해 구조 조정을 실시하였다.
ㄹ. 인터넷 뱅킹이 도입되면서 은행은 창구에서 일하는 직원을 감원하였다.

① ㄱ, ㄴ   ② ㄱ, ㄷ   ③ ㄴ, ㄷ
④ ㄴ, ㄹ   ⑤ ㄷ, ㄹ

중요해

14 다음 내용에 해당하는 현상의 영향으로 적절하지 <u>않은</u> 것은?

일할 능력과 의사가 있는데도 일자리를 구하지 못하는 상태

① 개인은 생계유지에 어려움을 겪게 된다.
② 사회적으로 인적 자원의 낭비를 가져온다.
③ 직업 생활을 통한 자아실현의 기회를 잃게 된다.
④ 기업의 생산과 투자가 확대되어 경기가 활성화된다.
⑤ 빈부 격차, 생계형 범죄 등의 증가로 사회 불안이 심화된다.

15 (가)에 들어갈 내용으로 적절하지 <u>않은</u> 것은?

실업 문제를 해결하기 위해 기업과 근로자는 서로 협력하는 바람직한 노사 관계를 형성하고 생산성을 향상하기 위해 노력한다. 그러나 기업과 근로자의 노력만으로는 실업 문제를 해결하기 어렵기 때문에 정부에서도 고용 안정을 위해 _____(가)_____

① 다양한 직업 훈련 프로그램을 운영한다.
② 공공 사업을 확대하여 일자리를 창출한다.
③ 실업 급여 제도를 통해 실업자를 지원한다.
④ 취업 박람회를 통해 취업 정보를 제공한다.
⑤ 재정 지출을 축소하여 투자와 소비를 억제한다.

학교 시험에 잘 나오는 서술형 문제

1 물가 상승에 영향을 주는 요인을 세 가지 이상 서술하시오.

_____
_____
_____

2 ㉠에 들어갈 용어를 쓰고, ㉠의 영향을 두 가지 이상 서술하시오.

물가가 일정 기간 동안 지속적으로 오르는 현상인 (㉠)은/는 국민 경제에 여러 문제를 초래한다.

_____
_____
_____

3 다음 글을 읽고 물음에 답하시오.

최근 몇 년간 ○○국 경제의 저성장 흐름이 뚜렷하다. 상품이 팔리지 않자 기업들은 고용을 줄였고, 그 결과 높은 수준의 실업률이 유지되고 있다. 이에 많은 개인들이 생계유지에 어려움을 호소하고 있으며, <u>사회적으로도 여러 가지 문제가 나타나고 있다.</u>

(1) 윗글에 나타난 실업의 유형을 쓰시오.

_____

(2) 밑줄 친 부분에 해당하는 내용을 두 가지 이상 서술하시오.

_____
_____
_____

03 국제 거래와 환율

●● 국제 거래의 의미와 필요성

1. 국제 거래의 의미와 특징
(1) 국제 거래: 생산물이나 생산 요소가 국경을 넘어 거래되는 것
(2) 국제 거래의 특징 **서술형 단골** 국제 거래의 의미와 특징을 묻는 문제가 자주 출제돼.
① 관세 부과: 상품의 수출과 수입 과정에서 관세라는 세금을 부과함
② 환율 적용: 나라마다 서로 다른 화폐를 사용하므로 화폐의 교환 과정이 필요함
③ 상품 이동의 제약: 나라마다 법과 제도가 달라 수입이 금지되거나 제한되는 등 상품이나 생산 요소의 이동이 국내에 비해 자유롭지 못함

2. 국제 거래의 필요성과 이익
(1) 국제 거래의 필요성

생산비의 차이 발생	국가 간 자연환경, 천연자원, 노동, 자본, 기술 등 생산 여건의 차이로 인해 생산비의 차이가 발생함

↓

국제 거래의 이익 발생	각국이 *비교 우위가 있는 품목을 *특화하여 수출하고, 그렇지 않은 품목을 수입하면 서로에게 이익이 됨 **자료❶**

(2) 국제 거래에 따른 이익
① 소비자: 상품 선택의 기회가 확대되어 풍요로운 소비 생활이 가능해짐
② 기업: 넓은 해외 시장 확보로 더 많은 이윤을 얻을 수 있음, 외국 기업과 경쟁하면서 기술 혁신을 통해 생산성을 높일 수 있음

●● 국제 거래의 양상

1. 국제 거래 확대의 배경 **자료❷**
(1) *세계화와 개방화: 오늘날 세계화, 개방화 추세에 따라 재화뿐만 아니라 서비스, 생산 요소의 국가 간 이동도 활발하게 이루어짐
(2) *세계 무역 기구(WTO)의 출범
① 세계 무역 기구의 출범으로 공산품뿐만 아니라 서비스, 자본, 노동, 기술, 지적 재산권 등에 이르기까지 국제 거래의 대상이 확대됨
② 세계 무역 기구는 각종 불공정 무역 행위를 규제하고 국가 간 무역 마찰을 조정함 → 자유 무역이 확대되고 국가 간 상호 협력 및 의존 관계가 심화됨

2. 국제적 차원의 경제 협력
(1) 지역 경제 협력체: 지리적으로 가깝고 경제적으로 상호 의존도가 높은 나라들이 경제 협력체를 구성함 → 무역 증진을 통해 공동의 이익을 추구함 ⓔ 아시아·태평양 경제 협력체(APEC), 유럽 연합(EU) 등
(2) 자유 무역 협정(FTA): 개별 국가 간 또는 국가와 지역 경제 협력체 간에 관세 및 비관세 장벽을 없애거나 완화함 → 자유로운 무역을 추구하고 경제 협력을 강화함 **자료❸**

생생 자료

자료❶ 우리나라의 주요 수출 품목 변화

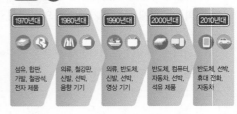

우리나라의 주요 수출 품목은 섬유, 의류 등 노동 집약적 상품에서 반도체, 자동차 등 기술 집약적 상품으로 변화하였다. 이처럼 비교 우위를 가진 품목이 변화하면 한 나라의 주요 수출 품목은 달라질 수 있다.

자료❷ 국제 거래의 확대

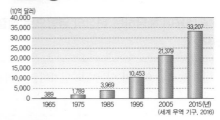

↑ 세계 무역 규모의 변화

교통과 통신의 발달로 국제 거래의 규모가 증가하고 있으며, 거래 대상도 재화 중심에서 서비스, 자본, 노동에 이르기까지 다양해지고 있다.

자료❸ 우리나라의 자유 무역 협정(FTA) 체결 현황

(산업 통상 자원부, 2017)

자유 무역 협정(FTA)이란 회원국 간에 무역 장벽을 완화함으로써 상호 교역을 증진하기 위해 체결하는 협정이다. 우리나라는 칠레, 인도, 미국, 유럽 연합(EU) 등과 자유 무역 협정을 맺고 있다.

└ 자유 무역 협정은 개방을 통해 경쟁을 유도하여 생산성 향상에 이바지하는 한편 비회원국에 무역 장벽을 쌓기도 해.

쏙쏙 용어

★ **비교 우위** 한 국가가 다른 국가보다 상대적으로 더 저렴한 비용으로 재화와 서비스를 생산할 수 있는 능력

★ **특화** 가장 효율적으로 생산할 수 있는 산업을 전문적으로 육성하는 것

★ **세계화** 교통 및 통신 수단의 발달로 국경을 넘어 전 세계가 하나의 지구촌으로 통합되는 현상

★ **세계 무역 기구(WTO)** 국가 간 자유로운 무역과 세계 교역 증진을 목적으로 설립된 국제기구

●● 환율의 의미와 변동

1. 환율의 의미

(1) 환율: 자국 화폐와 외국 화폐의 교환 비율

(2) 환율의 표시: 외국 화폐 1단위와 교환되는 자국 화폐의 가격으로 표시함 📌 미국 화폐 1달러가 우리나라 화폐 1,000원과 교환된다면 환율은 '1,000원/달러'로 표시함

2. 환율의 결정

(1) 환율의 결정: 외환 시장에서 외화에 대한 수요와 공급에 의해 결정됨

(2) 외화의 수요와 공급

외화의 수요	• 의미: 외화가 해외로 나가는 것 • 발생 요인: 외국 상품의 수입, 자국민의 해외여행, 해외 투자와 유학, *외채 상환 등
외화의 공급	• 의미: 외화가 국내로 들어오는 것 • 발생 요인: 우리나라 상품의 수출, 외국인 관광객 유치, 외국인의 국내 투자, *차관 도입 등

3. 환율의 변동　외화에 대한 수요와 공급이 변화하면 외환 시장에서 환율이 변동함 （자료④）

환율 상승	외화의 수요가 증가하거나 외화의 공급이 감소하는 경우 → 외화의 가치가 높아지므로 환율이 상승함
환율 하락	외화의 공급이 증가하거나 외화의 수요가 감소하는 경우 → 외화의 가치가 낮아지므로 환율이 하락함

서술형 단골 환율의 변동이 국내 경제에 미치는 영향을 묻는 문제가 자주 출제됨.

●● 환율 변동이 국내 경제에 미치는 영향 （자료⑤）

1. 환율 상승의 영향

수출 증가	외화로 표시되는 우리나라 상품의 가격이 하락하여 수출이 증가함
수입 감소	수입품의 국내 가격이 상승하여 수입이 감소함
국내 물가 상승	수입 원자재의 가격이 상승하여 생산 비용이 증가하고 국내 물가가 상승함
외채 상환 부담 증가	외화로 빚을 진 경우에 갚아야 할 빚이 늘어남

2. 환율 하락의 영향 （자료⑥）

수출 감소	외화로 표시되는 우리나라 상품의 가격이 상승하여 수출이 감소함
수입 증가	수입품의 국내 가격이 하락하여 수입이 증가함
국내 물가 안정	수입 원자재의 가격이 하락하여 생산 비용이 감소하고 국내 물가가 안정됨
외채 상환 부담 감소	외화로 빚을 진 경우에 갚아야 할 빚이 줄어듦

자료 ④ 외화의 수요·공급에 따른 환율의 변동

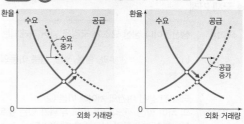

⬆ 외화의 수요 증가　　⬆ 외화의 공급 증가

수입 증가, 해외 투자와 유학 증가 등으로 외화의 수요가 증가하면 수요 곡선이 오른쪽으로 이동하면서 환율이 상승한다. 반면, 수출 증가, 외국인의 국내 투자 증가 등으로 외화의 공급이 증가하면 공급 곡선이 오른쪽으로 이동하면서 환율이 하락한다.

자료 ⑤ 환율 변동과 원화 가치

```
1달러 = 1,100원
        ↑      ── 환율 상승(원화 가치 하락)
  1달러 =
  1,000원
        ↓      ── 환율 하락(원화 가치 상승)
1달러 = 900원
```

원/달러 환율이 1,000원에서 1,100원으로 상승하면 1달러를 살 때 100원을 더 지급해야 하므로, 이는 원화의 가치가 그만큼 하락했음을 의미한다. 반대로 원/달러 환율이 1,000원에서 900원으로 하락하면 1달러를 살 때 100원을 덜 지급하게 되므로, 이는 원화 가치가 상승했음을 의미한다.

자료 ⑥ 환율 하락의 영향

환율 하락을 의미해

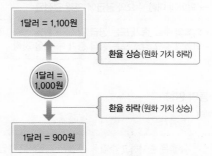

2015년 한 해 동안 일본 오키나와를 방문한 외국인 관광객 수가 역대 최고치를 기록하였다. 특히 한국인 관광객은 지난해에 비해 1.9배 증가하였는데, 관광객이 증가한 요인으로는 한동안 엔화 가치가 낮아지는 현상이 지속된 점 등을 들 수 있다.

환율이 하락하면 원화의 가치가 상승하므로 같은 금액으로 기존보다 더 많은 금액을 환전할 수 있게 되어 해외여행이 증가한다.

쏙쏙 용어

* **외채(外 – 바깥, 債 – 빛)** 외국에서 빌려온 빚

* **차관** 한 나라의 정부나 기업이 다른 나라의 정부나 공적 기관에서 자금을 빌려 오는 것

한눈에 정리하기

◆ 국제 거래

의미	생산물이나 생산 요소가 국경을 넘어 거래되는 것
특징	(①) 부과, 환율 적용, 상품 이동의 제약 등
필요성	국가 간 생산 여건의 차이에 따른 (②)의 차이 발생 → 각국이 비교 우위가 있는 품목을 특화하여 교역하면 서로에게 이익이 됨
양상	• (③)와 개방화, 세계 무역 기구의 출범 등으로 국제 거래가 확대됨 • 지역 경제 협력체, 자유 무역 협정(FTA) 등 국제적 차원의 경제 협력이 증가하고 있음

◆ 환율의 의미와 변동

의미	자국 화폐와 외국 화폐의 (④) 비율 → 외화에 대한 수요와 공급에 의해 결정됨
변동	• 외화의 수요 증가 또는 공급 감소 → 환율 상승 • 외화의 수요 감소 또는 공급 증가 → 환율 하락

◆ 환율 변동의 영향

구분	환율 (⑤)	환율 (⑥)
수출 및 수입	수출은 증가하고 수입은 감소함	수출은 감소하고 수입은 증가함
국내 물가	수입 원자재의 가격이 상승하면 국내 물가가 상승함	수입 원자재의 가격이 하락하면 국내 물가가 안정됨
외채 상환 부담	갚아야 할 금액이 늘어 부담이 증가함	갚아야 할 금액이 줄어 부담이 감소함

대표 자료 확인하기

◆ 외화의 수요·공급에 따른 환율 변동

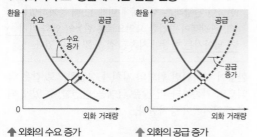

↑ 외화의 수요 증가　　　↑ 외화의 공급 증가

• 외화의 (①   )가 증가하면 외화의 가치가 높아지므로 환율이 상승한다.
• 외화의 (②   )이 증가하면 외화의 가치가 낮아지므로 환율이 하락한다.

꼼꼼 개념 문제

1 생산물이나 생산 요소가 국경을 넘어 거래되는 것을 (　　　　　)라고 한다.

2 다음 빈칸에 들어갈 내용을 쓰시오.
(1) 국제 거래를 할 때 각국이 (　　　　)가 있는 품목을 특화하여 수출하면 서로에게 이익이 된다.
(2) (　　　　)의 출범으로 공산품뿐만 아니라 기술, 지적 재산권에 이르기까지 거래 대상이 확대되었다.
(3) 지리적으로 가깝고 경제적으로 상호 의존도가 높은 나라들이 경제 협력을 강화하기 위해 (　　　　)를 구성하고 있다.

3 (　　　　)은 자국 화폐와 외국 화폐의 교환 비율로, 외국 화폐 1단위와 교환되는 자국 화폐의 가격으로 표시한다.

4 다음 괄호 안의 내용 중 알맞은 말에 ○표를 하시오.
(1) 환율이 상승하면 원화의 가치는 (상승, 하락)한다.
(2) 외국인의 국내 투자가 증가하면 외화의 (수요, 공급)이/가 증가한다.

5 외화의 수요·공급 변화에 따른 환율의 변동을 옳게 연결하시오.
(1) 외화 공급 증가 •　　　　　• ㉠ 환율 상승
(2) 외화 수요 증가 •　　　　　• ㉡ 환율 하락

6 환율 상승의 영향에 해당하면 '상', 환율 하락의 영향에 해당하면 '하'라고 쓰시오.
(1) 자국민의 해외여행이 증가한다.　　　　　(　　　)
(2) 수출은 증가하고 수입은 감소한다.　　　　(　　　)
(3) 외채 상환에 대한 부담이 감소한다.　　　　(　　　)
(4) 수입 원자재의 가격이 상승하여 국내 물가가 상승한다.　　　　(　　　)

탄탄 시험 문제

01 국제 거래에 대한 설명으로 옳지 <u>않은</u> 것은?

① 수출입 과정에서 세금을 부과하지 않는다.
② 국내 거래에 비해 상품 이동의 제약이 많다.
③ 전 세계를 대상으로 하여 거래 규모가 큰 편이다.
④ 거래하는 국가와의 화폐 교환 비율을 고려해야 한다.
⑤ 국가 간에 생산물이나 생산 요소가 거래되는 것이다.

02 다음 글을 통해 알 수 있는 국제 거래의 특징으로 가장 적절한 것은?

> 인도네시아, 싱가포르, 말레이시아를 비롯한 이슬람 문화권에 상품을 수출하기 위해서는 '할랄 인증'을 받아야만 한다. '할랄 인증'은 '허락된 것'을 뜻하는 아랍어로 무슬림이 먹거나 사용할 수 있도록 이슬람 율법에 따라 도살, 처리, 가공된 식품에만 부여되는 인증 마크이다.

① 국가 간 거래에는 관세가 부여된다.
② 생산에 유리한 조건을 갖춘 품목을 주로 수출한다.
③ 국가마다 법과 제도가 달라 거래가 자유롭지 못하다.
④ 모든 국가는 국제 거래를 통해 동일한 이익을 얻을 수 있다.
⑤ 나라마다 사용하는 화폐가 다르기 때문에 수출입 과정에서 상품의 가격이 변한다.

03 자료는 우리나라의 주요 수출 품목 변화를 나타낸 것이다. 이를 통해 알 수 있는 내용으로 가장 적절한 것은?

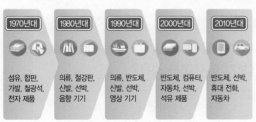

1970년대	1980년대	1990년대	2000년대	2010년대
섬유, 합판, 가발, 철광석, 전자 제품	의류, 철강판, 신발, 선박, 음향 기기	의류, 반도체, 신발, 선박, 영상 기기	반도체, 컴퓨터, 자동차, 선박, 석유 제품	반도체, 선박, 휴대 전화, 자동차

① 국내 총생산이 꾸준히 증가하고 있다.
② 우리나라의 천연자원이 변화하고 있다.
③ 국내 시장의 규모가 점차 축소되고 있다.
④ 우리나라가 비교 우위를 가진 품목이 달라졌다.
⑤ 우리나라의 주요 수출 품목이 기술 집약적 상품에서 노동 집약적 상품으로 변화하고 있다.

04 국제 거래에 따른 이익에 대해 <u>잘못</u> 말한 사람은?

① 가영: 소비자의 상품 선택의 기회가 확대될 수 있어.
② 나영: 자국이 처한 생산 여건의 한계를 극복할 수 있어.
③ 다영: 기업은 외국 기업과의 경쟁을 통해 생산성을 높일 수 있어.
④ 라영: 기업은 넓은 해외 시장을 확보하여 이윤을 확대할 수 있어.
⑤ 마영: 각 나라가 자국이 비교 우위를 가진 품목을 수입함으로써 이익을 극대화할 수 있어.

05 최근 국제 거래의 양상으로 적절한 것을 〈보기〉에서 고른 것은?

> **┤보기├**
> ㄱ. 국제 거래의 대상이 축소되고 있다.
> ㄴ. 생산 요소의 거래가 증가하고 있다.
> ㄷ. 국가 간 상호 의존도가 높아지고 있다.
> ㄹ. 경제 영역에서 국경의 의미가 강화되고 있다.

① ㄱ, ㄴ ② ㄱ, ㄷ ③ ㄴ, ㄷ
④ ㄴ, ㄹ ⑤ ㄷ, ㄹ

06 다음 국제기구에 대한 옳은 설명을 〈보기〉에서 고른 것은?

> 국가 간 자유로운 무역과 세계 교역 증진을 목적으로 1995년 설립된 국제기구로, 국가 간 거래에서 일어나는 무역 마찰을 조정한다.

> **┤보기├**
> ㄱ. 국제 거래의 대상을 확대한다.
> ㄴ. 자유 무역의 축소에 기여한다.
> ㄷ. 각종 불공정 무역 행위를 규제한다.
> ㄹ. 국가 간의 상호 의존성을 약화시킨다.

① ㄱ, ㄴ ② ㄱ, ㄷ ③ ㄴ, ㄷ
④ ㄴ, ㄹ ⑤ ㄷ, ㄹ

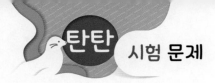

07 ㉠에 대한 설명으로 옳지 <u>않은</u> 것은?

> (㉠)은/는 경제적 이해관계를 같이하는 개별 국가 간 또는 개별 국가와 지역 경제 협력체 간에 체결하는 협정이다. 우리나라는 지난 2004년 칠레를 시작으로 인도, 미국, 뉴질랜드, 유럽 연합(EU) 등과 총 15개의 (㉠)을/를 맺고 있다.

① 회원국 간의 비관세 영역을 축소한다.
② 비회원국에는 무역 장벽을 쌓기도 한다.
③ 회원국 간의 경제적 의존도를 강화한다.
④ 세계 무역 규모를 확대하는 데 기여한다.
⑤ 국가 간 경쟁을 유도하여 생산성 향상에 기여한다.

08 ㉠에 들어갈 용어로 옳은 것은?

> 외국에서 상품을 수입하거나 해외여행을 하려면 자국 화폐를 외국 화폐로 교환하는 과정이 필요하다. 이때 두 나라의 화폐가 교환되는 비율을 (㉠)(이)라고 한다.

① 관세   ② 외화   ③ 차관
④ 특화   ⑤ 환율

이 문제에서 나올 수 있는 선택지는 다~!

09 환율에 대한 설명으로 옳지 <u>않은</u> 것은?

① 외화의 수요와 공급에 의해 결정된다.
② '1,000원/달러'와 같은 형태로 표시한다.
③ 외화의 공급이 증가하면 환율이 하락한다.
④ 외화의 수요가 감소하면 환율이 상승한다.
⑤ 환율 상승은 외화 가치의 상승을 의미한다.
⑥ 환율 하락은 원화 가치의 상승을 의미한다.

10 외화의 수요 증가 요인으로 적절한 것을 〈보기〉에서 고른 것은?

> ┤보기├
> ㄱ. 자국민의 해외여행이 증가하였다.
> ㄴ. 우리나라 기업들의 상품 수출이 증가하였다.
> ㄷ. 우리나라로 오는 외국인 유학생 수가 증가하였다.
> ㄹ. 해외 기업에 대한 우리나라 국민들의 투자가 증가하였다.

① ㄱ, ㄴ   ② ㄱ, ㄹ   ③ ㄴ, ㄷ
④ ㄴ, ㄹ   ⑤ ㄷ, ㄹ

[11~12] 그림은 우리나라 외환 시장의 변동을 나타낸 것이다. 이를 보고 물음에 답하시오.

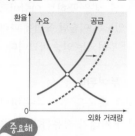

중요해

11 위 그림과 같은 변동을 가져오는 요인으로 적절한 것은?

① 외국인의 국내 투자가 감소하였다.
② 우리나라 정부가 외채를 상환하려 한다.
③ 우리나라의 반도체 수출량이 증가하였다.
④ 우리나라로 여행을 오는 외국인이 감소하였다.
⑤ 외국으로 유학을 떠나는 우리나라 학생이 증가하였다.

12 위 그림을 통해 알 수 있는 내용으로 적절한 것을 〈보기〉에서 고른 것은?

> ┤보기├
> ㄱ. 환율이 상승하였다.
> ㄴ. 우리나라 원화의 가치가 하락하였다.
> ㄷ. 국내로 들어오는 외화가 증가했음을 알 수 있다.
> ㄹ. 같은 금액을 환전했을 때 이전에 비해 더 많은 외화로 환전할 수 있게 되었다.

① ㄱ, ㄴ   ② ㄱ, ㄹ   ③ ㄴ, ㄷ
④ ㄴ, ㄹ   ⑤ ㄷ, ㄹ

13 그림은 우리나라 외환 시장의 변동을 나타낸 것이다. 이러한 변동이 국내 경제에 미치는 영향으로 적절하지 않은 것은?

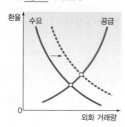

① 원화의 가치가 하락한다.
② 외화로 빚을 진 경우 상환 부담이 증가한다.
③ 수입품의 국내 가격 상승으로 수입이 감소한다.
④ 수입 원자재 가격 하락으로 국내 물가가 안정된다.
⑤ 외화로 표시되는 우리나라 수출 상품의 가격이 하락한다.

14 밑줄 친 ㉠, ㉡에 해당하는 사람을 〈보기〉에서 골라 옳게 연결한 것은?

최근 원/달러 환율이 1,000원에서 800원으로 급격히 떨어졌다. 이러한 환율 변동으로 인해 ㉠ 유리한 사람과 ㉡ 불리한 사람이 생겨났다.

┤ 보기 ├
ㄱ. 해외여행을 떠나려는 신혼부부
ㄴ. 원자재를 수입하는 우리나라 기업 대표
ㄷ. 외국에서 활동 중인 우리나라 축구 선수
ㄹ. 외국에서 번 돈을 자국으로 송금하는 우리나라 국민

	㉠	㉡		㉠	㉡
①	ㄱ, ㄴ	ㄷ, ㄹ	②	ㄱ, ㄷ	ㄴ, ㄹ
③	ㄴ, ㄷ	ㄱ, ㄹ	④	ㄴ, ㄹ	ㄱ, ㄷ
⑤	ㄷ, ㄹ	ㄱ, ㄴ			

15 지속적인 환율 상승이 예상될 때, 합리적인 판단을 한 사람은?

① 해외여행을 다음 달로 미룬 A 씨
② 식품 수입량을 늘린 수입업자 B 씨
③ 유학 중인 자녀에게 줄 돈을 미리 환전한 C 씨
④ 제품 수출량을 줄이기로 한 수출업체 사장 D 씨
⑤ 수입 물품 대금을 나중에 지급하기로 계약한 E 씨

학교 시험에 잘 나오는 서술형 문제

1 다음 글을 읽고 물음에 답하시오.

각 나라의 생산 여건이 다르기 때문에 같은 상품을 생산하더라도 나라마다 생산비가 다르다. 그래서 각국은 생산에 유리한 상품을 특화하여 (㉠)하고, 생산에 불리한 상품은 (㉡)하여 사용한다. 이처럼 생산물이 국경을 넘는 거래를 통해 각국은 이익을 얻는다.

⑴ ㉠, ㉡에 들어갈 용어를 각각 쓰시오.

_____

⑵ 밑줄 친 거래의 특징을 두 가지 이상 서술하시오.

_____
_____
_____

2 다음과 같은 현상이 발생했을 때 나타날 수 있는 우리나라의 환율 변동을 외화의 수요·공급과 관련하여 서술하시오.

외제차가 인기를 끌면서 외제차의 국내 수입이 증가하였다.

_____
_____
_____

3 그림과 같은 환율 변동이 국내 경제에 미치는 영향을 세 가지 이상 서술하시오.

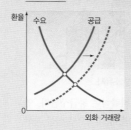

_____
_____

① 국내 총생산(GDP)의 한계

↑ 김장 봉사 활동

↑ 대기 오염

국내 총생산은 가사 노동, 봉사 활동 등 ①◻◻에서 거래되지 않는 경제 활동은 포함하지 않으며, 환경 오염 등으로 인한 피해를 반영하지 않아 국민의 ②◻◻◻ 수준을 파악하기 어렵다는 한계가 있다.

답 | ① 시장 ② 삶의 질

---

② 경제 성장의 의미

(십억 달러)

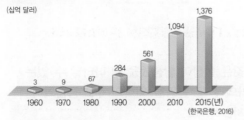

1960	1970	1980	1990	2000	2010	2015(년)
3	9	67	284	561	1,094	1,376

(한국은행, 2016)

↑ 우리나라의 국내 총생산 변화

제시된 그림은 우리나라의 국내 총생산이 꾸준히 증가하는 것을 나타내는데, 이를 통해 우리나라가 한 나라의 ①◻◻◻이 확대되어 ②◻◻◻◻가 커지는 것, 즉 경제 성장을 이루고 있음을 알 수 있다.

답 | ① 생산 능력 ② 경제 규모

---

③ 인플레이션의 영향

월급은 그대로인데 살 수 있는 재화와 서비스는 줄어들었어.
↑ 봉급생활자

건물 가격이 계속 오르고 있어.
↑ 부동산 소유자

인플레이션이 발생하면 화폐 가치가 하락하여 봉급생활자, 연금 생활자 등은 ①◻◻해지는 반면, 상대적으로 실물 자산의 가치는 상승하여 건물이나 토지와 같은 실물 자산을 소유한 사람은 ②◻◻해진다.

답 | ① 불리 ② 유리

01 국내 총생산과 경제 성장

▌국내 총생산(GDP)의 의미와 한계

의미	일정 기간 동안 한 나라 안에서 새롭게 생산된 (①)의 가치를 시장 가격으로 환산한 것
❶ 한계	• 시장에서 거래되지 않는 경제 활동은 포함하지 않음 • 국민의 삶의 질 수준을 파악하기 어려움 • 소득 분배 수준이나 (②)의 정도를 알기 어려움

▌경제 성장의 의미와 영향

❷ 의미		한 나라의 생산 능력이 확대되어 경제 규모가 커지는 것 → (③)이 증가하는 것
영향	긍정적 영향	• 일자리 및 국민 소득 증가 → 물질적 풍요 • 질 높은 교육, 의료 혜택 등 향유 가능 → 삶의 질 향상
	부정적 영향	• 경제 성장 과정에서 자원 고갈 및 환경 오염 발생 • 경제 성장의 혜택이 일부 계층에 편중될 경우 빈부 격차 심화 → 계층 간 갈등 우려

02 물가와 실업

▌물가의 의미와 물가 상승의 원인

(④)	여러 상품의 가격을 종합하여 평균한 것
물가 상승의 원인	총수요 〉 총공급, 생산비의 상승, 통화량의 증가 등

▌인플레이션의 의미와 영향

의미		물가가 지속적으로 오르는 현상
❸ 영향	상품 구매력 하락	화폐의 가치가 하락하여 일정한 금액으로 살 수 있는 상품의 양이 (⑤)함
	부와 소득의 불공정한 재분배	화폐의 가치는 하락하는 반면, 상대적으로 실물 자산의 가치는 상승함
	무역 불균형 발생	외국 상품에 비해 자국 상품의 가격이 상대적으로 비싸짐 → 수출 감소, 수입 증가

▌물가 안정을 위한 경제 주체의 노력

정부	재정 지출 축소, 조세 인상, 생활필수품의 가격 상승 규제 등
중앙은행	통화량 감축, 시중 은행의 (⑥) 인상 등
기업	경영과 기술 혁신을 통한 생산의 효율성 향상 등
근로자	생산성 향상 노력, 과도한 임금 인상 요구 자제 등
소비자	과소비 자제, 건전하고 합리적인 소비 자세 함양 등

답 | ① 생산된 재화와 서비스 ② 빈부 격차 ③ 국내 총생산 ④ 물가 ⑤ 감소 ⑥ 이자율

■ 실업의 의미와 유형

④ 의미		일할 능력과 의사가 있는데도 일자리를 구하지 못하는 상태
유형	경기적 실업	경기 침체로 기업이 고용을 줄이는 경우 발생
	구조적 실업	산업 구조의 변화 등으로 관련 일자리가 사라지는 경우 발생
	계절적 실업	계절 변화에 따른 고용 기회의 감소로 발생
	(⑦) 실업	이직을 위해 현재의 직장을 그만두는 경우 일시적으로 발생

■ 실업의 영향과 대책

영향	개인적 측면	생계유지 곤란, 자아 실현의 기회 상실 등
	사회적 측면	인적 자원의 낭비, 사회 불안 심화, 경기 침체 등
대책	정부	직업 교육 마련, 재정 지출 (⑧) 등
	기업	일자리 창출을 위한 경영 방안 모색 등
	근로자	새로운 기술 습득을 통한 업무 처리 능력 향상 등

03 국제 거래와 환율

■ 국제 거래

의미	생산물이나 생산 요소가 국경을 넘어 거래되는 것
특징	(⑨) 부과, 환율 적용, 상품 이동의 제약 등
⑤ 필요성	국가 간 생산비의 차이 발생 → 각국이 (⑩)가 있는 품목을 특화하여 교역하면 상호 이익이 됨
양상	국제 거래가 확대되고 국가 간 경제적 협력이 증가하고 있음

■ 환율의 의미와 변동

의미	자국 화폐와 외국 화폐의 교환 비율
⑥ 변동	• 외국 상품의 수입, 자국민의 해외여행, 해외 투자와 유학 등으로 외화의 수요 증가 → 환율 상승 • 우리나라 상품의 수출, 외국인 관광객 유치, 외국인의 국내 투자 등으로 외화의 공급 증가 → 환율 하락

■ 환율 변동의 영향

환율 상승의 영향	• 수출은 증가하고 수입은 (⑪)함 • 수입 원자재 가격의 상승으로 국내 물가가 상승함 • 외화로 빚을 진 경우에 갚아야 할 금액이 늘어남
환율 하락의 영향	• 수출은 감소하고 수입은 (⑫)함 • 수입 원자재 가격의 하락으로 국내 물가가 안정됨 • 외화로 빚을 진 경우에 갚아야 할 금액이 줄어듦

정답 | ⑦ 마찰적 ⑧ 확대 ⑨ 관세 ⑩ 비교 우위 ⑪ 감소 ⑫ 증가

④ 실업률 통계를 위한 인구 분류도

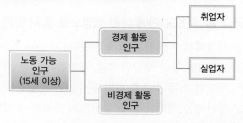

생산 활동이 가능한 15세 이상의 인구를 ①◯◯◯◯◯라고 한다. 이 중 일할 능력과 의사가 있는 사람을 경제 활동 인구, 그렇지 않은 사람을 비경제 활동 인구라고 한다. 실업률은 ②◯◯◯◯◯◯ 중 ③◯◯◯가 차지하는 비율을 나타낸 것이다.

정답 | ① 노동 가능 인구 ② 경제 활동 인구 ③ 실업자

⑤ 국제 거래의 필요성

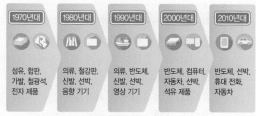

↑ 우리나라의 주요 수출 품목 변화

국가 간 자연환경, 천연자원, 노동, 자본, 기술 등 생산 여건의 차이로 인해 ①◯◯◯의 차이가 발생한다. 이에 따라 각국이 생산에 유리한 품목을 ②◯◯하여 수출하고, 생산에 불리한 품목을 수입하면 서로에게 이익이 된다.

정답 | ① 생산비 ② 특화

⑥ 외화의 수요·공급에 따른 환율 변동

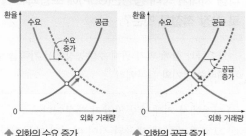

↑ 외화의 수요 증가   ↑ 외화의 공급 증가

• 외화의 수요 증가 → 수요 곡선이 오른쪽으로 이동
→ 환율 ①◯◯(원화 가치 ②◯◯)
• 외화의 공급 증가 → 공급 곡선이 오른쪽으로 이동
→ 환율 ③◯◯(원화 가치 ④◯◯)

정답 | ① 상승 ② 하락 ③ 하락 ④ 상승

01 국내 총생산(GDP)에 대한 설명으로 옳지 <u>않은</u> 것은?

① 시장에서 거래된 것만 포함된다.
② 보통 1년 동안 생산된 것을 포함한다.
③ 개인별 소득 수준을 나타내는 지표로 활용된다.
④ 중간재를 제외한 최종 생산물의 가치만 측정한다.
⑤ 생산자의 국적과 관계없이 한 나라의 국경 안에서 생산된 재화와 서비스를 포함한다.

02 우리나라의 국내 총생산(GDP)에 포함되는 것을 〈보기〉에서 고른 것은?

┤ 보기 ├
ㄱ. 외국인 교수가 우리나라에서 개최한 강연의 가치
ㄴ. 우리나라 축구 선수가 외국 축구팀에서 받은 연봉
ㄷ. 우리나라에 진출한 외국계 음식점에서 판매된 음식의 매출액
ㄹ. 우리나라 가구점에서 의자를 만들기 위해 구입한 목재의 가치

① ㄱ, ㄴ   ② ㄱ, ㄷ   ③ ㄴ, ㄷ
④ ㄴ, ㄹ   ⑤ ㄷ, ㄹ

03 다음 사례가 국내 총생산(GDP)에 포함되지 <u>않는</u> 이유로 가장 적절한 것은?

가족들과 함께 먹기 위해 주말농장에서 가족들과 함께 재배한 딸기와 블루베리

① 시장에서 거래되지 않았기 때문이다.
② 그해에 새롭게 생산된 것이 아니기 때문이다.
③ 국민들의 소득 분배 수준을 반영하지 않았기 때문이다.
④ 다른 상품을 생산하는 데 사용된 중간재이기 때문이다.
⑤ 빈부 격차의 정도를 정확히 나타내지 않았기 때문이다.

04 표는 각국의 국내 총생산(GDP)과 1인당 국내 총생산을 나타낸 것이다. 이에 대한 옳은 분석을 〈보기〉에서 고른 것은?

구분	국내 총생산(GDP)	1인당 국내 총생산
A국	50,000달러	2,000달러
B국	30,000달러	1,000달러
C국	10,000달러	500달러

┤ 보기 ├
ㄱ. 국민 전체의 소득 수준은 A국이 가장 높다.
ㄴ. 빈부 격차 정도는 A국이 B국보다 작다.
ㄷ. 국민들의 평균적인 소득 수준은 B국이 C국보다 높다.
ㄹ. 인구수는 C국이 가장 많고, B국이 가장 적다.

① ㄱ, ㄴ   ② ㄱ, ㄷ   ③ ㄴ, ㄷ
④ ㄴ, ㄹ   ⑤ ㄷ, ㄹ

05 경제 성장에 대한 설명으로 옳지 <u>않은</u> 것은?

① 국내 총생산이 증가하는 것이다.
② 물질적 풍요를 누리는 바탕이 된다.
③ 국민 경제의 생산 능력이 커지는 것이다.
④ 한 나라가 생산하는 재화와 서비스의 총량이 커지는 것이다.
⑤ 경제 성장률은 물가의 변동을 포함한 실질 국내 총생산의 증가율로 측정할 수 있다.

창의 융합

06 다음 과제를 <u>잘못</u> 수행한 모둠은?

과제: 경제 성장의 긍정적인 영향 조사	
모둠	조사 내용
1모둠	가구별 소득 격차 증가
2모둠	자동차 등록 대수 증가
3모둠	남녀 평균 기대 수명 증가
4모둠	초등학교 학급당 학생 수 감소
5모둠	인구 1,000명당 사망자 수 감소

① 1모둠   ② 2모둠   ③ 3모둠
④ 4모둠   ⑤ 5모둠

07 다음 자료를 통해 알 수 있는 내용을 〈보기〉에서 고른 것은?

구분	더 나은 삶 지수 순위	세계 국내 총생산 순위
오스트레일리아	1위	12위
스웨덴	2위	22위
대한민국	27위	11위
브라질	31위	9위

(경제 협력 개발 기구, 세계은행, 2015)

경제 협력 개발 기구(OECD)는 매년 회원국을 대상으로 주거, 소득, 고용, 교육, 환경, 공동체, 건강, 삶의 만족도 등 11개 부문을 평가하여 나라별 삶의 질을 종합적으로 산출하고 있다.

┤보기├
ㄱ. 브라질은 삶의 질에 비해 국내 총생산이 높은 편이다.
ㄴ. 국내 총생산과 삶의 질이 반드시 비례하는 것은 아니다.
ㄷ. 대한민국은 국내 총생산에 비해 삶의 질이 높은 편이다.
ㄹ. 제시된 국가 중 경제 규모가 가장 큰 국가는 오스트레일리아이다.

① ㄱ, ㄴ   ② ㄱ, ㄷ   ③ ㄴ, ㄷ
④ ㄴ, ㄹ   ⑤ ㄷ, ㄹ

02 물가와 실업

08 물가에 대한 설명으로 옳은 것은?
① 개별 상품의 가치를 화폐 단위로 나타낸 것이다.
② 물가의 변동은 경제생활에 영향을 미치지 않는다.
③ 여러 상품의 가격을 종합하여 평균적으로 나타낸 것이다.
④ 물가가 지속적으로 상승하는 것은 국민 경제에 긍정적 영향을 미친다.
⑤ 소득이 늘지 않더라도 물가가 상승하면 가계의 소비 활동이 증가한다.

09 물가 상승의 원인으로 적절하지 않은 것은?
① 중앙은행이 시중에 공급되는 통화량을 늘렸다.
② 여름 휴가철을 맞아 가계의 소비가 증가하였다.
③ 정부가 일자리 창출에 투입되는 예산을 확대하였다.
④ 기업들이 새로운 사업에 대한 투자 규모를 축소하였다.
⑤ 해외 원자재 가격의 상승으로 기업의 제품 생산 비용이 증가하였다.

10 그림은 우리나라의 소비자 물가 지수 변화를 나타낸 것이다. 이러한 변화가 우리 사회에 미치는 영향으로 가장 적절한 것은?

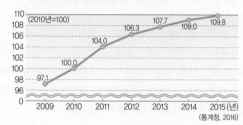

(통계청, 2016)

① 수출은 증가하고 수입은 감소한다.
② 부와 소득의 불평등 현상이 해소된다.
③ 상대적으로 실물 자산의 가치가 낮아진다.
④ 은행에 예금한 화폐의 가치는 상대적으로 높아진다.
⑤ 같은 금액으로 구매할 수 있는 상품의 양이 감소한다.

11 인플레이션이 발생할 경우 유리해지는 사람과 불리해지는 사람을 〈보기〉에서 골라 옳게 연결한 것은?

┤보기├
ㄱ. 친구에게 거액의 돈을 빌린 가혁 씨
ㄴ. 최근 회사와 연봉 계약을 마친 나림 씨
ㄷ. 상가 건물을 여러 채 가지고 있는 다영 씨
ㄹ. 은행의 예금 이자로 생계를 유지하는 라희 씨

	유리해지는 사람	불리해지는 사람
①	ㄱ, ㄴ	ㄷ, ㄹ
②	ㄱ, ㄷ	ㄴ, ㄹ
③	ㄴ, ㄷ	ㄱ, ㄹ
④	ㄴ, ㄹ	ㄱ, ㄷ
⑤	ㄷ, ㄹ	ㄱ, ㄴ

12 밑줄 친 노력으로 적절하지 <u>않은</u> 것은?

> 국민 경제를 안정시키는 것은 어느 한 경제 주체의 노력만으로는 해결되지 않는다. 따라서 각 경제 주체는 물가 안정을 이루기 위해 함께 노력해야 한다.

① 정부는 세율을 인상하는 정책을 편다.
② 기업은 경영 혁신을 통해 생산성을 향상한다.
③ 소비자는 과소비를 줄이고 합리적인 소비를 한다.
④ 중앙은행은 이자율을 낮춰 소비 활성화에 기여한다.
⑤ 근로자는 자기 계발을 통해 업무에 대한 전문성을 기른다.

13 다음 글에 나타난 실업의 유형으로 옳은 것은?

> 최근 우리 사회에는 국가 경제가 성장하는데도 불구하고 고용은 늘어나지 않는 '고용 없는 성장' 현상이 나타나고 있다. 인공 지능, 로봇 기술 등의 발달로 생산력은 증가했지만, 일자리는 늘어나지 않거나 오히려 줄어들고 있어 이에 대한 대책 마련이 시급하다.

① 경기적 실업　　　　② 계절적 실업
③ 구조적 실업　　　　④ 마찰적 실업
⑤ 일시적 실업

14 질문에 대해 <u>잘못</u> 답변한 사람은?

> ▶ 지식 Q&A
>
> 실업이 개인과 사회에 미치는 영향에 대해 알고 싶어요.
>
> ▶ 답변하기
> └ 가현: 빈부 격차의 감소로 사회적 불안이 완화돼요.
> └ 나현: 소득이 줄어들어 그에 따른 경제적 고통을 겪게 해요.
> └ 다현: 직업을 통해 얻는 성취감, 자아 존중감 등을 잃게 해요.
> └ 라현: 실업 급여 지급이 증가하여 정부의 재정 부담이 늘어나요.
> └ 마현: 일할 능력이 있는 사람이 생산에 참여하지 못해 사회 전체적인 생산력이 떨어져요.

① 가현　② 나현　③ 다현　④ 라현　⑤ 마현

15 고용 안정을 위한 경제 주체의 노력으로 적절하지 <u>않은</u> 것은?

① 기업은 새로운 시장 개척을 통해 일자리를 마련한다.
② 정부는 재정 지출을 축소하여 민간 소비를 억제한다.
③ 정부는 고용 지원 센터를 통해 취업 정보를 제공한다.
④ 기업은 근로 기준법을 준수하여 바람직한 노사 관계를 확립한다.
⑤ 근로자는 자기 계발과 기술 습득을 통해 업무 처리 능력을 향상한다.

03 국제 거래와 환율

16 ㉠에 대한 옳은 설명만을 〈보기〉에서 있는 대로 고른 것은?

> (㉠)은/는 국가 간에 상품이나 생산 요소 등이 거래되는 것을 의미하며, 전 세계를 대상으로 하기 때문에 그 규모가 매우 크다.

┌ 보기 ┐
ㄱ. 자국의 화폐를 그대로 사용할 수 있다.
ㄴ. 국경을 넘는 과정에서 관세를 내야 한다.
ㄷ. 동일한 상품이라도 국가마다 가격 차이가 발생한다.
ㄹ. 국가별로 다른 풍습과 문화, 정책 등의 영향을 받는다.

① ㄱ, ㄴ　　② ㄱ, ㄷ　　③ ㄷ, ㄹ
④ ㄱ, ㄴ, ㄹ　　⑤ ㄴ, ㄷ, ㄹ

17 국제 거래가 발생하는 원인으로 볼 수 <u>없는</u> 것은?

① 자본의 차이　　　② 기술력의 차이
③ 자연환경의 차이　　④ 사용하는 화폐의 차이
⑤ 노동 가능 인구 수의 차이

18 다음 사례에 대한 옳은 분석을 〈보기〉에서 고른 것은? (단, A국과 B국만이 존재한다.)

> A국은 이웃 나라인 B국과 국제 거래를 하려고 한다. 이때 A국은 B국에 비해 반도체를 상대적으로 더 효율적으로 생산할 수 있고, B국은 A국에 비해 가방을 상대적으로 더 효율적으로 생산할 수 있다.

┤ 보기 ├
ㄱ. A국은 가방 생산에 비교 우위가 있다.
ㄴ. A국과 B국 간에는 생산 여건의 차이가 존재한다.
ㄷ. A국은 반도체를, B국은 가방을 특화하여 생산하는 것이 유리하다.
ㄹ. A국과 B국이 특화 상품을 생산하여 서로 교역하면 A국만이 이익을 얻을 수 있다.

① ㄱ, ㄴ   ② ㄱ, ㄷ   ③ ㄴ, ㄷ
④ ㄴ, ㄹ   ⑤ ㄷ, ㄹ

19 최근 국제 거래 양상에 대한 설명으로 옳지 <u>않은</u> 것은?
① 거래의 품목과 분야가 다양해지고 있다.
② 자유 무역의 축소로 거래 규모가 줄어들고 있다.
③ 교통과 통신의 발달로 국경의 의미가 약화되고 있다.
④ 공동의 이익 증진을 위한 지역 간 협력이 증가하고 있다.
⑤ 관세 및 비관세 장벽을 완화하기 위한 협정 체결이 늘고 있다.

20 다음과 같은 현상이 우리나라의 외환 시장에 미치는 영향으로 적절한 것은?

> 한국 드라마와 K-POP과 같은 한류의 열풍으로 한국에 여행을 오는 외국인 관광객의 수가 증가하였다.

① 외화의 공급이 증가할 것이다.
② 외화의 공급이 감소할 것이다.
③ 외화의 수요가 증가할 것이다.
④ 외화의 수요가 감소할 것이다.
⑤ 외화의 수요와 공급에 아무런 변화가 없을 것이다.

[21~22] 다음 내용을 읽고 물음에 답하시오.

> (가) 원/달러 환율이 1달러에 800원에서 1달러에 1,000원으로 상승하였다.
> (나) 원/달러 환율이 1달러에 1,200원에서 1달러에 1,000원으로 하락하였다.

21 (가), (나)와 같은 변화를 가져오는 요인을 〈보기〉에서 골라 옳게 연결한 것은?

┤ 보기 ├
ㄱ. 우리나라의 자동차 수출량이 줄어들었다.
ㄴ. 국가 재정 악화로 외국의 차관을 도입하였다.
ㄷ. 우리나라 국민의 해외여행과 유학이 감소하였다.
ㄹ. 우리나라 기업이 외국 증권 시장에 투자를 늘렸다.

	(가)	(나)		(가)	(나)
①	ㄱ, ㄴ	ㄷ, ㄹ	②	ㄱ, ㄹ	ㄴ, ㄷ
③	ㄴ, ㄷ	ㄱ, ㄹ	④	ㄴ, ㄹ	ㄱ, ㄷ
⑤	ㄷ, ㄹ	ㄱ, ㄴ			

22 (나)와 같은 환율 변동이 국내 경제에 미치는 영향으로 적절한 것은?
① 국내 물가가 상승한다.
② 외채 상환 부담이 커진다.
③ 외국인의 국내 투자가 증가한다.
④ 수입 원자재의 가격이 하락한다.
⑤ 우리나라 상품의 가격 경쟁력이 높아진다.

23 다음 상황극의 주제에 부합하는 상황을 고른 것은?

> 상황극 주제: 환율 상승으로 기뻐하는 사람
> - 상황1: 외국 유학생 자녀를 둔 학부모
> - 상황2: 우리나라에 관광을 오려는 외국인
> - 상황3: 외국에서 활동하는 우리나라 운동선수
> - 상황4: 우리나라에서 번 돈을 본국에 송금하는 외국인 근로자

① 상황1, 상황2   ② 상황1, 상황4   ③ 상황2, 상황3
④ 상황2, 상황4   ⑤ 상황3, 상황4

VI

국제 사회와 국제 정치

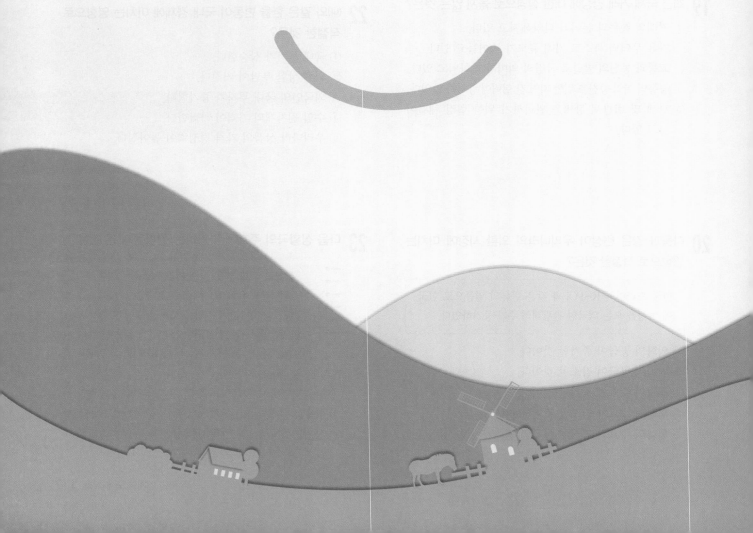

01~02 국제 사회의 이해
~국제 사회의 모습과 공존 노력

●● 국제 사회의 의미와 특성

1. 국제 사회 세계 여러 나라가 서로 교류하고 의존하면서 공존하는 사회
→ *주권을 지닌 국가들을 기본 단위로 하여 형성됨

2. 국제 사회의 특성 자료①
(1) **자국의 이익 추구**: 각국은 국제 관계에서 자국의 이익을 최우선으로 추구함 → 이 과정에서 국가 간 갈등이나 분쟁이 발생하기도 함
(2) **힘의 논리 작용**: 각국은 원칙적으로 평등한 주권을 지니지만, 실제로는 군사력과 경제력이 큰 강대국이 약소국보다 많은 영향력을 행사함
(3) **중앙 정부의 부재**: 개별 국가를 강제할 권위와 힘을 가진 중앙 정부가 존재하지 않음 → 국가 간 분쟁이 일어날 경우 해결이 어려움
(4) **국제 사회의 질서 유지**: *국제법, 국제기구, 세계 여론 등이 국가들의 행위에 일정한 제약을 주어 국제 사회의 질서가 일부 유지됨
(5) **국제 협력의 강화**: 국가 간 상호 의존성이 깊어지고, 국제 사회의 문제에 공동으로 대처해야 할 필요성이 커지면서 국제 협력이 증가함

●● 국제 사회의 행위 주체

> **서술형 단골** 국제 사회의 행위 주체별 특징을 묻는 문제가 자주 출제돼.

1. 국가
(1) **국가**: 일정한 영토와 국민을 바탕으로 하여 주권을 가진 행위 주체 → 국제 사회의 가장 기본적이고 전통적인 행위 주체
(2) **국가의 역할**: 국제법상 평등하고 독립적인 지위를 가지고 외교 활동을 함, 다양한 국제기구에 회원국으로 가입하여 활동함

2. 국제기구
(1) **국제기구**: 정부, 민간단체, 개인 등을 회원으로 하여 국제적인 목적이나 활동을 위해 조직된 행위 주체
(2) **국제기구의 종류**: 참여하는 주체에 따른 분류 자료②

정부 간 국제기구	각국 정부를 회원으로 하는 국제기구 예 국제 연합(UN), 경제 협력 개발 기구(OECD), 국제 통화 기금(IMF) 등
국제 *비정부 기구	개인이나 민간단체를 회원으로 하는 국제기구 예 국제 사면 위원회, 그린피스, 국경 없는 의사회 등

3. 다국적 기업 자료③
(1) **다국적 기업**: 한 나라에 본사를 두고, 여러 나라에 자회사와 공장을 설립하여 국제적 규모로 상품을 생산하고 판매하는 기업
(2) **다국적 기업의 영향**: 국제 사회의 상호 의존성을 높임, 경제력을 바탕으로 국제 관계와 개별 국가의 정책 등에 영향력을 행사하기도 함 → 세계화로 인해 영향력이 확대되고 있음

4. 그 밖의 행위 주체
(1) **국제적으로 영향력 있는 개인**: 국제 연합(UN) 사무총장, 종교 지도자 등
(2) **국가 내부적 행위체**: 국가 내 지방 정부, 소수 민족, 소수 인종 등

생생 자료

자료① 국제 사회에서 작용하는 힘의 논리

⬆ 국제 연합(UN) 안전 보장 이사회

국제 연합 안전 보장 이사회에서 중요 안건의 의사 결정은 상임 이사국 5개국을 모두 포함한 9개국의 동의로 이루어진다. 미국, 중국, 영국, 프랑스, 러시아는 상임 이사국으로서 거부권을 행사할 수 있어 국제 사회에서 다른 나라보다 큰 영향력을 행사한다.

자료② 주요 국제기구의 역할

국제 연합	세계 평화 유지와 국제 협력 증진을 위해 활동하는 정부 간 국제기구
경제 협력 개발 기구	경제 성장과 금융 안정 및 세계 무역 촉진을 위해 활동하는 정부 간 국제기구
국제 사면 위원회	인권 보호 및 실현을 위해 활동하는 국제 비정부 기구
그린피스	지구 환경 보존과 평화 증진을 목적으로 활동하는 국제 비정부 기구

국제 문제에 대한 개인이나 민간단체의 관심과 참여가 늘어나면서 국제 비정부 기구의 역할이 확대되고 있어.

자료③ 다국적 기업이 국제 사회에 미치는 영향

> 싱가포르는 글로벌 제약·바이오 기업을 유치하기 위해 기업에 부과되는 세금의 세율을 낮추고, 첨단 기술 선도 기업으로 인정되면 15년 동안 세금을 면제해 주기로 했다. 그 결과 2001년 50억 달러이던 싱가포르의 바이오 생산액은 지난해 300억 달러 규모로 급증했다.
> – 「한국경제」, 2016. 5. 19.

다국적 기업은 국제 사회의 주요한 행위 주체로, 국경을 초월하여 경영 활동을 한다. 오늘날 기업의 규모가 커지면서 다국적 기업이 전 세계의 정치, 경제, 문화 전반에 미치는 영향력도 증가하고 있다.

쏙쏙 용어

★ **주권** 국가의 의사를 최종적으로 결정할 수 있는 최고의 권력
★ **국제법**(國 – 국가, 際 – 사이, 法 – 법) 국가 간 합의에 의해 만들어진 국제 규범
★ **비정부 기구(NGO)** 권력이나 이윤을 추구하지 않고 공동의 이익을 추구하는 시민 사회 단체

●● 국제 사회의 경쟁과 갈등, 협력

1. 국제 사회의 경쟁과 갈등 〈자료 ④〉

(1) 국제 사회의 경쟁
① 원인: 각국이 자국의 이익을 우선적으로 추구함
② 특징: 세계화로 국가 간 경쟁은 더욱 치열해지며, 다양한 분야로 확대되고 있음 → 지나친 경쟁은 갈등으로 이어지기도 함

(2) 국제 사회의 갈등
① 양상: 한정된 자원을 둘러싼 갈등, 민족과 종교의 차이에서 비롯된 갈등, 환경 문제를 둘러싼 갈등, 무역 분쟁 등
② 문제점: 평화적으로 해결하지 못할 경우 전쟁이 발생하기도 함

2. 국제 사회의 협력 〈자료 ⑤〉

(1) 국제 협력의 필요성: 오늘날 *국제 문제는 국경을 초월하여 발생하며, 전 세계에 걸쳐 영향을 미침 → 특정 국가의 노력만으로는 국제 문제를 해결하기 어려우므로 국제 협력을 통해 해결해야 함

(2) 국제 협력의 사례: 인권 선언이나 국제 환경 협약 등 주요 결의안 채택, 지속 가능한 개발 목표(SDGs) 설정 등

●● 국제 사회의 공존을 위한 노력

1. 국제 사회의 공존을 위한 외교 〈자료 ⑥〉

(1) 외교: 한 국가가 국제 사회에서 자국의 이익을 평화적으로 달성하려는 활동 → 세계 각국은 다양한 *외교 정책을 펼치고 있음

(2) 외교의 중요성: 자국의 정치적·경제적 이익 실현, 자국의 위상 강화, 국가 간 분쟁 해결 및 예방 등을 위해 외교의 중요성이 커지고 있음

(3) 외교 활동의 변화

전통적인 외교	• 외교관 파견, 정상 회담 등 정부 간 활동을 중심으로 이루어짐 • 안보를 위한 정치, 군사 분야를 중심으로 이루어짐
오늘날의 외교	• 정부 간 활동을 포함하여 *민간 외교가 활발하게 전개됨 • 경제, 문화, 환경, 자원, 인권 등 다양한 분야로 확대됨

2. 국제 사회의 공존을 위한 노력

(1) 국제 사회의 노력

국제법 준수	국가 간 합의로 만든 국제법에 따라 분쟁을 해결함
국제기구 참여	각국은 다양한 국제기구에 참여하여 국제 협력을 증진함
민간단체를 통한 협력	인권, 환경, 보건 등 다양한 영역에서 국제 사회의 문제 해결을 위해 노력함

(2) 세계 시민 의식 함양
① 세계 시민 의식: 공동체 의식을 바탕으로 국제 문제에 관심을 두고, 이를 해결하기 위해 적극적으로 행동하는 참여 의식과 책임 의식
② 세계 시민 의식 함양을 위한 요건: 국제 사회의 상호 의존성 이해, 사회 정의와 같은 보편적 가치 존중, 세계의 다양한 문화 존중 등

자료 ④ 국제 사회의 경쟁과 갈등 사례

㈎ 국제 비정부 기구인 그린피스가 다국적 기업에 해양 파괴를 중지할 것을 요구하고, 다국적 기업이 이에 대응하면서 갈등을 빚고 있다.
㈏ 동아시아의 중요한 해상로이자 자원이 풍부한 것으로 알려진 남중국해를 두고 중국, 베트남, 필리핀 등의 영유권 분쟁이 벌어지고 있다.

㈎는 환경을 둘러싼 국제기구와 다국적 기업 간의 갈등, ㈏는 자원과 영토를 둘러싼 국가 간 갈등에 해당한다. 이처럼 국제 사회의 갈등은 국가, 국제기구, 다국적 기업 등 여러 행위 주체의 이해관계를 둘러싸고 다양한 양상으로 나타난다.

자료 ⑤ 국제 사회의 협력 사례

↑ 지속 가능한 개발 목표(SDGs)

지속 가능한 개발 목표(SDGs)는 국제 연합(UN)에서 국제 사회의 지속 가능한 발전을 위해 채택한 목표이다. 환경, 경제, 사회 영역의 17가지 목표를 달성하기 위해 국제 사회는 협력을 확대하고 있다.

자료 ⑥ 외교의 중요성

2015년 7월 14일, 이란의 핵 개발 의혹이 제기된 지 13년 만에 이란 핵 협상이 최종 타결되었다. 이번 협상에는 이란의 핵무기 개발을 막기 위해 국제 사회 주요 국가들이 적극 참여하였다. 이란이 합의 내용을 제대로 이행한다면 미국과 유럽 연합(EU)은 이란에 대한 기존의 경제 제재를 해제할 예정이다.

외교 협상을 통해 이란은 경제적 이익을 얻게 되었고, 국제 사회는 핵 위협의 완화를 통해 세계 평화로 한 걸음 더 나아가게 되었다. 이처럼 외교를 통해 각국은 자국의 이익을 실현하고 국제 평화에 기여할 수 있기 때문에 외교의 중요성은 더욱 강조되고 있다.

쏙쏙 용어 ┈┈┈┈┈┈┈┈

★ **국제 문제** 국제 사회에서 발생하는 정치, 경제, 환경, 영토, 군사 등의 문제
★ **외교 정책** 외교를 통해 자국의 이익을 보호하고 증진할 목적으로 수립하는 정책
★ **민간 외교** 정부 관계자가 아닌 일반 시민이 예술, 문화, 체육 등의 분야에서 하는 외교

한눈에 정리하기

◆ 국제 사회의 의미와 특성

의미	세계 여러 나라가 서로 교류하고 의존하면서 공존하는 사회
특성	자국의 이익 추구, (①)의 논리 작용, 중앙 정부의 부재, 국제 협력의 강화 등

◆ 국제 사회의 행위 주체

국가	국제 사회의 가장 기본적이고 전통적인 행위 주체
국제기구	국제적인 목적이나 활동을 위해 조직된 행위 주체
(②)	한 나라에 본사를 두고, 여러 나라에 자회사와 공장을 설립하여 국제적 규모로 상품을 생산하고 판매하는 기업

◆ 국제 사회의 경쟁과 갈등, 협력

국제 사회의 경쟁	각국이 자국의 이익을 우선적으로 추구함 → (③)로 국가 간 경쟁이 심화함
국제 사회의 갈등	한정된 자원을 둘러싼 갈등, 민족과 종교의 차이에서 비롯된 갈등, 무역 분쟁 등
국제 사회의 협력	국제 문제는 (④)을 초월하여 발생하며, 전 세계에 영향을 미침 → 국제 협력을 통해 국제 문제를 해결해야 함

◆ 외교의 의미와 중요성

의미	한 국가가 국제 사회에서 자국의 (⑤)을 평화적으로 달성하려는 활동
중요성	자국의 정치적·경제적 이익 실현, 자국의 위상 강화, 국가 간 분쟁 해결 및 예방에 기여함

대표 자료 확인하기

◆ 국제기구의 종류

⬆ 국제 연합(UN)

⬆ 국경 없는 의사회

• 국제 연합(UN)은 각국 정부를 회원으로 하는 (①   )에 해당한다.
• 국경 없는 의사회는 개인이나 민간단체를 회원으로 하는 (②   )에 해당한다.

---

1 다음 괄호 안의 내용 중 알맞은 말에 ○표를 하시오.

(1) 국제 사회는 (국가, 국제기구)를 기본 단위로 하여 형성된다.

(2) 국가 간 상호 의존성이 커지면서 국제 협력이 (증가, 감소)하고 있다.

(3) 국가 내 지방 정부나 소수 민족은 국제 사회의 행위 주체가 될 수 (있다, 없다).

2 다음 설명에 해당하는 국제 사회의 행위 주체를 〈보기〉에서 골라 기호를 쓰시오.

┤ 보기 ├
ㄱ. 국가　　　　　　　　ㄴ. 다국적 기업
ㄷ. 국제 비정부 기구　　ㄹ. 정부 간 국제기구

(1) 국제적 규모로 생산 및 판매 활동을 한다. (   )

(2) 국제법상 평등하고 독립적인 주권을 가진다. (   )

(3) 국경을 넘어 활동하는 개인과 민간단체를 회원으로 한다. (   )

(4) 각국 정부를 회원으로 하여 국제 사회에서 영향력을 행사한다. (   )

3 한 국가가 국제 사회에서 자국의 이익을 평화적으로 달성하기 위해 수행하는 활동을 (   )라고 한다.

4 다음 설명이 맞으면 ○표, 틀리면 ×표를 하시오.

(1) 외교는 국가 원수나 외교관을 통해서만 이루어지는 활동이다. (   )

(2) 국제 사회의 문제는 특정 국가의 노력만으로 모두 해결할 수 있다. (   )

(3) 각 국가가 자국의 이익을 최우선으로 추구하는 과정에서 경쟁이 일어난다. (   )

(4) 국제 사회의 갈등을 평화적으로 해결하지 못할 경우 전쟁으로 이어질 수도 있다. (   )

5 (   )이란 공동체 의식을 바탕으로 국제 문제에 관심을 두고, 이를 해결하기 위해 적극적으로 행동하는 참여 의식과 책임 의식을 의미한다.

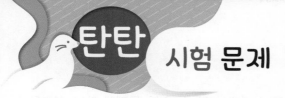

탄탄 시험 문제

01 ㉠에 들어갈 용어로 옳은 것은?

> 오늘날 세계 각국은 서로 밀접한 관계를 맺고 있으며, 정치, 경제, 사회, 문화를 비롯한 여러 부문에서 폭넓게 교류한다. 이처럼 세계 여러 나라가 서로 교류하고 의존하면서 공존하는 사회를 (㉠)라고 한다.

① 국내 사회
② 국제 사회
③ 산업 사회
④ 시민 사회
⑤ 정보 사회

이 문제에서 나올 수 있는 선택지는 다~!

02 국제 사회에 대한 설명으로 옳지 않은 것은?

① 각국은 원칙적으로 평등한 주권을 가진다.
② 주권 국가들을 기본 단위로 하여 형성된다.
③ 각국은 자국의 이익을 우선적으로 추구한다.
④ 국가 간 분쟁을 조정해 줄 중앙 정부가 존재한다.
⑤ 강대국이 약소국에 비해 더 많은 영향력을 행사한다.
⑥ 국제 질서를 유지하기 위한 국가 간 협력이 존재한다.
⑦ 국제법, 세계 여론 등으로 세계 질서가 일부 유지된다.

03 다음 사례를 통해 알 수 있는 국제 사회의 특성으로 가장 적절한 것은?

> 2014년 298명의 승무원과 승객을 태우고 네덜란드에서 말레이시아 쿠알라룸푸르로 가던 말레이시아 항공 여객기가 우크라이나 동부 영공에서 미사일에 격추되었다. 이 사건의 진상을 규명하기 위한 국제 형사 법정 설치 결의안이 제기되었으나, 상임 이사국인 러시아가 거부권을 행사해 통과되지 못하였다.
> ─「뉴시스」, 2015. 10. 13.

① 힘의 논리가 적용된다.
② 국제법의 강력한 통제를 받는다.
③ 강제성을 가진 국제기구가 존재한다.
④ 각국의 이해관계가 상황에 따라 변화한다.
⑤ 개별 국가의 독립성이 강조되어 국제 협력이 어렵다.

중요해

04 다음 내용에 해당하는 국제 사회의 행위 주체에 대한 옳은 설명을 〈보기〉에서 고른 것은?

> • 국제 관계에 영향을 미치는 대표적인 행위 주체이다.
> • 국제법에 따라 독립적인 행위 주체로서의 지위를 보장받는다.

┤보기├
ㄱ. 개인과 민간단체를 회원으로 한다.
ㄴ. 국제적인 규모로 경영 활동을 한다.
ㄷ. 여러 국제기구에 가입하여 활동할 수 있다.
ㄹ. 국가의 의사를 최종적으로 결정할 수 있는 힘을 가진다.

① ㄱ, ㄴ
② ㄱ, ㄷ
③ ㄴ, ㄷ
④ ㄴ, ㄹ
⑤ ㄷ, ㄹ

05 밑줄 친 국제 사회의 행위 주체에 대한 설명으로 옳은 것은?

> 국제 통화 기금(IMF)은 2016년 스리랑카에 차관을 제공하였다. 이러한 도움으로 스리랑카 정부는 경제 정책을 조정하고 취약점을 보완할 수 있게 되었다.

① 국가 내부에 속하는 행위 주체이다.
② 세계 여러 나라에서 생산과 판매를 하고 있다.
③ 시민 참여가 활발해지면서 그 역할이 확대되고 있다.
④ 국제적인 목적이나 활동을 위해 조직된 행위 주체이다.
⑤ 경제력을 바탕으로 국제 사회에서 큰 영향력을 행사한다.

06 다음 과제를 잘못 수행한 모둠은?

과제: 국제 비정부 기구의 활동 조사	
모둠	조사 내용
1모둠	해양 생태계를 수호하는 그린피스
2모둠	세계 평화 유지에 기여하는 국제 연합
3모둠	건강한 삶을 위해 노력하는 국제 적십자사
4모둠	생명의 소중함을 지켜 내는 국경 없는 의사회
5모둠	인류의 인권 실현을 꿈꾸는 국제 사면 위원회

① 1모둠
② 2모둠
③ 3모둠
④ 4모둠
⑤ 5모둠

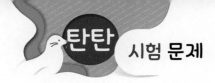

07 ㉠에 들어갈 국제 사회의 행위 주체에 대한 설명으로 옳은 것은?

> (㉠)은/는 한 나라에 본사를 두고, 여러 나라에 자회사와 공장을 설립하여 국제적 규모로 생산과 판매 활동을 한다.

① 국가 간의 상호 의존성을 심화시킨다.
② 국제 사회의 가장 기본적인 행위 주체이다.
③ 일정한 영토와 국민을 바탕으로 주권을 가진다.
④ 세계화에 따라 그 영향력이 점차 감소하고 있다.
⑤ 국경을 넘어 활동하는 개인이나 민간단체들이 조직한 단체이다.

08 중요해 (가)에 들어갈 내용으로 적절하지 <u>않은</u> 것은?

> • 교사: 오늘날 국제 사회에서 나타나는 경쟁과 갈등, 협력의 모습을 말해 볼까요?
> • 학생: _____(가)_____

① 다양한 양상의 경쟁과 갈등이 나타나고 있어요.
② 국가 간의 지나친 경쟁이 갈등으로 이어지기도 해요.
③ 각국이 공존을 위해 협력하는 모습은 찾아볼 수 없어요.
④ 자원을 차지하기 위한 경쟁에서 갈등이 비롯되기도 해요.
⑤ 세계화가 진행되면서 국가 간 경쟁이 더욱 치열해지고 있어요.

09 다음 사례에 대한 분석으로 옳은 것은?

> 그린피스가 다국적 기업에 해양 환경 오염 행위를 중지할 것을 요구하였지만, 다국적 기업이 이에 대응하면서 갈등이 일어나고 있다.

① 인종과 민족의 차이에서 비롯된 갈등이다.
② 다국적 기업 간의 시장 확보를 위한 경쟁이다.
③ 종교를 둘러싼 갈등이 전쟁으로 확대되고 있다.
④ 물 자원을 차지하기 위한 경쟁에서 갈등이 비롯되었다.
⑤ 환경을 둘러싸고 다국적 기업과 국제기구 간에 일어난 갈등이다.

10 다음 사례에서 알 수 있는 문제에 대한 설명으로 옳은 것만을 〈보기〉에서 있는 대로 고른 것은?

> 2016년 2월 기준으로 전 세계 30개국에서 지카 바이러스 감염 사례가 보고되었다. 감염이 여러 나라에 무서운 속도로 퍼져나가자 세계 보건 기구(WHO)는 '국제 공중 보건 위기 상황'을 선포하며 비상 사태에 돌입하였다.

┤보기├
ㄱ. 국가 간 협력이 필요한 문제이다.
ㄴ. 국경을 초월하여 발생하는 문제이다.
ㄷ. 전 세계에 걸쳐 영향을 주는 문제이다.
ㄹ. 특정 국가의 노력만으로 해결할 수 있는 문제이다.

① ㄱ, ㄴ   ② ㄱ, ㄹ   ③ ㄷ, ㄹ
④ ㄱ, ㄴ, ㄷ   ⑤ ㄴ, ㄷ, ㄹ

11 다음 자료를 통해 알 수 있는 국제 사회의 모습으로 적절한 것은?

> 지속 가능한 개발 목표(SDGs)는 국제 연합(UN)에서 채택한 국제 사회의 개발 목표로, 빈곤과 기아 종식, 양성 평등 달성 등을 포함한 17가지 목표로 이루어져 있다.

① 강대국의 이익을 우선시한다.
② 협력을 통해 지구촌 문제를 해결한다.
③ 국가들은 자국의 이익을 위해 경쟁한다.
④ 국제 문제를 군사력을 통해 해결하고자 한다.
⑤ 갈등을 빚는 다른 국가와 적대적 관계를 유지한다.

12 다음 설명에 해당하는 용어로 옳은 것은?

> 한 국가가 국제 사회에서 자국의 정치적 목적이나 이익을 평화적으로 달성하기 위해 수행하는 모든 행위를 뜻한다. 주로 국가 간의 분쟁을 해결하거나 예방하기 위한 수단으로 활용된다.

① 국방   ② 무역   ③ 복지
④ 원조   ⑤ 외교

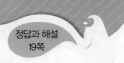
중요해

13 외교 활동에 대한 설명으로 옳지 <u>않은</u> 것은?

① 정상 회담과 같은 정부 간 활동만을 의미한다.

② 자국의 정치적·경제적 이익을 실현하는 방법이다.

③ 국제 사회의 공존을 위해 중요성이 점차 커지고 있다.

④ 국제 사회에서 나타나는 갈등을 합리적으로 해결하는 방법이다.

⑤ 오늘날에는 과거에 비해 다양한 분야에서 외교 활동이 이루어지고 있다.

14 다음 사례에 대한 평가로 적절한 것은?

> 2015년 7월 14일, 이란의 핵 개발 의혹이 제기된 지 13년 만에 이란 핵 협상이 최종 타결되었다. 이번 협상에는 이란의 핵무기 개발을 막기 위해 국제 사회 주요 국가들이 적극 참여하였다. 이란이 합의 내용을 제대로 이행한다면 미국과 유럽 연합(EU)은 이란에 대한 기존의 경제 제재를 해제할 예정이다.

① 국제법을 통해 분쟁을 해결하였다.

② 민간 외교가 성공적으로 시행된 사례이다.

③ 외교 활동이 국제 사회의 공존에 이바지하였다.

④ 국제 사회와 이란 간의 긴장과 대립이 심화되었다.

⑤ 외교 활동으로 이란의 국가적 이익이 손실되었다.

15 ㉠을 실현하는 자세로 옳은 것만을 〈보기〉에서 있는 대로 고른 것은?

> (㉠)은/는 공동체 의식을 바탕으로 국제 문제에 관심을 두고, 그 문제를 해결하기 위해 적극적으로 행동하는 참여 의식과 책임 의식을 의미한다.

| 보기 |

ㄱ. 사회 정의와 같은 보편적 가치를 존중한다.

ㄴ. 여러 나라가 상호 의존적 관계에 있음을 인식한다.

ㄷ. 자국의 문화만이 옳다는 관점에서 다른 문화를 평가한다.

ㄹ. 국제 문제의 해결책을 찾기 위해 책임감을 가지고 행동한다.

① ㄱ, ㄴ ② ㄱ, ㄷ ③ ㄷ, ㄹ

④ ㄱ, ㄴ, ㄹ ⑤ ㄴ, ㄷ, ㄹ

학교 시험에 잘 나오는 서술형 문제

1 다음 사례에 나타난 국제 사회의 특성을 서술하시오.

> 2016년 7월 상설 중재 재판소는 남중국해 대부분에서 중국이 영유권을 주장하는 것은 법적 근거가 없다고 판결하였다. 하지만 중국은 부당한 재판이라고 오히려 판결을 비판하며, 오히려 남중국해에서의 군사 활동을 강화하였다.

_____

_____

_____

2 (가), (나)에 해당하는 국제 사회의 행위 주체를 각각 쓰고, 회원 자격을 비교하여 서술하시오.

> (가) 그린피스, 국경 없는 의사회
> (나) 국제 연합(UN), 경제 협력 개발 기구(OECD)

_____

_____

_____

3 밑줄 친 문제가 국제 문제인 이유를 쓰고, 이를 해결하기 위한 국제 협력의 필요성을 서술하시오.

> 전 세계적으로 온실 가스 배출로 인한 <u>지구 온난화 문제</u>가 심각해지고 있다. 이에 국제 연합은 2015년 프랑스 파리에서 기후 변화 협약 총회를 열었고, 그 결과 197개국이 온실가스 배출량을 감축하기로 합의하였다.

_____

_____

_____

03 우리나라의 국가 간 갈등 문제

•• 우리나라가 직면한 국가 간 갈등

1. 우리나라와 일본의 갈등

(1) 일본의 독도 영유권 주장 **자료 ①**

① 독도: 역사적, 지리적, 국제법적으로 명백한 우리의 고유 영토 → 현재 우리나라가 영토 주권을 행사하고 있음

② 일본의 주장: 독도의 경제적·군사적 가치를 선점하기 위해 독도 영유권을 주장함 → *국제 사법 재판소에 제소하여 국제 사회에서 독도를 영토 분쟁 지역으로 인식시키고자 함

(2) 일본의 역사 교과서 왜곡: 자국 교과서에 독도 영유권 주장을 강화하고, 일본군 '위안부'와 관련된 기술을 삭제하거나 강제 동원 사실을 숨김

(3) 기타: 야스쿠니 신사 참배 문제, 동해 표기를 둘러싼 갈등 등

2. 우리나라와 중국의 갈등

(1) 중국의 *동북 공정 **자료 ②** **서술형 단골** 동북 공정의 목적을 묻는 문제가 자주 출제돼.

내용	고조선, 고구려, 발해를 중국 고대의 지방 정권으로 왜곡함 → 우리나라의 역사를 중국 역사의 일부분으로 통합하려고 함
목적	한반도 통일 이후 발생할 수 있는 영토 분쟁과 중국 내 소수 민족의 독립을 방지하고자 함 → 현재의 영토를 확고히 하기 위함

(2) 중국의 불법 조업: 중국 어선이 우리나라의 *배타적 경제 수역을 침범하여 불법 조업을 함 → 해양 자원을 둘러싼 중국과의 갈등이 증가함

•• 우리나라가 직면한 국가 간 갈등의 해결 노력

1. 국가 간 갈등 해결을 위한 정부의 활동

적극적인 외교 활동	국가 간 갈등 문제를 평화적으로 해결하기 위한 외교 정책을 추진하고, 국제 사회에 우리의 입장을 알림
전문 기관의 운영	관련 자료를 수집 및 연구할 수 있는 전문 기관을 운영하고, 연구된 자료들을 체계적으로 홍보함

2. 국가 간 갈등 해결을 위한 시민 사회의 활동

민간 외교 강화	조직적인 활동을 통해 국가 간 갈등 문제를 전 세계에 알림
공동 연구 실시	학자들의 국가 간 공동 연구를 통해 갈등 상황의 사실 관계를 밝히기 위해 노력함 **자료 ③**
시민 단체 활동	다양한 홍보와 교육을 통해 국민들이 우리나라가 직면한 갈등을 바로 알 수 있도록 함

3. 국가 간 갈등 해결을 위한 자세

(1) 합리적 해결: 갈등 원인과 실태 파악을 통해 합리적 해결 방안을 모색함

(2) 적극적 참여: 문제 해결 과정에 정부와 시민 사회가 적극적으로 참여함

(3) 상호 협력: 객관적 근거에 따라 상호 협력과 이해를 통해 갈등을 해결함

생생 자료

자료 ① 우리 역사책에 나타나 있는 독도

- 지증왕 13년(512), 신라가 우산국을 복속하였다.
  – 『삼국사기』(1145)
- 여진족의 침략으로 우산국이 황폐해지자 고려 조정에서 농기구와 식량을 하사하였다.
  삼국 시대 이전 울릉도와 독도가 속해 있던 왕국이야 – 『고려사』(1451)

많은 역사적 자료를 통해 독도가 우리나라의 영토임을 분명히 알 수 있다. 그럼에도 일본은 독도의 풍부한 해양 자원을 선점하고, 주변 지역의 군사적 거점으로 이용하기 위해 독도의 영유권을 주장하고 있다.

자료 ② 중국의 동북 공정

중국 정부가 고구려 성산산성의 표지석에 '고구려는 중국의 소수 민족 지방 정권'이라는 문구를 새긴 사실이 확인되었다.

← 고구려 성산산성 표지석

중국의 역사 왜곡은 이웃 나라와 갈등을 일으키고, 나아가 영토 분쟁으로 이어질 수 있다. 이에 대응하기 위해서는 우리 역사에 관심을 가지고 고대사 연구를 통해 대응 논리를 마련해야 한다.

자료 ③ 한·중·일이 함께 쓰는 역사

한국, 중국, 일본의 지식인과 시민은 동아시아의 평화를 위해 역사의식을 공유해야 할 필요성을 느끼고 공동 역사 편찬 위원회를 만들었다. 위원회는 공동 연구를 통해 『미래를 여는 역사』(2005), 『한·중·일이 함께 쓴 동아시아 근현대사』(2012)를 편찬하였다.

학자들이 주변국과의 공동 역사 연구와 공동 저술로 상호 간의 이해를 넓히는 것처럼, 갈등 당사국이 상호 존중의 자세를 가지고 서로 협력할 때 국가 간 갈등이 원만히 해결될 수 있다.

쏙쏙 용어

★ **국제 사법 재판소** 국제법을 적용하여 국가 간 분쟁을 해결하는 국제 연합(UN)의 사법 기관

★ **동북 공정** 중국 동북 3성 지역의 역사를 연구하는 사업으로 오늘날의 중국 국경 안에서 이루어진 모든 역사를 중국의 역사로 만들기 위해 중국이 추진했던 연구 사업

★ **배타적 경제 수역** 한 국가가 해양 자원의 탐사, 개발, 보존, 관리 등을 할 수 있는 권리가 미치는 수역

한눈에 정리하기

◆ 우리나라와 일본의 갈등

일본의 독도 영유권 주장	독도의 경제적·(①) 가치를 선점하기 위해 명백한 우리 영토인 독도의 영유권을 주장함
일본의 역사 교과서 왜곡	자국 교과서에 (②) 영유권 주장을 강화하고, 일본군 '위안부'와 관련된 기술을 삭제함

◆ 우리나라와 중국의 갈등

중국의 동북 공정	고조선, 고구려, (③)의 역사를 중국 고대의 지방 정권으로 왜곡함
중국의 불법 조업	우리나라의 배타적 경제 수역을 침범하여 불법 조업을 함

◆ 국가 간 갈등 해결을 위한 정부의 활동

적극적인 외교 활동	국가 간 갈등 문제를 (④)으로 해결하기 위한 외교 정책을 추진함
전문 기관의 운영	관련 자료를 수집 및 연구할 수 있는 전문 기관을 운영하고, 연구 자료를 홍보함

◆ 국가 간 갈등 해결을 위한 시민 사회의 활동

(⑤) 강화	조직적인 활동을 통해 국가 간 갈등 문제를 전 세계에 알림
공동 연구 실시	학자들의 국가 간 공동 연구를 통해 갈등 상황의 사실 관계를 밝힘
시민 단체 활동	다양한 홍보와 교육을 통해 국민들이 우리나라가 직면한 갈등을 바로 알도록 함

대표 자료 확인하기

◆ 중국의 동북 공정

중국 정부가 고구려 성산산성의 표지석에 '고구려는 중국의 소수 민족 지방 정권'이라는 문구를 새긴 사실이 확인되었다.

← 고구려 성산산성 표지석

중국의 (①) 왜곡은 이웃 나라와 갈등을 일으키고, 나아가 (②) 분쟁으로 이어질 수 있다. 이에 대응하기 위해서는 우리 역사에 관심을 가지고 고대사 연구를 통해 대응 논리를 마련해야 한다.

꼼꼼 개념 문제 ⋯⋯⋯⋯ •정답과 해설 20쪽

1 독도에 대한 설명이 맞으면 ○표, 틀리면 ✕표를 하시오.

(1) 독도는 역사적, 지리적, 국제법적으로 명백한 우리나라의 영토이다. ( )

(2) 우리나라는 독도를 국제 사법 재판소에 제소함으로써 국제 사회에서 독도를 영토 분쟁 지역으로 인식시키고자 한다. ( )

2 중국은 ( )을 통해 고조선, 고구려, 발해를 중국 고대의 지방 정권으로 왜곡하였다.

3 우리나라와 중국 간의 갈등을 〈보기〉에서 골라 기호를 쓰시오.

┌ 보기 ├
ㄱ. 불법 조업 문제
ㄴ. 동해 표기를 둘러싼 갈등
ㄷ. 야스쿠니 신사 참배 문제

4 동북 공정에 대한 설명이 맞으면 ○표, 틀리면 ✕표를 하시오.

(1) 중국은 중국 영토 내 소수 민족의 독립을 지원하기 위해 동북 공정을 추진하고 있다. ( )

(2) 중국은 동북 공정을 통해 한반도 통일 이후 발생할 수 있는 영토 분쟁을 방지하고자 한다. ( )

5 국가 간 갈등을 해결하기 위한 정부와 시민 사회의 노력을 옳게 연결하시오.

(1) 정부 •　　　• ㉠ 적극적인 외교 정책 추진

(2) 시민 사회 •　　• ㉡ 학자들의 국가 간 공동 연구 진행

6 다음 괄호 안의 내용 중 알맞은 말에 ○표를 하시오.

(1) 국가 간 갈등을 해결하기 위해서는 민간 외교를 (확대, 축소)해야 한다.

(2) 각국은 (주관적, 객관적) 근거를 바탕으로 국가 간 갈등에 논리적으로 대응해야 한다.

01 우리나라와 일본 사이에 갈등이 발생하고 있는 이유로 적절한 것을 〈보기〉에서 고른 것은?

┤ 보기 ├
ㄱ. 일본이 세계 지도에 동해 표기를 놓고 문제를 삼고 있기 때문에
ㄴ. 일본이 명백한 우리 영토인 독도에 대한 영유권을 주장하기 때문에
ㄷ. 일본이 우리나라의 역사를 자신의 역사로 통합하려는 목적으로 동북 공정을 펼쳤기 때문에
ㄹ. 일본이 자국 교과서에 우리나라와 관련한 일본군 '위안부' 문제에 대해 공식적으로 인정했기 때문에

① ㄱ, ㄴ   ② ㄱ, ㄷ   ③ ㄴ, ㄷ
④ ㄴ, ㄹ   ⑤ ㄷ, ㄹ

[02~03] 다음 글을 읽고 물음에 답하시오.

일본은 독도 문제에 대해 (㉠)에 제소하여 해결할 것을 주장하고 있는데, 그 이유는 ㉮ 이다. 그러나 우리 정부는 독도 문제는 외교적 교섭이나 사법적 해결의 대상이 될 수 없다는 입장을 밝혔다.

02 ㉠에 들어갈 국제기구로 옳은 것은?

① 국제 적십자사   ② 세계 무역 기구
③ 국경 없는 의사회   ④ 국제 사면 위원회
⑤ 국제 사법 재판소

중요해
03 일본이 ㉮와 같은 주장을 하는 이유로 적절한 것은?

① 독도의 영유권을 포기하기 위해서
② 국제법적으로 독도가 일본의 영토이기 때문
③ 국제 사회에서 유리한 입장을 확보하기 위해서
④ 우리나라와의 국가 간 갈등을 해결하기 위해서
⑤ 자국의 왜곡된 교과서 내용을 바로잡기 위해서

04 다음 자료를 통해 알 수 있는 내용으로 적절한 것은?

• 여진족의 침략으로 우산국이 황폐해지자 고려 조정에서 농기구와 식량을 하사하였다.
　　　　　　　　　　　　　　　　　－『고려사』(1451)
• 울릉도를 울도로 개칭하여 강원도에 부속하고 도감을 군수로 개정하여 …… 울릉 전도와 죽도(죽도), 석도(독도)를 관할할 것.……
　　　　　　　　　　　　　－ 대한 제국 칙령 제41호(1900)

① 과거에는 일본이 독도에 대한 주권을 행사하였다.
② 독도는 역사적으로 명백한 우리의 고유 영토이다.
③ 독도는 외교적으로 해결해야 할 영토 분쟁 지역이다.
④ 독도의 영유권 문제를 보는 시각은 시대별로 변화하였다.
⑤ 독도의 영유권을 둘러싼 분쟁은 고려 시대부터 계속되었다.

05 동북 공정에 대한 옳은 설명만을 〈보기〉에서 있는 대로 고른 것은?

┤ 보기 ├
ㄱ. 우리의 역사를 중국의 지방 역사로 편입시키기 위한 연구 사업이다.
ㄴ. 한반도 통일 이후 발생할 수 있는 영토 분쟁을 방지하려는 목적이 있다.
ㄷ. 왜곡되어 있던 만주 지역의 고대사를 객관적으로 다시 기술하기 위해 추진되었다.
ㄹ. 현재 중국 영토 내의 과거사는 모두 중국사라는 역사관으로 중국 내 소수 민족의 독립을 방지하려는 정치적 의도가 담겨 있다.

① ㄱ, ㄷ   ② ㄱ, ㄹ   ③ ㄴ, ㄷ
④ ㄱ, ㄴ, ㄹ   ⑤ ㄴ, ㄷ, ㄹ

06 동북 공정에 대한 우리나라의 대응 방안으로 적절하지 않은 것은?

① 우리 영토를 지키려는 자세를 가진다.
② 국제 사회에 우리의 입장을 알리는 홍보 활동을 한다.
③ 주변국과의 공동 역사 연구를 통해 상호 이해를 넓힌다.
④ 고대사 연구를 통해 역사 왜곡에 대한 대응 논리를 마련한다.
⑤ 갈등이 해결되기 전까지 중국과의 모든 대화와 교류를 단절한다.

이 문제에서 나올 수 있는 선택지는 다~!

07 우리나라와 주변 국가 간의 갈등 사례로 옳지 <u>않은</u> 것은?

① 중국의 일부 정치인이 야스쿠니 신사 참배를 하고 있다.

② 일본이 세계 지도에 '일본해' 단독 표기를 주장하고 있다.

③ 중국 어선이 우리 영해를 침범하여 불법 조업을 하고 있다.

④ 일본이 독도를 국제 사회에서 영토 분쟁 지역으로 인식시키고자 한다.

⑤ 일본이 일본군 '위안부'에 대한 기술을 삭제하며 역사 교과서를 왜곡하고 있다.

⑥ 중국이 우리나라의 역사를 고대 중국사 속에 포함하여 역사를 왜곡하고 있다.

08 국가 간 갈등을 해결하기 위한 정부의 노력으로 옳은 것을 〈보기〉에서 고른 것은?

┤보기├

ㄱ. 적극적인 외교 활동을 통해 다른 나라의 지지를 얻어낸다.

ㄴ. 모든 국가 간 갈등 문제를 국제 사법 재판소에 제소한다.

ㄷ. 국제 사회에서 되도록 국가 간 갈등에 대한 언급을 하지 않는다.

ㄹ. 관련 문제를 연구하는 전문 기관을 운영하고 연구 자료를 체계적으로 홍보한다.

① ㄱ, ㄴ   ② ㄱ, ㄹ   ③ ㄴ, ㄷ

④ ㄴ, ㄹ   ⑤ ㄷ, ㄹ

09 국가 간 갈등에 대처하는 자세로 적절하지 <u>않은</u> 것은?

① 우리 주장의 정당성을 국제 사회에 널리 알린다.

② 국가 간 갈등의 원인과 실태를 정확히 파악한다.

③ 국가 간 갈등이므로 민간 차원의 대응은 자제한다.

④ 정부와 시민 사회가 적극적으로 협력하여 해결책을 모색한다.

⑤ 감정적으로 대응하기보다는 논리적 근거를 바탕으로 대응한다.

10 다음 사례가 국가 간 갈등 해결에 시사하는 바로 적절한 것을 〈보기〉에서 고른 것은? 중요해

한국, 중국, 일본의 지식인과 시민은 국가 간 갈등 해결을 위해 역사의식을 공유해야 할 필요성을 느끼고 공동 역사 편찬 위원회를 만들었다. 공동 역사 편찬 위원회는 공동 연구를 통해 『미래를 여는 역사』(2005), 『한·중·일이 함께 쓴 동아시아 근현대사』(2012) 등을 편찬하였다.

┤보기├

ㄱ. 각국은 정부 중심의 외교를 강화해야 한다.

ㄴ. 각국은 주관적 관점에서 역사 교과서를 편찬해야 한다.

ㄷ. 각국 학교, 시민 단체 등 민간단체의 교류 확대가 필요하다.

ㄹ. 공동 연구를 통해 상호 간의 역사 인식의 차이를 극복해야 한다.

① ㄱ, ㄴ   ② ㄱ, ㄷ   ③ ㄴ, ㄷ

④ ㄴ, ㄹ   ⑤ ㄷ, ㄹ

학교 시험에 잘 나오는 서술형 문제

1 다음 글을 읽고 물음에 답하시오.

만리장성은 중국 대륙의 동서로 뻗어 있는 중국의 유적으로, 중국 정부는 고구려와 발해의 성을 포함시켜 점점 길이를 길게 발표하고 있다. 만리장성의 동쪽 끝이라 주장하는 '호산장성'은 실제로 고구려의 '박작성'이다. 이는 고구려와 발해를 중국의 역사로 편입시키기 위한 것으로 볼 수 있다.

(1) 위 내용과 관계 깊은 중국의 역사 연구 사업을 쓰시오.

_____

(2) (1)의 목적을 <u>두 가지</u> 이상 서술하시오.

_____

_____

1 국제 사회의 특성

↑ 국제 연합(UN) 안전 보장 이사회

국제 연합(UN) 안전 보장 이사회의 회원국들은 원칙적으로는 동등한 의사 결정권을 가지나, 상임 이사국 5개국은 거부권을 가짐으로써 다른 국가보다 강한 ① ◻◻◻을 행사한다. 이를 통해 국제 사회에 ② ◻의 논리가 작용함을 알 수 있다.

| 정답 | ① 영향력 ② 힘 |

2 국제기구의 종류

↑ 국제 연합(UN)　　↑ 국경 없는 의사회

• 국제 연합(UN)은 각국 ① ◻◻를 회원으로 하는 정부 간 국제기구에 해당한다.
• 국경 없는 의사회는 개인이나 ② ◻◻◻를 회원으로 하는 국제 비정부 기구에 해당한다.

| 정답 | ① 정부 ② 민간단체 |

3 국제 사회의 협력 사례

↑ 지속 가능한 개발 목표(SDGs)

지속 가능한 개발 목표(SDGs)는 국제 연합(UN) 정상 개발 회의에서 국제 문제를 해결하기 위해 설정한 목표이다. 국제 문제는 ① ◻◻을 초월하여 발생하며, 전 세계에 영향을 미치기 때문에 특정 국가의 노력만으로는 해결하기 어렵다. 따라서 이러한 문제를 해결하기 위해서는 국제 ② ◻◻이 필요하다.

| 정답 | ① 국경 ② 협력 |

---

01 국제 사회의 이해

국제 사회의 의미와 특성

의미		세계 여러 나라가 서로 교류하고 의존하면서 (①) 하는 사회
❶ 특성	자국의 이익 추구	각국은 국제 관계에서 자국의 (②)을 최우선으로 추구함
	힘의 논리 작용	군사력과 경제력이 큰 강대국이 약소국보다 많은 영향력을 행사함
	중앙 정부의 부재	강제성을 가진 중앙 정부가 존재하지 않음 → 국가 간 분쟁이 일어날 경우 해결이 어려움
	국제 사회의 질서 유지	국제법, 국제기구, 세계 여론 등이 국가들의 행위에 일정한 제약을 주어 국제 사회의 질서가 일부 유지됨
	국제 협력의 강화	국가 간 상호 의존성이 깊어지고, 국제 사회의 문제에 공동으로 대처해야 할 필요성이 커지면서 국제 협력이 증가함

국제 사회의 행위 주체

(③)	• 의미: 일정한 영토와 국민을 바탕으로 하여 주권을 가진 행위 주체 → 국제 사회의 가장 기본적이고 전통적인 행위 주체 • 역할: 국제법상 독립적인 지위를 가지고 외교 활동을 함, 국제기구에 회원국으로 가입하여 활동함
❷ 국제기구	• 의미: 정부, 민간단체, 개인 등을 회원으로 하여 국제적인 목적이나 활동을 위해 조직된 행위 주체 • 종류: 정부를 회원으로 하는 (④), 개인과 민간단체를 회원으로 하는 국제 비정부 기구
(⑤)	• 의미: 한 나라에 본사를 두고, 여러 나라에 자회사와 공장을 설립하여 상품을 생산하고 판매하는 기업 • 영향: 국제 사회의 상호 의존성을 높임, 경제력을 바탕으로 국제 관계에 영향력을 행사하기도 함

---

02 국제 사회의 모습과 공존 노력

국제 사회의 경쟁과 갈등, 협력

국제 사회의 경쟁	각국이 자국의 이익을 우선적으로 추구하는 과정에서 발생함 → (⑥)로 국가 간 경쟁이 심화되고 있음
국제 사회의 갈등	한정된 자원을 둘러싼 갈등, 민족과 종교의 차이에서 비롯된 갈등, 환경 문제를 둘러싼 갈등, 무역 분쟁 등
❸ 국제 사회의 협력	국제 문제는 국경을 초월하여 발생하며 전 세계에 영향을 미침 → 국제 협력을 통해 해결해야 함

| 정답 | ① 공존 ② 이익 ③ 국가 ④ 정부 간 국제기구 ⑤ 다국적 기업 ⑥ 세계화 |

■ 국제 사회의 공존을 위한 외교

외교	한 국가가 국제 사회에서 자국의 이익을 (⑦)으로 달성하려는 활동	
❹ 외교의 중요성	자국의 정치적·경제적 이익 실현, 자국의 위상 강화, 국가 간 분쟁 해결 및 예방 등을 위해 외교의 중요성이 커지고 있음	
외교 활동의 변화	전통적인 외교	• 외교관 파견 등 정부 간 활동 중심으로 이루어짐 • 안보를 위한 정치, 군사 분야 중심으로 이루어짐
	오늘날의 외교	• 일반 시민들에 의한 (⑧)가 활발해짐 • 경제, 문화, 환경, 인권 등 다양한 분야로 확대됨

■ 국제 사회의 공존을 위한 노력

국제 사회의 노력	• 국가 간 합의로 만든 (⑨)으로 분쟁을 해결함 • 각국은 다양한 국제기구에 참여하여 국제 협력을 증진함 • 다양한 영역에서 민간단체를 통해 국제적으로 협력함
세계 시민 의식 함양	• (⑩): 공동체 의식을 바탕으로 국제 문제의 해결을 위해 적극적으로 행동하는 참여 의식과 책임 의식 • 세계 시민 의식 함양을 위한 요건: 국제 사회의 상호 의존성 이해, 사회 정의와 같은 보편적 가치 존중 등

ⓞ3 우리나라의 국가 간 갈등 문제

■ 우리나라가 직면한 국가 간 갈등

❺ 일본의 독도 영유권 주장	일본이 독도의 경제적·군사적 가치를 선점하기 위해 명백한 우리 영토인 독도의 영유권을 주장함
일본의 역사 교과서 왜곡	일본이 자국 교과서에 독도 영유권 주장을 강화하고, 일본군 '위안부'와 관련된 기술을 삭제함
중국의 (⑪)	고조선, 고구려, 발해를 중국 고대의 지방 정권으로 왜곡함
중국의 불법 조업	중국 어선이 우리나라의 배타적 경제 수역을 침범하여 불법 조업을 함

■ 우리나라가 직면한 국가 간 갈등의 해결 노력

(⑫) 의 활동	• 적극적인 외교 활동: 국가 간 갈등 문제를 평화적으로 해결하기 위한 외교 정책을 추진함 • 전문 기관의 운영: 관련 자료를 수집 및 연구할 수 있는 전문 기관을 운영하고 연구 자료를 홍보함
❻ 시민 사회의 활동	• 민간 외교 강화: 조직적인 활동을 통해 국가 간 갈등 문제를 전 세계에 알림 • 공동 연구 실시: 학자들의 국가 간 공동 연구를 통해 갈등 상황의 사실 관계를 밝힘 • 시민 단체 활동: 다양한 홍보와 교육을 통해 국민들에게 우리나라가 직면한 국가 간 갈등을 알림

❹ 외교의 중요성

미국과 중국은 6·25 전쟁 이후 적대적 관계를 유지했다. 하지만 1971년 중국의 초청을 받은 미국의 탁구 대표 팀이 중국을 방문하여 친선 경기를 펼치면서 두 국가 사이에 교류가 시작되었다. 이후 1979년 미국과 중국이 국교를 수립하면서 양국 관계는 정상화되었다.

중국과 미국은 탁구 친선 경기라는 민간 교류를 통해 관계를 개선하고, 국제 평화에 이바지하게 되었다. 이처럼 정치적·경제적 이익 실현, 국가 간 ① ☐☐ 해결 및 예방 등을 위해 ② ☐☐의 중요성은 더욱 커지고 있다.

❺ 우리 역사책에 나타나 있는 독도

> • 지증왕 13년(512), 신라가 우산국을 복속하였다.
> — 『삼국사기』(1145)
> • 여진족의 침략으로 우산국이 황폐해지자 고려 조정에서 농기구와 식량을 하사하였다. — 『고려사』(1451)
> • 우산(독도)과 무릉(울릉도) 두 섬은 서로 거리가 멀지 아니하여 날씨가 맑으면 가히 바라볼 수 있다.
> — 『세종실록지리지』(1454)

많은 역사적 자료를 통해 독도가 우리나라의 영토임을 분명히 알 수 있다. 그럼에도 일본은 독도의 경제적·군사적 이익을 취하기 위해 독도의 ① ☐☐☐을 주장하고 있으며, 독도 문제를 ② ☐☐☐☐☐☐에 제소하여 독도를 영토 분쟁 지역으로 인식시키려 한다.

❻ 국가 간 갈등 해결을 위한 시민 사회의 활동

← 한·중·일이 함께 쓴 동아시아 근현대사

국가 간 갈등을 해결하기 위해 시민 사회는 ① ☐☐ 외교를 강화하여 국가 간 갈등 문제를 전 세계에 알리고, 홍보와 교육을 통해 국민들이 우리나라가 직면한 국가 간 갈등을 바로 알 수 있도록 해야 한다. 학자들은 국가 간 ② ☐☐ 연구를 통해 갈등 상황의 사실 관계를 밝히기 위해 노력해야 한다.

01 국제 사회의 이해

01 밑줄 친 ㉠~㉤ 중 옳지 <u>않은</u> 것은?

> 국제 사회에 속한 국가들은 ㉠ <u>자국의 이익을 우선시</u>한다. 또한 국제 사회에서 각국은 원칙적으로 ㉡ <u>평등한 주권을 지니지만</u>, 실제로는 ㉢ <u>힘의 논리가 작용하기</u> 때문에 국력에 따라 주권을 행사하는 정도에 차이가 있다. 그리고 국제 사회에는 국가 간 갈등 상황을 조정해 줄 ㉣ <u>중앙 정부가 있어</u> 분쟁 해결이 쉽다. 최근에는 국제 사회의 문제에 공동으로 대처해야 할 필요성이 커지면서 ㉤ <u>국제 협력이 점차 강화되고 있다.</u>

① ㉠ ② ㉡ ③ ㉢ ④ ㉣ ⑤ ㉤

[02~03] 다음 대화를 읽고 물음에 답하시오.

> - 가희: 국제 사회는 무정부 상태이기 때문에 국제 사회의 질서는 힘으로 유지될 수밖에 없어.
> - 나희: 아니야. 꼭 그렇지만은 않아. 중앙 정부가 없어도 (㉠)을/를 통해 국제 질서를 유지할 수 있어.

02 가희의 입장에 부합하는 내용으로 적절한 것은?

① 각국은 인류 공동의 번영을 위해 상호 협력한다.
② 모든 국가는 국제 사회에서 동등한 영향력을 행사한다.
③ 국제 연합(UN) 안전 보장 이사회의 상임 이사국은 거부권을 가진다.
④ 국제 연합(UN) 회원국은 난민 수용에 대한 부담을 공평하게 부담한다.
⑤ 국가 간의 우호적 관계나 적대적 관계는 각국의 상황에 따라 변화한다.

03 ㉠에 들어갈 내용으로 적절한 것을 〈보기〉에서 고른 것은?

> ┤ 보기 ├
> ㄱ. 주권　　　　　ㄴ. 국내법
> ㄷ. 국제기구　　　ㄹ. 세계 여론

① ㄱ, ㄴ　　② ㄱ, ㄷ　　③ ㄴ, ㄷ
④ ㄴ, ㄹ　　⑤ ㄷ, ㄹ

04 다음 사례를 통해 알 수 있는 국제 사회의 특성으로 적절한 것은?

> 2016년 6월, 영국은 난민 배정 관련 문제 등 유럽 연합(EU) 의회의 결정이 영국에 불리하다고 판단하며, 유럽 연합을 탈퇴하기로 결정하였다.

① 국제법이 개별 국가의 행위를 제약한다.
② 각국은 자국의 이익을 우선적으로 추구한다.
③ 경제력에 따라 각국이 가진 영향력이 다르다.
④ 국제 협약과 같은 국가 간 협력이 강화되고 있다.
⑤ 국제 사회에서는 국가보다 국제기구의 힘이 더 강력하다.

05 다음 설명에 해당하는 국제 사회의 행위 주체로 옳은 것은?

> 일정한 영토와 국민을 바탕으로 주권을 가지며, 국제법상 평등하고 독립적인 지위를 가지고 국제 사회에서 활동한다.

① 국가
② 다국적 기업
③ 국제 비정부 기구
④ 영향력 있는 개인
⑤ 정부 간 국제기구

06 (가), (나)에 해당하는 국제 사회의 행위 주체에 대한 옳은 설명만을 〈보기〉에서 있는 대로 고른 것은?

> (가) 국경 없는 의사회, 국제 사면 위원회 등
> (나) 국제 연합(UN), 경제 협력 개발 기구(OECD) 등

> ┤ 보기 ├
> ㄱ. (가)는 비영리 활동을 하는 단체이다.
> ㄴ. (나)는 세계 여러 나라에 자회사와 공장을 가지고 있다.
> ㄷ. (가)와 (나)를 분류하는 기준은 회원 자격이다.
> ㄹ. (가), (나)는 모두 국경을 넘어 영향력을 행사한다.

① ㄱ, ㄴ　　② ㄱ, ㄹ　　③ ㄴ, ㄷ
④ ㄱ, ㄷ, ㄹ　　⑤ ㄴ, ㄷ, ㄹ

07 (가)~(다)에 들어갈 국제 사회의 행위 주체에 대한 설명으로 옳은 것은?(단, (가)~(다)는 국가, 국제기구, 다국적 기업 중 하나이다.)

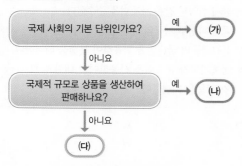

① (가)는 각국 정부를 회원으로 한다.
② (나)는 주권을 토대로 외교 활동을 한다.
③ (다)는 정부 간 국제기구와 국제 비정부 기구로 구분할 수 있다.
④ (나)는 (가)와 달리 여러 국제기구에 가입하여 회원국으로 활동한다.
⑤ (다)는 (나)와 달리 경제력을 바탕으로 국제 사회에서 영향력을 행사한다.

08 다음 설명에 해당하는 국제 사회의 행위 주체로 적절하지 않은 것은?

국가 내부에 속해 있으면서 국제 사회에 영향을 미치는 행위 주체이다.

① 노동조합   ② 소수 민족   ③ 소수 인종
④ 지방 정부   ⑤ 다국적 기업

09 국제 사회의 행위 주체로 볼 수 없는 것은?
① 신문의 국제면을 꾸준히 구독하는 중학생
② 분쟁 지역에 평화 유지군을 파견한 국제기구
③ 국가 간 평화 협정을 이끌어 낸 전직 국가 원수
④ 국제기구에 회원국으로 가입하여 활동하는 국가
⑤ 전쟁으로 피해를 입은 여러 국가에서 활동하는 의료 단체

10 오늘날 국제 사회의 모습으로 적절하지 않은 것은?
① 국가들이 이해관계에 따라 협력하고 있다.
② 국가 간 경쟁이 다양한 분야에서 일어나고 있다.
③ 세계화로 인해 국가 간의 경쟁은 약화되고 있다.
④ 각국은 자국의 이익을 우선적으로 추구하고 있다.
⑤ 여러 행위 주체의 이해관계를 둘러싸고 갈등이 나타나고 있다.

11 다음 사례들에 대한 분석으로 옳은 것은?

• 카스피해는 석유와 천연가스의 보고이다. 카스피해를 바다로 볼지, 호수로 볼지에 따라 국가의 영역이 달라지므로 인근 국가들이 주장을 달리하고 있다.
• 이집트와 수단은 1959년 체결한 나일 협약에 따라 나일강의 물을 거의 독점하고 있다. 이로 인해 하천 이용이 어려워진 케냐, 에티오피아 등 나머지 국가에서 댐 건설을 추진하면서 갈등이 나타나고 있다.

① 민족과 종교가 갈등의 원인이 되었다.
② 환경 문제를 둘러싼 갈등이 해소되는 모습이다.
③ 넓은 시장을 차지하기 위한 국가 간 무역 마찰이다.
④ 자원을 차지하기 위한 경쟁에서 갈등이 비롯되었다.
⑤ 다국적 기업과 국제기구 간 이해관계를 둘러싸고 갈등이 생겨났다.

12 다음 사례들을 활용한 보고서의 주제로 적절한 것은?

• 국제 환경 협약 채택
• 지속 가능한 개발 목표(SDGs) 설정

① 영토 분쟁에서 비롯된 국제 사회의 갈등
② 국제 사회의 문제 해결을 위한 국제 협력
③ 종교의 차이에서 비롯된 국제 사회의 갈등
④ 세계 시장을 차지하기 위한 다국적 기업 간 경쟁
⑤ 자유 무역 확대를 위한 지역 경제 협력체 간 협력

13 외교에 대한 옳은 설명을 〈보기〉에서 고른 것은?

┤보기├
ㄱ. 국제 사회에서 외교 활동의 중요성은 점차 감소하고 있다.
ㄴ. 오늘날의 외교는 안보를 위한 정치, 군사 분야에서만 이루어지고 있다.
ㄷ. 오늘날에는 국가 정상뿐만 아니라 민간단체에 의해서도 활발하게 전개되고 있다.
ㄹ. 각국의 이익을 추구하기 위해서뿐만 아니라 국제 사회의 공존을 위해서도 중요하다.

① ㄱ, ㄴ ② ㄱ, ㄷ ③ ㄴ, ㄷ
④ ㄴ, ㄹ ⑤ ㄷ, ㄹ

14 외교 활동을 수행하는 목적으로 적절하지 <u>않은</u> 것은?

① 국가의 안전을 유지하기 위해
② 자국의 국제적 위상을 높이기 위해
③ 국제 사회에서 힘의 논리를 실현하기 위해
④ 국가 간의 분쟁을 예방하고 해결하기 위해
⑤ 자국의 경제적·정치적 이익을 실현하기 위해

15 다음 사례에 나타난 외교적 노력에 대한 설명으로 적절하지 <u>않은</u> 것은?

미국과 중국은 6·25 전쟁 이후 적대적 관계를 유지했다. 하지만 1971년 중국의 초청을 받은 미국의 탁구 대표 팀이 중국을 방문하여 친선 경기를 펼치면서 두 국가 사이에 교류가 시작되었다. 이후 1979년 미국과 중국이 국교를 수립하면서 양국 관계는 정상화되었다.

① 국제 사회의 공존에 기여하였다.
② 미국과 중국 간 대립을 완화하였다.
③ 외교 정책이 성공적으로 시행된 사례이다.
④ 외교 활동으로 중국의 국제적 고립이 심화되었다.
⑤ 민간 교류를 바탕으로 정부 간의 교류가 이루어졌다.

16 국제 사회의 갈등을 해결하기 위한 노력으로 적절한 것을 〈보기〉에서 고른 것은?

┤보기├
ㄱ. 국제 협약과 같은 국제법을 준수한다.
ㄴ. 국제 비정부 기구의 인권 운동에 참여한다.
ㄷ. 선진국들의 국내법을 적용하여 분쟁을 해결한다.
ㄹ. 국제기구가 군사력을 사용하여 최대한 빠르게 국가 간 갈등을 해결한다.

① ㄱ, ㄴ ② ㄱ, ㄷ ③ ㄴ, ㄷ
④ ㄴ, ㄹ ⑤ ㄷ, ㄹ

 창의 융합

17 다음 자료를 활용하여 진행한 홍보 활동의 표어로 적절하지 <u>않은</u> 것은?

감자칩을 만들기 위해서는 팜유가 필요하다. 팜유를 생산하기 위해 많은 기업이 열대 우림을 파괴하였고, 이로 인해 먹을 것이 부족해진 코끼리가 살기 어려워졌다. 오늘 내가 먹은 감자칩 한 봉지로 인해 지구 반대편에서는 코끼리 가족이 삶의 터전을 잃었을 수도 있는 것이다.
– 요코스카 마코토, 「코끼리와 숲과 감자칩」

① 우리 모두 세계 시민으로 살아가요.
② 우리의 일상은 세계와 단절되어 있어요.
③ 우리는 지구촌 공동체에서 살아가고 있어요.
④ 우리 모두 국제 사회의 문제 해결에 앞장서요.
⑤ 우리의 작은 실천이 국제 사회의 공존으로 이어져요.

03 우리나라의 국가 간 갈등 문제

18 우리나라와 일본의 갈등에 해당하는 것을 〈보기〉에서 고른 것은?

┤보기├
ㄱ. 동북 공정 문제
ㄴ. 불법 조업 문제
ㄷ. 독도 영유권 문제
ㄹ. 야스쿠니 신사 참배 문제

① ㄱ, ㄴ ② ㄱ, ㄷ ③ ㄴ, ㄷ
④ ㄴ, ㄹ ⑤ ㄷ, ㄹ

19 독도에 대한 설명으로 옳지 <u>않은</u> 것은?

① 현재 우리나라에서 영토 주권을 행사하고 있다.

② 역사적, 지리적, 국제법적으로 명백한 우리의 고유 영토이다.

③ 일본은 독도에 관한 왜곡된 내용을 교과서에 기술하고 있다.

④ 우리나라는 국제 사법 재판소에서 독도 문제를 해결할 것을 주장하고 있다.

⑤ 일본은 독도의 경제적·군사적 가치를 취하기 위해 독도의 영유권을 주장하고 있다.

20 다음 사례에 대한 옳은 설명을 〈보기〉에서 고른 것은?

중국 랴오닝성에 있는 고구려 성산 산성 입구에 중국 당국이 최근에 세운 표지석에 '고구려 정권은 중국 고대 소수 민족의 지방 정권'이라는 문구가 새겨져 있다.

┤보기├
ㄱ. 연구를 통해 왜곡된 고대사를 바로잡으려고 한다.

ㄴ. 중국 내 소수 민족의 독립을 지원하려는 목적을 담고 있다.

ㄷ. 한반도 통일 이후 발생할 수 있는 영토 분쟁의 소지를 줄이기 위함이다.

ㄹ. 고조선, 고구려, 발해 등 우리나라 역사를 중국의 역사에 포함시키려는 사업이다.

① ㄱ, ㄴ   ② ㄱ, ㄷ   ③ ㄴ, ㄷ
④ ㄴ, ㄹ   ⑤ ㄷ, ㄹ

21 중국의 동북 공정에 대응하기 위한 방안을 잘못 말한 사람은?

① 가윤: 동북 공정에 숨겨진 의도를 파악해야 해.

② 나윤: 우리나라의 고대사에 지속적으로 관심을 가져야 해.

③ 다윤: 정부는 영토 분쟁이 발생할 때에만 개입하는 것이 바람직해.

④ 라윤: 국제 사회에 우리 주장의 정당성을 알리기 위해 노력해야 해.

⑤ 마윤: 정부 차원에서 고대사 연구를 진행할 수 있는 전문 기관을 운영해야 해.

22 국가 간 갈등 문제를 해결하기 위한 정부의 역할로 옳지 <u>않은</u> 것은?

① 적극적인 외교 활동을 전개한다.

② 주변 국가와의 학술 교류를 축소한다.

③ 민간단체와 협력하여 대응 방안을 모색한다.

④ 바른 역사 인식을 위한 교육 과정을 마련한다.

⑤ 갈등 문제를 해결하기 위한 연구 기관을 설립한다.

23 다음 활동에 대한 분석으로 가장 적절한 것은?

반크(VANK)는 1999년 1월 인터넷상에서 전 세계 외국인에게 한국을 알리기 위해 설립된 사이버 외교 사절단으로서, 사이버 외교관을 양성하고 이들을 통해 우리나라에 관해 왜곡된 자료를 바로잡는 활동을 하고 있는 단체이다.

① 정부와 시민 사회 간 협력이 나타나 있다.

② 시민 개개인 차원에서 이루어지는 활동이다.

③ 조직적으로 국제 활동을 하는 민간 외교에 해당한다.

④ 국제기구의 개입을 통해 국가 간 갈등을 해소하려는 노력이다.

⑤ 공식적인 외교 활동을 통해 우리의 입장을 세계에 알린 것이다.

24 국가 간 갈등을 해결하기 위한 자세로 옳지 <u>않은</u> 것은?

① 객관적인 근거보다는 자의적인 판단에 따라 국가 간 갈등을 해결해야 한다.

② 국가 간 갈등의 원인과 실태를 정확하게 파악하여 합리적인 해결 방안을 모색해야 한다.

③ 정부는 국가 간 갈등 문제를 평화적으로 해결할 목적으로 다양한 외교 정책을 펼쳐야 한다.

④ 조직적인 국제 활동을 통해 우리나라가 직면한 국가 간 갈등 문제를 전 세계에 알려야 한다.

⑤ 홍보와 교육을 통해 우리나라가 직면한 갈등에 대해 국민들이 올바로 알 수 있도록 해야 한다.

한권으로 끝내기!
필수 개념과 시험 대비를 한 권으로 끝!
사회 공부의 진리입니다.

한끝과 함께 언제, 어디서든 즐겁게 공부해!

한끝으로 끝내고, 이제부터 활짝 웃는 거야!

15개정 교육과정

한끝

정답과 해설

중등 사회

2·1

visang

ABOVE IMAGINATION

우리는 남다른 상상과 혁신으로
교육 문화의 새로운 전형을 만들어
모든 이의 행복한 경험과 성장에 기여한다

정답과 해설

I 인권과 헌법

01 인권 보장과 기본권

꼼꼼 개념 문제   12쪽

> **한눈에 정리하기**   ① 천부 인권 ② 헌법 ③ 차별 ④ 참정권
> ⑤ 청구권 ⑥ 공공복리 ⑦ 법률

> **대표 자료 확인하기**   ① 자유권 ② 사회권

1 인권   **2** (1) ㄴ (2) ㄷ (3) ㄹ (4) ㄱ   **3** (1) ○ (2) ✕   **4** ⊙ 기본권
ⓒ 행복 추구권   **5** (1) – ⓔ (2) – ⓒ (3) – ⊙ (4) – ⓜ (5) – ⓛ   **6** (1)
참정권 (2) 있다 (3) 없다

탄탄 시험 문제   13~15쪽

01 ①	02 ③	03 ②	04 ④	05 ②	06 ③	07 ⑤	08 ①
09 ④	10 ③	11 ①	12 ③	13 ⑤	14 ②	15 ①	16 ②

01 인권은 인간이 태어나면서부터 당연히 가지는 천부 인권이자
국가나 다른 사람이 함부로 침해할 수 없는 불가침의 권리이
다. ㄷ. 인권은 국가에서 보장하기 이전에 자연적으로 주어지
는 자연권이다. ㄹ. 인권은 피부색이나 성별 등에 상관없이 모
든 사람이 동등하게 누릴 수 있는 보편적 권리이다.

02 제시된 내용은 자연권에 대한 설명이다. 인권은 국가가 보장
하기 이전에 인간에게 자연적으로 주어진 권리라는 뜻에서 자
연권이라고도 한다.

03 제시된 사례는 장애인의 화장실 접근권이 제도적으로 보장되
면서 장애인의 인권이 강화되고 있는 모습을 보여 준다. 이처
럼 인권 사상이 성장함에 따라 인권의 의미와 범위가 점차 넓
어지고 있다.

04 제시된 자료는 국제 연합에서 채택된 세계 인권 선언의 일부
이다. ④ 세계 인권 선언은 인권 보장이 인류가 보편적으로 추
구해야 할 가치임을 선포하였다는 데 큰 의의를 지닌다.

05 ⊙은 헌법이다. ㄴ, ㄷ. 헌법의 내용은 매우 추상적이므로, 개
인의 인권을 실질적으로 보장하기 위해서는 구체적인 법과 제
도가 필요하다.

06 ③ 기본권은 다른 사람의 권리를 해치지 않는 범위 내에서 보
장되는 권리로, 개인의 기본권 행사가 다른 사람의 기본권을
침해하거나 사회 질서 또는 공동체의 이익을 해칠 경우 제한
될 수 있다.

07 제시된 헌법 조항은 인간의 존엄과 가치 및 행복 추구권을 규
정하고 있다. ⑤ 인간의 존엄과 가치 및 행복 추구권은 모든

기본권이 추구하는 최고의 가치로, 국민의 기본권을 보장하는
바탕이 된다.

08 ②는 통신의 자유, ③은 거주 이전의 자유, ④는 직업 선택의
자유, ⑤는 언론·출판의 자유가 실현된 것으로, 모두 자유권
의 실현 사례에 해당한다. ① 대표를 뽑을 수 있는 선거권을
행사한 것은 참정권의 실현 사례에 해당한다.

09 ㈎는 자유권, ㈏는 평등권에 해당한다. 우리 헌법은 신체의 자
유, 종교의 자유 등과 같은 다양한 자유권을 보장하고 있으며,
국민이 생활의 모든 영역에서 차별을 받아서는 안 된다고 규
정함으로써 평등권을 보장하고 있다.

10 공무 담임권과 국민 투표권은 참정권에 포함된다. 참정권은
국가 기관의 형성과 국가의 정치적 의사 형성 과정에 참여할
수 있는 권리를 말한다.

11 제시된 내용은 사회권에 대한 설명이다. 사회권에는 교육을
받을 권리, 근로의 권리, 인간다운 생활을 할 권리, 쾌적한 환
경에서 살 권리 등이 포함된다. ㄴ은 청구권, ㄷ은 자유권에
해당한다.

12 문항 1에서 사회 보장을 받을 권리는 사회권에 해당하므로
'✕', 문항 2에서 청구권은 기본권이 침해되거나 침해될 우려가
있을 때 국가에 대하여 일정한 행위를 요구할 수 있는 권리이
므로 '○'가 정답이다. 문항 1과 문항 2만이 정답이므로, 학생
이 얻을 점수는 2점이다.

13 ⑤ 청원권은 국가에 대하여 일정한 행위를 요구할 권리인 청
구권에 포함된다. ①은 평등권, ②는 자유권, ③은 사회권, ④
는 참정권을 규정하고 있는 헌법 조항이다.

14 ⊙은 법률이다. 우리 헌법은 국민의 대표 기관인 국회에서 만
든 법률로써만 국민의 기본권을 제한할 수 있도록 규정하고
있다.

15 ②, ③, ④, ⑤ 국가 안전 보장, 질서 유지, 공공복리를 위하
여 국민의 기본권을 제한한 사례에 해당한다. ① 집회를 전면
적으로 금지하는 것은 자유와 권리의 본질적인 내용을 침해한
사례에 해당한다.

16 ㄴ. 국민의 기본권은 국가 안전 보장, 질서 유지, 공공복리를
위하여 필요한 경우에 한하여 제한할 수 있다. ㄷ. 기본권을
제한하더라도 자유와 권리의 본질적인 내용을 침해해서는 안
된다.

학교 시험에 잘 나오는 서술형 문제

1 (1) 인권
(2) **예시답안** 인권은 태어날 때부터 당연히 가지는 천부 인권으
로, 국가에서 법이나 제도로 보장하기 이전에 주어진 자연권
이다. 모든 사람이 동등하게 누릴 수 있는 보편적 권리로, 국
가나 다른 사람이 함부로 침해할 수 없다.

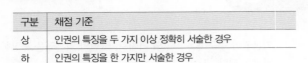

구분	채점 기준
상	인권의 특징을 두 가지 이상 정확히 서술한 경우
하	인권의 특징을 한 가지만 서술한 경우

2 [예시답안] 평등권. 평등권은 성별, 종교, 사회적 신분, 인종, 장애 등에 의해 부당한 차별을 받지 않고 동등하게 대우받을 권리를 말한다.

구분	채점 기준
상	평등권을 쓰고, 그 의미를 정확히 서술한 경우
하	평등권이라고만 쓴 경우

3 [예시답안] 국가 권력의 남용을 방지함으로써 국민의 기본권을 최대한 보장하기 위해서이다.

구분	채점 기준
상	국가 권력의 남용 방지를 통해 국민의 기본권을 보장하기 위해서라고 정확히 서술한 경우
중	국민의 기본권을 보장하기 위해서라고만 서술한 경우
하	국가 권력의 남용을 방지하기 위해서라고만 서술한 경우

02 인권의 침해 및 구제

꼼꼼 개념 문제
17쪽

[한눈에 정리하기] ① 인권 ② 고정 관념 ③ 국가 기관 ④ 법원 ⑤ 헌법 소원

[대표 자료 확인하기] ① 국가 인권 위원회 ② 진정

1 인권 침해 **2** (1) ○ (2) ✕ (3) ○ (4) ✕ **3** (1) - ㉠ (2) - ㉢ (3) - ㉡
4 (1) ㄷ (2) ㄱ (3) ㄴ (4) ㄹ **5** (1) 재판 (2) 언론 중재

탄탄 시험 문제
18~19쪽

01 ④ **02** ③ **03** ④ **04** ① **05** ② **06** ⑥ **07** ① **08** ⑤
09 ② **10** ① **11** ④ **12** ③

01 ㉠은 인권 침해이다. 인권 침해는 사회 구성원의 고정 관념이나 편견, 사회의 잘못된 관습이나 관행, 국가의 불합리한 법과 제도 등의 영향을 받아 발생한다.

02 ③ 인권 침해는 우리와 동떨어져 일어나는 것이 아니라, 일상생활 전반에 걸쳐 다양한 형태로 나타나는 현상이다.

03 ㉣ 직장에서 장애에 따른 차별 없이 동등한 대우를 받는 것은 평등권을 존중한 사례이므로, 인권 침해의 사례로 볼 수 없다.

04 첫 번째 사례는 표현의 자유, 두 번째 사례는 신체의 자유를 침해당한 모습을 보여 준다. 표현의 자유와 신체의 자유는 모두 자유권에 포함된다.

05 ㄴ. 인권 보호를 위해 자신뿐만 아니라 다른 사람의 인권 침해 상황에도 관심을 두어야 한다. ㄹ. 인권 침해를 당한 경우에는 권리 구제를 위해 적극적으로 대응해야 하며, 국가 기관에 도움을 요청해야 한다.

06 개인이나 단체에 의해 인권 침해를 당한 경우에는 법원에 민사 소송 제기, 국가 인권 위원회에 진정 제기 등을 통해 권리를 구제받을 수 있다. ①, ②, ③, ④, ⑤ 국가 기관에 의한 인권 침해 시의 구제 방법에 해당한다.

07 법원은 사법권을 행사하여 국민의 권리를 보호하는 국가 기관으로, 권리를 침해당한 사람이 소(㉠)를 제기하면 재판(㉡)을 통해 침해된 권리를 구제해 준다.

08 밑줄 친 '이 국가 기관'은 헌법 재판소이다. 헌법 재판소는 헌법 질서를 수호하고 국민의 기본권을 보장하는 국가 기관으로, 헌법 소원 심판과 위헌 법률 심판 등을 통해 국민의 권리를 구제한다. ⑤ 국가 인권 위원회의 역할에 해당한다.

09 ② 임신 및 출산을 이유로 차별을 당한 것은 합리적인 이유 없이 부당한 대우를 받지 않을 권리인 평등권이 침해된 것이다.

10 ① 일상생활에서 차별 등의 인권 침해를 당한 사람은 권리 구제를 위해 국가 인권 위원회에 진정을 제기할 수 있다. ②, ④는 법원, ③은 국회 등의 국가 기관, ⑤는 국민 권익 위원회에 인권 구제를 요청하는 방법이다.

11 ㉮는 헌법 재판소, ㉯는 국가 인권 위원회, ㉰는 법원이다. 헌법 재판소는 개인이나 단체가 아닌 국가 기관에 의해 침해된 권리를 구제해 주며, 법원은 국가 인권 위원회와 달리 사법권을 행사하여 국민의 권리를 보호한다.

12 잘못된 법 집행 등으로 피해를 입은 국민은 권리 구제를 위해 국민 권익 위원회에 고충 민원이나 행정 심판을 제기할 수 있다. ㄱ은 수사 기관, ㄹ은 헌법 재판소를 통한 인권 구제 방법에 해당한다.

[학교 시험에 잘 나오는 서술형 문제]

1 [예시답안] 인권 침해. 인권 침해는 다른 사람이나 단체 또는 국가 기관에 의하여 개인의 인권이 존중받지 못하고 침해되는 것을 의미한다.

구분	채점 기준
상	인권 침해를 쓰고, 그 의미를 정확히 서술한 경우
하	인권 침해라고만 쓴 경우

03 근로자의 권리와 노동권 침해 및 구제

21쪽

꼼꼼 개념 문제

[한눈에 정리하기] ① 단결권 ② 근로 조건 ③ 부당 해고
④ 노동 삼권 ⑤ 노동 위원회

[대표 자료 확인하기] ① 노동 위원회 ② 법원

1 근로자 **2** (1) × (2) × (3) ○ **3** (1) ㄱ (2) ㄷ (3) ㄴ **4** ⊙ 최저
임금제 ⓒ 법률 **5** (1) - ⊙ (2) - ⓒ **6** (1) 부당 노동 행위 (2) 미작성
7 소

탄탄 시험 문제

22~23쪽

01 ④ **02** ③ **03** ④ **04** ② **05** ⑤ **06** ③ **07** ② **08** ①
09 ⑥ **10** ③ **11** ①

01 제시된 내용은 근로자에 대한 설명이다. ㄴ, ㄹ. 회사원과 아르바이트하는 학생은 임금을 목적으로 근로를 제공하므로 근로자에 해당한다. ㄱ, ㄷ. 대기업의 회장과 식당 주인은 근로자를 고용하는 사용자에 해당한다.

02 헌법 제32조 ①은 근로의 권리를, 제33조 ①은 노동 삼권을 규정하고 있다. ③ 근로자는 단체 교섭이 원만하게 이루어지지 않을 경우 파업, 태업 등의 쟁의 행위를 할 수 있는 단체 행동권을 지닌다.

03 ⑺는 단체 교섭이 원만하게 이루어지지 않아 파업과 같은 쟁의 행위를 한 것이므로, 단체 행동권을 행사한 것이다. ⑷는 근로자가 근로 조건의 향상을 위해 노동조합을 결성한 것이므로, 단결권을 행사한 것이다.

04 제시된 사례는 근로자가 노동 삼권 중 노동조합을 통해 사용자와 임금, 근로 시간 등의 근로 조건에 관하여 협의할 수 있는 권리인 단체 교섭권을 행사한 것에 해당한다. ㄴ. 단체 교섭권을 비롯한 노동 삼권은 헌법에 규정된 권리이다. ㄷ. 단체 행동권에 대한 설명이다.

05 우리 헌법은 경제적 약자의 위치에 있는 근로자가 사용자와 대등한 위치에서 근로 조건을 협의하고 결정할 수 있도록 하기 위해 단결권, 단체 교섭권, 단체 행동권, 즉 노동 삼권을 보장하고 있다.

06 ③ 원칙적으로 근로 시간이 8시간이면 1시간 이상의 휴식 시간을 일하는 도중에 주어야 한다.

07 A, D. 임금을 최저 임금 이상 주지 않은 것은 최저 임금 미준수, 사용자가 근로의 해고 계획을 적어도 30일 전에 문서로 알려야 하는 해고의 조건을 갖추지 않은 것은 부당 해고에 해당한다. 최저 임금 미준수와 부당 해고는 노동권 침해 사례에 해당한다.

08 제시된 사례에서 가인 씨는 결혼을 이유로 부당하게 해고를 당하였는데, 이처럼 정당한 이유 없이 근로자를 해고하는 것은 부당 해고에 해당한다.

09 ⊙은 부당 노동 행위에 해당한다. ⑥ 사용자가 근로자의 노동 삼권 중 단체 교섭권을 침해한 것이므로, 부당 노동 행위에 해당한다. ①은 임금 미지급, ②는 부당 해고, ③, ④, ⑤는 근로 조건 위반에 해당한다.

10 제시된 내용은 노동 위원회에 대한 설명이다. 노동 위원회는 부당 해고를 당하거나 부당 노동 행위로 노동 삼권을 침해당한 근로자가 도움을 요청하면 관련 사실을 조사하여 근로자의 권리를 구제해 준다.

11 ㄷ. 부당 노동 행위는 사용자가 근로자의 노동 삼권을 침해하는 행위를 의미한다. ㄹ. 부당 노동 행위뿐만 아니라 부당 해고를 당한 경우에도 침해된 노동권을 구제받기 위해 법원에 소를 제기할 수 있다.

학교 시험에 잘 나오는 서술형 문제

1 [예시답안] 부당 노동 행위. 부당 노동 행위를 당한 근로자는 노동 위원회에 구제를 신청하거나 법원에 소를 제기함으로써 침해된 노동권을 구제받을 수 있다.

구분	채점 기준
상	부당 노동 행위를 쓰고, 그 구제 방법을 두 가지 이상 정확히 서술한 경우
중	부당 노동 행위를 쓰고, 그 구제 방법을 한 가지만 서술한 경우
하	부당 노동 행위라고만 쓴 경우

쏙쏙 마무리 문제

26~29쪽

01 ② **02** ③ **03** ① **04** ② **05** ④ **06** ⑤ **07** ① **08** ④
09 ⑤ **10** ① **11** ② **12** ③ **13** ① **14** ② **15** ④ **16** ②
17 ③ **18** ⑤ **19** ⑤ **20** ④ **21** ② **22** ① **23** ③ **24** ①

01 ② 인권은 일정 나이 이상이 되어야 보장받는 권리가 아니라, 인간이 태어나면서부터 당연히 가지는 천부 인권의 성격을 띤다.

02 ③ 국제 인권법의 토대가 되는 세계 인권 선언의 이념과 내용은 오늘날 여러 나라의 헌법과 법률에 반영되어 있다.

03 제시된 헌법 조항은 국민의 기본적 인권을 국가가 보장할 의무가 있음을 나타낸다. ① 인권은 헌법에 의해 부여되는 권리가 아니라 태어나면서부터 자연적으로 주어진 권리이다.

04 ㉠에 들어갈 권리는 기본권이다. 우리 헌법은 모든 기본권이 추구하는 최고의 가치인 인간의 존엄과 가치 및 행복 추구권을 토대로 국민의 다양한 기본권을 보장한다.

05 ④ 사회권은 모든 국민이 인간다운 생활을 할 수 있도록 국가가 적극적으로 개입하여 보장해 주어야 하는 권리이다. ①은 인간의 존엄과 가치 및 행복 추구권, ③은 사회권, ⑤는 자유권에 대한 설명이다.

06 제시된 헌법 조항은 부당한 차별을 받지 않고 동등하게 대우받을 권리인 평등권을 규정하고 있다. ㄷ은 성별, ㄹ은 장애에 따른 차별을 해소한 것으로 평등권의 실현 사례에 해당한다. ㄱ은 자유권, ㄴ은 참정권의 실현 사례이다.

07 ㉠은 참정권이다. 참정권에는 대표를 뽑을 수 있는 선거권, 공직을 맡을 수 있는 공무 담임권, 국가의 중요한 정책을 국민이 직접 결정할 수 있는 국민 투표권 등이 있다.

08 첫 번째 사례는 교육을 받을 권리, 두 번째 사례는 인간다운 생활을 할 권리가 실현된 것이다. 교육을 받을 권리와 인간다운 생활을 할 권리는 모두 국가에 인간다운 생활의 보장을 요구할 권리인 사회권에 해당한다.

09 제시된 내용은 청구권에 대한 설명이다. ㄷ은 청원권, ㄹ은 재판 청구권을 규정한 헌법 조항으로 청구권에 해당한다. ㄱ은 사회권에 속하는 인간다운 생활을 할 권리를, ㄴ은 참정권에 속하는 공무 담임권을 규정한 헌법 조항이다.

10 제시된 사례는 국가가 전염병으로부터의 국민 보호라는 공공복리를 위해 자유권에 속하는 권리인 신체의 자유를 제한한 것에 해당한다.

11 ㄴ, ㄹ. 우리 헌법은 국가 안전 보장, 질서 유지, 공공복리를 위하여 필요한 경우에 한하여 국민의 기본권을 제한할 수 있도록 규정하고 있다.

12 ③ 우리 헌법은 국가 권력의 남용을 방지함으로써 국민의 기본권을 최대한 보장하기 위해 기본권 제한의 한계를 명확하게 정하고 있다.

13 성별에 따른 차별과 사생활 침해는 개인의 인권이 존중받지 못하고 침해되는 것을 의미하는 인권 침해의 사례에 해당한다.

14 신입 사원을 채용하면서 나이와 학력을 이유로 지원 자격을 제한하고, 특정 지역 출신을 우대한 것은 부당한 차별을 받지 않고 동등하게 대우받을 권리인 평등권을 침해한 사례에 해당한다.

15 제시된 내용들은 국가 기관에 의해 인권을 침해당한 사람이 인권 구제를 요청하는 방법에 해당한다. ①, ③ 행정 소송은 법원, 위헌 법률 심판 제청은 헌법 재판소에 인권 구제를 요청하는 방법이다.

16 ㄴ. 국가 인권 위원회는 어느 국가 기관에도 속하지 않은 독립된 국가 기관이다. ㄷ. 국가 인권 위원회와 달리 법원은 분쟁이나 범죄 발생 시 사법권을 행사하여 국민의 권리를 보호한다.

17 ③ 공권력에 의해 기본권이 침해된 국민이 헌법 소원을 제기하면 헌법 재판소는 헌법 소원 심판을 통해 침해된 권리를 구제해 준다. ①은 국가 인권 위원회 등의 국가 기관, ②, ④는 법원, ⑤는 국민 권익 위원회에 인권 구제를 요청하는 방법이다.

18 가람 씨와 같이 잘못된 언론 보도로 인해 피해를 본 경우에는 언론 중재 위원회에 도움을 요청하여 권리를 구제받을 수 있다.

19 ⑤ 우리 헌법은 근로자의 기본적인 생활을 보장하기 위해 최저 임금제를 시행하여 최소한의 임금을 보장할 것을 규정하고 있다.

20 ④ 단체 행동권은 단체 교섭이 원만하게 이루어지지 않을 경우 일정한 절차를 거쳐 파업, 태업 등의 쟁의 행위를 할 수 있는 권리를 말한다. ②는 단체 행동권, ③은 근로의 권리에 대한 설명이다.

21 ㄴ. 근로자는 노동조합을 통해 사용자와 근로 조건에 관하여 협의할 수 있는 권리인 단체 교섭권을 행사할 수 있다. ㄷ. 계약상의 근로 조건은 법률이 정한 기준보다 낮아서는 안 된다.

22 제시된 사례에서 회사는 나혁 씨의 노동조합에 가입하여 활동할 권리, 즉 단결권을 침해하는 부당 노동 행위를 하였으므로 노동권 침해에 해당한다.

23 ③ 근로자에게 문서를 통해 해고의 사유와 시기를 알린 것은 해고의 조건을 갖춘 것이므로, 부당 해고에 해당하지 않는다.

24 제시된 사례는 근로자인 다현 씨가 임금을 제때 전부 받지 못하고 있음을 나타낸다. 이처럼 임금 미지급을 당한 경우에는 고용 노동부에 진정하거나 법원에 소를 제기함으로써 밀린 임금을 받을 수 있다.

01 국회

꼼꼼 개념 문제
33쪽

한눈에 정리하기 ① 법률 ② 지역구 ③ 상임 위원회 ④ 조약 ⑤ 재정 ⑥ 탄핵 소추

대표 자료 확인하기 ① 10 ② 본회의

1 (1) ○ (2) ○ (3) ✕ **2** (1) ㄴ (2) ㄷ (3) ㄱ **3** (1) 임시회 (2) 교섭 단체 (3) 본회의 (4) 비례 대표 **4** (1) - ⓒ (2) - ㉠ (3) - ⓒ **5** (1) 제정 (2) 대통령 (3) 국정 감사 (4) 의결

탄탄 시험 문제
34~35쪽

01 ② **02** ⑤ **03** ④ **04** ④ **05** ② **06** ④ **07** ③ **08** ②
09 ⑤ **10** ⑤ **11** ⑤

01 ㉠에 들어갈 정치 제도는 대의 민주 정치이다. 현대 사회에서는 인구가 많고 영토가 넓어 모든 국민이 한 자리에 모이기 어려워 국민이 직접 정책을 결정하기 어려워졌다. 이 때문에 대부분의 현대 국가에서는 대의 민주 정치를 시행하고 있다.

02 국회는 국민이 선거를 통해 직접 뽑은 대표들로 구성된 국민의 대표 기관으로, 법률을 만들거나 고치는 입법 기관이며, 행정부와 사법부 등 다른 국가 기관을 감시하고 견제하는 국가 권력의 견제 기관이다.

03 ④ 국회 의원의 임기는 4년이다.

04 ① 정당별 득표율에 비례하여 선출되는 것은 비례 대표 국회 의원이다. ② 국회는 지역구 국회 의원과 비례 대표 국회 의원으로 구성된다. ③ 헌법상 국회 의원의 수는 200인 이상으로 정해져 있다. ⑤ 국회 의원 선거는 4년마다 이루어진다.

05 제시된 자료에 나타난 국회의 조직은 본회의이다. ㄴ. 국회의 회의는 공개하는 것을 원칙으로 한다. ㄹ. 본회의는 원칙적으로 재적 의원 과반수의 출석과 출석 의원 과반수의 찬성으로 법안이나 안건을 의결한다.

06 국회는 효율적인 의사 진행을 위해 본회의에 앞서 각 분야별로 전문성을 가진 국회 의원들이 모여 관련된 안건이나 법률을 심사하는 상임 위원회를 운영하고 있다.

07 제시된 사례는 국회 본회의에서 법률 개정안이 의결되었음을 보여 준다. 이처럼 국회는 입법 기관으로서 법률을 제정 및 개정하는 권한을 갖는다. ①은 국회의 입법에 관한 권한에 해당하지만, 제시된 사례와 관련이 없다. ②, ⑤는 국회의 일반 국정에 관한 권한에, ④는 재정에 관한 권한에 해당한다.

08 국회의 재정에 관한 권한에는 예산안의 심의·확정, 결산 심사 등이 있다. ㄴ은 국회의 일반 국정에 관한 권한, ㄹ은 입법에 관한 권한에 해당한다.

09 제시된 사례는 국회가 대통령이 국무총리, 헌법 재판소장 등 중요 공무원을 임명할 때 동의권을 행사함으로써 대통령의 임명 권한을 견제하는 모습을 나타내는데, 이는 국회의 일반 국정에 관한 권한에 해당한다.

10 ㉠은 국회의 일반 국정에 관한 권한, ㉡은 재정에 관한 권한에 해당한다.

11 ⑤ 법률안을 공포하는 국가 기관은 대통령이다. 대통령은 국회를 통과한 법률안을 15일 이내에 공포하며, 법률안에 이의가 있을 경우에는 거부권을 행사할 수 있다.

학교 시험에 잘 나오는 서술형 문제

1 (1) 입법
(2) **예시답안** 국가 권력의 남용을 막고, 국민의 기본권을 보장하기 위해서이다.

구분	채점 기준
상	국가 권력의 남용 방지, 국민의 기본권 보장을 모두 언급하여 정확히 서술한 경우
하	국가 권력의 남용 방지, 국민의 기본권 보장 중 한 가지만 서술한 경우

02 행정부와 대통령

꼼꼼 개념 문제
37쪽

한눈에 정리하기 ① 국무총리 ② 국무 회의 ③ 조약 ④ 국민 투표 ⑤ 행정부

대표 자료 확인하기 ① 국가 원수 ② 행정부 수반

1 (1) 행정 (2) 행정부 **2** (1) - ⓒ (2) - ㉡ (3) - ㉣ (4) - ㉠ (5) - ㉤ **3** (1) ○ (2) ✕ (3) ○ **4** (1) 국가 원수 (2) 행정부 수반 (3) 국민 투표 (4) 국회 **5** (1) ㄷ, ㄹ, ㅁ (2) ㄱ, ㄴ, ㅂ

탄탄 시험 문제
38~39쪽

01 ⑤ **02** ⑤ **03** ⑤ **04** ④ **05** ④ **06** ② **07** ④ **08** ③
09 ⑤ **10** ③

01 법률을 집행하고 정책을 수립하여 실행하는 국가 작용을 행정(㉠)이라고 하고, 행정을 담당하는 국가 기관을 행정부(㉡)라고 한다.

02 ㉠은 행정이다. ㄱ, ㄷ, ㄹ. 국회에서 제정한 법률을 집행함으로써 국민 생활에 필요한 법을 실행에 옮긴 행정의 사례에 해당한다. ㄴ. 법률의 제정은 입법의 사례에 해당한다.

03 ⑤ 행정은 국민의 대표 기관인 국회가 제정한 법률의 범위 안에서 이루어지는 것을 원칙으로 한다.

04 제시된 내용에 해당하는 행정부의 조직은 국무총리이다. ④ 국무총리는 대통령을 도와 행정 각부를 관리·감독한다. ①, ②, ③, ⑤ 대통령에 대한 설명이다.

05 국무 회의는 행정부의 최고 심의 기관으로, 정부의 권한에 속하는 중요한 정책을 심의한다.

06 밑줄 친 A 기관은 감사원이다. 감사원은 행정 기관과 공무원의 직무를 감찰하는 등 행정 전반을 감사하는 행정부의 최고 감사 기관이다.

07 ㉠은 대통령이다. 대통령은 국민의 선거로 선출되며, 국가 원수로서의 지위와 행정부 수반으로서의 지위를 모두 가진다. ㄱ, ㄷ. 대통령의 임기는 5년이고, 중임할 수 없다.

08 국가 원수로서 대통령은 외교에 관한 권한을 행사하고, 헌법 기관을 구성하며, 국민 투표를 시행할 수 있다. 또한 국가가 비상사태에 처한 경우 긴급 명령 및 계엄을 선포할 수 있다. ③ 대통령령 제정은 행정부 수반으로서의 대통령의 권한에 해당한다.

09 ⑤ 탄핵 소추 의결권은 국회의 권한에 해당한다. ①, ④는 대통령의 행정부 수반으로서의 권한에, ②, ③은 국가 원수로서의 권한에 해당한다.

10 ㈎는 대통령이 국무 회의의 의장으로서 행정부를 지휘하는 것으로, 행정부 수반으로서의 권한에 해당한다. ㈏는 대통령이 외국과 조약을 체결하는 것으로, 국가 원수로서의 권한에 해당한다.

학교 시험에 잘 나오는 서술형 문제

1 (1) 감사원

(2) **예시답안** 감사원은 국가의 세입·세출 결산을 검사하고, 행정 기관과 공무원의 직무를 감찰한다.

구분	채점 기준
상	감사원의 기능을 두 가지 이상 정확히 서술한 경우
하	감사원의 기능을 한 가지만 서술한 경우

03 법원과 헌법 재판소

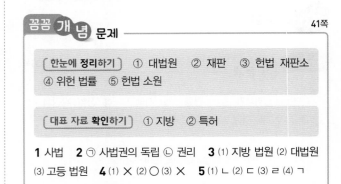

꼼꼼 개념 문제 41쪽

한눈에 정리하기 ① 대법원 ② 재판 ③ 헌법 재판소
④ 위헌 법률 ⑤ 헌법 소원

대표 자료 확인하기 ① 지방 ② 특허

1 사법 **2** ㉠ 사법권의 독립 ㉡ 권리 **3** (1) 지방 법원 (2) 대법원 (3) 고등 법원 **4** (1) ✕ (2) ◯ (3) ✕ **5** (1) ㄴ (2) ㄷ (3) ㄹ (4) ㄱ

탄탄 시험 문제 42~43쪽

01 ① **02** ⑤ **03** ② **04** ③ **05** ④ **06** ④ **07** ③ **08** ①
09 ③ **10** ⑤

01 사람들 사이에 다툼이 있거나 범죄가 발생했을 때 국가는 분쟁을 해결하고 사회 질서를 유지하기 위해 법을 해석하여 구체적인 사건에 적용한다. 이와 같이 법을 적용하여 판단하는 국가 작용을 사법이라고 한다.

02 ⑤ 법원은 사법을 담당하는 국가 기관으로, 재판을 통해 분쟁을 해결하고 사회 질서를 유지함으로써 국민의 권리를 보호한다.

03 제시된 헌법 조항은 사법권의 독립을 규정하고 있다. 사법권의 독립은 재판이 외부의 간섭 없이 독립적으로 이루어지는 것을 의미하며, 공정한 재판을 통해 사회 질서를 유지하고 국민의 권리를 보장하는 것을 목적으로 한다.

04 ③ 지방 법원은 주로 민사 또는 형사 사건의 1심 재판을 담당한다. 가사 사건과 소년 보호 사건의 재판을 담당하는 법원은 가정 법원이다.

05 ㈎는 고등 법원으로, 지방 법원, 가정 법원, 행정 법원의 1심 판결에 불복하여 항소한 사건을 재판한다.

06 ㈎ 형사 사건의 1심 재판은 지방 법원이 담당한다. ㈏ 특허 업무와 관련된 사건은 특허 법원이 담당한다.

07 법원의 기능에는 재판, 위헌 법률 심판 제청, 위헌 명령·규칙 심사, 위헌 행정 처분 심사, 등기 업무, 가족 관계 등록 등이 있다. ③ 위헌 법률 심판은 헌법 재판소의 역할이다.

08 ㄱ, ㄴ. 헌법 재판소는 헌법 재판을 통해 헌법을 수호하고, 국민의 기본권을 보장하는 국가 기관이다.

09 ③ 헌법 재판소의 9명의 재판관은 모두 대통령이 임명한다.

10 ㉠에 들어갈 헌법 재판소의 역할은 헌법 소원 심판이다. 헌법 소원 심판은 공권력 또는 법률로 인해 헌법상 기본권을 침해당한 국민이 권리 구제를 청구하면 헌법 재판소가 이를 심판하는 것이다.

학교 시험에 잘 나오는 서술형 문제

1 (1) 헌법 재판소

(2) **예시답안** 헌법 재판소의 역할에는 위헌 법률 심판, 헌법 소원 심판, 탄핵 심판, 권한 쟁의 심판, 정당 해산 심판이 있다.

구분	채점 기준
상	헌법 재판소의 역할을 세 가지 이상 정확히 서술한 경우
중	헌법 재판소의 역할을 두 가지만 서술한 경우
하	헌법 재판소의 역할을 한 가지만 서술한 경우

쏙쏙 마무리 문제

46~49쪽

01 ② **02** ⑤ **03** ② **04** ④ **05** ④ **06** ③ **07** ③ **08** ①
09 ③ **10** ⑤ **11** ③ **12** ④ **13** ③ **14** ② **15** ⑤ **16** ⑤
17 ③ **18** ② **19** ④ **20** ② **21** ② **22** ④ **23** ② **24** ③

01 제시된 내용은 국회에 대한 설명이다. ㄱ, ㄹ. 국회는 국민이 직접 뽑은 대표들로 구성된 국민의 대표 기관이자 법률을 만들거나 고치는 입법 기관으로서의 위상이 있다. ㄴ은 행정부, ㄷ은 법원의 위상에 해당한다.

02 ⑤ 우리나라 국회 의원 선거에서는 각 지역의 후보와 정당에 각각 한 표씩 행사하여 지역구 국회 의원과 비례 대표 국회 의원을 동시에 선출한다.

03 ② 국회의 회의는 매년 한 번 정기적으로 열리는 정기회와 필요에 따라 수시로 열리는 임시회로 구분된다.

04 ⑦는 교섭 단체이다. 교섭 단체는 원활한 국회 운영을 위해 마련된 조직으로, 우리나라에서는 20인 이상의 국회 의원으로 교섭 단체를 구성할 수 있다.

05 ⑦ 국정 조사는 국회의 일반 국정에 관한 권한에 해당하고, ⓒ 법률을 개정하는 것은 국회의 입법에 관한 권한에 해당한다.

06 ⑦는 법률안 공포, ⓝ는 법률안 회부, ⓒ는 법률안 발의, ㉑는 법률안 의결, ㉒는 법률안 심의이다. 따라서 ⑦~㉒를 법률 제정 순서대로 나열하면 'ⓒ - ⓝ - ㉒ - ㉑ - ⑦'이다.

07 국회는 매년 정부가 편성한 예산안을 심의하여 확정하고, 정부가 예산을 제대로 집행하였는지 결산 심사를 하는 재정에 관한 권한을 갖고 있다.

08 제시된 글에서 설명하는 용어는 행정이다. ㄱ, ㄴ. 교통 법규 위반 단속과 전염병 방지 대책 마련은 행정의 사례에 해당한다.

09 복지 국가 사상이 강조되고 있는 현대 국가에서는 행정부의 업무가 광범위해지고 행정부의 역할이 더욱 커지고 있다.

10 행정 각부는 국가의 행정을 나누어 맡아 전문적으로 처리하는 행정부의 조직으로, 업무 성격에 따라 여러 부서로 나뉜다.

11 ⑦은 감사원이다. 감사원은 국가의 세입·세출 결산에 대한 검사를 하고, 행정 기관과 공무원의 직무를 감찰한다.

12 ④ 우리나라 대통령은 임기가 5년이고, 중임할 수 없으므로 한 번의 임기 동안만 직무를 수행할 수 있다. 대통령의 임기와 중임을 제한한 것은 장기 집권에 따른 국민의 자유와 권리 침해를 방지하기 위해서이다.

13 ⑦는 국가 원수, ⓝ는 행정부 수반으로서의 대통령의 지위를 나타낸다. 조약 체결, 전쟁 선포, 헌법 재판소장 임명, 국민 투표 시행, 긴급 명령권 행사, 외교 사절 파견은 국가 원수로서의 권한에 해당하며, 공무원 임면, 대통령령 제정, 국군 통수, 법률안 거부권 행사는 행정부 수반으로서의 권한에 해당한다.

14 제시된 사례는 외교와 관련한 대통령의 활동을 나타낸다. 이는 대통령이 국가의 최고 지도자로서 외국에 대하여 국가를 대표할 자격을 지닌 국가 원수로서의 권한을 행사한 것이다.

15 ㄷ, ㄹ. 법원은 법에 따라 판결하여 분쟁을 해결하고 사회 질서를 유지함으로써 국민의 권리를 보호한다. ㄱ은 국회, ㄴ은 행정부의 역할이다.

16 제시된 헌법 조항들은 사법권의 독립과 관련 된다. 사법권의 독립은 공정한 재판을 통해 사회 질서를 유지하고 국민의 권리를 보장하는 것을 목적으로 한다.

17 ⑦는 대법원이다. 대법원은 사법부의 최고 기관으로, 고등 법원, 특허 법원의 판결에 불복하여 상고한 사건 등 모든 사건의 최종적인 재판을 담당하고, 명령·규칙이 헌법과 법률에 위반되는지 여부를 최종적으로 심사한다. ③ 헌법 재판소에 대한 설명이다.

18 상속을 비롯하여 이혼, 양자 등의 가사 사건을 담당하는 법원은 가정 법원이다.

19 ④ 위헌 명령·규칙 심사는 대법원이 최종적으로 심사한다.

20 사법부는 위헌 법률 심판 제청권(⑦)으로 입법부를 견제할 수 있고, 명령·규칙·처분 심사권(ⓒ)으로 행정부를 견제할 수 있다.

21 ⑦은 헌법 재판소이다. 헌법 재판소는 법률이나 공권력이 국민의 기본권을 침해했는지 여부를 심판하는 헌법 소원 심판을 통해 침해된 기본권을 구제한다.

22 헌법 재판소는 주로 헌법의 위반과 관련한 사건을 심판하는 국가 기관으로, 위헌 법률 심판, 헌법 소원 심판, 탄핵 심판, 권한 쟁의 심판, 정당 해산 심판을 담당한다. ④ 범죄의 유무죄 여부는 법원에서 다루는 형사 재판의 대상이다.

23 제시된 사례와 같이 국가 기관 간에 권한의 다툼이 발생했을 때 헌법 재판소가 이를 심판하는 것은 권한 쟁의 심판이다.

24 ⑦은 위헌 법률 심판이다. 위헌 법률 심판은 법원에서 재판 중인 사건에 적용될 법률의 위헌 여부가 문제가 될 때 이루어진다.

III 경제생활과 선택

01 경제생활과 경제 문제

54쪽

꼼꼼 개념 문제

한눈에 정리하기 ① 생산 ② 소비 ③ 희소성 ④ 편익
⑤ 시장 가격 ⑥ 계획

대표 자료 확인하기 ① 가계 ② 기업 ③ 정부

1 경제 활동 **2** (1) 생산 (2) 분배 **3** (1) 자원의 희소성 (2) 기회비용
4 (1) × (2) ○ (3) × **5** ㉠ 경제 문제 ㉡ 경제 체제 **6** (1) - ㉡
(2) - ㉠ **7** (1) ○ (2) × (3) ○

탄탄 시험 문제

55~57쪽

01 ⑤	02 ①	03 ④	04 ③	05 ⑥	06 ②	07 ⑤	08 ①
09 ②	10 ①	11 ③	12 ④	13 ⑤	14 ②	15 ⑤	16 ①

01 ⑤ 경제 활동은 생존을 위한 인간의 필요와 욕구를 모두 충족해 준다.

02 ㉠은 재화이다. ㄱ, ㄴ. 집과 자동차는 구체적인 형태를 띠므로, 재화에 해당한다. ㄷ, ㄹ. 인간의 가치 있는 행위인 서비스에 해당한다.

03 (가)는 소비, (나)는 분배, (다)는 생산에 해당한다. 생활에 필요한 재화나 서비스를 생산, 분배, 소비하는 모든 활동은 경제 활동에 해당한다.

04 제시된 사례들은 생산 과정에 참여한 사람들이 생산 요소를 제공한 대가를 받는 것, 즉 분배에 해당한다. ①, ④는 생산, ②, ⑤는 소비에 대한 설명이다.

05 ⑥ 영화 상영 서비스를 구입하여 사용한 것으로, 서비스 소비의 사례에 해당한다. ①은 재화 생산, ②, ③은 분배, ④는 재화 소비, ⑤는 서비스 생산의 사례에 해당한다.

06 (가)는 가계, (나)는 기업, (다)는 정부에 해당한다. ② 기업은 생산 활동을 담당하는 경제 주체이다. 욕구 충족을 위해 소득을 바탕으로 소비 활동을 하는 경제 주체는 가계이다.

07 ㉠에 들어갈 용어는 자원의 희소성이다. 개인과 사회는 자원의 희소성 때문에 선택의 문제에 직면한다.

08 제시된 사례는 에어컨이 열대 지방에서는 희소성을 띠지만, 극지방에서는 희소성을 띠지 않음을 보여 준다. 이처럼 자원의 희소성은 항상 고정되어 있는 것이 아니라 장소에 따라 달라지기도 한다.

09 ② 어떤 선택이 이루어지면 다른 선택의 기회는 포기해야 하므로, 모든 선택에는 기회비용이 따른다. ①, ③ 사람마다 필

요와 선호도가 다르므로 같은 선택을 하더라도 기회비용은 다를 수 있다. ④, ⑤ 기회비용은 어떤 것을 선택함으로써 포기하는 여러 대안이 갖는 가치 중 가장 큰 것을 말한다.

10 (가)는 비용, (나)는 편익이다. 가장 적은 비용으로 가장 큰 편익을 얻을 수 있는 선택인 합리적 선택을 위해서는 편익이 기회비용보다 크도록 선택해야 한다. ㄷ. 편익이 같으면 비용이 가장 적은 것을 선택하는 것이 합리적이다.

11 같은 비용이 들 경우 편익이 가장 큰 것을 선택하는 것이 합리적이다. 따라서 가혁이는 합리적 선택을 할 경우 편익이 가장 큰 순대(㉠)를 먹게 되며, 그에 따른 기회비용은 순대를 먹을 때 포기하는 대안들이 갖는 가치 중 가장 큰 것, 즉 김밥(㉡)을 먹을 때의 편익이다.

12 제시된 내용은 운동화의 생산 방법을 결정하는 문제, 즉 '어떻게 생산할 것인가?'의 문제에 대해 고민하는 모습에 해당한다.

13 제시된 대화에서 사장은 시장 가격에 기초하여 컴퓨터의 생산량을 결정하고 있다. 이처럼 시장 가격을 통해 경제 문제를 해결하는 경제 체제는 시장 경제 체제이다. ⑤ 계획 경제 체제의 특징에 해당한다.

14 정부가 생산에 대한 계획을 세우고 기업에 명령함으로써 경제 문제를 해결하고 있으므로, 가국이 계획 경제 체제를 채택하고 있음을 알 수 있다. ㄴ, ㄷ. 분배의 평등을 추구하는 계획 경제 체제는 국가가 채택한 주요 목적을 신속히 달성할 수 있다는 장점이 있다.

15 ⑤ 시장 경제 체제는 시장 가격에 따라 자원이 필요한 사람에게 적절하게 배분되어 경제적 효율성이 높지만, 계획 경제 체제는 경제 주체가 이윤을 추구하려는 동기가 부족하여 경제적 효율성이 낮다.

16 제시된 헌법 조항을 통해 우리나라가 시장 경제 체제를 기반으로 하고 있으며, 시장의 가격 기능만으로는 해결이 어려운 문제를 해결하기 위해 계획 경제 체제의 요소를 일부 도입한 혼합 경제 체제를 채택하고 있음을 알 수 있다.

학교 시험에 잘 나오는 서술형 문제

1 **예시답안** (가) 소비 (나) 생산. 소비는 생활에 필요한 재화나 서비스를 구입하여 사용하는 활동을 의미하며, 생산은 생활에 필요한 재화와 서비스를 만들어 내거나 그 가치를 증대하는 활동을 의미한다.

구분	채점 기준
상	(가) 소비, (나) 생산을 쓰고, 그 의미를 모두 정확히 서술한 경우
중	(가) 소비, (나) 생산을 쓰고, 그중 한 가지의 의미만을 서술한 경우
하	(가) 소비, (나) 생산이라고만 쓴 경우

2 예시답안 자원의 희소성은 자원의 절대적인 양에 의해서만 결정되는 것이 아니라 인간의 욕구 정도에 따라 달라진다.

구분	채점 기준
상	제시된 내용을 모두 포함하여 자원의 희소성이 지닌 특징을 정확히 서술한 경우
하	제시된 내용 중 한 가지만 포함하여 자원의 희소성이 지닌 특징을 서술한 경우

3 예시답안 시장 경제 체제. 시장 경제 체제는 개인의 창의성이 최대한 발휘될 수 있고 희소한 자원을 효율적으로 사용할 수 있으며, 사회 전체의 생산성을 높일 수 있는 등의 장점이 있다.

구분	채점 기준
상	시장 경제 체제를 쓰고, 그 장점을 두 가지 이상 정확히 서술한 경우
중	시장 경제 체제를 쓰고, 그 장점을 한 가지만 서술한 경우
하	시장 경제 체제라고만 쓴 경우

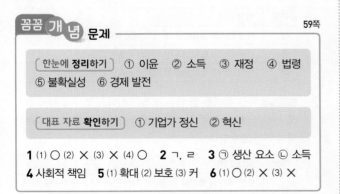

02 기업의 역할과 사회적 책임

꼼꼼 개념 문제

59쪽

[한눈에 정리하기] ① 이윤 ② 소득 ③ 재정 ④ 법령
⑤ 불확실성 ⑥ 경제 발전

[대표 자료 확인하기] ① 기업가 정신 ② 혁신

1 (1) ○ (2) × (3) × (4) ○ **2** ㄱ, ㄹ **3** ⊙ 생산 요소 ⓒ 소득
4 사회적 책임 **5** (1) 확대 (2) 보호 (3) 커 **6** (1) ○ (2) × (3) ×

탄탄 시험 문제

60~61쪽

01 ③ **02** ② **03** ④ **04** ③ **05** ① **06** ⑤ **07** ④ **08** ③
09 ⑤ **10** ② **11** ①

01 제시된 내용에 부합하는 경제 주체는 기업이다. 기업은 생산 활동을 통해 이윤 극대화를 추구하는 경제 주체로서 벌어들인 수입 중 일부를 세금으로 납부하여 국가의 재정에 기여한다.

02 ㄴ. 기업의 활발한 활동은 경제 활성화와 국민의 생활 수준 향상에 기여하는 등 국가 경제의 발전에 영향을 미친다. ㄹ. 기업은 이윤을 극대화하기 위해 질 좋은 상품을 더 적은 비용으로 생산하고자 노력한다.

03 ④ 기업은 소비가 아닌 생산의 주체로서 이윤을 획득하기 위해 재화나 서비스를 만들고, 이를 판매하는 역할을 한다.

04 제시된 사례는 ○○ 기업이 스마트폰을 개발함으로써 개인의 생활이 편리해졌음을 보여 준다. 이를 통해 기업의 활동이 개인의 삶의 질을 향상하는 데 도움을 준다는 것을 알 수 있다.

05 기업은 생산 활동을 위해 가계에서 제공하는 노동, 토지, 자본 등의 생산 요소를 사용하고, 그 대가로 임금, 지대, 이자 등을 지급하여 가계의 소득을 창출한다.

06 제시된 내용에서 설명하는 '이것'은 기업의 사회적 책임에 해당한다. 오늘날 기업의 활동이 사회와 국가 경제에 미치는 영향력이 커지면서 기업에 요구되는 사회적 책임도 커지고 있다.

07 ④ 기업은 사회적 책임을 다하기 위해 생산 과정에서 생태계를 보호하고 환경 오염을 최소화해야 한다.

08 제시된 사례에서 A사는 기부를 통해 사회에 공헌함으로써 사회 전체의 복지 증진에 기여하였다. 이러한 활동은 기업에 대한 인식을 좋게 하여 장기적으로 기업의 성장을 촉진할 수 있다. ㄱ. A사의 이윤 증감 여부는 제시된 내용만으로는 알 수 없다. ㄹ. A사는 이윤 추구 활동이 아닌 사회 공헌 활동을 통해 사회적 책임을 수행하였다.

09 ⊙은 기업가 정신이다. 기업가 정신은 불확실성과 위험을 무릅쓰고 혁신을 바탕으로 한 생산 활동을 통해 이윤을 창출하여 기업을 성장시키려는 기업가의 도전 정신을 말한다.

10 2모둠, 4모둠. 기존의 조직 체계를 유지한 것과 기존 제품의 생산량을 늘린 것은 혁신을 바탕으로 한 생산 활동이 아니므로, 기업가 정신을 발휘한 사례로 볼 수 없다.

11 ① 기업가 정신은 새로운 가치 창출에 이바지하여 경제 발전의 원동력이 되기도 한다.

학교 시험에 잘 나오는 서술형 문제

1 (1) 기업
(2) 예시답안 기업의 사회적 책임은 기업이 이윤 추구 활동 이외에 법령과 윤리를 준수하고, 기업의 유지 기반인 소비자, 주주, 지역 사회 등에 대한 역할을 다하는 것을 말한다.

구분	채점 기준
상	법령과 윤리 준수를 언급하여 기업의 사회적 책임의 의미를 정확히 서술한 경우
하	기업이 이윤 추구 활동 이외의 역할을 수행하는 것이라고만 서술한 경우

03 금융 생활의 중요성

한눈에 정리하기 ① 소득 ② 소비 ③ 지속 ④ 유동성
⑤ 분산 ⑥ 지불

대표 자료 확인하기 ① 소득 ② 소비

1 (1) ○ (2) ○ (3) ✕ **2** (1) – ⓒ (2) – ㉠ (3) – ㉢ (4) – ⓛ **3** ㉠ 자산
ⓛ 자산 관리 **4** (1) ㄴ (2) ㄱ (3) ㄷ **5** (1) 주식 (2) 연금 **6** 신용
7 (1) ○ (2) ✕

탄탄 **시험 문제** ──────── 65~67쪽

01 ⑤	02 ⑤	03 ②	04 ④	05 ①	06 ③	07 ⑤	08 ①
09 ②	10 ③	11 ③	12 ④	13 ④	14 ①	15 ④	16 ⑤

01 ⑤ 생애 주기를 고려할 때 소득이 소비보다 많은 시기가 있고, 소비가 소득보다 많은 시기도 있으므로, 지속 가능한 경제생활을 위해 장기적인 관점에서 경제생활 계획을 수립하고 실천해야 한다.

02 제시된 내용은 청년기에 대한 설명이다. ㄱ. 경제생활은 태어나면서부터 평생에 걸쳐 이루어진다. ㄴ. 유소년기에 대한 설명이다.

03 ② 고령화 시대에 접어들면서 노년기의 중요성이 더욱 커지고 있다.

04 ㈎는 소득 곡선, ㈏는 소비 곡선으로, 이를 통해 개인의 일생 동안 소득과 소비의 수준이 다르게 나타남을 알 수 있다. 따라서 지속 가능한 소비 생활을 위해서는 소득이 소비보다 많은 B에서의 저축을 통해 소득이 소비보다 적은 C를 보충해야 한다.

05 ① 예금, 주식 등은 금융 자산에 해당한다. 실물 자산에는 자동차, 부동산, 귀금속 등이 있다.

06 ㉠에 들어갈 용어는 자산 관리이다. 자산 관리는 일생의 소득과 소비를 고려하여 자산을 확보하고 운영하는 것을 말한다.

07 ⑤ 소비 생활은 평생에 걸쳐 이루어지지만, 소득을 얻을 수 있는 기간은 한정되어 있기 때문에 지속 가능한 경제생활을 위한 자산 관리의 필요성이 강조되고 있다.

08 ㈎는 안전성, ㈏는 수익성, ㈐는 유동성에 해당한다. 합리적인 자산 관리를 위해서는 자산의 안전성, 수익성, 유동성을 고려하여 적절한 자산 관리 방법을 선택해야 한다.

09 ㄴ, ㄹ. 합리적인 자산 관리를 위해서는 자산 관리의 목적과 기간을 고려해야 하며, 적정한 이익을 얻는 동시에 투자로 인한 위험을 줄이기 위해 다양한 유형의 자산에 적절하게 분산하여 투자해야 한다.

10 제시된 내용에 해당하는 자산은 예금과 적금이다. ③ 예금과 적금은 원금을 잃을 우려가 적어 안전성은 높지만, 수익성은 낮다는 특징이 있다.

11 제시된 내용은 주식에 대한 설명이다. 주식은 수익성은 높지만, 원금 손실의 우려가 커 안전성은 낮은 자산이다.

12 ㉠은 정부, 기업 등이 일정한 이자를 지급할 것을 약속하고 돈을 빌리면서 발행하는 증서인 채권, ⓛ은 예기치 못한 위험에 대비하기 위해 미리 보험료를 내고, 질병이나 사고가 발생하면 일정액을 받는 금융 상품인 보험에 해당한다.

13 제시된 그림은 수익성이 높으면 위험성도 높고, 수익성이 낮으면 위험성도 낮음을 보여 주는데, 이는 수익성과 위험성이 비례 관계임을 나타낸다. ④ ㈏는 수익성은 낮지만, 투자에 따른 위험이 적어 안전성은 높은 자산이다.

14 ㈎에 들어갈 용어는 신용이다. ① 신용을 이용하여 거래할 경우 당장 현금이 없더라도 상품을 구매할 수 있기 때문에 충동 구매로 이어질 우려가 있다.

15 ㄱ, ㄷ, ㄹ. 할부 거래, 은행 대출, 휴대 전화 서비스 후불 이용은 모두 신용 거래의 사례에 해당한다. ㄴ. 재화 구매에 대한 대가를 바로 지불하였으므로 신용 거래에 해당하지 않는다.

16 ⑤ 올바른 신용 관리를 위해서는 자신의 소득과 지불 능력을 고려하여 충분히 갚을 수 있는 범위 내에서 신용을 이용해야 한다.

학교 시험에 잘 나오는 **서술형** 문제 ··········

1 (1) 자산 관리
(2) **예시답안** 자산 관리는 한정된 기간에 얻은 소득으로 지속 가능한 경제생활 유지, 고령화 사회 대비, 미래의 불확실한 상황 대비 등을 위해 필요하다.

구분	채점 기준
상	자산 관리의 필요성을 세 가지 이상 정확히 서술한 경우
중	자산 관리의 필요성을 두 가지만 서술한 경우
하	자산 관리의 필요성을 한 가지만 서술한 경우

2 **예시답안** 자산 관리를 할 때는 적정한 이익을 얻는 동시에 투자로 인한 위험을 줄여 나가기 위해 다양한 유형의 자산에 분산하여 투자해야 한다.

구분	채점 기준
상	분산 투자의 효과를 언급하여 자산 관리 시 분산 투자를 해야 한다고 정확히 서술한 경우
하	자산 관리 시 분산 투자를 해야 한다고만 쓴 경우

3 **예시답안** 신용이 낮을 경우 높은 이자 지불, 신용 카드 발급 제한, 대출 거절, 취업 제한 등과 같은 불이익을 받을 수 있다.

구분	채점 기준
상	신용이 낮을 경우 받을 수 있는 불이익을 두 가지 이상 정확히 서술한 경우
하	신용이 낮을 경우 받을 수 있는 불이익을 한 가지만 서술한 경우

01 ①	02 ①	03 ②	04 ⑤	05 ②	06 ④	07 ③	08 ①
09 ③	10 ⑤	11 ④	12 ②	13 ④	14 ②	15 ①	16 ③
17 ⑤	18 ②	19 ④	20 ①	21 ②	22 ②	23 ⑤	24 ⑤

01 첫 번째 내용은 생산, 두 번째 내용은 분배, 세 번째 내용은 소비의 사례에 해당한다. 재화나 서비스를 생산, 분배, 소비하는 모든 활동은 경제 활동에 포함된다.

02 제시된 내용은 생산에 대한 설명이다. ㄱ, ㄴ. 상품을 만들고 이를 운반한 것이므로, 생산에 해당한다. ㄷ. 상품을 구매한 것이므로, 소비에 해당한다. ㄹ. 노동을 제공한 대가로 임금을 받은 것이므로, 분배에 해당한다.

03 문항 3에서 생산 과정에 참여한 사람들이 노동, 토지, 자본 등의 생산 요소를 제공한 대가를 나누어 가지는 것은 경제 활동 중 분배에 해당하므로, 'X'가 정답이다. 문항 3만이 정답이므로, 학생이 얻을 점수는 1점이다.

04 ⑤ 정부는 가계와 기업이 낸 세금을 바탕으로 국방 서비스나 도로 등과 같이 대가를 내지 않아도 모든 사람이 함께 소비할 수 있는 재화나 서비스, 즉 공공재를 생산한다.

05 ② 자원의 희소성은 자원의 절대적인 양에 의해서만 결정되는 것이 아니라 인간의 욕구 정도에 따라 달라진다.

06 제시된 상황들은 경제 활동을 할 때 나타나는 선택의 문제를 보여 준다. 인간의 욕구는 무한한 데 비해 이를 충족해 줄 자원은 상대적으로 부족한 현상, 즉 자원의 희소성 때문에 개인과 사회는 많은 선택의 문제에 직면한다.

07 ③ 사람마다 선호하는 것이 다르고 필요한 것도 다르기 때문에 선택에 따른 기회비용은 사람마다 다를 수 있다.

08 합리적 의사 결정 과정은 '㈎ 문제 인식 - ㈖ 대안 탐색 - ㈔ 대안 평가 - ㈕ 대안 선택 및 실행 - ㈘ 실행 결과의 반성'의 단계를 거쳐 이루어진다.

09 ㉠은 생산물의 종류를 결정하는 문제로, '무엇을 생산할 것인가?', ㉡은 생산 방법을 결정하는 문제로, '어떻게 생산할 것인가?', ㉢은 생산물을 분배하는 문제로, '누구를 위하여 생산할 것인가?(누구에게 분배할 것인가?)'와 관련 있다.

10 ⑤ 계획 경제 체제와 시장 경제 체제를 비롯한 모든 경제 체제에는 기본적인 경제 문제를 해결하는 방식이 제도적으로 정착되어 있다.

11 시장 경제 체제에서 경제 주체들은 보다 적은 비용으로 많이 생산하고자 노력하는데, 이 과정에서 희소한 자원이 효율적으로 사용되어 사회 전체의 생산성이 높아질 수 있다.

12 ㉠에 들어갈 용어는 이윤이다. 시장 경제에서 기업은 이윤을 극대화하기 위해 질 좋은 상품을 적은 비용으로 생산하고자 노력한다.

13 ④ 기업은 생산 활동을 위해 근로자를 고용함으로써 가계에 일자리를 제공하는 역할을 한다. ①, ③은 정부, ②, ⑤는 가계의 역할에 해당한다.

14 기업이 투명 경영, 환경 보호, 근로자의 권익 보호를 위한 활동을 하는 것은 기업이 이윤 추구 활동 이외에 사회적 역할을 다하는 것, 즉 사회적 책임을 다하기 위한 노력에 해당한다.

15 ㄱ, ㄴ. 기부를 통해 사회에 공헌하고 생산 과정에서 환경 오염을 최소화한 것은 기업의 사회적 책임을 다한 사례로 적절하다. ㄷ은 소비자, ㄹ은 근로자의 권익을 침해한 것이므로, 기업의 사회적 책임을 다한 사례로 볼 수 없다.

16 첫 번째 사례는 신상품 개발, 두 번째 사례는 새로운 생산 방법 도입이 이루어진 것으로, 모두 혁신을 바탕으로 기업가 정신을 발휘한 사례에 해당한다.

17 ㄱ은 노년기, ㄴ은 청년기의 일반적인 경제생활에 대한 설명이다.

18 ㈎는 노년기, ㈏는 중장년기에 해당한다. 중장년기에는 소비를 줄이고 소득을 저축하여 노년기의 삶을 준비해야 한다.

19 첫 번째 자료는 평균 수명의 증가로 은퇴 이후의 생활 기간이 길어지고 있음을, 두 번째 자료는 일생 동안 소득과 소비가 일정하지 않음을 보여 준다. 이는 일생 동안의 소득과 소비를 고려하여 자산을 확보하고 운영하는 자산 관리의 필요성을 강조하는 데 유용하다.

20 ① 투자를 통해 이익을 얻을 수 있는 정도, 즉 수익성이 높은 자산은 원금을 잃을 우려가 커 일반적으로 위험성도 높다.

21 주식은 일정한 이자 수익을 내는 예금보다 수익성이 높은 편이다. ㄴ. 안전한 목돈 마련이 목적이라면 주식보다 안전성이 높은 예금을 선택하는 것이 현명하다. ㄹ. 예금과 주식은 모두 금융 자산에 해당한다.

22 노후 대비를 위해 미리 일정액을 낸 후 노후에 매달 일정액을 받는 금융 상품은 연금에 해당한다.

23 ⑤ 신용 거래 대금을 제때 갚지 못하고 연체할 경우 신용을 잃게 되어 정상적인 경제생활이 어려워질 수 있다.

24 ⑤ 신용이 낮아지면 돈을 빌릴 수 없거나 돈을 빌릴 수 있더라도 다른 사람보다 더 높은 이자를 지불해야 한다.

Ⅳ 시장 경제와 가격

01~02 시장의 의미와 종류 ~ 시장 가격의 결정

꼼꼼 개념 문제 78쪽

[한눈에 정리하기] ① 정보　② 생산물　③ 수요 법칙
④ 공급 법칙　⑤ 상승　⑥ 하락

[대표 자료 확인하기] ① 초과 공급　② 초과 수요

1 시장　**2** (1) ○ (2) ✕ (3) ○　**3** (1) ㄱ, ㄴ, ㅁ (2) ㄷ, ㄹ, ㅂ
4 (1) 수요 (2) 공급　**5** (1) 감소 (2) 증가 (3) 우하향, 우상향　**6** (1) ○
(2) ○ (3) ✕

탄탄 시험 문제 79~81쪽

| 01 ③ | 02 ⑤ | 03 ② | 04 ④ | 05 ① | 06 ③ | 07 ① | 08 ⑤ |
| 09 ④ | 10 ② | 11 ④ | 12 ③ | 13 ③ | 14 ④ | 15 ⑤ | |

01 ③ 시장은 상품을 사고팔기 위한 정보가 교환되고 상품의 거래가 이루어지는 과정 전체를 포함한다.

02 ⑤ 화폐의 등장으로 시장에서 교환이 더욱 원활해지면서 시장은 점차 확대되고 발달하였다.

03 제시된 시장들은 모두 거래가 이루어지는 장소나 거래하는 모습이 구체적으로 드러나지 않는 시장이다.

04 ㈎는 생활에 필요한 상품이 거래되는 생산물 시장에, ㈏는 상품 생산에 필요한 노동이 거래되는 생산 요소 시장에 해당한다. ④ 농산물 시장과 노동 시장을 비롯한 시장에서는 수요자와 공급자 간에 거래가 이루어진다.

05 ① 재래시장은 상품을 거래하는 생산물 시장이자, 거래가 이루어지는 장소가 구체적으로 드러나는 보이는 시장이다. ②, ⑤는 보이지 않는 시장, ③, ④는 생산 요소 시장에 해당한다.

06 ㄱ. 수요 곡선은 일반적으로 우하향하는 모양을 띤다. ㄹ. 수요량은 일정한 가격 수준에서 사람들이 구매하려고 하는 상품의 수량이다.

07 제시된 그림은 가격과 수요량 간의 음(−)의 관계, 즉 수요 법칙을 표현한 수요 곡선이다. ㄹ. 수요 법칙에 따르면 상품의 가격이 내려가면 수요자는 상품의 구매량을 늘릴 것이다.

08 ⑤ 공급량은 일정한 가격 수준에서 공급자가 판매하고자 하는 상품의 양을 말한다.

09 ④ 공책 가격이 1,000원일 때 공급량은 100권, 공책 가격이 1,500원일 때 공급량은 150권이다. 따라서 공책 가격이 1,000원에서 1,500원으로 상승할 때, 공급량은 50권 증가한다.

10 수요 법칙은 상품의 가격이 상승하면 수요량이 감소하고, 가격이 하락하면 수요량이 증가하는 것이다. 공급 법칙은 상품의 가격이 상승하면 공급량이 증가하고, 가격이 하락하면 공급량이 감소하는 것이다. ② 연필의 가격이 하락하자 공급량은 오히려 증가하였으므로, 공급 법칙의 예외에 해당한다.

11 시장은 수요량과 공급량이 일치할 때, 즉 수요 곡선과 공급 곡선이 만나는 지점에서 균형을 이룬다. 시장이 균형을 이룰 때 균형 가격과 균형 거래량이 결정된다.

12 시장에서 수요량과 공급량이 일치할 때 균형 가격과 균형 거래량이 형성된다. 따라서 초콜릿의 균형 가격은 2,000원, 균형 거래량은 15만 개이다.

13 ③ 초과 수요는 상품 가격이 균형 가격보다 낮을 때 발생하는 현상이다.

14 ㄱ. 상품의 균형 가격과 균형 거래량은 수요 곡선과 공급 곡선이 만나는 지점에서 형성되므로 아이스크림의 균형 거래량은 100개이다. ㄷ. 아이스크림의 가격이 1,000원일 때 수요량은 150개이다.

15 아이스크림의 가격이 1,000원일 경우 수요량이 공급량보다 많아 초과 수요가 발생한다. ⑤ 초과 수요가 발생할 경우 수요자들은 돈을 더 내고서라도 아이스크림을 구매하려고 할 것이므로 아이스크림 가격은 상승할 것이다.

학교 시험에 잘 나오는 서술형 문제

1 [예시답안] 시장. 시장은 거래에 드는 비용과 시간을 줄여 주며, 상품에 관한 다양한 정보를 제공한다. 또한 분업을 촉진하여 생산성을 높인다.

구분	채점 기준
상	시장을 쓰고, 그 역할을 두 가지 이상 정확히 서술한 경우
중	시장을 쓰고, 그 역할을 한 가지만 서술한 경우
하	시장이라고만 쓴 경우

2 [예시답안] 수요 법칙은 상품의 가격이 상승하면 수요량이 감소하고, 상품의 가격이 하락하면 수요량이 증가하는 것을 말한다.

구분	채점 기준
상	제시된 내용을 모두 포함하여 수요 법칙의 의미를 정확히 서술한 경우
하	제시된 내용을 모두 포함하여 서술하였으나 그 내용이 구체적이지 않은 경우

3 (1) ㉠ 초과 공급 ㉡ 초과 수요
(2) [예시답안] 초과 공급이 발생할 경우 가격을 낮춰서라도 상품을 팔고자 하는 공급자들 간의 판매 경쟁이 일어나 상품의 가격이 하락한다.

구분	채점 기준
상	초과 공급이 발생할 경우 공급자 간의 경쟁이 일어나 상품 가격이 하락한다고 정확히 서술한 경우
하	초과 공급이 발생할 경우 상품 가격이 하락한다고만 서술한 경우

03 시장 가격의 변동

84쪽

꼼꼼 개념 문제

한눈에 정리하기 ① 증가 ② 상승 ③ 하락 ④ 하락 ⑤ 상승 ⑥ 신호등

대표 자료 확인하기 ① 수요량 ② 공급량

1 (1) ㄱ, ㄹ, ㅁ (2) ㄴ, ㄷ, ㅂ **2** (1) 대체재 (2) 감소 **3** (1) 증가 (2) 감소 (3) 오른쪽 (4) 하락, 감소 **4** (1) × (2) ○ (3) ○ **5** (1) – ㉡ (2) – ㉠ **6** 시장 가격

탄탄 시험 문제

85~87쪽

01 ④ **02** ② **03** ⑤ **04** ③ **05** ⑤ **06** ④ **07** ① **08** ③ **09** ④ **10** ④ **11** ① **12** ② **13** ③ **14** ②

01 ④ 원자재 가격, 임금, 이자 등과 같은 생산 요소의 가격 변화는 공급을 변화시키는 요인이다.

02 ㉠은 대체재, ㉡은 보완재이다. ② 커피와 설탕은 함께 소비할 때 만족도가 커지는 보완재 관계에 있는 재화이다.

03 ㄱ. 공급의 변화는 상품 가격 이외의 요인이 변화할 경우 나타난다. ㄴ. 생산 기술이 발달하면 생산성이 높아져 공급이 증가한다.

04 ㄴ, ㄷ. 미래에 라면 가격이 오를 것으로 예상되면 사람들이 라면을 미리 사 두려고 할 것이므로 라면의 수요는 증가하는 반면, 공급자들은 가격이 오른 후 라면을 판매하려고 할 것이므로 라면의 공급은 감소한다.

05 ⑤ 상품 가격 이외의 요인이 변화하면 수요나 공급 자체가 증가하거나 감소하며, 이는 수요 곡선 또는 공급 곡선 자체의 이동으로 표현된다.

06 제시된 그림에서 수요 곡선이 오른쪽으로 이동하였으므로, 수요가 증가하였음을 알 수 있다. ④ 우유에 대한 소비자의 기호가 상승하면 수요는 증가한다.

07 제시된 글은 A 제품에 대한 소비자의 선호도가 감소하였음을 보여 주는데, 이는 수요 감소 요인에 해당한다. ① 공급이 일정할 때 수요가 감소하면 수요 곡선은 왼쪽으로 이동한다.

08 첫 번째 상황은 원자재 가격 하락, 두 번째 상황은 인건비 하락을 나타낸다. ③ 원자재 가격, 인건비 등 자전거 생산에 필요한 생산 요소의 가격이 하락하면 생산비가 적게 들어 이윤이 늘어나므로, 자전거의 공급은 증가할 것이다.

09 ④ 미래에 상품 가격이 하락할 것으로 예상되면 공급자들은 가격이 높을 때 상품을 판매하려고 할 것이므로 공급이 증가할 것이다.

10 ㉠은 자동차의 수요 증가, ㉡은 자동차의 공급 증가를 나타낸다. ④ 자동차 부품의 조립 기술이 발달하여 생산성이 높아지면 공급자는 동일한 비용으로 더 많은 자동차를 생산할 수 있으므로 자동차의 공급이 증가할 것이다.

11 상품의 수요가 감소하거나 공급이 증가할 때 균형 가격은 하락한다. ②, ③, ④는 수요 감소 요인, ⑤는 공급 증가 요인에 해당한다. ① 공급자의 수가 감소하면 공급이 감소하여 균형 가격은 상승한다.

12 제시된 상황은 고구마에 대한 소비자의 선호도가 높아졌음을 나타낸다. 소비자의 선호도 상승은 수요 증가 요인이다. ② 공급이 일정할 때 수요가 증가하면 균형 가격은 상승하고, 균형 거래량은 증가한다.

13 ③ 상품의 가격이 오르면 소비자는 소비를 줄일 것이고, 생산자는 생산을 늘릴 것이다.

14 제시된 글을 통해 시장 가격은 자원이 꼭 필요한 사람에게 돌아가게 하여 자원을 효율적으로 배분하는 기능을 한다는 것을 알 수 있다.

학교 시험에 잘 나오는 서술형 문제

1 **예시답안** 수요. 수요의 변화 요인에는 소득의 변화, 관련 상품의 가격 변화, 소비자의 기호 변화, 미래에 대한 예상, 인구수의 변화 등이 있다.

구분	채점 기준
상	수요를 쓰고, 그 변화 요인을 두 가지 이상 정확히 서술한 경우
중	수요를 쓰고, 그 변화 요인을 한 가지만 서술한 경우
하	수요라고만 쓴 경우

2 **예시답안** 텔레비전의 생산 기술 향상은 공급 증가 요인에 해당한다. 수요가 일정한 상황에서 공급이 증가하면 균형 가격은 하락하고, 균형 거래량은 증가할 것이다.

구분	채점 기준
상	균형 가격과 균형 거래량의 변동 양상을 모두 정확히 서술한 경우
하	균형 가격과 균형 거래량의 변동 양상 중 한 가지만 서술한 경우

3 **예시답안** 시장 가격이 상승하면 소비자는 소비를 줄이려 하고, 생산자는 생산을 늘리려 한다. 이처럼 시장 가격은 소비자와 생산자에게 소비 활동과 생산 활동을 어떻게 조절할 것인지 알려 주는 신호등과 같은 기능을 한다.

구분	채점 기준
상	시장 가격이 소비자와 생산자의 경제 활동을 조절하는 신호등과 같은 기능을 한다고 정확히 서술한 경우
하	시장 가격이 소비자와 생산자의 경제 활동에 영향을 미친다고만 서술한 경우

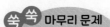

01 ②	02 ①	03 ⑤	04 ③	05 ④	06 ③	07 ②	08 ⑤
09 ③	10 ①	11 ①	12 ④	13 ③	14 ⑤	15 ④	16 ③
17 ②	18 ②	19 ①	20 ①	21 ③	22 ⑤	23 ④	24 ⑤

01 ㄴ. 시장의 발달로 자급자족 생활에서 벗어나 각자 더 잘 만들 수 있는 물건만을 집중적으로 생산하는 사람들이 늘어났다. ㄷ. 시장은 사람들이 거래할 대상을 찾는 데 드는 비용과 시간을 줄여 준다.

02 제시된 자료의 인터넷 쇼핑몰과 같은 전자 상거래 시장은 거래하는 모습이 보이지 않는 시장에 해당한다. ① 인터넷 쇼핑몰에서는 생산 요소뿐만 아니라 생활에 필요한 상품도 거래된다.

03 밑줄 친 시장은 보이지 않는 시장에 해당한다. 보이지 않는 시장에는 외환 시장, 증권 시장 등이 있다. ㄱ, ㄴ. 거래하는 모습이 보이는 시장에 해당한다.

04 ㈎는 생산에 필요한 토지, 노동 등이 거래되는 생산 요소 시장, ㈏는 재화나 서비스가 거래되는 생산물 시장에 해당한다. ㄱ. 가구 시장은 수요자와 공급자 사이에 가구를 거래하는 생산물 시장에 해당한다.

05 ④ 일반적으로 상품의 가격이 상승하면 수요량이 감소하고 상품의 가격이 하락하면 수요량이 증가한다. 이와 같이 상품의 가격과 수요량이 음(−)의 관계에 있는 것을 수요 법칙이라고 한다.

06 가격이 2,000원일 때 수요량은 10개, 가격이 1,000원일 때 수요량은 20개이다. 따라서 가격이 2,000원에서 1,000원으로 하락할 때, 수요량은 10개 증가한다.

07 제시된 그림은 가격과 공급량 간의 양(+)의 관계, 즉 공급 법칙을 표현한 공급 곡선이다. ㄴ. 공급 법칙에 따르면 상품의 가격이 하락할 경우 공급자는 공급량을 줄이려 한다. ㄷ. ㉠은 가격 하락에 따른 공급량의 감소를 나타낸다.

08 공급 법칙은 상품의 가격과 공급량이 같은 방향으로 움직이는 현상을 말한다. ⑤ 운동화의 가격이 오르자 운동화의 공급량이 증가하였으므로 공급 법칙이 적용된 사례이다.

09 ㈎는 수요 곡선, ㈏는 공급 곡선이다. ③ 공급 곡선은 상품의 가격과 공급량 간의 양(+)의 관계, 즉 공급 법칙을 그래프로 표현한 것이다.

10 균형 가격은 시장에서 수요량과 공급량이 일치할 때, 즉 수요 곡선과 공급 곡선이 만나는 지점에서 결정된다. ① 균형 가격은 상품의 수요나 공급이 변화할 경우 변동될 수 있다.

11 ① 상품 가격이 균형 가격보다 낮아 수요량이 공급량보다 많은 상태를 초과 수요라고 한다. ②, ③ 초과 공급에 대한 설명이다. ④, ⑤ 초과 수요가 발생할 경우, 돈을 더 내고서라도 상품을 사려는 수요자 간의 구매 경쟁이 나타나 상품 가격이 상승한다.

12 ㉠은 초과 공급, ㉡은 초과 수요이다. ㄱ. 초과 공급이 발생하면 공급자들 간에 판매 경쟁이 나타나 상품의 가격은 하락한다. ㄷ. 초과 공급과 초과 수요는 모두 시장이 균형을 이루지 못한 상태이다.

13 균형 가격과 균형 거래량은 수요량과 공급량이 일치하는 지점에서 형성된다. 따라서 오렌지의 균형 가격은 300원이고, 균형 거래량은 20개이다.

14 오렌지 가격이 400원일 경우 오렌지의 공급량이 수요량보다 많아 초과 공급이 발생한다. ⑤ 초과 공급이 발생할 경우 공급자들은 가격을 낮춰서라도 상품을 판매하고자 할 것이므로 상품의 가격이 하락할 것이다.

15 ㄴ. 공급자 수의 변화는 공급을 변화시키는 요인이다.

16 ③ 서로 용도가 비슷하여 대신해서 사용할 수 있는 재화는 대체재이며, 함께 소비할 때 만족도가 커지는 재화는 보완재이다. 이때 한 상품의 가격이 상승하면 대체재의 수요는 증가하고, 보완재의 수요는 감소한다.

17 제시된 그림에서 수요 곡선이 왼쪽으로 이동하였으므로, 수요가 감소하였음을 알 수 있다. 수요 감소 요인에는 대체재의 가격 하락, 소비자의 기호 하락 등이 있다. ㄴ. 공급 감소 요인이다. ㄹ. 공급 증가 요인이다.

18 ② 공급의 변화는 상품 가격 이외의 요인이 변화할 경우 나타난다.

19 제시된 상황은 두유의 주원료인 콩의 가격 상승으로 인해 두유의 생산 비용이 상승하였음을 나타내는데, 이는 두유 공급의 감소를 가져올 수 있다.

20 제시된 그림을 통해 국내산 블루베리의 수요와 공급이 모두 감소하였음을 알 수 있다. ㄱ. 대체재의 가격 하락은 수요 감소 요인에 해당한다. ㄴ. 생산 요소의 가격 상승은 공급 감소 요인에 해당한다. ㄷ은 공급 증가 요인, ㄹ은 수요 증가 요인이다.

21 공기 청정기에 대한 소비자의 기호가 높아지면 공기 청정기의 수요가 증가할 것이다. ③ 공급이 일정할 때 수요가 증가하면 균형 가격은 상승하고 균형 거래량은 증가한다.

22 상품의 수요가 감소하거나 공급이 증가할 때 균형 가격은 하락한다. ㄷ. 생산 요소의 가격 하락은 공급 증가 요인에 해당한다. ㄹ. 미래에 상품 가격 하락 예상은 수요 감소 요인에 해당한다. ㄱ은 수요 증가 요인, ㄴ은 공급 감소 요인이다.

23 ㈎ 대체재의 가격 상승은 커피의 수요 증가 요인에 해당한다. 공급이 일정할 때 수요가 증가하면 균형 가격은 상승한다. ㈏ 공급자 수의 감소는 커피의 공급 감소 요인에 해당한다. 수요가 일정할 때 공급이 감소하면 균형 가격은 상승한다.

24 제시된 내용을 통해 소비자와 생산자는 시장 가격이 주는 신호를 보고 소비나 생산을 줄여야 할지, 늘려야 할지를 조절한다는 것을 알 수 있다.

Ⅴ 국민 경제와 국제 거래

01 국내 총생산과 경제 성장

꼼꼼 개념 문제

97쪽

[한눈에 정리하기] ① 시장　② 소득　③ 확대
④ 경제 성장률　⑤ 빈부 격차

[대표 자료 확인하기] ① 국내 총생산　② 생산 능력

1 국내 총생산　**2** (1) ✕ (2) ✕ (3) ◯　**3** (1) ㄱ (2) ㄴ (3) ㄷ
4 (1) 경제 성장 (2) 증가율　**5** (1) 높아 (2) 심화

탄탄 시험 문제

98~99쪽

01 ④　**02** ②　**03** ①　**04** ④　**05** ②　**06** ⑤　**07** ①　**08** ①
09 ③　**10** ④　**11** ②

01 ㈎는 국내 총생산이다. 국내 총생산은 한 나라의 경제 규모를 파악할 수 있는 대표적인 국민 경제 지표이다.

02 ② 국내 총생산은 생산자의 국적과 관계없이 그 나라 국경 안에서 생산된 것만을 포함한다.

03 ㄷ. 우리나라의 국경 안에서 생산된 것이 아니므로 우리나라의 국내 총생산에 포함되지 않는다. ㄹ. 생산 과정에서 사용된 중간재이므로 국내 총생산에 포함하지 않는다.

04 국내 총생산은 최종 생산물의 시장 가치이다. 따라서 최종 생산물인 과자의 가치, 즉 450만 원이 A국의 국내 총생산이 된다.

05 ② 제시된 글은 삶의 질을 떨어뜨리는 요인이 오히려 국내 총생산을 증가시킴을 나타내는데, 이를 통해 국내 총생산은 국민의 삶의 질 수준을 정확히 반영하는 데 한계가 있음을 알 수 있다.

06 ㉠은 1인당 국내 총생산이다. ⑤ 1인당 국내 총생산은 한 나라 국민들의 평균적인 소득 수준을 나타내기 때문에 이를 활용하여 각국 국민들의 평균적인 소득 수준을 비교할 수 있다.

07 제시된 내용은 경제 성장에 대한 설명이다. 경제가 성장한다는 것은 재화와 서비스의 총 생산량, 즉 국내 총생산이 증가하는 것을 의미한다.

08 ㄷ. 경제 성장은 재화와 서비스의 총 생산량 증가를 의미하므로 모든 경제 주체의 생산량이 일정하게 유지될 경우 경제가 성장한다고 보기 어렵다. ㄹ. 경제 성장으로 모든 사회 구성원들이 균등하게 소득을 보장받는 것은 아니다.

09 경제 성장의 정도를 측정하는 경제 성장률(㉠)은 물가의 변동을 제거(㉡)한 실질 국내 총생산(㉢)의 증가율로 측정한다.

10 ④ 경제가 성장한다고 해서 소득 분배가 완전히 평등하게 이루어지지는 않으며, 경제 성장의 혜택이 일부 계층에 편중될 경우 빈부 격차가 심화될 수 있다.

11 ㄱ, ㄷ. 경제 성장 과정에서 환경 오염이 심해져 쾌적한 생활을 방해하거나 경제 성장의 혜택이 일부 계층에 편중되어 빈부 격차에 따른 갈등이 생길 경우 삶의 질이 떨어질 수 있다.

학교 시험에 잘 나오는 서술형 문제

1 **예시답안** ㈎ 가족을 위해 준비한 아침 식사는 시장에서 거래되지 않는 것이므로, 국내 총생산에 포함되지 않는다. ㈏ 작년에 생산된 자동차는 올해 새롭게 생산된 것이 아니므로, 국내 총생산에 포함되지 않는다.

구분	채점 기준
상	㈎, ㈏를 쓰고, 그 이유를 두 가지 모두 정확히 서술한 경우
중	㈎, ㈏를 쓰고, 그 이유를 한 가지만 서술한 경우
하	㈎, ㈏라고만 쓴 경우

02 물가와 실업

꼼꼼 개념 문제

102쪽

[한눈에 정리하기] ① 생산비　② 인플레이션　③ 조세
④ 중앙은행　⑤ 소득　⑥ 기업

[대표 자료 확인하기] ① 능력　② 경제 활동 인구

1 물가　**2** (1) 많을 (2) 하락 (3) 유리　**3** (1) ㄹ (2) ㄷ (3) ㄱ (4) ㄴ
4 (1) – ㉡ (2) – ㉢ (3) – ㉠ (4) – ㉣　**5** (1) ◯ (2) ◯ (3) ✕ (4) ✕

탄탄 시험 문제

103~105쪽

01 ①　**02** ④　**03** ⑤　**04** ⑤　**05** ②　**06** ③　**07** ④　**08** ③
09 ④　**10** ①　**11** ③　**12** ⑤　**13** ②　**14** ④　**15** ⑤

01 제시된 내용은 물가에 대한 설명이다. 물가란 시장에서 거래되는 여러 상품의 가격을 종합하여 평균한 것이다.

02 물가 지수는 기준 시점의 물가를 100으로 했을 때, 비교 시점의 물가를 측정한 값이다. 물가 지수가 높아지고 있으므로 물가가 상승하고 있음을 알 수 있다. ㄷ. 2018년의 물가 수준은 기준 연도인 2016년에 비해 20% 상승한 것이다.

03 총수요가 총공급보다 클 경우, 생산비가 상승하는 경우, 시중에 공급되는 통화량이 증가하는 경우 물가가 상승할 수 있다. ⑤ 가계의 소비 감소는 총수요를 줄어들게 하는 요인이며, 총수요가 줄어들면 물가가 오히려 하락할 수 있다.

04 ㉠에 들어갈 용어는 인플레이션이다. 인플레이션은 일정 기간 동안 물가가 지속적으로 오르는 현상을 말한다.

05 ② 인플레이션이 발생하면 화폐 가치가 하락하여 봉급생활자, 연금 생활자와 같이 고정된 소득을 받아 생활하는 사람들이 불리해진다.

06 ㄱ. 인플레이션이 발생하면 화폐의 가치가 하락하기 때문에 연금 생활자는 불리해진다. ㄹ. 인플레이션이 발생하면 외국 상품에 비해 자국 상품의 가격이 상대적으로 비싸져 수출이 감소하므로 수출업자는 불리해진다.

07 ④ 중앙은행은 물가 안정을 위해 시중에 유통되는 통화량을 줄이고 이자율을 인상해야 한다.

08 ③ 정부는 재정 지출을 축소하고 조세를 인상하며, 공공요금과 생활필수품의 가격 상승을 규제함으로써 물가 안정을 위해 노력할 수 있다.

09 ㉠은 경제 활동 인구, ㉡은 실업자에 해당한다. ④ 노동 가능 인구 중 노약자, 학생, 가정주부 등은 대표적인 비경제 활동 인구에 해당한다.

10 일할 능력과 의사가 있는데도 일자리를 구하지 못한 상태를 실업이라고 한다. ㄷ, ㄹ. 전업주부인 C 씨와 구직 활동을 포기한 D 씨는 일할 능력 또는 의사가 있다고 보기 어려우므로 실업자에 해당하지 않는다.

11 실업률은 한 나라의 경제 활동 인구 중 실업자가 차지하는 비율이다. A국의 노동 가능 인구 가운데 경제 활동 인구는 450명이고, 실업자는 90명이다. 따라서 A국의 실업률은 '(90명 / 450명) × 100 = 20%'이다.

12 ㈎는 새로운 일자리를 찾는 과정에서 발생하는 마찰적 실업, ㈏는 계절 변화에 따라 발생하는 계절적 실업, ㈐는 새로운 기술의 도입으로 발생하는 구조적 실업에 해당한다.

13 경기적 실업은 경기가 침체되어 기업이 신규 채용이나 고용 인원을 줄이는 과정에서 발생한다. ㄴ은 계절적 실업, ㄹ은 구조적 실업에 해당한다.

14 제시된 내용은 실업에 대한 설명이다. ④ 실업이 발생하면 가계의 소비 활동이 감소함에 따라 기업의 생산과 투자가 위축되어 경기가 침체된다.

15 ⑤ 정부는 재정 지출을 늘려 투자와 소비를 활성화함으로써 새로운 일자리를 창출하기 위해 노력해야 한다.

학교 시험에 잘 나오는 서술형 문제

1 예시답안 물가 상승의 원인에는 총수요의 총공급 초과, 임금이나 임대료 또는 국내외 원자재 가격의 상승에 따른 생산비의 증가, 시중에 공급되는 통화량의 증가 등이 있다.

구분	채점 기준
상	물가 상승의 원인을 세 가지 이상 정확히 서술한 경우
중	물가 상승의 원인을 두 가지만 서술한 경우
하	물가 상승의 원인을 한 가지만 서술한 경우

2 예시답안 인플레이션. 인플레이션이 발생하면 상품 구매력이 감소하며, 실물 자산의 가치가 화폐 가치에 비해 상대적으로 상승하여 부와 소득의 불평등한 재분배가 일어난다. 또한 수출은 감소하고 수입이 증가하여 무역 불균형이 발생한다.

구분	채점 기준
상	인플레이션을 쓰고, 인플레이션의 영향을 두 가지 이상 정확히 서술한 경우
중	인플레이션을 쓰고, 인플레이션의 영향을 한 가지만 서술한 경우
하	인플레이션이라고만 쓴 경우

3 (1) 경기적 실업
(2) 예시답안 실업은 사회적으로 인적 자원의 낭비를 가져오고, 빈부 격차, 생계형 범죄 등을 증가시켜 사회 불안을 심화한다.

구분	채점 기준
상	실업의 사회적 영향을 두 가지 이상 정확히 서술한 경우
하	실업의 사회적 영향을 한 가지만 서술한 경우

03 국제 거래와 환율

꼼꼼 개념 문제
108쪽

한눈에 정리하기 ① 관세 ② 생산비 ③ 세계화 ④ 교환 ⑤ 상승 ⑥ 하락

대표 자료 확인하기 ① 수요 ② 공급

1 국제 거래 2 (1) 비교 우위 (2) 세계 무역 기구 (3) 지역 경제 협력체 3 환율 4 (1) 하락 (2) 공급 5 (1) – ㉡ (2) – ㉠ 6 (1) 하 (2) 상 (3) 하 (4) 상

탄탄 시험 문제
109~111쪽

01 ①	02 ③	03 ④	04 ⑤	05 ③	06 ②	07 ①	08 ⑤
09 ④	10 ②	11 ③	12 ⑤	13 ④	14 ①	15 ③	

01 ① 국제 거래를 할 때는 재화와 서비스의 수출입 과정에서 관세라는 세금을 부과한다.

02 ③ 국제 거래는 나라마다 법과 제도가 달라 수입이 금지되거나 제한되는 등 상품이나 생산 요소의 이동이 국내에 비해 자유롭지 못하다.

03 제시된 자료는 우리나라의 주요 수출 품목이 변화하였음을 나타낸다. 각국이 비교 우위에 있는 상품을 특화하여 수출한다는 점을 고려할 때 우리나라의 비교 우위 품목이 달라지고 있음을 알 수 있다.

04 ⑤ 각국이 각자 생산에 유리한 조건을 갖춘 상품, 즉 비교 우위를 가진 상품을 특화하여 수출하고, 그렇지 않은 상품을 수입하면 서로에게 이익이 된다.

05 ㄱ. 국제 거래의 대상은 공산품뿐만 아니라 서비스, 지적 재산권 등으로 확대되고 있다. ㄹ. 세계화로 국제 거래가 확대되면서 경제적 영역에서 국경의 의미가 약화되고 있다.

06 제시된 글은 세계 무역 기구(WTO)에 대한 설명이다. ㄴ, ㄹ. 세계 무역 기구의 출범으로 자유 무역이 확대되고 국가 간 상호 협력 및 의존 관계가 심화되었다.

07 ㉠은 자유 무역 협정(FTA)이다. ① 자유 무역 협정은 회원국 간의 비관세 영역을 확대한다.

08 ㉠은 환율이다. 환율이란 서로 다른 나라 간 화폐의 교환 비율이자 외국 화폐와 비교한 자국 화폐의 값어치이다.

09 ④ 외국 상품의 수입, 자국민의 해외여행, 해외 투자와 유학, 외채 상환 등으로 외화의 수요가 증가하면 환율이 상승한다.

10 ㄴ, ㄷ. 우리나라 상품의 수출, 외국인 유학생 유치 등은 외화의 공급 증가 요인에 해당한다.

11 ③ 우리나라 상품의 수출이 증가할 경우 외화가 국내로 들어오기 때문에 외화의 공급이 증가한다. ①, ④ 외화의 공급 감소, ②, ⑤ 외화의 수요 증가 요인에 해당한다.

12 제시된 그림은 외화의 공급이 증가하였음을 나타낸다. ㄱ, ㄴ. 외화의 공급이 증가하면 환율이 하락하여 원화 가치가 상승한다.

13 ④ 외화의 수요가 증가하여 환율이 상승하였으므로 수입 원자재의 가격이 상승하여 국내 물가가 상승한다.

14 제시된 상황은 환율이 하락하였음을 나타낸다. ㄱ, ㄴ. 환율 하락으로 원화로 교환할 수 있는 외화의 액수가 증가하므로 유리해진다. ㄷ, ㄹ. 환율 하락으로 외화로 교환할 수 있는 원화의 액수가 감소하므로 불리해진다.

15 ③ 환율이 상승하면 원화의 가치가 하락하여 외화를 사기 위해 더 많은 원화를 지급해야 한다. 따라서 유학비 부담이 지속적으로 증가할 것이므로 미리 환전한 C 씨의 판단이 합리적이다.

서술형 문제

1 (1) ㉠ 수출 ㉡ 수입

(2) **예시답안** 국제 거래는 상품의 수출과 수입 과정에서 관세라는 세금을 부과하며, 환율을 고려해야 한다. 또한 상품이나 생산 요소의 이동이 국내에 비해 자유롭지 못하다.

구분	채점 기준
상	국제 거래의 특징을 두 가지 이상 정확히 서술한 경우
하	국제 거래의 특징을 한 가지만 서술한 경우

2 **예시답안** 외국 상품의 수입은 외화의 수요 증가 요인에 해당한다. 따라서 외화의 가치가 높아져 환율이 상승하게 된다.

구분	채점 기준
상	외화의 수요 증가로 인해 환율이 상승함을 정확히 서술한 경우
하	외화의 수요 증가, 환율 상승 중 한 가지만 서술한 경우

3 **예시답안** 환율이 하락하면 수출이 감소하고 수입이 증가한다. 또한 수입 원자재의 가격 하락으로 국내 물가가 안정되고, 외채 상환 부담이 감소한다.

구분	채점 기준
상	환율 하락이 국내 경제에 미치는 영향을 세 가지 이상 정확히 서술한 경우
중	환율 하락이 국내 경제에 미치는 영향을 두 가지만 서술한 경우
하	환율 하락이 국내 경제에 미치는 영향을 한 가지만 서술한 경우

🔵🔵 **마무리 문제**   114~117쪽

01 ③	02 ②	03 ①	04 ②	05 ⑤	06 ①	07 ①	08 ③
09 ④	10 ⑤	11 ②	12 ④	13 ③	14 ①	15 ②	16 ⑤
17 ④	18 ③	19 ②	20 ①	21 ②	22 ④	23 ③	

01 ③ 국내 총생산은 한 나라의 경제 규모와 생산 능력, 국민 전체의 소득 수준을 나타내는 대표적인 국민 경제 지표이다.

02 ㄴ. 우리나라 국경 안에서 생산된 것이 아니므로 우리나라의 국내 총생산에 포함되지 않는다. ㄹ. 의자를 만드는 데 사용된 목재는 중간재로서, 국내 총생산에 포함되지 않는다.

03 ① 직접 소비하기 위해 재배한 과일처럼 시장에서 거래되지 않는 상품은 국내 총생산에 포함되지 않는다.

04 ㄴ. 국내 총생산과 1인당 국내 총생산을 통해서는 빈부 격차 정도를 파악하기 어렵다. ㄹ. 1인당 국내 총생산은 국내 총생산을 인구수로 나눈 것이다. 따라서 A국의 인구수는 '50,000달러 / 2,000달러 = 25명', B국의 인구수는 '30,000달러 / 1,000달러 = 30명', C국의 인구수는 '10,000달러 / 500달러 = 20명'이므로 B국의 인구수가 제일 많고 C국의 인구수가 제일 적다.

05 경제 성장은 한 나라의 생산 능력과 경제 규모가 커지는 것, 즉 국내 총생산이 증가하는 것을 의미한다. ⑤ 경제 성장의 정도를 나타내는 경제 성장률은 물가의 변동을 제거한 실질 국내 총생산의 증가율로 측정할 수 있다.

06 ① 가구별 소득 격차 증가는 경제 성장 과정에서 발생할 수 있는 부정적인 영향을 나타낸다.

07 ㄷ. 대한민국은 국내 총생산에 비해 삶의 질이 낮은 편이다. ㄹ. 제시된 국가 중 경제 규모가 가장 큰 국가는 국내 총생산 순위가 가장 높은 브라질이다.

08 물가는 시장에서 거래되는 여러 상품의 가격을 종합하여 평균을 낸 것으로서, 물가의 변동은 국민 경제에 큰 영향을 미친다. 따라서 정부는 안정적인 경제 성장을 위해 물가의 움직임을 한눈에 볼 수 있도록 물가 지수를 작성한다.

09 ④ 기업의 투자 감소는 총수요를 줄어들게 하는 요인이며, 이는 물가를 하락시키는 요인으로 작용한다.

10 물가가 지속적으로 상승하면 화폐의 가치가 하락하여 일정한 금액으로 살 수 있는 재화와 서비스의 양이 감소한다.

11 인플레이션이 발생하면 화폐 가치가 하락하고 상대적으로 실물 자산의 가치는 상승한다. 따라서 돈을 빌린 사람과 실물 자산 소유자는 유리해지고, 봉급생활자와 예금 이자로 생활하는 사람은 불리해진다.

12 ④ 중앙은행은 물가 안정을 위해 시중 은행의 이자율을 높여 저축을 유도하는 등 민간 소비를 축소해야 한다.

13 인공 지능, 로봇 기술과 같은 새로운 기술의 도입으로 인해 발생하는 실업이므로 구조적 실업에 해당한다.

14 가현. 실업이 발생하면 빈부 격차, 가족 해체, 생계형 범죄 등이 증가하여 사회 불안이 심화될 수 있다.

15 ② 정부는 재정 지출을 늘려 기업의 투자와 가계의 소비를 활성화함으로써 새로운 일자리를 창출하기 위해 노력해야 한다.

16 ⊙은 국제 거래이다. ㄱ. 나라마다 서로 다른 화폐를 사용하므로 국제 거래를 할 때에는 화폐의 교환 과정이 필요하다.

17 국제 거래가 발생하는 이유는 같은 종류의 상품이라도 그것을 만드는 데 들어가는 생산비가 나라마다 다르기 때문이다. 생산비의 차이는 각국의 자연환경, 노동, 자본, 기술 등 생산 여건의 차이로 인해 발생한다.

18 제시된 내용을 통해 A국은 반도체 생산에, B국은 가방 생산에 각각 비교 우위가 있음을 알 수 있다. ㄹ. A국과 B국이 각각 특화 상품을 생산하여 교역하면 서로 이익을 얻을 수 있다.

19 ② 세계화와 개방화, 세계 무역 기구의 출범, 교통과 통신의 발달 등으로 자유 무역이 확대되면서 국제 거래 규모는 꾸준히 커지고 있다.

20 외국인 관광객이 증가하면 외화가 국내로 들어오게 되므로 외화의 공급이 증가할 것이다.

21 (가)는 환율 상승, (나)는 환율 하락을 나타낸다. ㄱ은 외화의 공급 감소, ㄹ은 외화의 수요 증가 요인으로서 환율 상승 원인에 해당한다. ㄴ은 외화의 공급 증가, ㄷ은 외화의 수요 감소 요인으로서 환율 하락 원인에 해당한다.

22 ④ 환율이 하락하면 외국 화폐의 가치는 하락하고 원화의 가치는 상승하므로 수입 원자재의 가격이 하락한다.

23 환율이 상승하면 원화의 가치가 하락하고 외화의 가치가 상승한다. 따라서 외화로 교환할 수 있는 원화의 액수가 증가하므로 외국에서 활동하는 우리나라 운동선수와 외국인 관광객이 유리해진다.

Ⅵ 국제 사회와 국제 정치

01 ~ 02 국제 사회의 이해 ~ 국제 사회의 모습과 공존 노력

꼼꼼 개념 문제 122쪽

한눈에 정리하기 ① 힘 ② 다국적 기업 ③ 세계화 ④ 국경 ⑤ 이익

대표 자료 확인하기 ① 정부 간 국제기구 ② 국제 비정부 기구

1 (1) 국가 (2) 증가 (3) 있다 **2** (1) ㄴ (2) ㄱ (3) ㄷ (4) ㄹ **3** 외교
4 (1) × (2) × (3) ○ (4) ○ **5** 세계 시민 의식

탄탄 시험 문제 123~125쪽

01 ②	**02** ④	**03** ①	**04** ⑤	**05** ④	**06** ②	**07** ①	**08** ③
09 ⑤	**10** ④	**11** ②	**12** ⑤	**13** ①	**14** ③	**15** ④	

01 ○은 국제 사회이다. 국제 사회는 주권을 지닌 국가들을 기본 단위로 하여 형성된다.

02 ④ 국제 사회에는 강제성을 가진 중앙 정부가 존재하지 않아 국가 간 분쟁이나 갈등이 발생할 경우 해결이 쉽지 않다.

03 국제 연합(UN) 안전 보장 이사회에서 상임 이사국의 거부권을 인정하는 것은 국력에 따라 국제 사회에 미치는 영향력이 달라짐을 보여 준다.

04 제시된 내용은 국가에 대한 설명이다. 주권을 가진 국가는 국제법에 따라 독립적인 지위를 가지고 외교 활동을 하며 여러 국제기구에 가입하여 회원국으로 활동한다. ㄱ. 국제 비정부 기구에 대한 설명이다. ㄴ. 다국적 기업에 대한 설명이다.

05 국제 통화 기금(IMF)은 세계 무역의 안정을 위해 활동하는 정부 간 국제기구이다. 정부 간 국제기구는 국제적인 목적이나 활동을 위해 조직되며, 각국 정부를 회원으로 한다. ②, ⑤ 다국적 기업에 대한 설명이다.

06 ② 국제 연합(UN)은 정부 간 국제기구에 해당한다.

07 ○은 다국적 기업이다. 다국적 기업은 국제적 규모로 생산 및 판매 활동을 하여 국경의 의미를 약화시키고 국가 간 상호 의존성을 심화시킨다.

08 ③ 국제 사회에서 각국은 치열하게 경쟁하고 갈등하면서도 국제 사회의 공존을 위하여 협력한다.

09 제시된 사례는 환경을 보호하려는 국제 비정부 기구인 그린피스와 이익 추구를 위해 환경을 개발하려는 다국적 기업 간에 환경을 둘러싼 갈등이 일어나고 있음을 나타낸다.

10 전염병과 같은 국제 문제는 국경을 초월하여 발생하며, 전 세계에 걸쳐 영향을 미친다. 따라서 특정 국가의 노력만으로는 국제 문제를 해결하기 어려우므로 국제 협력을 통해 해결해야 한다.

11 국제 연합에 가입한 나라들은 국제 사회의 문제를 해결하기 위해 지속 가능한 개발 목표(SDGs)를 설정하고, 이 목표를 달성하기 위해 협력하고 있다.

12 제시된 내용은 외교에 대한 설명이다. 오늘날 세계 각국은 국제 사회의 공존을 위해 다양한 외교 정책을 펼치고 있다.

13 ① 정상 회담, 외교관 파견과 같은 정부 간 활동뿐만 아니라 일반 시민들에 의한 민간 외교도 외교 활동에 해당된다. 특히 오늘날에는 예술, 문화 등의 분야에서 민간 외교가 활발하게 이루어지고 있다.

14 제시된 사례에서 주요 6개국과 이란은 외교 활동을 통해 국가 간의 분쟁을 평화적으로 해결함으로써 국제 사회의 공존에 이바지하였다.

15 ○은 세계 시민 의식이다. ㄷ. 세계 시민 의식을 실천하기 위해서는 열린 마음으로 세계의 다양한 문화를 편견 없이 이해하고 존중해야 한다.

학교 시험에 잘 나오는 서술형 문제

1 **예시답안** 중국이 상설 중재 재판소의 판결을 무시하고 군사 활동을 강화한 것처럼 국제 사회에서 각국은 자국의 이익을 우선적으로 추구하며, 강제성을 가진 중앙 정부가 존재하지 않아 국가 간 분쟁 발생 시 해결이 어렵다.

구분	채점 기준
상	자국의 이익 추구와 중앙 정부의 부재를 모두 언급하여 정확히 서술한 경우
하	자국의 이익 추구와 중앙 정부의 부재 중 한 가지만 언급하여 서술한 경우

2 **예시답안** (가)는 국제 비정부 기구로서 국경을 넘어 활동하는 개인과 민간단체를 회원으로 한다. (나)는 정부 간 국제기구로서 각국 정부를 회원으로 한다.

구분	채점 기준
상	국제 비정부 기구와 정부 간 국제기구의 회원 자격을 모두 정확히 서술한 경우
중	국제 비정부 기구와 정부 간 국제기구의 회원 자격 중 한 가지만 서술한 경우
하	(가) 국제 비정부 기구, (나) 정부 간 국제기구라고만 쓴 경우

3 예시답안 지구 온난화 문제와 같은 환경 문제는 국경을 초월하여 발생하며, 전 세계에 걸쳐 영향을 미치는 국제 문제이다. 국제 문제는 특정 국가의 노력만으로는 해결하기 어려우므로 국제 협력을 통해 해결해야 한다.

구분	채점 기준
상	지구 온난화 문제가 국제 문제인 이유를 쓰고, 국제 협력의 필요성을 정확히 서술한 경우
하	지구 온난화 문제가 국제 문제인 이유와 국제 협력의 필요성 중 한가지만 서술한 경우

03 우리나라의 국가 간 갈등 문제

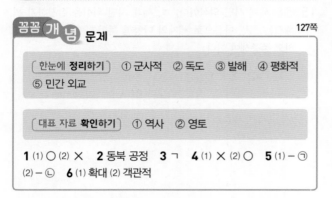

꼼꼼 개념 문제   127쪽

한눈에 정리하기 ① 군사적 ② 독도 ③ 발해 ④ 평화적 ⑤ 민간 외교

대표 자료 확인하기 ① 역사 ② 영토

1 (1) ○ (2) ✕   **2** 동북 공정   **3** ㄱ   **4** (1) ✕ (2) ○   **5** (1) - ㉠ (2) - ㉡   **6** (1) 확대 (2) 객관적

탄탄 시험 문제   128~129쪽

01 ①   **02** ⑤   **03** ③   **04** ②   **05** ④   **06** ⑤   **07** ①   **08** ②
09 ③   **10** ⑤

01 ㄷ. 동북 공정은 중국이 소수 민족의 독립을 막고 한반도 통일 이후 영토 분쟁 소지를 줄이기 위해 중국 동북 지방을 연구하는 것으로, 우리나라와 중국 간 갈등의 원인이 되고 있다. ㄹ. 일본은 자국 교과서에 일본군 '위안부'에 대한 기술을 삭제하거나 강제 동원을 숨기고 있어 우리나라와 갈등을 빚고 있다.

02 ㉠은 국제 사법 재판소이다. 일본은 독도를 국제 사법 재판소에 제소함으로써 국제 사회에서 독도를 영토 분쟁 지역으로 인식시키고자 한다.

03 ③ 일본은 독도 문제를 국제 사법 재판소에 제소하여 국제 사회에서 힘의 논리를 이용해 자국에 유리한 입장을 확보하고자 한다.

04 제시된 자료는 독도가 우리나라의 영토임을 입증해 주는 역사적 근거이다. 이를 통해 독도가 명백한 우리의 고유 영토임을 알 수 있다.

05 ㄷ. 동북 공정은 중국에게 유리한 방향으로 고대사를 왜곡하는 연구 사업이다.

06 ⑤ 동북 공정과 같은 국가 간 갈등을 해결하기 위해서는 적극적인 대화와 교류를 통해 국가 간의 이해를 넓히고 협력하는 과정이 필요하다.

07 ① 야스쿠니 신사 참배는 우리나라와 일본 간의 갈등에 해당한다. 제2차 세계 대전을 일으킨 전쟁 범죄자들의 위패가 합사된 야스쿠니 신사에 일본의 일부 정치인들이 참배를 하며 침략 전쟁을 미화하고 있어 우리나라와 갈등을 겪고 있다.

08 ㄴ. 국제 사법 재판소에서는 국제법을 적용하여 국가 간의 분쟁을 해결한다. 국가 간 갈등은 당사국의 평화적 협상을 통해 해결하는 것이 가장 바람직하다. ㄷ. 정부는 국가 간 갈등에 대해 우리 주장의 정당성을 국제 사회에 널리 알리기 위해 적극적으로 노력해야 한다.

09 ③ 국가 간 갈등 해결을 위해서는 정부뿐만 아니라 개인이나 민간단체에서도 관심을 갖고 문제 해결 과정에 적극적으로 참여해야 한다.

10 제시된 사례에는 민간 교류를 통해 국가 간 갈등 상황의 사실 관계를 밝히려는 시민 사회의 노력이 나타나 있다. ㄴ. 각국의 주관적 관점이 담긴 역사 교과서 편찬은 오히려 국가 간 갈등을 심화할 수 있다.

학교 시험에 잘 나오는 서술형 문제

1 (1) 동북 공정
(2) 예시답안 중국의 동북 공정은 현재 중국 영토 내에 있는 소수 민족의 독립을 방지하고, 한반도 통일 이후에 발생할 수 있는 영토 분쟁을 방지하기 위한 것이다.

구분	채점 기준
상	동북 공정의 목적을 두 가지 이상 정확히 서술한 경우
하	동북 공정의 목적을 한 가지만 서술한 경우

쏙쏙 마무리 문제   132~135쪽

01 ④   **02** ③   **03** ⑤   **04** ②   **05** ①   **06** ④   **07** ③   **08** ⑤
09 ①   **10** ③   **11** ④   **12** ②   **13** ⑤   **14** ③   **15** ④   **16** ①
17 ②   **18** ⑤   **19** ④   **20** ⑤   **21** ③   **22** ②   **23** ③   **24** ①

01 ④ 국제 사회에는 국가 간 갈등 상황을 조정해 줄 중앙 정부가 없기 때문에 여러 국가 사이에 갈등이나 분쟁이 생길 경우, 이를 해결하는 것이 쉽지 않다.

02 ③ 국제 연합(UN) 안전 보장 이사회의 상임 이사국이 행사할 수 있는 거부권은 국제 사회에 힘의 논리가 작용하고 있음을 보여 주는 대표적인 사례이다.

03 국제법, 국제기구, 세계 여론 등이 개별 국가의 행위에 일정한 제약을 줌으로써 국제 사회의 질서가 일부 유지된다.

04 제시된 사례에서 영국은 자국의 이익을 위해 지역 간 협력을 목적으로 만들어진 유럽 연합(EU)을 탈퇴하였다. 이처럼 국제 사회에서 각국은 자국의 이익을 최우선으로 추구하며, 이 과정에서 국가 간 갈등이나 분쟁이 발생하기도 한다.

05 제시된 내용은 국가에 대한 설명이다. 국가는 국제 사회의 가장 기본적이고 전통적인 행위 주체로서 주권을 가지며, 국제법상 평등하고 독립적인 지위를 가지고 외교 활동을 한다.

06 ⑺는 국제 비정부 기구, ⑼는 정부 간 국제기구에 해당한다. ㄴ. 다국적 기업에 대한 설명이다.

07 ⑺는 국가, ⑼는 다국적 기업, ⒟는 국제기구에 해당한다. ③ 국제기구는 회원 자격에 따라 크게 정부 간 국제기구와 국제 비정부 기구로 구분할 수 있다.

08 제시된 내용은 국가 내부적 행위체에 대한 설명이다. ⑤ 다국적 기업은 한 나라에 본사를 두고, 여러 나라에 자회사와 공장을 설립하여 활동하는 행위 주체로서 국경을 넘어 활동한다.

09 ① 중학생은 국제적으로 영향력이 있는 개인이 아니므로 국제 사회의 행위 주체로 볼 수 없다.

10 ③ 세계화로 인해 국가 간 경쟁은 더욱 치열해지며 다양한 분야로 확대되고 있다.

11 제시된 두 사례는 에너지, 물 등의 자원을 얻기 위한 경쟁에서 국제 사회의 갈등이 비롯되고 있음을 보여 준다.

12 제시된 사례들은 국제 사회의 문제를 해결하기 위한 국제 협력 모습에 해당한다. 국제 사회의 문제는 특정 국가의 노력만으로는 해결하기 어려우므로, 국제 사회의 행위 주체들은 국제 협력을 통해 국제 사회 문제를 해결하고 있다.

13 ㄱ. 외교 활동을 통해 각국은 자국의 정치적·경제적 이익을 실현하고, 자국의 위상을 높일 수 있기 때문에 외교의 중요성은 점차 증가하고 있다. ㄴ. 과거에는 안보를 위한 정치적 목적으로 외교가 이루어졌지만, 오늘날은 경제, 문화, 환경, 자원, 인권 등 다양한 분야에서 외교 활동이 이루어지고 있다.

14 ③ 외교란 한 국가가 자국의 이익을 평화적으로 달성하기 위한 활동이자, 국제 사회의 공존을 위한 활동이다. 따라서 국제 사회에서 힘의 논리를 실현하는 것은 외교 활동의 목적으로 보기 어렵다.

15 제시된 사례에서 미국과 중국은 탁구 친선 경기라는 민간 교류를 바탕으로 오랜 대립을 완화함으로써 국제 사회의 공존에 기여하였다. ④ 국교를 수립하고 양국 관계가 정상화되었다는 점에 비추어볼 때 중국의 국제적 고립이 심화되었다고 보기 어렵다.

16 ㄷ. 국제 사회의 분쟁은 국가 간 합의로 만든 국제법에 따라 해결해야 한다. ㄹ. 국가 간 분쟁은 평화적으로 해결하는 것이 바람직하다.

17 제시된 자료를 통해 우리의 일상이 세계와 연결되어 있음을 알 수 있다. 오늘날 국가 간 상호 의존성이 커지면서 국제 문제 해결을 위한 세계 시민 의식의 중요성이 강조되고 있다.

18 우리나라는 독도 영유권 문제, 역사 교과서 왜곡, 야스쿠니 신사 참배, 동해 표기 문제 등을 두고 일본과 갈등을 겪고 있다. ㄱ, ㄴ. 우리나라와 중국의 갈등에 해당한다.

19 ④ 일본은 독도 문제를 국제 사법 재판소에 제소하여 국제 사회에서 독도를 영토 분쟁 지역으로 인식시키고자 한다.

20 제시된 사례는 동북 공정에 대한 내용이다. ㄱ. 중국은 동북 공정을 통해 고대사를 자국에 유리하게 왜곡하고 있다. ㄴ. 중국은 동북 공정을 통해 중국 내 여러 소수 민족의 독립을 방지하고자 한다.

21 ③ 정부는 역사 왜곡을 둘러싼 갈등을 예방하기 위하여 고대사 연구에 지속적으로 관심을 갖고, 국제 사회에 대해 적극적인 외교 활동을 수행해야 한다.

22 ② 국가 간 갈등을 해결하기 위해서는 주변국과의 공동 역사 연구와 공동 저술 등을 통해 상호 간의 이해를 확대해야 한다.

23 제시된 글은 민간 차원에서 관련 문제에 대한 우리 입장의 정당성을 국제 사회에 널리 알리는 조직적인 민간 외교 활동을 보여 준다.

24 ① 국가 간 갈등 문제는 객관적 근거에 따른 상호 협력과 이해를 토대로 해결하는 것이 바람직하다.

I 인권과 헌법

01 ①	02 ③	03 ②	04 ⑤	05 ③	06 ④	07 ④	08 ①
09 ⑤	10 ①	11 ②	12 ③	13 ⑤	14 ④	15 ②	16 ④
17 ③	18 ⑤	19 ①	20 ⑤	21 ③	22 ①	23 ②	24 ④
25 ②	26 ⑤	27 ④	28 ②	29 ⑤	30 ③	31 ④	32 ④
33 ③	34 ②						

01 제시된 내용은 인권에 대한 설명이다. 인권은 국가에서 보장하기 이전에 이미 인간에게 주어진 자연권의 특징을 지닌다. ③, ④, ⑤ 자유권, 참정권, 평등권은 헌법에 보장된 기본적 인권, 즉 기본권에 해당한다.

02 ㉠은 천부 인권, ㉡은 보편적 권리, ㉢은 불가침의 권리에 해당한다. 누구나 가지는 보편적 권리인 인권은 천부 인권의 성격을 띠기 때문에 다른 사람이 빼앗을 수도 없고, 다른 사람에게 넘겨줄 수도 없다.

03 제시된 글은 인권이 보장되지 않으면 인간이 행복하게 살 수 없음을 보여 주는데, 이는 모든 인간이 인격적 존재로서 존중받으며 최소한의 인간다운 삶을 살기 위해서는 인권을 보장하는 것이 무엇보다 중요함을 나타낸다.

04 ⑤ 보편적 권리로서의 인권의 성격은 고대의 노예나 중세의 농노 등이 차별을 받았던 근대 이전보다 모든 사람이 누려야 할 인권의 기준이 제시된 현대에서 더 강하게 나타난다.

05 밑줄 친 '이것'은 헌법이다. 헌법은 모든 법과 제도의 기초가 되는 한 나라의 최고 법으로, 모든 국가 기관은 헌법이 정하는 내용과 절차에 따라 권한을 행사해야 한다.

06 오늘날 대부분의 국가는 국가의 부당한 간섭이나 침해로부터 국민의 인권을 지키기 위해 한 나라의 최고 법인 헌법에 기본적 인권을 규정하고 있다.

07 모든 기본권의 바탕이 되는 최고의 가치인 인간의 존엄과 가치 및 행복 추구권은 물질적 풍요와 정신적 만족을 동시에 충족할 수 있는 포괄적 권리로, 인간의 존엄과 가치를 실현하는 데 필요한 기본적 권리라면 헌법에 명시되지 않아도 보장된다. ㄴ. 청구권에 대한 설명이다.

08 ㉠은 자유권이다. 자유권은 개인의 자유로운 생활에 대해 국가의 간섭을 받지 않을 권리로, 신체의 자유, 종교의 자유, 언론·출판의 자유, 직업 선택의 자유 등이 이에 해당한다.

09 일상생활에서 차별이 개선된 것은 평등권의 실현 사례에 해당한다. ⑤ 평등권은 정치적·경제적·사회적·문화적 생활의 모든 영역에서 부당한 차별을 받지 않을 권리이다. ①은 청구권, ②는 참정권, ④는 사회권에 대한 설명이다.

10 ① 지역의 대표를 뽑는 선거에 참여하는 것은 국가 기관의 형성과 국가의 정치적 의사 형성 과정에 참여할 수 있는 권리인 참정권이 실현된 사례에 해당한다. ②는 자유권, ③은 사회권, ④는 청구권, ⑤는 평등권이 실현된 사례에 해당한다.

11 제시된 권리들은 모두 사회권에 포함된다. ② 사회권은 국가에 인간다운 생활의 보장을 요구할 수 있는 권리를 말한다. ①은 참정권, ③은 평등권, ④는 자유권, ⑤는 청구권과 관련 있는 내용이다.

12 ㈎, ㈐ 선거권과 공무 담임권은 참정권, ㈒ 인간다운 생활을 할 권리는 사회권, ㈏, ㈑ 청원권과 국가 배상 청구권은 청구권에 해당한다.

13 ⑤ 청구권은 국가에 대하여 일정한 행위를 요구할 수 있는 권리로, 다른 기본권이 침해되거나 침해될 우려가 있을 때 이에 대한 구제를 요청할 수 있는 수단적인 성격을 띤다.

14 개발 제한 구역을 지정하는 것은 무분별한 개발로부터 환경을 보호하여 공공복리를 실현하기 위해 개인의 기본권 중 재산권을 제한한 사례에 해당한다. 이처럼 사회 전체의 이익을 위해 필요한 경우에 국민의 기본권이 제한될 수 있다.

15 ㄱ, ㄴ, ㄹ. 우리 헌법은 국가 안전 보장, 질서 유지, 공공복리를 위하여 필요한 경우에 한하여 국민의 기본권을 제한할 수 있도록 규정하고 있다.

16 ㈎는 군사 시설 보호를 통한 국가 안전 보장, ㈏는 유해한 환경에서부터의 학생 보호라는 공공복리를 위해 국민의 자유권을 일부 제한한 사례이다.

17 제시된 대화는 공공복리와 질서 유지를 위해 집회·결사의 자유를 일부 제한할 수는 있지만, 집회·결사의 자유 자체를 침해할 수는 없음을 보여 준다. 이를 통해 기본권을 제한하더라도 자유와 권리의 본질적인 내용은 침해할 수 없다는 기본권 제한의 한계를 알 수 있다.

18 ㄱ. 인권 침해는 개인뿐만 아니라 단체 또는 국가 기관에 의하여 발생하기도 한다. ㄴ. 인권 침해는 국가의 불합리한 법과 제도의 영향을 받아 발생하기도 한다.

19 ㈎는 장애를 이유로 부당한 대우를 받은 것이므로 평등권이 침해된 것이다. ㈏는 사생활에 간섭을 받은 것이므로 자유권이 침해된 것이다. ㈐는 쾌적한 환경에서 살 권리를 누리지 못한 것이므로 사회권이 침해된 것이다.

20 ⑤ 자신의 인권을 지키기 위해서는 인권 침해를 당한 경우의 구제 방법과 절차를 미리 알고, 여러 국가 기관에 인권을 구제해 줄 것을 요청해야 한다.

21 법원을 통한 인권 구제 방법에는 민사 소송 제기, 행정 소송 제기 등이 있다. 이 중 국가 기관의 잘못된 행정으로 권리가 침해된 경우에는 행정 소송을 제기하여 권리를 구제받을 수 있다.

22 ㉠은 법원이다. 법원은 분쟁이나 범죄가 발생했을 때 사법권을 행사하여 국민의 권리를 보호해 주는 국가 기관이다.

23 헌법 재판소는 공권력에 의해 기본권이 침해된 국민이 헌법 소원을 제기하면 헌법 소원 심판을 통해 권리를 구제해 준다. ㄴ. 헌법 재판소는 국가 기관에 의해 침해된 인권을 구제해 준다. ㄷ. 헌법 재판소는 법원의 요청에 따라 법률의 위헌 여부를 판단하는 위헌 법률 심판을 담당한다.

24 밑줄 친 국가 기관은 국가 인권 위원회이다. ④ 국가 인권 위원회는 인권 보호를 위한 전반적인 업무를 수행하는 독립된 국가 기관으로, 차별 등의 인권 침해를 당한 사람이 진정을 내면 이를 조사하여 권리를 구제해 준다.

25 ㄴ, ㄷ. 인권 침해를 당한 경우 권리 구제를 위해 수사 기관에 고소나 고발을 할 수 있고, 헌법 재판소에 헌법 소원을 제기할 수 있다.

26 제시된 사례에서 가현 씨는 여성이라는 이유만으로 집안 어른들로부터 차별을 당하여 평등권을 침해받고 있다. ⑤ 다른 사람에 의해 권리를 침해당한 사람은 법원에 민사 소송을 제기함으로써 권리를 구제받을 수 있다.

27 ④ 우리 헌법은 근로자가 노동조합을 통해 사용자와 근로 조건에 관하여 협의할 수 있는 권리인 단체 교섭권을 보장하고 있다.

28 우리 헌법에서 보장하는 단결권, 단체 교섭권, 단체 행동권을 일컬어 노동 삼권이라고 한다. ㄴ은 참정권, ㄷ은 사회권, ㅂ은 자유권에 포함되는 권리이다.

29 ⑤ 단체 행동권은 단체 교섭이 원만하게 이루어지지 않을 경우 일정한 절차를 거쳐 파업, 태업 등의 쟁의 행위를 할 수 있는 권리를 말한다.

30 ㉠은 법률이다. 우리 헌법은 근로 조건의 최저 기준을 법률로 정하도록 규정하고 있다.

31 원칙적으로 휴식 시간을 제외하고 1일 8시간, 1주 40시간을 초과하여 근무할 수 없고, 근로 시간이 4시간이면 30분 이상, 8시간이면 1시간 이상의 휴식 시간을 주어야 한다. 임금은 매달 1회 이상 지급하는 것을 원칙으로 한다.

32 ④ 근로자에게 임금을 직접 지급하지 않은 것은 법으로 보장된 근로 조건을 위반한 것이므로, 노동권 침해에 해당한다.

33 ㈎는 해고의 조건을 갖추지 않은 부당 해고, ㈏는 사용자가 근로자의 노동 삼권을 침해한 부당 노동 행위에 해당한다.

34 제시된 그림은 부당 해고나 부당 노동 행위를 당한 경우 노동 위원회에 구제를 신청하여 권리를 구제받는 절차를 나타낸 것이다.

서술형 문제

1 예시답안 청구권. 청구권은 국가에 대하여 일정한 행위를 요구할 수 있는 권리를 말한다.

구분	채점 기준
상	청구권을 쓰고, 그 의미를 정확히 서술한 경우
하	청구권이라고만 쓴 경우

2 예시답안 인권 침해. 인권 침해는 사회 구성원의 고정 관념이나 편견, 사회의 잘못된 관습이나 관행, 국가의 불합리한 법과 제도 등의 영향을 받아 발생한다.

구분	채점 기준
상	인권 침해를 쓰고, 그 발생 원인을 두 가지 이상 정확히 서술한 경우
중	인권 침해를 쓰고, 그 발생 원인을 한 가지만 서술한 경우
하	인권 침해라고만 쓴 경우

3 예시답안 ㈎ 단결권 ㈏ 단체 교섭권. 단결권은 근로자가 노동조합을 만들고 이에 가입하여 활동할 수 있는 권리이며, 단체 교섭권은 근로자가 노동조합을 통해 사용자와 근로 조건에 관하여 협의할 수 있는 권리이다.

구분	채점 기준
상	㈎ 단결권, ㈏ 단체 교섭권을 쓰고, 두 가지 모두의 의미를 정확히 서술한 경우
중	㈎ 단결권, ㈏ 단체 교섭권을 쓰고, 그중 한 가지의 의미만을 서술한 경우
하	㈎ 단결권, ㈏ 단체 교섭권이라고만 쓴 경우

II 헌법과 국가 기관

12~17쪽

100점 도전! 실전 문제

01 ⑤	02 ①	03 ②	04 ⑤	05 ⑤	06 ④	07 ④	08 ⑤
09 ④	10 ②	11 ③	12 ⑤	13 ④	14 ④	15 ①	16 ②
17 ④	18 ③	19 ②	20 ①	21 ③	22 ③	23 ①	24 ②
25 ①	26 ④	27 ②	28 ③	29 ④	30 ④	31 ③	32 ①
33 ①							

01 영토가 넓고 인구가 많은 현대 국가에서는 모든 국민이 한 자리에 모여 국가 정책을 직접 결정하기 어려우므로 대의 민주 정치를 채택하고 있다.

02 ㉠은 선거, ㉡은 국회이다. 국민이 선거를 통해 직접 선출한 대표들로 구성된 기관을 국회라고 한다.

03 제시된 글은 입법 기관으로서의 국회의 위상을 보여 주고 있다. ⑤ 국회의 위상에 해당하지만, 제시된 내용과 관련 없다.

04 ⑤ 우리나라 국회 의원 선거에서는 지역구 국회 의원을 선출하기 위한 투표와 비례 대표 국회 의원을 선출하기 위한 정당 투표를 동시에 한다.

05 ⑤ 본회의에서는 일반적으로 재적 의원 과반수의 출석과 출석 의원 과반수의 찬성으로 의사 결정이 이루어진다.

06 ㉠은 국회이다. ㄱ, ㄹ은 입법, ㄴ은 일반 국정에 관한 국회의 권한에 해당한다. ㄷ은 감사원의 역할에 해당한다.

07 ④ 국정 감사 및 국정 조사권은 국회의 일반 국정에 관한 권한에 해당한다.

08 ㄱ. 우리나라에서 법률안은 국회 의원 10인 이상이 발의하거나 정부가 제출할 수 있다. ㄴ. 제출된 법률안은 상임 위원회에서 심의를 마친 후 본회의에 상정된다.

09 ④ 국회는 대통령을 비롯한 고위 공직자에 대한 탄핵 소추를 의결할 수 있다. 탄핵 심판은 헌법 재판소의 역할이다.

10 ⑺는 법률을 개정한 것이므로 국회의 입법에 관한 권한에 해당한다. ⑻는 국정 감사를 실시한 것이므로 국회의 일반 국정에 관한 권한에 해당한다.

11 제시된 글에서 설명하는 국가 작용은 행정이다. ㄱ. 행정은 공익 실현을 목적으로 한다. ㄹ. 행정은 법률을 집행하는 것이므로, 반드시 법률에 따라 이루어져야 한다.

12 ㉠에 들어갈 국가 기관은 행정부이다. 우리나라의 행정부는 대통령을 중심으로 국무총리, 국무 회의, 감사원, 행정 각부 등으로 구성된다. ⑤ 상임 위원회는 국회의 조직에 해당된다.

13 제시된 글은 국무 회의에 대한 설명이다. 국무 회의는 대통령, 국무총리, 국무 위원으로 구성되는 행정부의 최고 심의 기관으로, 정부의 중요 정책을 심의한다.

14 ⑺에 들어갈 국가 기관은 국무총리이다. ③ 국회 의장은 국회에서 선출된다.

15 ① 감사원은 조직상으로는 대통령에 소속된 감사 기관이다.

16 대통령(㉠)은 국가 원수로서 국가의 최고 지도자이며, 행정권(㉡)을 지닌 행정부 수반으로서 행정 작용에 대한 최종적인 권한과 책임을 지닌다.

17 ④ 행정부 수반인 대통령은 국무 회의의 의장으로서 국가의 중요한 정책을 최종 결정한다. ①, ③ 대통령의 임기는 5년이며 중임할 수 없다. ② 대통령은 국민의 선거로 선출된다. ⑤ 대통령은 국가 원수와 행정부 수반으로서의 지위를 동시에 갖는다.

18 제시된 글은 대통령의 국가 원수로서의 지위를 나타내고 있다. ③ 행정부를 지휘하고 감독하는 것은 행정부 수반으로서의 대통령의 권한에 해당한다.

19 ② 헌법 기관을 구성하는 것은 대통령의 국가 원수로서의 권한이다.

20 대통령령 제정, 법률안 거부권 행사, 행정부의 지휘 및 감독 등은 대통령의 행정부 수반으로서의 권한에 해당한다. 외국과 조약 체결, 외교 사절 파견, 긴급 명령 및 계엄 선포권 등은 대통령의 국가 원수로서의 권한에 해당한다.

21 ㄴ. 대통령은 법률안 거부권을 행사하여 국회를 견제할 수 있다. ㄷ. 대통령은 국가 원수로서 국민 투표 시행 등을 통해 국정을 조정한다.

22 제시된 내용은 법을 해석·적용하는 국가 작용인 사법에 대한 설명이다.

23 제시된 내용은 법원의 독립과 법관의 독립에 대한 설명이다. 법원의 독립과 법관의 독립은 재판이 외부의 간섭 없이 독립적으로 이루어지는 것, 즉 사법권의 독립을 목적으로 한다.

24 제시된 글은 법원에 대한 설명이다. ㄴ은 헌법 재판소, ㄷ은 행정부의 역할에 해당한다.

25 ① 고등 법원은 지방 법원, 가정 법원, 행정 법원의 1심 판결에 대한 항소 사건을 재판(2심)한다. 민사 사건의 1심 재판은 지방 법원이 담당한다.

26 특허 업무와 관련된 사건을 재판하는 법원은 특허 법원(㉠)이고, 특허 법원의 판결에 불복하여 상고한 사건을 재판하는 법원은 대법원(㉡)이다.

27 ㄴ, ㄷ. 권력 분립을 통해 국가 권력이 특정 국가 기관에 집중되는 것을 막을 수 있다.

28 ⑺는 법원의 기능 중 위헌 명령·규칙 심사, ⑻는 위헌 법률 심판 제청에 대한 설명이다. 법원은 명령·규칙을 심사함으로써 행정부를 견제할 수 있고, 헌법 재판소에 위헌 법률 심판을 제청함으로써 입법부를 견제할 수 있다.

29 밑줄 친 부분에 해당하는 재판은 헌법 재판이다. 헌법 재판은 헌법과 관련한 분쟁이나 다툼이 발생했을 때 이를 해결하는 역할을 한다.

30 ⊙은 헌법 재판소이다. ㄴ. 헌법 재판소 재판관은 대통령과 대법원장이 각각 3명씩 지명하고, 국회에서 3명을 선출하여 대통령이 임명한다.

31 ③ 헌법 재판소장은 국회의 동의를 얻어 대통령이 임명한다.

32 ① 위헌 법률 심판은 법원의 제청이 있을 경우에 헌법 재판소가 법률의 위헌 여부를 심판하는 것이다.

33 제시된 글에서 설명하는 헌법 재판소의 역할은 탄핵 심판이다.

서술형 문제

1 **예시답안** 본회의. 법률안과 예산안에 대한 의결 등 국회의 의사를 최종적으로 결정하는 회의이다.

구분	채점 기준
상	본회의를 쓰고, 그 의미를 정확히 서술한 경우
하	본회의라고만 쓴 경우

2 **예시답안** 국무 회의. 국무 회의는 대통령, 국무총리, 행정 각부의 장을 비롯한 국무 위원으로 구성되며, 정부의 일반 정책과 법률안, 예산안 등 중요한 정책을 심의한다.

구분	채점 기준
상	국무 회의를 쓰고, 구성 방식과 역할을 모두 정확히 서술한 경우
중	국무 회의를 쓰고, 구성 방식과 역할 중 한 가지만 서술한 경우
하	국무 회의라고만 쓴 경우

3 **예시답안** 대법원. 고등 법원에서 올라온 3심 사건과 특허 법원에서 올라온 2심 사건을 비롯한 최종 재판을 담당하며, 명령 및 규칙이 헌법이나 법률을 위반하는지 최종적으로 심사한다.

구분	채점 기준
상	대법원을 쓰고, 그 역할을 두 가지 이상 정확히 서술한 경우
중	대법원을 쓰고, 그 역할을 한 가지만 서술한 경우
하	대법원이라고만 쓴 경우

Ⅲ 경제생활과 선택

100점 도전! 실전 문제
20~25쪽

01 ④	**02** ②	**03** ③	**04** ⑤	**05** ①	**06** ⑤	**07** ③	**08** ④
09 ①	**10** ③	**11** ③	**12** ②	**13** ③	**14** ②	**15** ⑤	**16** ④
17 ①	**18** ⑤	**19** ⑤	**20** ③	**21** ①	**22** ②	**23** ②	**24** ④
25 ②	**26** ③	**27** ①	**28** ③	**29** ③	**30** ②	**31** ②	**32** ④
33 ⑤	**34** ①	**35** ②	**36** ③	**37** ①	**38** ④		

01 ㄴ. 기업과 가계뿐만 아니라 정부 등도 경제 주체로서 경제 활동에 참여할 수 있다.

02 ①은 생산, ③은 분배, ④, ⑤는 소비에 해당한다. ② 재화와 서비스를 생산, 소비, 분배하는 것과 관련이 없으므로, 경제 활동이라고 볼 수 없다.

03 (가)는 구체적인 형태가 있는 재화, (나)는 인간의 가치 있는 행위인 서비스에 해당한다. 재화와 서비스는 모두 인간이 욕구 충족을 위해 필요로 하는 경제 활동의 대상이다.

04 상품을 만들어 내는 활동뿐만 아니라, 상품을 운반하고 저장하여 판매하는 것처럼 기존에 만들어진 상품의 가치를 높이는 활동도 생산에 포함된다.

05 ⊙은 재화를 구입한 것이므로 소비, ⓒ은 서비스를 만들어 낸 것이므로 생산, ⓒ은 생산에 참여한 대가를 받은 것이므로 분배에 해당한다.

06 제시된 내용은 생산이 분배로 이어지고, 분배는 소비의 기반이 되며, 소비는 다시 생산의 밑바탕이 됨을 나타낸다. 이처럼 생산, 분배, 소비와 같은 경제 활동은 경제 주체 간의 상호 작용을 토대로 서로 긴밀히 연결되어 순환된다.

07 ⊙에 들어갈 경제 주체는 정부이다. 정부는 가계와 기업이 낸 세금으로 국방 서비스나 도로 등의 공공재를 생산한다.

08 ㄴ, ㄹ. 자원의 양보다 이를 원하는 사람이 더 많으므로, 희소성을 갖는다고 볼 수 있다. ㄱ, ㄷ. 자원의 양보다 이를 원하는 사람이 더 적으므로, 희소성을 갖는다고 볼 수 없다.

09 과거와 달리 오늘날 깨끗한 물을 사 마시게 된 것은 깨끗한 물에 대한 인간의 욕구에 비해 깨끗한 물의 양이 상대적으로 부족하여 깨끗한 물의 희소성이 커졌기 때문이다.

10 밑줄 친 '이것'은 기회비용이다. 개인과 사회는 경제 활동을 할 때 선택의 상황에 직면하는데, 모든 선택에는 기회비용이 따른다.

11 ③ 합리적 선택을 하기 위해서는 편익, 즉 선택으로 얻게 되는 이익이나 만족감이 기회비용보다 크도록 선택해야 한다.

12 ② 같은 비용이 든다면 편익이 가장 큰 것을 선택하는 것이 합리적이다. 따라서 나리는 활동에 따른 만족감이 가장 큰 독서를 선택하는 것이 가장 합리적이다.

13 (가) ~ (다)는 모든 사회에서 공통적으로 나타나는 선택의 문제, 즉 기본적인 경제 문제에 해당한다.

14 ㄴ. 경제 문제의 해결 방식은 사회마다 다를 수 있다. ㄷ. 어떤 작물을 심을지 고민하는 것은 생산물의 종류와 수량을 결정하는 (나)의 문제에 해당한다.

15 ⑤ 경제 문제는 자원의 희소성, 즉 인간의 욕구는 무한한 데 비해 이를 충족해 줄 자원은 한정되어 있는 현상 때문에 발생한다.

16 ㉠은 시장의 자율성을 중시하는 시장 경제 체제, ㉡은 분배의 형평성을 중시하는 계획 경제 체제, ㉢은 시장 경제 체제와 계획 경제 체제의 요소가 혼합된 혼합 경제 체제에 해당한다.

17 기업의 자율적인 의사 결정을 통해 경제 문제를 해결하고 있으므로, 가국은 시장 경제 체제를 채택하고 있음을 알 수 있다. ① 시장 경제 체제에서는 자유로운 경제 활동이 보장되므로 개인의 창의성이 최대한 발휘될 수 있다.

18 A는 시장 경제 체제, B는 계획 경제 체제의 입장을 취하고 있다. ㄷ, ㄹ. 경제 주체의 자율성이 보장되는 시장 경제 체제는 자원의 효율적 사용을 가능하게 하므로, 계획 경제 체제보다 사회 전체의 생산을 증대하는 데 유리하다.

19 제시된 정책은 시장의 가격 기능만으로는 해결하기 어려운 문제를 해결하기 위해 정부가 경제에 일부 개입한 것으로, 시장 경제 체제의 한계를 보완하려는 목적을 지닌다.

20 ㉠은 기업, ㉡은 가계에 해당한다. 기업은 생산을 위해 가계가 제공하는 노동, 토지, 자본 등을 사용하고, 그 대가로 임금, 지대, 이자 등을 지급하여 가계의 소득을 창출한다.

21 ① 기업은 생산 활동을 위해 가계의 노동과 자본을 사용하는 과정에서 가계에 일자리와 소득을 제공하는 역할을 한다.

22 △△ 기업의 공장 건설로 지역의 일자리가 늘고, 주민들의 생활 수준이 높아졌음을 고려할 때 □□시는 지역 경제를 활성화하기 위해 다양한 혜택을 제공하여 기업을 유치하고자 함을 알 수 있다.

23 ② 기업의 사회적 책임은 기업이 이윤 추구 활동 이외에 법령과 윤리를 준수하고, 사회 공헌 활동 등을 통해 사회에 대한 역할을 다하는 것을 의미한다.

24 제시된 사례에서 A 기업은 다양한 사회 공헌 활동을 통해 사회 전체의 복지를 증진하는 데 기여하였으므로, 사회적 책임을 다하였다고 볼 수 있다.

25 ㉠은 기업가 정신이다. 기업가 정신은 새로운 가치 창출에 기여하여 경제 발전의 원동력으로 작용하기도 한다. ㄷ. 기존의 생산 방식을 유지하는 것은 혁신을 추구하는 자세가 아니므로, 기업가 정신의 발휘 사례로 적절하지 않다.

26 제시된 사례에서 B사는 신상품 개발을 통해 시장의 변화에 적응한 반면, C사는 시장의 변화에 적응하지 못하여 새로운 이윤 창출에 실패한 모습을 보여 준다. 이를 통해 빠르게 변화하는 사회 환경에 대처하기 위해 혁신을 바탕으로 생산 활동을 하려는 자세인 기업가 정신을 가지는 것이 중요함을 알 수 있다.

27 ① 중장년기는 소득이 소비보다 높게 형성되어 저축이 가능한 시기이다.

28 문항 1에서 중장년기에는 노후 준비를 위해 저축해야 하며, 문항 4에서 유소년기에는 주로 생산 활동보다 소비 활동이 많이 이루어진다. 문항 1과 문항 4만이 정답이므로, 학생이 얻을 점수는 2점이다.

29 제시된 그림을 통해 유소년기와 노년기처럼 소비가 소득보다 많은 시기가 있고, 중장년기처럼 소득이 소비보다 많은 시기도 있음을 알 수 있다.

30 (가) 금융 자산에는 예금, 주식, 채권 등이 해당한다. (나) 실물 자산에는 자동차, 부동산, 귀금속 등이 해당한다.

31 ㄴ. 자산 관리 방법을 선택할 때는 자신의 소득과 소비, 미래 계획 등을 고려해야 한다. ㄹ. 지속 가능한 경제생활을 위해서는 평생의 소득과 소비를 고려하여 자산을 확보하고 운영해야 한다.

32 자산 관리 과정은 '(다) 목표 결정 → (나) 자산 파악 → (마) 자금 마련 계획 수립 → (가) 실행 → (라) 검토와 평가'의 순서로 이루어진다.

33 ⑤ 다양한 유형의 자산에 분산하여 투자하면 어느 한 곳에서 손해를 보더라도 다른 곳에서 그 손해를 보충할 수 있기 때문에 적정한 이익을 얻는 동시에 투자로 인한 위험을 줄여 나갈 수 있다.

34 ㉠은 예금이다. 이자 등을 목적으로 은행과 같은 금융 기관에 맡긴 자산인 예금은 원금 손실의 우려가 적어 안전성은 높지만, 수익성은 낮은 편이다.

35 ㄴ. 토지 등과 같이 옮길 수 없는 자산은 부동산에 해당한다. ㄹ. 미리 일정액을 낸 후 노후에 매달 일정액을 받는 금융 상품은 연금에 해당한다.

36 밑줄 친 '이것'은 신용이다. 신용을 이용하면 대학 등록금과 같이 한꺼번에 많은 지출이 필요한 경우 목돈을 마련할 수 있다.

37 은행 대출과 할부 거래는 개인의 지불 능력에 관한 사회적 평가, 즉 신용을 이용하여 거래한 사례에 해당한다.

38 올바른 신용 관리를 위해 자신의 소득을 고려하여 갚을 수 있는 범위 내에서 신용을 이용해야 하며, 평소에 신용도를 높게 유지해야 한다. ㄱ. 상품 대금을 연체하면 신용을 잃을 수 있으므로, 연체하지 않도록 주의해야 한다.

서술형 문제

1 (1) 계획 경제 체제
(2) **예시답안** 계획 경제 체제는 국민의 다양한 욕구를 파악하기 어려워 국민에게 필요한 것을 적절하게 공급하기 어렵고, 근로자의 근로 의욕이 저하되며, 이윤을 추구할 동기가 부족하여 경제적 효율성이 낮다는 등의 단점이 있다.

구분	채점 기준
상	계획 경제 체제의 단점을 두 가지 이상 정확히 서술한 경우
하	계획 경제 체제의 단점을 한 가지만 서술한 경우

2 **예시답안** 기업. 기업은 상품 생산, 고용과 소득 창출, 세금 납부를 통한 국가 재정 기여, 연구 개발 투자를 통한 경제 성장 촉진 등의 역할을 한다.

구분	채점 기준
상	기업을 쓰고, 그 역할을 두 가지 이상 정확히 서술한 경우
중	기업을 쓰고, 그 역할을 한 가지만 서술한 경우
하	기업이라고만 쓴 경우

3 **예시답안** 예금은 원금 손실의 우려가 적어 안전성은 높지만, 수익성은 낮은 편이다. 반면, 주식은 수익성은 높지만, 원금 손실의 우려가 커 안전성은 낮은 편이다.

구분	채점 기준
상	예금과 주식의 특징을 두 가지 기준에서 모두 비교하여 정확히 서술한 경우
하	예금과 주식의 특징을 한 가지 기준에서만 비교하여 서술한 경우

Ⅳ 시장 경제와 가격

28~33쪽

100점 도전! 실전 문제

01 ①	02 ③	03 ⑤	04 ④	05 ③	06 ②	07 ④	08 ③
09 ⑤	10 ②	11 ④	12 ①	13 ④	14 ③	15 ⑤	16 ⑤
17 ②	18 ④	19 ④	20 ③	21 ①	22 ②	23 ③	24 ⑤
25 ②	26 ④	27 ③	28 ⑤	29 ②	30 ②	31 ③	32 ④
33 ①							

01 ㉠은 시장이다. ① 시장에서는 재화나 서비스와 같은 생산물뿐만 아니라 토지, 노동, 자본 등과 같은 생산 요소도 거래된다.

02 (가)는 시장의 확대, (나)는 자급자족 생활, (다)는 시장의 형성, (라)는 물물 교환 발생이다. 따라서 시장은 '(나) – (라) – (다) – (가)'의 과정을 거쳐 형성되고 발달하였다.

03 ①, ②, ③, ④ 거래가 이루어지는 장소나 모습이 구체적으로 드러나는 시장이다. ⑤ 인터넷 쇼핑몰은 거래가 이루어지는 장소나 모습이 구체적으로 드러나지 않는 시장이다.

04 제시된 내용은 생산 요소 시장에 대한 설명이다. ㄱ, ㄷ. 생활에 필요한 재화나 서비스가 거래되는 생산물 시장에 해당한다.

05 ③ 생산물 시장과 생산 요소 시장은 시장에서 거래되는 대상의 종류에 따라 구분된다.

06 ② 수요 법칙에 따르면 상품 가격이 상승하면 수요량은 감소하고, 가격이 하락하면 수요량은 증가한다. 따라서 상품의 가격과 수요량은 반대 방향으로 움직인다.

07 제시된 그림은 상품의 가격과 수요량이 음(−)의 관계에 있다는 수요 법칙을 표현한 수요 곡선이다. ④ ㉠은 상품의 가격이 상승할 때 수요자가 구매하려는 수량이 감소한다는 것을 나타낸다.

08 ③ 일반적으로 상품 가격이 상승하면 공급량이 증가하고, 가격이 하락하면 공급량이 감소한다. 이처럼 상품의 가격과 공급량이 양(+)의 관계에 있는 것을 공급 법칙이라고 한다.

09 ⑤ 일반적으로 상품의 가격이 올라갈수록 공급자가 생산을 통해서 얻을 수 있는 이윤이 커지기 때문에 공급자는 상품의 판매량을 늘린다.

10 ㄱ, ㄹ. 다른 조건이 일정할 때 생과일주스의 가격이 하락하면 공급자가 생산을 통해 얻을 수 있는 이윤이 줄기 때문에 공급량은 감소할 것이며, 소비자가 같은 금액으로 사 먹을 수 있는 주스의 양이 늘기 때문에 생과일주스의 수요량은 증가할 것이다.

11 수요 법칙은 상품의 가격이 상승하면 수요량이 감소하고, 가격이 하락하면 수요량이 증가하는 것을 말한다. ④ 운동화의 가격이 하락하자 운동화의 수요량이 늘어난 것은 수요 법칙이 성립한 사례에 해당한다.

12 ㄷ, ㄹ. 균형 가격은 수요자나 공급자가 일방적으로 결정하는 것이 아니라 수요와 공급의 상호 작용에 의해 형성되며, 상품의 수요나 공급이 변화할 경우 균형 가격도 변동할 수 있다.

13 ㄴ. 초과 공급이 발생할 경우 공급자들은 가격을 낮춰서라도 상품을 더 판매하려고 경쟁할 것이다. ㄹ. 초과 수요가 발생한 경우에 나타나는 현상이다.

14 (가) 상태에서는 수요량이 공급량보다 많은 초과 수요, (나) 상태에서는 공급량이 수요량보다 많은 초과 공급이 발생한다. ③ 초과 수요가 발생할 경우 수요자들 간의 구매 경쟁이 발생하여 상품 가격이 시장 가격에 도달할 때까지 상승한다.

15 ⑤ 딸기의 가격이 1,000원일 때 딸기의 공급량이 수요량보다 많은 초과 공급이 발생한다. 초과 공급이 발생할 경우 공급자들 간의 판매 경쟁이 일어나 상품의 가격은 하락하게 된다.

16 ⑤ 빵의 가격이 900원일 때 공급량이 15개, 수요량이 5개이므로 빵의 공급량이 수요량보다 10개 더 많은 초과 공급이 발생한다.

17 ㄱ, ㄹ. 빵의 가격이 600원일 때 공급량과 수요량은 모두 10개이다. 반면 빵의 가격이 300원일 때 공급량은 5개, 수요량은 15개이다. 따라서 빵의 가격이 600원에서 300원으로 하락하면 공급량은 10개에서 5개로 감소하고, 수요량은 10개에서 15개로 증가한다.

18 ④ 원자재 가격과 같은 생산 요소의 가격 변화는 공급의 변화 요인에 해당한다.

19 ㄴ, ㄹ. 소득의 증가, 소비자의 기호나 선호도 상승은 수요 증가 요인이다. ㄱ. 대체재의 가격 하락은 수요 감소 요인에 해당한다. ㄷ. 생산 요소의 가격 하락은 공급 증가 요인에 해당한다.

20 ㉠은 보완재이다. ③ 커피와 녹차는 서로 용도가 비슷하여 대신해서 사용할 수 있는 대체재 관계에 있는 재화이다.

21 제시된 그림에서 공급 곡선이 왼쪽으로 이동하였으므로, 공급이 감소하였음을 알 수 있다. ㄷ, ㄹ. 생산 기술의 발달과 미래에 상품 가격 하락 예상은 공급 증가 요인이다.

22 (가), (마) 인건비와 같이 상품을 생산하는 데 필요한 생산 요소의 가격 상승, 미래에 상품 가격 상승 예상은 공급 감소 요인이다. (나), (다), (라) 생산 요소의 가격 하락, 생산 기술의 발달, 공급자 수의 증가는 공급 증가 요인이다.

23 요구르트에 대한 소비자의 선호도 상승은 요구르트의 수요(㉠)를 증가시키며, 요구르트를 생산하는 기업의 수 증가는 요구르트의 공급(㉡)을 증가시킨다.

24 ⑤ 미래에 상품의 가격이 오를 것으로 예상되면 사람들이 상품을 미리 사 두려고 할 것이므로 수요는 증가하고, 공급자들은 가격이 오른 후 상품을 판매하려고 할 것이므로 공급은 감소한다.

25 제시된 그림에서 수요 곡선이 오른쪽으로 이동하였으므로, 수요가 증가하였음을 알 수 있다. ㄹ. 두 상품이 보완 관계에 있을 경우 한 상품의 가격이 하락하면 다른 상품의 수요는 증가한다.

26 새로운 냉장고의 출시 소식은 기존 냉장고의 수요 감소 요인이다. 공급이 일정할 때 수요가 감소하면 수요 곡선이 왼쪽으로 이동하여 균형 가격은 하락하고, 균형 거래량은 감소한다.

27 제시된 상황은 디지털 카메라의 생산 기술이 발달하여 공급이 증가하였음을 나타낸다. ③ 수요가 일정할 때 공급이 증가하면 공급 곡선은 오른쪽으로 이동한다.

28 제시된 상황은 팝콘의 핵심 재료인 옥수수의 가격, 즉 생산 요소의 가격이 하락하고 있음을 나타낸다. 생산 요소의 가격 하락은 공급 증가 요인에 해당한다. ⑤ 수요가 일정할 때 공급이 증가하면 균형 가격은 하락하고, 균형 거래량은 증가한다.

29 상품의 수요가 증가하거나 공급이 감소할 경우 상품의 가격은 상승한다. ② 보완재의 가격 하락은 수요 증가 요인에 해당한다. ①, ③은 수요 감소 요인, ④, ⑤는 공급 증가 요인이다.

30 문항 3에서 다른 조건이 일정할 때, 공급 증가와 수요 감소가 동시에 나타나면 균형 가격은 하락하므로, '×'가 정답이다. 문항 3만이 정답이므로 학생이 얻을 점수는 1점이다.

31 상품의 수요가 증가하거나 공급이 감소할 때 균형 가격은 상승하고, 수요가 감소하거나 공급이 증가할 때 균형 가격은 하락한다. ①은 공급 증가 요인, ②는 수요 감소 요인으로 균형 가격은 하락한다. ④는 공급 감소 요인, ⑤는 수요 증가 요인으로 균형 가격은 상승한다.

32 ㄱ. 시장에서 사람들이 많이 찾는 상품은 수요가 증가하여 시장 가격이 상승한다. ㄷ. 시장 가격은 시장에서 수요자와 공급자 간의 상호 작용을 통해 결정된다.

33 밑줄 친 시장 가격의 신호등 기능은 경제 주체가 시장 가격이 주는 신호를 보고 경제 활동을 조절한다는 것을 말한다. ① 감귤 가격이 오르면 생산자는 더 많은 이윤을 얻을 수 있으므로 감귤을 생산하는 사람이 늘어날 것이다.

서술형 문제

1 (1) 균형 가격 - 300원, 균형 거래량 - 50개
(2) **예시답안** 볼펜 가격이 200원일 경우 볼펜의 수요량이 공급량보다 많은 초과 수요가 발생하므로, 수요자들 간의 구매 경쟁이 일어나 볼펜 가격이 상승할 것이다.

구분	채점 기준	
상	초과 수요가 발생하여 볼펜 가격이 상승한다고 정확히 서술한 경우	
하	볼펜 가격이 상승한다고만 서술한 경우	

2 **예시답안** 보완재. 보완재는 함께 소비할 때 만족도가 더욱 커지는 재화를 말한다.

구분	채점 기준
상	보완재를 쓰고, 그 의미를 정확히 서술한 경우
하	보완재라고만 쓴 경우

3 예시답안 그림에서 공급 곡선이 오른쪽으로 이동하였으므로, 공급이 증가하였음을 알 수 있다. 공급 증가 요인에는 생산 요소의 가격 하락, 생산 기술의 발달 등이 있고, 공급이 증가하면 균형 가격은 하락한다.

구분	채점 기준
상	공급 증가 요인을 두 가지 이상 쓰고, 균형 가격이 하락함을 정확히 서술한 경우
중	공급 증가 요인을 한 가지만 쓰고, 균형 가격이 하락함을 서술한 경우
하	공급 증가 요인과 균형 가격의 변동 양상 중 한 가지만 서술한 경우

100점 도전! 실전 문제

36~41쪽

01 ①	**02** ②	**03** ④	**04** ③	**05** 1인당 국내 총생산		**06** ⑤
07 ②	**08** ②	**09** ①	**10** ④	**11** ⑤	**12** ①	**13** ④	**14** ⑤
15 ①	**16** ⑤	**17** ③	**18** ④	**19** ①	**20** ④	**21** ②	**22** ①
23 ③	**24** ⑤	**25** ④	**26** ①	**27** ②	**28** ④	**29** ⑤	**30** ③
31 ①	**32** ②	**33** ⑤					

01 ㄷ. 국내 총생산은 국민 전체의 소득 수준을 파악하는 데 유용하다. 한 나라 국민들의 평균적인 소득 수준을 파악할 때는 1인당 국내 총생산을 이용한다. ㄹ. 국내 총생산은 시장에서 거래되는 재화뿐만 아니라 서비스의 가치도 포함한다.

02 ② 교통사고로 다쳐서 병원에 지불한 치료비는 시장에서 이루어지는 경제 활동이므로 국내 총생산에 포함된다.

03 ㄱ. 중간 생산물의 가치는 최종 생산물의 가치에 포함되므로, 국내 총생산을 계산할 때 이를 제외해야 한다. ㄷ. 국내 총생산은 한 국가의 영토 안에서 생산되는 것을 포함하므로, 외국인이 국내에서 벌어들인 소득도 측정한다.

04 국내 총생산은 대가를 받지 않는 봉사 활동과 같이 시장에서 거래되지 않는 활동의 가치를 포함하지 않는다.

06 1인당 국내 총생산은 국내 총생산을 그 나라의 인구수로 나눈 것으로 한 나라 국민의 평균 소득과 평균적인 경제생활 수준을 파악할 수 있다.

07 ㉡ 음식점을 운영하는 가현 씨가 판매한 최종 생산물인 칼국수는 국내 총생산(GDP)에 포함된다.

08 그림을 통해 우리나라의 국내 총생산이 점차 증가하는 것을 알 수 있다. 국내 총생산이 증가한다는 것은 그 나라의 경제가 성장하였음을 의미한다. ㄱ. 경제가 성장하면 의료에 대한 투자가 증가하며 인구 천 명당 의사 수가 증가한다. ㄷ. 경제가 성장하면 일자리가 증가하여 국민 소득이 높아진다.

09 경제 성장은 기본적인 삶의 조건을 충족시켜줌으로써 삶의 질을 높이는 데 기여한다. 그러나 경제 성장 과정에서 여러 문제가 발생하여 삶의 질을 떨어뜨리기도 하므로 경제 성장이 반드시 삶의 질 향상으로 이어진다고는 볼 수 없다.

10 ④ 물가 지수가 100보다 작으면 기준 연도에 비해 물가가 하락한 것을 의미하고, 100보다 크면 기준 연도에 비해 물가가 상승한 것을 의미한다.

11 ㄱ. 2018년은 2017년에 비해 물가가 15% 상승하였다. ㄴ. 물가가 상승했으므로 화폐 가치는 전년도에 비해 하락하였다.

12 ㄷ, ㄹ. 정부의 재정 지출이 감소하는 경우, 원자재 가격이 하락하여 생산비가 감소하는 경우에는 물가가 하락할 수 있다.

13 ㄴ. 인플레이션이 발생하면 화폐의 가치가 하락하여 돈을 돌려받을 때의 가치가 돈을 빌려주었을 때의 가치보다 낮아지므로 돈을 빌려준 사람이 불리해진다. ㄹ. 인플레이션이 발생하

시험대비 문제집

면 화폐의 가치가 떨어지므로 고정된 소득으로 생활하는 사람이 불리해진다.

14 ㈎ 중앙은행은 시중 은행의 이자율을 높여 사람들이 저축을 많이 하도록 유도하여 물가 안정에 기여할 수 있다. ㈏ 근로자는 자기 계발을 통해 생산성을 향상함으로써 물가 안정에 기여할 수 있다. ㈐ 정부는 재정 지출을 축소하고 공공요금의 인상을 억제함으로써 물가를 안정시킬 수 있다.

15 ① 물가 안정을 위해 소비자는 과소비를 자제하고 건전하고 합리적인 소비 자세를 함양해야 한다.

16 실업이란 일할 능력과 의사가 모두 있음에도 불구하고 일자리를 구하지 못하는 상태를 의미한다.

17 ㄱ, ㄹ. 일할 능력이나 의사가 없는 어린이, 학생, 노약자, 가정주부, 구직 단념자 등은 비경제 활동 인구에 해당한다.

18 제시된 사례는 계절적 실업에 해당한다. 계절적 실업은 계절의 영향을 많이 받는 분야에서 계절에 따라 고용 기회가 줄어들어 실업이 발생하는 것을 말한다.

19 ① 실업이 발생하면 가계의 소비 활동이 감소함에 따라 정부의 조세 수입도 줄어든다.

20 ㄷ. 비정규직은 고용 계약 기간이 정해져 있는 근로자를 의미하므로 비정규직의 확대는 고용 불안을 유발할 수 있다.

21 ② 각국은 비교 우위를 가진 상품을 특화하여 수출하고, 그렇지 않은 상품을 수입함으로써 상호 이익을 얻을 수 있다.

22 환율의 변동에 따라 수출입 상품의 가격이 변동하고 그에 따른 이익이 달라지므로, 국제 거래 시에는 환율을 고려해야 한다.

23 ㄱ, ㄹ. 우리나라는 노동, 자본, 기술 등 생산 여건이 변화함에 따라 경제 발전 초기에 섬유, 의류 등 노동 집약적인 상품을 주로 수출하였지만, 시간이 지나면서 자동차, 반도체와 같은 기술 집약적인 제품을 주로 수출하게 되었다.

24 세계화와 개방화, 세계 무역 기구의 출범 등으로 재화뿐만 아니라 서비스와 생산 요소 등의 거래도 활발하게 이루어지고 있다.

25 지역 경제 협력체는 지리적으로 가깝고 경제적으로 상호 의존도가 높은 나라들이 경제 협력을 강화하기 위해 구성하는 협력체로 무역 증진을 통해 공동의 이익을 추구한다.

26 ㉠은 자유 무역 협정이다. 자유 무역 협정은 국가 간 무역 장벽을 완화함으로써 시장의 규모를 국제적으로 확대시킨다.

27 ② 국내 기업이 외국 상품의 수입을 늘리면 외화의 수요가 증가하여 환율이 상승한다. ①, ④, ⑤는 외화의 공급 증가 요인, ③은 외화의 수요 감소 요인으로, 외화의 공급이 증가하거나 수요가 감소하면 환율은 하락한다.

28 그림은 외화의 공급 증가에 따른 환율 하락을 나타낸다. ④ 환율이 하락하면 수입품의 국내 가격이 하락하여 수입이 증가하므로, 밀을 수입하여 가공하는 수입업체 사장은 유리해진다.

29 환율이 상승하면 외화로 표시되는 우리나라 상품의 가격이 상대적으로 저렴해지므로 수출을 주로 하는 휴대 전화와 자동차 분야는 유리해진다.

30 환율이 하락하면 외화로 표시되는 우리나라 상품의 가격이 상승하여 수출이 감소한다.

31 제시된 사례는 외화의 공급이 증가하는 모습을 보여준다. 외화의 공급이 증가하면 외화의 가치가 낮아져 환율은 하락하고 원화의 가치는 상승한다. ㄹ. 자국민의 해외여행 증가는 외화의 수요 증가 요인으로 환율의 상승을 가져온다.

32 환율 변동 전에 120만 원을 환전했더라면 1,200달러를 받았겠지만, 환율 상승으로 인해 1,000달러를 받게 되었다. 따라서 환율 변동 전에 환전하는 것이 더 유리했을 것이다.

33 환율이 상승하면 외화 가치에 비해 원화 가치는 하락한다. 따라서 외국인 투자자가 투자에 필요한 비용이 적어지므로 우리나라에 투자를 확대하는 것이 합리적이다.

서술형 문제

1 **예시답안** 국내 총생산은 시장에서 거래되지 않는 경제 활동을 포함하지 않는다. 또한 국민의 삶의 질 수준이나 소득 분배 수준, 빈부 격차의 정도를 파악하기 어렵다.

구분	채점 기준
상	국내 총생산의 한계를 두 가지 이상 정확히 서술한 경우
하	국내 총생산의 한계를 한 가지만 서술한 경우

2 **예시답안** A국 정부는 물가를 안정시키기 위해 과도한 재정 지출을 줄이고 조세를 인상하며, 중앙은행은 통화량을 감축하고 시중 은행의 이자율을 높여 저축을 유도함으로써 물가를 안정시킨다.

구분	채점 기준
상	정부와 중앙은행의 대책을 모두 정확히 서술한 경우
하	정부와 중앙은행의 대책 중 한 가지만 서술한 경우

3 **예시답안** 외국 상품의 수입, 자국민의 해외여행, 해외 투자와 유학, 외채 상환 등으로 외화의 수요가 증가할 경우 환율이 상승한다.

구분	채점 기준
상	외화의 수요 발생 요인을 세 가지 이상 정확히 서술한 경우
중	외화의 수요 발생 요인을 두 가지만 서술한 경우
하	외화의 수요 발생 요인을 한 가지만 서술한 경우

01 국제 사회	02 ②	03 ①	04 ④	05 ⑤	06 ③	07 ④
08 ⑤	09 ⑤	10 ②	11 ①	12 ④	13 ④	14 ②	15 ①
16 ④	17 ⑤	18 ②	19 ⑤	20 ④	21 ⑤

02 ㄴ. 국제 사회는 주권을 가진 국가를 기본 단위로 하여 형성된다. ㄷ. 국제 사회에는 강제성을 가진 중앙 정부가 없어 국가 간 분쟁이 일어날 경우 해결이 어렵다.

03 제시된 글은 국가 간 영향력에 차이가 있음을 나타내는데, 이를 통해 국제 사회에 힘의 논리가 작용함을 알 수 있다. ① 국제 사회에서는 군사력과 경제력이 큰 강대국이 약소국에 비해 많은 영향력을 행사한다.

04 ㈎는 국제 사회에서 각국이 자국의 이익을 우선으로 추구하는 경향을 보여 준다. ㈏는 국제 사회에서 각국이 공동의 문제를 해결하기 위해 상호 협력하는 것을 보여 준다.

05 ⑤ 다국적 기업에 대한 설명이다.

06 ㈎는 정부를 회원으로 하는 정부 간 국제기구, ㈏는 국제적 규모로 상품을 생산하고 판매하는 다국적 기업에 해당한다.

07 정부 간 국제기구는 각국 정부를 회원으로 하는 국제기구로 국제 연합, 국제 통화 기금, 경제 협력 개발 기구 등이 이에 해당한다. ㄱ, ㄹ, ㅁ. 국제 비정부 기구에 해당한다.

08 제시된 내용은 국제 비정부 기구에 대한 설명이다. ⑤ 오늘날 국제 문제에 대한 개인과 시민 단체의 관심과 참여가 늘어나면서 국제 사회에서 국제 비정부 기구의 역할이 커지고 있다.

09 ㄱ. 국가는 다양한 국제기구에 회원국으로 가입하여 활동하는 등 국제 정치에 관여할 수 있다. ㄴ. 세계화로 인해 다국적 기업의 수와 규모는 점점 증가하고 있다.

10 ② 국가 간 갈등이 오랜 기간 해결되지 않으면 전쟁으로 이어질 수도 있으므로 이를 해결하기 위한 노력이 필요하다.

11 제시된 사례에는 종교와 민족, 영토를 둘러싸고 이해관계가 대립하여 발생하는 갈등이 나타나 있다.

12 ④ 국제 사회에서 각국은 국제 질서 유지보다 자국의 이익을 우선적으로 추구한다.

13 제시된 사례는 환경 문제 해결을 위한 국제 사회의 노력을 나타낸다. ④ 환경 문제는 전 지구적 차원의 문제로 특정 국가의 노력만으로는 해결이 어렵기 때문에 국제 사회가 협력을 통해 해결해야 한다.

14 ② 외교 활동은 정치, 군사 분야뿐만 아니라 경제, 문화, 환경, 자원, 인권, 스포츠 등 다양한 분야에서 이루어진다.

15 ① 국가 간 분쟁은 시간이 걸리더라도 평화적인 방법을 통해 해결해야 한다.

16 ㉠은 독도이다. ㄱ. 독도는 현재 우리나라가 영토 주권을 행사하고 있다. ㄷ. 일본은 독도 문제를 국제 사법 재판소에 제소하여 국제 사회에서 독도를 영토 분쟁 지역으로 인식시키고 유리한 입장을 확보하고자 한다.

17 ⑤ 일본은 자국 교과서에 일본군 '위안부'와 관련된 기술을 삭제하거나 강제 동원 사실이 드러나지 않게 기술함으로써 역사적 사실 관계를 숨기고 있다.

18 ㄴ, ㄷ. 우리나라와 일본의 갈등에 해당한다.

19 제시된 사례는 동북 공정을 나타낸다. ⑤ 동북 공정 문제에 대해서는 정부의 외교 활동뿐만 아니라 개인적 차원에서도 우리 역사에 대해 관심을 갖고 문제 해결을 위해 노력해야 한다.

20 언론, 시민 단체, 개인 등의 적극적인 참여와 노력이 함께 이루어질 때 국가 간 갈등을 원만히 해결할 수 있다. ④ 상대국에 대해 논리적인 근거를 바탕으로 대응해야 하며, 감정적으로 대응하는 것은 바람직하지 않다.

21 ⑤ 동북아 역사 재단은 전문적인 연구 기관으로서 체계적으로 역사를 연구하고, 연구 활동을 통해서 우리 입장을 뒷받침할 근거를 마련한다.

서술형 문제

1 **예시답안** 국제법, 국제기구, 세계 여론 등이 국가들의 행위에 일정한 제약을 주고 있기 때문에 국제 사회의 질서가 유지되고 있다.

구분	채점 기준
상	국제법, 국제기구, 세계 여론을 모두 언급하여 정확히 서술한 경우
중	국제법, 국제기구, 세계 여론 중 두 가지만 언급하여 서술한 경우
하	국제법, 국제기구, 세계 여론 중 한 가지만 언급하여 서술한 경우

2 (1) 국가
(2) **예시답안** 국가는 독립적인 지위를 가지고 외교 활동을 하며, 다양한 국제기구에 회원국으로 가입하여 활동한다.

구분	채점 기준
상	국제 행위 주체로서의 국가의 활동을 두 가지 이상 정확히 서술한 경우
하	국제 행위 주체로서의 국가의 활동을 한 가지만 서술한 경우

3 **예시답안** 국제 사회의 협력 사례에는 인권 선언이나 국제 환경 협약과 같은 결의안 채택, 지속 가능한 개발 목표(SDGs) 설정 등이 있다.

구분	채점 기준
상	국제 사회의 협력 사례를 두 가지 이상 정확히 서술한 경우
하	국제 사회의 협력 사례를 한 가지만 서술한 경우

한·끝·시·리·즈   필수 개념과 시험 대비를 한 권으로 끝! 사회 공부의 진리입니다.

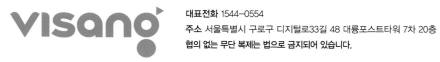

대표전화 1544-0554
주소 서울특별시 구로구 디지털로33길 48 대륭포스트타워 7차 20층
협의 없는 무단 복제는 법으로 금지되어 있습니다.

비상 누리집에서 더 많은 정보를 확인해 보세요,
http://book.visang.com/

15개정 교육과정

한끝

시험 대비 문제집

중등사회

2 ∙ 1

ABOVE IMAGINATION

우리는 남다른 상상과 혁신으로
교육 문화의 새로운 전형을 만들어
모든 이의 행복한 경험과 성장에 기여한다

한끝

시험 대비 문제집

중등 **사회 ②-1**

I 인권과 헌법

01 인권 보장과 기본권

인권의 의미와 인권 보장

1. 인권의 의미와 특징

(1) 인권: 인간이 마땅히 누려야 할 기본적인 권리

(2) 인권의 특징

❶⬜⬜⬜⬜	인간이 태어나면서 당연히 가지는 권리
자연권	국가에서 법이나 제도로 보장하기 이전에 자연적으로 주어진 권리
보편적 권리	피부색, 성별 등에 상관없이 모든 사람이 동등하게 누릴 수 있는 권리
불가침의 권리	국가나 다른 사람이 함부로 침해할 수 없는 권리

2. 인권 보장의 중요성과 역사적 전개

(1) 인권 보장의 중요성: 인권이 제대로 보장될 때 인간이 인격적 존재로 존중받으며 최소한의 인간다운 삶을 살 수 있음 → 인간의 ❷⬜⬜⬜을 실현하는 바탕이 됨

(2) 인권 보장의 역사적 전개

근대	❸⬜⬜ ⬜⬜의 결과로 시민의 자유와 평등이 제도적으로 보장되기 시작하였음
현대	국제 연합에서 채택된 세계 인권 선언에 모든 사람이 보편적으로 누려야 할 인권의 기준이 제시되었음

인권과 헌법

1. 인권과 헌법의 관계

(1) ❹⬜⬜의 의의: 한 나라의 최고 법으로서 모든 법과 제도의 기초가 됨

(2) 인권 보장 장치로서의 헌법: 오늘날 대부분의 국가에서는 헌법에 기본적 인권을 규정함 → 국가의 부당한 간섭이나 침해로부터 국민의 인권을 보장함

2. 우리나라 헌법과 인권 보장: 기본적 인권을 불가침의 권리로 규정함, 국가는 개인이 가지는 불가침의 기본적 인권을 보장할 의무가 있음을 명시함

기본권의 보장과 제한

1. 기본권의 의미와 특징

(1) ❺⬜⬜⬜: 헌법에 보장된 기본적 인권

(2) 기본권의 특징: 인간의 존엄과 가치 및 행복 추구권을 바탕으로 보장됨

2. 기본권의 종류

(1) ❻⬜⬜⬜

의미	국가 권력의 간섭을 받지 않고 자유롭게 생활할 수 있는 권리
내용	신체의 자유, 종교의 자유, 언론·출판의 자유, 경제 활동의 자유 등

(2) 평등권

의미	성별, 종교, 사회적 신분, 인종, 장애 등에 의해 부당한 ❼⬜⬜을 받지 않고 동등하게 대우받을 권리
내용	모든 국민은 법 앞에서 평등하며, 생활의 모든 영역에서 차별받아서는 안 됨

(3) 참정권

의미	국가 기관의 형성과 국가의 정치적 의사 형성 과정에 참여할 수 있는 권리 → 국민 주권주의를 실현하는 수단임
내용	선거권, 공무 담임권, 국민 투표권 등

(4) ❽⬜⬜⬜

의미	국가에 인간다운 생활의 보장을 요구할 수 있는 권리 → 적극적 성격을 띰
내용	교육을 받을 권리, 근로의 권리, 인간다운 생활을 할 권리, 쾌적한 환경에서 살 권리 등

(5) 청구권

의미	국가에 대하여 일정한 행위를 요구할 수 있는 권리 → 다른 기본권을 보장하기 위한 수단적 성격을 띰
내용	청원권, 재판 청구권, 국가 배상 청구권 등

3. 기본권의 제한

(1) 기본권 제한의 내용: 국가 안전 보장, 질서 유지, ❾⬜⬜⬜⬜를 위하여 필요한 경우에 한하여 기본권을 제한할 수 있음

(2) 기본권 제한의 한계

① ❿⬜⬜로써만 기본권을 제한할 수 있음

② 기본권을 제한하더라도 자유와 권리의 본질적인 내용을 침해해서는 안 됨

(3) 기본권 제한의 한계를 명확하게 정한 이유: 국가 권력의 남용을 방지함으로써 국민의 기본권을 최대한 보장하기 위함

02 인권의 침해 및 구제

●● 일상생활에서의 인권 침해

1. 인권 침해

(1) 인권 침해: 다른 사람이나 단체 또는 국가 기관에 의하여 개인의 ⑪◻◻이 침해되는 것 **예** 차별, 사생활 침해 등

(2) 인권 침해의 원인: 사회 구성원의 고정 관념이나 편견, 사회의 잘못된 관습, 국가의 불합리한 법과 제도 등

2. 인권 보호를 위한 노력: 인권 ⑫◻◻◻ 향상, 인권 침해를 당한 경우 적극적으로 대응 및 국가 기관에 도움 요청 등

●● 국가 기관을 통한 인권 구제

1. 법원을 통한 인권 구제

⑬◻◻	분쟁이나 범죄 발생 시 사법권을 행사하여 국민의 권리를 보호하는 국가 기관
인권 구제 방법	타인이나 국가 기관에 의해 권리를 침해당한 사람이 소 제기 → 재판을 통해 침해된 권리 구제

2. 헌법 재판소를 통한 인권 구제

헌법 재판소	헌법 질서를 수호하고 국민의 기본권을 보장하는 국가 기관
인권 구제 방법	공권력에 의해 기본권이 침해된 국민이 ⑭◻◻ ◻◻ 제기 → 헌법 소원 심판을 통해 권리 구제

3. 국가 인권 위원회를 통한 인권 구제

국가 인권 위원회	인권 보호와 관련한 전반적인 업무를 수행하는 독립된 국가 기관
인권 구제 방법	일상생활에서 차별 등의 인권 침해를 당한 사람이 진정 제기 → 조사 등을 통해 권리 구제

4. 기타: ⑮◻◻ ◻◻ 위원회에 고충 민원이나 행정 심판 제기, 언론 중재 위원회에 도움 요청 등

03 근로자의 권리와 노동권 침해 및 구제

●● 헌법에 보장된 근로자의 권리

1. ⑯◻◻◻: 임금을 받기 위해 사용자에게 근로를 제공하는 사람 → 공무원, 일정 기간만 일하는 사람 등도 포함

2. 근로자의 권리

(1) ⑰◻◻의 권리: 일할 의사와 능력을 가진 사람이 국가에 일할 기회를 요구할 권리

(2) 노동 삼권

단결권	근로자가 노동조합을 만들고, 이에 가입하여 활동할 수 있는 권리
단체 교섭권	근로자가 노동조합을 통해 사용자와 근로 조건에 관하여 협의할 수 있는 권리
⑱◻◻ ◻	단체 교섭이 원만하게 이루어지지 않을 경우 파업 등의 쟁의 행위를 할 수 있는 권리

(3) **최소한의 근로 조건 보장:** 최저 임금 보장, 근로 조건의 최저 기준 규정 등

●● 노동권 침해 사례 및 구제 방법

1. 노동권 침해 사례

⑲◻◻ ◻	정당한 이유 없이 근로자를 해고하거나 해고의 조건을 갖추지 않은 것 **예** 결혼을 이유로 해고하는 것 등
부당 노동 행위	사용자가 근로자의 노동 삼권을 침해하는 행위 **예** 노동조합의 조직을 이유로 불이익을 주는 것 등
기타	임금 미지급, 최저 임금 미준수 등

2. 노동권 침해 시의 구제 방법

(1) 부당 해고 및 부당 노동 행위 시: ⑳◻◻ ◻◻◻에 구제 신청, 법원에 소 제기

(2) 임금 미지급 시: 고용 노동부에 진정, 법원에 소 제기

01 인권 보장과 기본권

01 다음에서 설명하는 용어로 옳은 것은?

> • 인간이 마땅히 누려야 할 기본적인 권리이다.
> • 국가에서 제도로 보장하기 이전에 주어진 권리이다.

① 인권
② 기본권
③ 자유권
④ 참정권
⑤ 평등권

잘 나와!

02 ㉠~㉢에 해당하는 인권의 특징을 옳게 연결한 것은?

> 인권은 인간이 태어나면서 가지는 권리로, 하늘이 준 권리라는 의미에서 (㉠)(이)라고도 한다. 또한 인권은 피부색, 나이, 신분 등에 상관없이 모든 사람이 동등하게 누릴 수 있는 (㉡)(으)로, 국가나 다른 사람이 함부로 침해할 수 없는 (㉢)이다.

	㉠	㉡	㉢
①	자연권	천부 인권	보편적 권리
②	자연권	보편적 권리	천부 인권
③	천부 인권	보편적 권리	불가침의 권리
④	천부 인권	불가침의 권리	자연권
⑤	보편적 권리	천부 인권	불가침의 권리

03 다음 글과 관련한 진술로 적절한 것은?

> 인간이 인권을 누리지 못하면 인간다운 삶을 살 수 없다. 자기 생각에 따라 자유롭게 살지 못하고 다른 사람들에게서 소중하게 대우받지 못한다면 인간은 행복하게 살 수 없기 때문이다.

① 시민의 노력으로 인권의 범위가 점차 좁아지고 있다.
② 인간이 최소한의 인간다운 삶을 살기 위해서는 인권이 보장되어야 한다.
③ 인권은 부득이한 상황에 처했을 때 다른 사람에게 넘겨줄 수 있는 권리이다.
④ 다른 사람의 인권을 침해하는 것은 자신의 인간의 존엄성을 실현하기 위해서만 인정된다.
⑤ 재산 정도에 따라 인권이 차등적으로 부여될 때 모든 사람이 인격적 존재로 존중받을 수 있다.

04 인권 보장의 역사적 전개와 관련하여 (가)~(다) 시기에 해당하는 내용으로 옳지 않은 것은?

(가)		(나)		(다)
근대 이전	→	근대	→	현대

① (가)에서는 신분에 따른 차별이 심각하게 나타났다.
② (나)에서는 인권 보장을 위한 시민의 투쟁이 일어났다.
③ (나)에서부터 시민의 자유와 평등이 제도적으로 보장되기 시작하였다.
④ (다)에서는 인권 보장이 모든 인류가 추구해야 할 가치로 선포되었다.
⑤ 보편적 권리로서의 인권의 성격은 (다)보다 (가)에서 더 강하게 나타난다.

05 밑줄 친 '이것'에 해당하는 용어로 옳은 것은?

> • 이것은 기본권을 규정하며, 국가 기관을 어떻게 조직하고 운영할 것인지를 정하는 법이다.
> • 이것은 한 나라의 최고 법으로서, 모든 국가 기관이 권한을 행사하는 기준이 된다.

① 규칙
② 법률
③ 헌법
④ 조례
⑤ 인권

06 (가)에 들어갈 내용으로 가장 적절한 것은?

> 오늘날 대부분의 국가는 헌법을 통해 국민의 인권을 규정하고 있는데, 그 이유는 _____(가)_____ 하기 위해서이다.

① 헌법에 열거된 인권만을 보장
② 인권 보장에 대한 개인의 책임을 강화
③ 국민에 대한 국가의 부당한 간섭을 합법화
④ 국가의 부당한 침해로부터 국민의 인권을 보장
⑤ 인권 보장과 관련한 법과 제도를 구체적으로 실현

07 인간의 존엄과 가치 및 행복 추구권에 대한 옳은 설명만을 〈보기〉에서 있는 대로 고른 것은?

┌ 보기 ┐
ㄱ. 헌법에 보장된 기본권들의 바탕이 된다.
ㄴ. 기본권의 구제를 요청할 수 있는 권리이다.
ㄷ. 헌법에 명시되지 않은 기본적 인권을 보장하는 근거가 되기도 한다.
ㄹ. 물질적 풍요와 정신적 만족을 동시에 충족할 수 있는 포괄적 권리이다.

① ㄱ, ㄴ   ② ㄱ, ㄷ   ③ ㄴ, ㄹ
④ ㄱ, ㄷ, ㄹ   ⑤ ㄴ, ㄷ, ㄹ

08 다음은 한 기본권에 대해 정리한 내용이다. ㉠에 들어갈 기본권으로 옳은 것은?

(㉠)의 의미와 관련 헌법 조항
• 의미: 국가 권력의 간섭을 받지 않고 생활할 수 있는 권리
• 관련 헌법 조항: 제15조 모든 국민은 직업 선택의 자유를 가진다.

① 자유권   ② 평등권   ③ 참정권
④ 사회권   ⑤ 청구권

09 다음 자료에서 실현된 기본권에 대한 설명으로 옳은 것은?

○○ 신문

정부는 일상생활에서 다문화 가정 구성원들이 겪었던 부당한 대우를 개선하고, 이를 위해 관련 제도를 점검하기로 결정하였다.

① 재판 청구권을 포함한다.
② 국가 기관의 형성에 참여할 권리이다.
③ 합리적인 이유 없이도 차별할 수 있는 권리이다.
④ 국가에 인간다운 생활의 보장을 요구할 수 있는 권리이다.
⑤ 생활의 모든 영역에서 동등하게 대우받을 권리를 말한다.

10 참정권이 실현된 사례로 가장 적절한 것은?

① 지방 자치 단체장을 뽑는 선거에 참여하였다.
② 경찰이 피의자에게 불리한 진술을 거부할 권리가 있음을 알려 주었다.
③ 정부가 직장을 잃은 실업자들이 직업 훈련을 받을 수 있도록 지원하였다.
④ 운전기사의 부주의한 운전으로 피해를 입은 승객이 버스 회사를 상대로 재판을 청구하였다.
⑤ △△ 기업은 신입 사원 채용에서 30세 이하만 지원할 수 있도록 한 나이 제한 요건을 폐지하였다.

11 다음 권리들을 보장하는 목적으로 가장 적절한 것은?

• 근로의 권리   • 사회 보장을 받을 권리
• 쾌적한 환경에서 살 권리

① 국민 주권주의를 실현하기 위해
② 국민의 인간다운 생활을 보장하기 위해
③ 국민이 불합리한 차별을 받지 않도록 하기 위해
④ 국민이 국가의 간섭 없이 사생활을 누릴 수 있도록 하기 위해
⑤ 기본권을 침해당한 국민이 국가에 일정한 행위를 요구할 수 있도록 하기 위해

잘 나와!

12 참정권, 사회권, 청구권에 속하는 권리를 (가)~(마)에서 찾아 옳게 연결한 것은?

(가) 선거권   (나) 청원권
(다) 공무 담임권   (라) 국가 배상 청구권
(마) 인간다운 생활을 할 권리

	참정권	사회권	청구권
①	(가)	(나), (라)	(다), (마)
②	(다)	(가), (나), (마)	(라)
③	(가), (다)	(마)	(나), (라)
④	(가), (라)	(다), (마)	(나)
⑤	(가), (다), (라)	(나)	(마)

13 기본권의 종류와 그 특징을 옳게 연결한 것은?

① 사회권 – 소극적인 성격을 띤다.
② 자유권 – 다른 기본권을 포괄하는 근본이념이다.
③ 참정권 – 국가 권력의 침해를 받지 않을 권리이다.
④ 평등권 – 인종에 따른 차별은 예외적으로 인정한다.
⑤ 청구권 – 침해될 우려가 있는 다른 기본권을 보장하기 위한 수단적 성격을 띤다.

14 다음 글을 통해 알 수 있는 내용으로 적절한 것은?

> 우리나라는 환경 보호와 쾌적한 환경을 위하여 개발 제한 구역을 지정하고 있다. 개발 제한 구역에서 건축을 하거나 토지를 이용할 때는 토지 소유자의 권리가 일부 제한된다.

① 개인은 국가의 행위를 통제할 수 있다.
② 개인은 무제한적으로 기본권을 행사할 수 있다.
③ 국가는 아무런 제약 없이 국민의 기본권을 제한할 수 있다.
④ 사회 전체의 이익을 위해 필요한 경우 국민의 기본권이 제한될 수 있다.
⑤ 개인의 기본권 행사가 다른 사람의 기본권을 침해하더라도 국가는 이에 관여할 수 없다.

15 ㉠에 들어갈 내용으로 적절한 것을 〈보기〉에서 고른 것은?

> 우리 헌법은 (㉠)을/를 위하여 필요한 경우 국민의 기본권을 제한할 수 있도록 규정하고 있다.

┤보기├
ㄱ. 공공복리
ㄴ. 질서 유지
ㄷ. 행정부의 편의
ㄹ. 국가 안전 보장
ㅁ. 신속한 법률 제정

① ㄱ, ㄴ, ㄷ   ② ㄱ, ㄴ, ㄹ   ③ ㄱ, ㄷ, ㅁ
④ ㄴ, ㄹ, ㅁ   ⑤ ㄷ, ㄹ, ㅁ

16 (가), (나) 사례에서 기본권을 제한한 목적을 옳게 연결한 것은?

> (가) 군사 시설 보호 구역에서는 개인의 통행이나 사진 촬영이 일부 제한된다.
> (나) 학교 환경 위생 정화 구역에서는 학습이나 보건 위생에 나쁜 영향을 미치는 시설을 설치할 수 없다.

	(가)	(나)
①	공공복리	질서 유지
②	경제 발전	국가 안전 보장
③	질서 유지	공공복리
④	국가 안전 보장	공공복리
⑤	국가 안전 보장	경제 발전

17 다음 대화에서 유추한 내용으로 가장 적절한 것은?

> • 가린: 공익과 질서 유지를 위해 집회나 시위를 할 수 있는 시간이나 장소 등을 제한할 수 있다고 해.
> • 나린: 맞는 말이야. 그렇지만 집회나 시위 자체를 전면적으로 금지할 수는 없다고 하더라.

① 국가는 국민의 기본권을 보장할 의무가 없다.
② 국가는 기본권 제한에 따른 국민의 피해가 가능한 한 크도록 해야 한다.
③ 국가는 기본권을 제한하더라도 자유와 권리의 본질적인 내용은 침해할 수 없다.
④ 국가는 개인의 기본권 행사가 사회 질서를 어지럽히더라도 이를 제한할 수 없다.
⑤ 국가는 기본권을 제한하는 요건이 충족될 경우 국민의 기본권 자체를 박탈할 수 있다.

02 인권의 침해 및 구제

18 인권 침해에 대한 옳은 설명을 〈보기〉에서 고른 것은?

┤보기├
ㄱ. 개인 간의 관계에서만 발생한다.
ㄴ. 법이나 제도와는 무관하게 발생한다.
ㄷ. 대표적인 사례로 성차별을 들 수 있다.
ㄹ. 인간으로서 가지는 권리가 침해되는 현상이다.

① ㄱ, ㄴ   ② ㄱ, ㄷ   ③ ㄴ, ㄷ
④ ㄴ, ㄹ   ⑤ ㄷ, ㄹ

19 (가)~(다) 사례에서 침해된 기본권을 옳게 연결한 것은?

> (가) 청각 장애가 있다는 이유만으로 집주인으로부터 전세 계약을 거부당하였다.
> (나) 아파트 관리 사무소에서 주민들의 이름과 전화번호를 주민 게시판에 무단으로 공개하였다.
> (다) 집 옆에서 진행되는 공사로 인해 발생하는 먼지와 소음 때문에 주민들이 고통을 받고 있다.

① (가) – 평등권   ② (가) – 청구권   ③ (나) – 참정권
④ (나) – 사회권   ⑤ (다) – 자유권

20 인권 보호를 위한 자세로 적절하지 않은 것은?

① 인권 침해 상황에 민감하게 반응한다.
② 다른 사람이 가지는 인권의 소중함을 인식한다.
③ 일상생활에서 발생하는 인권 침해 상황을 주의 깊게 살핀다.
④ 인권이 침해된 경우 권리 구제를 위하여 적극적으로 대응한다.
⑤ 인권 침해를 당한 경우 국가 기관의 도움 없이 개인의 의지만으로 해결한다.

21 다음 내용에 해당하는 인권 구제 방법으로 옳은 것은?

1단계 힌트	법원을 통한 인권 구제 방법이다.

↓

2단계 힌트	국가 기관에 의한 인권 침해 시의 구제 방법에 해당한다.

① 고소   ② 민사 소송 제기
③ 행정 소송 제기   ④ 행정 심판 제기
⑤ 헌법 소원 제기

22 ㉠에 들어갈 국가 기관으로 옳은 것은?

> (㉠)은/는 국가 기관 또는 개인이나 단체에 의해서 권리가 침해된 사람이 소를 제기하면 재판을 통해 권리를 구제해 준다.

① 법원   ② 정부
③ 헌법 재판소   ④ 국가 인권 위원회
⑤ 국민 권익 위원회

23 헌법 재판소에 대한 옳은 설명을 〈보기〉에서 고른 것은?

> ┤보기├
> ㄱ. 헌법 소원 심판을 담당한다.
> ㄴ. 민간단체에 의해 침해된 인권을 구제해 준다.
> ㄷ. 법률의 위헌 여부를 판단해 줄 것을 법원에 요청할 수 있다.
> ㄹ. 공권력에 의해 기본권이 침해된 국민이 권리 구제를 요청하면 헌법에 근거하여 권리를 구제해 준다.

① ㄱ, ㄴ   ② ㄱ, ㄹ   ③ ㄴ, ㄷ
④ ㄴ, ㄹ   ⑤ ㄷ, ㄹ

100점이 코앞!

24 밑줄 친 '이 국가 기관'에 대한 설명으로 옳은 것은?

> 나이가 많다는 이유로 해고당한 문화 관광 해설사 A 씨가 진정서를 내자, 이 국가 기관은 문화 관광 해설사로 일할 수 있는 나이를 제한한 것이 차별 행위에 해당한다며 이를 시정할 것을 권고하였다.

① 행정 심판을 담당한다.
② 입법부에 속해 있는 국가 기관이다.
③ 사법권을 행사하여 국민의 권리를 보호한다.
④ 인권 보호를 위한 전반적인 업무를 수행한다.
⑤ 국가 기관에 의한 인권 침해는 구제하지 못한다.

잘 나와!

25 국가 기관을 통한 인권 구제 방법을 옳게 연결한 것만을 〈보기〉에서 있는 대로 고른 것은?

> ┤보기├
> ㄱ. 법원 – 소 제기
> ㄴ. 헌법 재판소 – 고소
> ㄷ. 국가 인권 위원회 – 헌법 소원 제기
> ㄹ. 국민 권익 위원회 – 고충 민원 제기

① ㄱ, ㄴ   ② ㄱ, ㄹ   ③ ㄷ, ㄹ
④ ㄱ, ㄴ, ㄷ   ⑤ ㄴ, ㄷ, ㄹ

26 다음 사례에 대한 분석으로 옳은 것은?

> 가현 씨는 조상들의 땅이 신도시 개발 지역에 포함되면서 집안이 보상금을 받게 되었다는 소식을 들었다. 그런데 집안 어른들이 18세 이상의 남성에게는 보상금을 나누어 주지만, 여성에게는 관습에 따라 보상금을 주지 않기로 했다는 소식을 듣게 되었다. 가현 씨는 단지 여성이라는 이유로 조상들의 땅에 대한 권리를 인정받지 못하는 것은 부당하다는 생각이 들었다.

① 국가 기관에 의한 인권 침해에 해당한다.
② 다른 사람에 의해 인권을 존중받은 것이다.
③ 자유권과 참정권을 동시에 침해받은 것이다.
④ 잘못된 법 집행으로 인해 인권을 침해받은 것이다.
⑤ 권리를 구제받기 위해 민사 소송을 제기할 수 있다.

03 근로자의 권리와 노동권 침해 및 구제

27 다음은 근로자에 대한 설명이다. 밑줄 친 ㉠~㉤ 중 옳지 <u>않은</u> 것은?

> 근로자는 ㉠ 임금을 받기 위해 사용자에게 근로를 제공하는 사람으로, 국가 기관에서 일하는 ㉡ 공무원도 이에 포함된다. 우리 헌법은 근로자의 권익 향상을 위해 ㉢ 근로의 권리를 보장하지만, ㉣ 단체 교섭권은 보장하지 않는다. 한편, 근로자가 사용자와 맺은 계약상의 근로 조건은 ㉤ 법률이 정한 기준보다 낮아서는 안 된다.

① ㉠   ② ㉡   ③ ㉢   ④ ㉣   ⑤ ㉤

28 밑줄 친 부분에 포함되는 권리로 적절한 것을 〈보기〉에서 고른 것은?

> 우리 헌법은 경제적으로 약자의 위치에 있는 근로자가 사용자와 대등한 위치에서 근로 조건을 협의하고 결정할 수 있도록 노동 삼권을 보장하고 있다.

┤보기├
ㄱ. 단결권
ㄴ. 공무 담임권
ㄷ. 근로의 권리
ㄹ. 단체 교섭권
ㅁ. 단체 행동권
ㅂ. 직업 선택의 자유

① ㄱ, ㄴ, ㄷ   ② ㄱ, ㄹ, ㅁ   ③ ㄴ, ㄹ, ㅂ
④ ㄷ, ㅁ, ㅂ   ⑤ ㄹ, ㅁ, ㅂ

잘 나와!

29 표는 근로자의 권리에 대해 정리한 것이다. ㉠~㉤에 들어갈 내용을 잘못 연결한 것은?

(㉠)의 권리	일할 의사와 능력을 가진 사람이 국가에 일할 기회를 요구할 권리
단결권	근로자가 (㉡)을/를 유지 및 개선할 목적으로 (㉢)을/를 조직하여 활동할 수 있는 권리
단체 (㉣)	근로자가 사용자와 근로 조건에 관하여 협의할 수 있는 권리
단체 행동권	단체 교섭이 원만하게 이루어지지 않을 경우 (㉤) 행위를 할 수 있는 권리

① ㉠ – 근로   ② ㉡ – 근로 조건
③ ㉢ – 노동조합   ④ ㉣ – 교섭권
⑤ ㉤ – 부당 노동

30 다음은 우리나라 헌법 조항의 일부이다. ㉠에 들어갈 용어로 옳은 것은?

> 제32조 ③ 근로 조건의 기준은 인간의 존엄성을 보장하도록 (㉠)(으)로 정한다.

① 규칙   ② 명령   ③ 법률
④ 조례   ⑤ 국제 인권법

잘 나와!

31 다음은 근로 조건에 대한 설명이다. ㉠~㉤에 해당하는 내용을 옳게 연결한 것은?

> 원칙적으로 근로 시간은 휴식 시간을 제외하고 1일 (㉠), 1주 (㉡)을 초과할 수 없고, 근로 시간이 4시간이면 (㉢) 이상, 8시간이면 (㉣) 이상의 휴식 시간을 일하는 도중에 주어야 한다. 임금은 매달 (㉤) 이상 일정한 날짜에 본인에게 직접 통화로 전액을 지급하는 것을 원칙으로 한다.

	㉠	㉡	㉢	㉣	㉤
①	7시간	35시간	30분	1시간	2회
②	7시간	40시간	1시간	2시간	1회
③	8시간	35시간	30분	1시간	2회
④	8시간	40시간	30분	1시간	1회
⑤	8시간	40시간	1시간	2시간	2회

32 다음은 어떤 학생이 작성한 수행 평가의 답안이다. 이 학생이 답한 내용 중 옳지 <u>않은</u> 것은?

수행 평가

노동권 침해 사례에 해당하면 ○표, 해당하지 않으면 ×표를 하시오.

번호	내용	답안
①	결혼을 이유로 해고한 것	○
②	근로 계약서를 작성하지 않은 것	○
③	최저 임금보다 높은 임금을 받은 것	×
④	청소년 근로자의 임금을 부모에게 대신 지급한 것	×
⑤	별도의 협의 없이 청소년 근로자에게 1일 8시간을 일하도록 한 것	○

100점이 코앞!

33 (가), (나) 사례에 대한 분석으로 옳은 것은?

(가) A 씨는 3년간 일해 온 식당의 사장에게서 내일부터 나오지 말라는 통보를 받았다.
(나) B 씨는 노동조합에 가입하여 활동한다는 이유만으로 회사로부터 성과급을 받지 못하였다.

① (가)는 임금을 제때 모두 받지 못한 상황이다.
② 해고의 조건을 갖추지 못한 것은 (나)와 관계 깊다.
③ (나)는 사용자가 근로자의 노동 삼권을 침해한 상황이다.
④ (가)와 달리 (나)를 당한 경우에는 노동 위원회에 도움을 요청하여 권리를 구제받을 수 없다.
⑤ (가)는 부당 노동 행위, (나)는 부당 해고에 해당한다.

34 그림과 같은 절차를 거쳐 권리를 구제받을 수 있는 노동권 침해 사례를 〈보기〉에서 고른 것은?

3개월 이내 구제 신청 / 불복 시 재심 신청 / 불복 시 행정 소송 제기

피해 당사자 → 지방 노동 위원회 → 중앙 노동 위원회 → 법원

┤보기├
ㄱ. 부당 해고
ㄴ. 임금 미지급
ㄷ. 부당 노동 행위
ㄹ. 최저 임금 미준수

① ㄱ, ㄴ ② ㄱ, ㄷ ③ ㄴ, ㄷ
④ ㄴ, ㄹ ⑤ ㄷ, ㄹ

서술형 문제

1 다음 헌법 조항들과 관련 있는 기본권을 쓰고, 그 의미를 서술하시오.

• 제26조 ① 모든 국민은 법률이 정하는 바에 의하여 국가 기관에 문서로 청원할 권리를 가진다.
• 제27조 ① 모든 국민은 헌법과 법률이 정한 법관에 의하여 법률에 의한 재판을 받을 권리를 가진다.

2 (가)에 들어갈 용어를 쓰고, 그 발생 원인을 두 가지 이상 서술하시오.

(가)

인간으로서 가지는 권리 혹은 법으로 보장되는 기본권을 존중받지 못하는 것을 말한다. 개인이나 단체뿐만 아니라 국가 기관에 의해 발생하기도 하며, 일상생활에서 다양한 형태로 나타난다.

3 (가), (나) 사례에서 행사된 노동 삼권의 종류를 쓰고, 그 의미를 각각 서술하시오.

(가) ○○시 공무원들은 창립총회를 열어 노동조합을 설립하고, 위원장을 선출하였다.
(나) 정부 측과 공무원 노동조합 측 교섭 위원이 참석한 가운데 노동조합 활동, 보수, 복지 등에 관한 사항이 포함된 협약을 체결하였다.

Ⅱ 헌법과 국가 기관

01 국회

●● 국회의 의미와 구성

1. 대의 민주 정치의 실시: 현대 국가는 영토가 넓고 인구가 많아 모든 국민이 직접 국가의 일을 결정하기 어려움 → 대부분의 국가는 국민이 뽑은 대표들로 구성된 의회에서 법을 만들고 중요한 일을 결정함

2. 국회의 의미와 위상

(1) ❶☐☐(입법부): 국민이 선거를 통해 선출한 대표로 구성된 국가 기관

(2) 국회의 위상

국민의 대표 기관	국민이 직접 뽑은 대표들로 구성됨
❷☐☐ 기관	국가의 조직과 통치의 기초가 되는 법률을 만들거나 고침
국가 권력의 견제 기관	사법부와 행정부 등 다른 국가 기관을 감시하고 견제함 → 국가 권력의 남용 방지, 국민의 기본권 보장

3. 국회의 구성과 주요 조직

(1) 국회의 구성

지역구 국회 의원	각 지역구에서 최고 득표자로 선출된 국회 의원
❸☐☐☐ 국회 의원	정당별 득표율에 비례하여 선출된 국회 의원

(2) 국회의 조직

❹☐☐☐	국회의 의사를 최종적으로 결정하는 회의 → 정기회와 임시회로 구분됨
상임 위원회	본회의에서 결정할 안건을 미리 조사·심의함
교섭 단체	국회 의원들의 의사를 사전에 통합·조정함

●● 국회의 권한

1. 입법에 관한 권한: 국회의 대표적인 권한

❺☐☐ 제정·개정	모든 국가 작용의 근거인 법률을 제정 및 개정함
헌법 개정안 제안·의결	헌법 개정안을 제안하고 의결함
조약 체결 동의	대통령이 체결한 조약에 대해 동의권을 행사함

2. 재정에 관한 권한

예산안 심의·확정	정부가 제출한 예산안을 심의하여 확정함
❻☐☐ 심사	정부가 예산을 제대로 집행했는지 심사함

3. 일반 국정에 관한 권한

국정 감사 및 ❼☐☐☐☐	국정의 잘못된 부분들을 찾아내어 바로잡음
중요 공무원의 임명 동의	대통령이 국무총리 등 중요 공무원을 임명할 때 ❽☐☐☐을 행사함
탄핵 소추 의결	고위 공무원이 헌법이나 법률을 위반한 경우에 탄핵 소추를 의결함

02 행정부와 대통령

●● 행정부의 의미와 조직

1. 행정과 행정부

(1) 행정: 법률을 ❾☐☐하고, 공익을 실현할 목적으로 정책을 수립하여 실행하는 국가 기관의 작용 ⑩ 도로 건설 등

(2) 행정부: 행정을 담당하는 국가 기관 → 사회 질서 유지, 국민 보호, 국민의 복지 증진 등

2. 행정부의 조직과 기능

대통령	• 행정부의 최고 책임자 • 행정부의 일을 최종적으로 결정함
❿☐☐☐☐	대통령을 도와 행정 각부를 관리하고 감독함
행정 각부	구체적인 행정 사무를 처리함
국무 회의	• 행정부의 최고 ⓫☐☐ 기관 • 정부의 권한에 속하는 중요한 정책을 심의함
감사원	• 독립적인 지위를 가진 행정부의 최고 감사 기관 • 국가의 세입·세출 결산에 대한 검사, 행정 기관과 공무원의 직무 감찰

●● 대통령의 지위와 권한

1. 대통령의 선출 방식과 임기: 국민의 직접 선거로 선출됨, 임기는 ⓬☐년이며, 중임할 수 없음 → 장기 집권에 따른 국민의 자유와 권리 침해 방지

2. 대통령의 지위

(1) ⑬☐☐ ☐☐: 국가의 최고 지도자 → 외국에 대해 국가를 대표할 자격을 지님

(2) 행정부 수반: 행정부를 지휘·감독하는 최고 책임자 → 행정 작용에 대한 최종적인 권한과 책임을 지님

3. 대통령의 권한

국가 원수 로서의 권한	• 외교 사절 파견 및 접견, 외국과 조약 체결 등 외교에 관한 권한 행사 • 헌법 기관의 구성원을 임명하여 헌법 기관 구성 • 헌법 개정이나 국가의 중요 정책 결정 시 ⑭☐☐ ☐☐ 시행 • 긴급 명령권 행사 및 계엄 선포
행정부 수반 으로서의 권한	• 행정부를 지휘·감독하며, 국가의 중요 정책을 최종 결정 • 국군 지휘·통솔 • 행정부의 고위 공무원 임면 • 대통령령 제정 • 법률안 ⑮☐☐☐ 행사

---

03 법원과 헌법 재판소

●● 법원의 조직과 기능

1. 사법과 법원의 의미

(1) 사법: 법을 적용하여 판단하는 국가 작용

(2) ⑯☐☐(사법부): 사법을 담당하는 국가 기관 → 분쟁을 해결하고 사회 질서를 유지하여 국민의 권리를 보호함

2. 사법권의 독립

의미	재판이 외부의 간섭 없이 독립적으로 이루어지는 것
필요성	공정한 재판을 통해 국민의 권리 보장

3. 법원의 조직

대법원	고등 법원, 특허 법원의 판결에 불복하여 상고한 사건 재판 → 최종적인 재판 담당
⑰☐☐ ☐☐	지방 법원, 가정 법원, 행정 법원의 1심 판결에 불복하여 항소한 사건 재판
지방 법원	주로 민사 또는 형사 사건의 1심 재판
특수 법원	특허 법원, 가정 법원, 행정 법원

4. 법원의 기능

재판	법적 분쟁을 해결함
위헌 법률 심판 제청	재판의 전제가 된 법률이 헌법에 위반되는지 헌법 재판소에 심판을 제청함
위헌 명령· 규칙 심사	명령이나 규칙이 헌법과 법률에 위반되는지 ⑱☐☐☐이 최종적으로 심사함
기타	위헌 행정 처분 심사, 등기, 가족 관계 등록 등

●● 헌법 재판소의 위상과 역할

1. 헌법 재판소의 위상: ⑲☐☐ 수호 기관, 기본권 보장 기관

2. 헌법 재판소의 구성: 대통령과 대법원장이 각각 3명을 지명하고, 국회에서 3명을 선출하여 대통령이 임명함

3. 헌법 재판소의 역할

위헌 법률 심판	법률의 위헌 여부를 심판함
⑳☐☐ ☐☐ 심판	법률이나 공권력이 국민의 기본권을 침해하였는지 심판함
탄핵 심판	고위 공무원에 대한 파면 요구의 타당성을 심판함
권한 쟁의 심판	국가 기관 간의 권한 분쟁을 심판함
정당 해산 심판	민주적 기본 질서에 위배되는 정당의 해산을 심판함

정답 확인하기

❶ 국회	❷ 입법	❸ 비례 대표	❹ 본회의
❺ 법률	❻ 결산	❼ 국정 조사	❽ 동의권
❾ 집행	❿ 국무총리	⑪ 심의	⑫ 5
⑬ 국가 원수	⑭ 국민 투표	⑮ 거부권	⑯ 법원
⑰ 고등 법원	⑱ 대법원	⑲ 헌법	⑳ 헌법 소원

스스로 점검하기

맞은 개수	이렇게 해봐
10개 이하	본책으로 돌아가 복습해봐!
11 ~ 15개	틀린 문제의 답을 다시 확인하고 100점 도전 실전 문제를 풀도록 해!
16 ~ 20개	자신감을 가지고 100점 도전 실전 문제를 풀어봐. 학교 시험 100점 도전!

01 국회

[01~02] 다음 글을 읽고 물음에 답하시오.

> 현대 민주 정치에서 모든 국민이 국가의 의사 결정 과정에 직접 참여하는 것은 현실적으로 어렵다. 그래서 대부분의 민주 국가에서는 국민이 (㉠)을/를 통해 뽑은 사람들로 하여금 국민을 대표하여 의사 결정을 하도록 하는 대의 민주 정치를 실시한다. 이때 국민이 선출한 사람들로 구성된 국민의 대표 기관이 의회이며, 우리나라에서는 이를 (㉡)(이)라고 부른다.

01 윗글의 밑줄 친 제도가 나타나게 된 배경으로 적절한 것은?

① 정책이 점차 단순화되었다.
② 사법권의 독립이 약화되었다.
③ 국가 권력이 사법부를 중심으로 융합되었다.
④ 행정부의 역할이 입법부나 사법부보다 커졌다.
⑤ 영토가 넓고 인구가 많아서 모든 국민이 한 자리에 모이기 어려워졌다.

02 ㉠, ㉡에 들어갈 내용을 옳게 연결한 것은?

	㉠	㉡		㉠	㉡
①	선거	국회	②	선거	법원
③	추첨	법원	④	토론	국회
⑤	토론	국무 회의			

03 다음 글을 통해 알 수 있는 국회의 위상으로 적절한 것은?

> 국회는 국가의 조직과 통치의 기초가 되는 법률을 제정하거나 개정하는 국가 기관이다.

① 사법 기관   ② 입법 기관
③ 행정 기관   ④ 헌법 수호 기관
⑤ 국가 권력의 견제 기관

04 (가), (나)에 대한 설명으로 옳지 않은 것은?

> (가) 지역구 국회 의원   (나) 비례 대표 국회 의원

① (가)는 각 지역 선거구에서 가장 많은 표를 획득한 한 명이 선출된다.
② (나)는 여론을 공정하게 반영하기 위해 선출한다.
③ (나)는 각 정당이 얻은 득표율에 비례하여 선출된다.
④ (가), (나)의 임기는 모두 4년이다.
⑤ (가), (나)를 선출하기 위한 투표는 각각 별도의 선거를 통해 실시된다.

05 국회의 조직에 대한 설명으로 옳지 않은 것은?

① 본회의는 정기회와 임시회로 구분된다.
② 국회의 회의는 공개하는 것을 원칙으로 한다.
③ 능률적인 의사 진행을 위해 위원회를 설치한다.
④ 본회의에서는 법률안, 예산안 의결 등 중요한 결정을 내린다.
⑤ 본회의에서 일반적인 의사 결정은 재적 의원 과반수 출석과 출석 의원 2/3의 찬성으로 이루어진다.

06 ㉠에 들어갈 국가 기관의 권한만을 〈보기〉에서 있는 대로 고른 것은?

> (㉠)은/는 국민의 대표 기관으로서 국민이 선출한 대표들이 국민의 다양한 의사를 충실히 반영하며, 이익을 대변한다.

보기
ㄱ. 법률을 제정한다.
ㄴ. 국정 감사를 실시한다.
ㄷ. 국가의 세출 결산을 검사한다.
ㄹ. 외국과 체결한 조약에 대한 동의권을 행사한다.

① ㄱ, ㄴ   ② ㄱ, ㄷ   ③ ㄷ, ㄹ
④ ㄱ, ㄴ, ㄹ   ⑤ ㄴ, ㄷ, ㄹ

07 국회의 입법에 관한 권한으로 옳지 <u>않은</u> 것은?

① 법률을 제정한다.
② 헌법 개정안을 제안하고 의결한다.
③ 시대 변화에 맞춰 법률을 개정한다.
④ 국정의 잘못된 부분을 찾아내어 시정을 요구한다.
⑤ 대통령이 외국과 맺은 조약을 확인하고 동의한다.

08 우리나라 법률 제정 절차에 대한 옳은 설명을 〈보기〉에서 고른 것은?

┤보기├
ㄱ. 국회 의원만이 법률안을 제출할 수 있다.
ㄴ. 제출된 법률안은 즉시 본회의로 상정된다.
ㄷ. 의결된 법률안에 대해 이의가 있을 경우 대통령은 거부권을 행사할 수 있다.
ㄹ. 본회의에서 법률안은 국회 재적 의원 과반수의 출석과 출석 의원 과반수의 찬성으로 의결된다.

① ㄱ, ㄴ ② ㄱ, ㄹ ③ ㄴ, ㄷ
④ ㄴ, ㄹ ⑤ ㄷ, ㄹ

09 표는 국회의 일반 국정에 관한 권한을 정리한 것이다. ㉠~㉤에 들어갈 내용을 <u>잘못</u> 연결한 것은?

권한	내용
(㉠) 및 국정 조사	국정의 잘못된 부분을 찾아내어 바로잡음
중요 공무원의 임명 동의	(㉡)이/가 국무총리, 대법원장 등을 임명할 때 (㉢)을/를 행사함
(㉣)	고위 공무원이 위법 행위를 했을 때 직무를 그만두게 하는 심판을 (㉤)에 요구함

① ㉠ – 국정 감사 ② ㉡ – 대통령
③ ㉢ – 동의권 ④ ㉣ – 탄핵 심판
⑤ ㉤ – 헌법 재판소

10 (가), (나)에 나타난 국회의 권한을 옳게 연결한 것은?

㈎ 국회는 본회의를 열고 '옥외 광고물 등 관리법 일부 개정 법률안'에 대해 의결하였다.
㈏ 국회 산업 통상 자원 위원회 소속의 의원들은 국정 감사에서 산업 통상 자원부 장관에게 전력 대란 사건에 대한 재발 방지 대책에 대해 질문하였다.

　　　　　(가)　　　　　　　　　(나)
① 입법에 관한 권한　　　　재정에 관한 권한
② 입법에 관한 권한　　　　일반 국정에 관한 권한
③ 재정에 관한 권한　　　　입법에 관한 권한
④ 재정에 관한 권한　　　　일반 국정에 관한 권한
⑤ 일반 국정에 관한 권한　　재정에 관한 권한

02 행정부와 대통령

11 다음과 같은 국가 작용에 대한 옳은 설명을 〈보기〉에서 고른 것은?

입법과 사법을 제외한 국가 기관의 작용으로, 국회에서 만든 법률을 집행한다.

┤보기├
ㄱ. 특정 집단의 이익 실현을 목적으로 한다.
ㄴ. 여권 발급, 치안 유지 등이 이에 해당한다.
ㄷ. 다양한 정책을 수립하여 실행하는 작용이다.
ㄹ. 반드시 법률에 따라 이루어져야 할 필요는 없다.

① ㄱ, ㄴ ② ㄱ, ㄷ ③ ㄴ, ㄷ
④ ㄴ, ㄹ ⑤ ㄷ, ㄹ

12 ㉠에 들어갈 국가 기관을 구성하는 조직으로 적절하지 <u>않은</u> 것은?

(㉠)은/는 행정을 담당하는 국가 기관으로, 국민의 자유와 권리 보호, 경제 발전, 복지 국가의 건설 등을 위해 여러 가지 정책을 세우고 실행한다.

① 감사원 ② 대통령
③ 국무총리 ④ 국무 회의
⑤ 상임 위원회

13 다음 글에서 설명하는 행정부의 조직으로 옳은 것은?

> 대통령, 국무총리, 행정 각부의 장을 비롯한 국무 위원으로 구성되며, 정부의 중요한 정책들을 심사하고 논의하는 기관이다.

① 감사원
② 임시회
③ 정기회
④ 국무 회의
⑤ 상임 위원회

14 그림은 우리나라의 정부 조직도이다. (개)에 들어갈 국가 기관에 대한 설명으로 옳지 않은 것은?

① 국무 회의의 구성원이다.
② 대통령이 국회의 동의를 얻어 임명한다.
③ 대통령의 승인을 얻어 국회 의장을 임명한다.
④ 대통령의 자리가 비었을 때 그 권한을 대행한다.
⑤ 대통령의 국정 운영을 보좌하며 행정 각부를 총괄한다.

15 밑줄 친 ㉠~㉤ 중 틀린 내용을 골라 바르게 고쳐 쓴 것은?

> 감사원은 ㉠ 조직상으로는 국회에 소속되어 있지만, ㉡ 업무상으로는 독립된 ㉢ 행정부의 최고 감사 기관으로, ㉣ 국민이 낸 세금이 제대로 쓰이는지 조사하고 ㉤ 행정 기관 및 공무원의 직무를 감찰한다.

① ㉠ – 조직상으로는 대통령에 소속
② ㉡ – 업무상으로는 행정부 조직에 포함된
③ ㉢ – 행정부의 최고 심의 기관
④ ㉣ – 예산안을 심의·확정
⑤ ㉤ – 행정 기관 및 공무원의 직무를 지시

16 다음 헌법 조항의 ㉠, ㉡에 들어갈 용어를 옳게 연결한 것은?

> • 제66조 ① (㉠)은/는 국가의 원수이며, 외국에 대하여 국가를 대표한다.
> • 제66조 ④ (㉡)은/는 대통령을 수반으로 하는 정부에 속한다.

	㉠	㉡
①	대통령	사법권
②	대통령	행정권
③	국무총리	입법권
④	국무총리	행정권
⑤	국무 위원	입법권

17 우리나라의 대통령에 대한 설명으로 옳은 것은?

① 임기는 4년이다.
② 국회에서 선출한다.
③ 일정한 자격을 갖출 경우 중임할 수 있다.
④ 국무 회의의 의장으로서 국가의 중요 정책을 최종적으로 결정한다.
⑤ 국가 원수와 행정부 수반으로서의 지위 중 한 가지를 선택하여 가질 수 있다.

18 다음과 같은 대통령의 지위에 따른 권한에 대해서 잘못 설명한 사람은?

> 우리나라의 대통령은 국가의 최고 지도자로서 대외적으로 우리나라를 대표한다.

① 가진: 외국에 대해 전쟁을 선포할 수 있어.
② 나진: 외교 사절을 보내거나 맞이할 수 있어.
③ 다진: 법률에 의거하여 행정부를 지휘하고 감독할 수 있어.
④ 라진: 국가가 비상사태에 처했을 때 긴급 명령을 내릴 수 있어.
⑤ 마진: 국가의 중요 정책을 결정할 때 국민 투표를 시행할 수 있어.

19 행정부 수반으로서의 대통령의 권한으로 적절하지 <u>않은</u> 것은?

① 국군을 지휘하고 통솔한다.
② 국회의 동의를 얻어 헌법 기관을 구성한다.
③ 정부의 권한에 속하는 정책을 심의하고 결정한다.
④ 국무총리나 행정 각부의 장 등 행정부의 고위 공무원을 임명하거나 해임한다.
⑤ 법률에서 위임받은 사항과 법률을 집행하기 위해 필요한 사항을 대통령령으로 제정한다.

20 ㈎, ㈏에 들어갈 대통령의 지위에 따른 권한을 옳게 연결한 것은?

지위	행정부 수반	국가 원수
권한	㈎	㈏

	㈎	㈏
①	대통령령 제정	외국과 조약 체결
②	외국과 조약 체결	법률안 거부권 행사
③	행정부 지휘 및 감독	대통령령 제정
④	외국에 외교 사절 파견	긴급 명령 및 계엄 선포
⑤	긴급 명령 및 계엄 선포	행정부 지휘 및 감독

21 ㈎~㈐에 나타난 대통령의 권한에 대한 옳은 설명을 〈보기〉에서 고른 것은?

> ㈎ 헌법 재판소장과 감사원장을 임명할 수 있다.
> ㈏ 국회가 의결한 법률안에 대해 거부권을 행사할 수 있다.
> ㈐ 헌법을 개정하거나 국가의 중요한 정책을 결정할 때 국민 투표를 시행할 수 있다.

┤ 보기 ├
ㄱ. ㈎는 법원의 동의를 필요로 한다.
ㄴ. ㈏를 통해 대통령은 국회를 견제할 수 있다.
ㄷ. ㈐는 국가 원수로서 국정을 조정한 것이다.
ㄹ. ㈎, ㈐는 행정부 수반, ㈏는 국가 원수로서의 대통령의 권한에 해당한다.

① ㄱ, ㄴ　　　② ㄱ, ㄷ　　　③ ㄴ, ㄷ
④ ㄴ, ㄹ　　　⑤ ㄷ, ㄹ

---

03 법원과 헌법 재판소

22 다음 내용에서 설명하는 용어로 옳은 것은?

> • 법률의 내용을 판단하고 법을 적용하여 분쟁을 해결하는 국가 작용이다.
> • 법적인 분쟁이 발생했을 때 법이 무엇인지 선언하고 법질서를 유지함으로써 국민의 권리를 보호하는 역할을 한다.

① 국회　　　② 계엄　　　③ 사법
④ 입법　　　⑤ 행정

23 다음 내용을 통해 실현하려는 목적으로 가장 적절한 것은?

> • 사법권은 법원에 속하며, 법원의 조직은 법률에 의해 독자적으로 구성된다.
> • 법관은 외부의 간섭과 압력을 받지 않고 헌법과 법률에 의해 양심에 따라 독립하여 심판한다.

① 사법권의 독립
② 법관의 지위 약화
③ 사법권에 대한 국민의 관심 증대
④ 사법부에 대한 제도적 통제 강화
⑤ 사법부의 국가 기관 견제 기능 약화

24 다음에서 설명하는 국가 기관의 역할로 적절한 것을 〈보기〉에서 고른 것은?

> 사법 작용을 담당하는 국가 기관으로, 사법부라고도 불린다.

┤ 보기 ├
ㄱ. 재판을 통해 분쟁을 해결한다.
ㄴ. 법률의 위헌 여부를 심판한다.
ㄷ. 여러 가지 정책을 수립하여 집행한다.
ㄹ. 법질서를 유지함으로써 국민의 권리를 보장한다.

① ㄱ, ㄴ　　　② ㄱ, ㄹ　　　③ ㄴ, ㄷ
④ ㄴ, ㄹ　　　⑤ ㄷ, ㄹ

25 법원의 조직과 그 기능을 연결한 것으로 옳지 <u>않은</u> 것은?

① 고등 법원 – 민사 사건의 1심 재판을 담당한다.
② 대법원 – 고등 법원에서 올라온 3심 사건을 재판한다.
③ 특허 법원 – 특허 업무와 관련된 분쟁 사건을 재판한다.
④ 가정 법원 – 이혼, 상속 등의 가사 사건과 소년 보호 사건을 재판한다.
⑤ 행정 법원 – 국가 기관의 잘못된 행정 작용에 대한 소송 사건을 재판한다.

잘 나와!

26 ㉠, ㉡에 들어갈 용어를 옳게 연결한 것은?

> 전기밥솥을 만드는 □□ 회사와 △△회사는 압력 밥솥 안전 기술과 관련한 특허를 두고 몇 년째 소송을 이어 가고 있다. 최근 (㉠)의 재판에서 패소한 △△ 회사는 이번 소송의 결과를 인정할 수 없다며 (㉡)에 상고하려고 한다.

	㉠	㉡
①	대법원	특허 법원
②	지방 법원	대법원
③	지방 법원	고등 법원
④	특허 법원	대법원
⑤	특허 법원	고등 법원

27 (가)에 들어갈 내용으로 적절한 것을 〈보기〉에서 고른 것은?

> 오늘날 대부분의 민주 국가는 입법부, 행정부, 사법부로 구성된다. 권력 분립의 원리에 따라 서로 독립된 국가 기관이 국가 권력을 나누어 맡아 견제와 균형이 유지될 때 _____ (가)

┤ 보기 ├
ㄱ. 국민의 기본권이 보장될 수 있다.
ㄴ. 행정부 강화 현상이 심화될 수 있다.
ㄷ. 국가 권력이 입법부에 집중될 수 있다.
ㄹ. 국가 권력이 남용되는 것을 방지할 수 있다.

① ㄱ, ㄴ　　② ㄱ, ㄹ　　③ ㄴ, ㄷ
④ ㄴ, ㄹ　　⑤ ㄷ, ㄹ

28 (가), (나)의 권한을 통해 법원이 견제할 수 있는 국가 기관을 옳게 연결한 것은?

> (가) 명령·규칙이 헌법과 법률에 위반되는지가 재판의 전제가 될 경우에 이를 심사할 수 있다.
> (나) 재판과 관련된 법률의 위헌 여부가 문제가 될 경우에 헌법 재판소에 심판을 제청할 수 있다.

	(가)	(나)
①	입법부	행정부
②	입법부	헌법 재판소
③	행정부	입법부
④	행정부	헌법 재판소
⑤	헌법 재판소	행정부

[29~30] 다음 글을 읽고 물음에 답하시오.

> 오늘날 민주 사회에서 헌법에 규정된 여러 가지 원리들과 기본권을 보장하는 내용은 반드시 지켜져야 하며, 입법이나 행정과 같은 국가 작용이 국가의 최고 법인 헌법에 위배되어서는 안 된다. 따라서 <u>입법부에 의해 만들어진 법률이나 국가 기관의 작용이 헌법에 위배되거나 국민의 기본권을 침해했는지 여부를 심판하는 재판이 필요하다.</u> 우리나라는 1987년 헌법 개정 이후에 설치된 국가 기관인 (㉠)에서 이러한 재판을 담당하도록 하고 있다.

29 윗글의 밑줄 친 부분에 해당하는 재판으로 옳은 것은?

① 민사 재판　　② 선거 재판
③ 행정 재판　　④ 헌법 재판
⑤ 형사 재판

30 ㉠에 들어갈 국가 기관에 대한 옳은 설명만을 〈보기〉에서 있는 대로 고른 것은?

┤ 보기 ├
ㄱ. 주로 헌법의 위반과 관련된 사항을 심판한다.
ㄴ. 국민이 선거를 통해 선출한 재판관으로 구성된다.
ㄷ. 헌법 수호 기관으로서 국가 기관의 잘못으로 인해 헌법의 원리가 훼손되는 것을 방지한다.
ㄹ. 기본권 보장 기관으로서 공권력의 행사 또는 불행사로 인해 침해된 국민의 기본권을 구제한다.

① ㄱ, ㄴ　　② ㄱ, ㄷ　　③ ㄴ, ㄹ
④ ㄱ, ㄷ, ㄹ　　⑤ ㄴ, ㄷ, ㄹ

31 헌법 재판소의 구성에 대한 설명으로 옳지 <u>않은</u> 것은?

① 헌법 재판소 재판관은 대통령이 임명한다.
② 법관의 자격을 가진 9명의 재판관으로 구성된다.
③ 헌법 재판소장은 법원의 동의를 얻어 대통령이 임명한다.
④ 헌법 재판소 재판관은 신분과 정치적 중립을 보장받는다.
⑤ 헌법 재판소 재판관 중 3명은 국회에서 선출하고 3명은 대법원장이 지명한다.

32 ㈎, ㈏에 대한 설명으로 옳지 <u>않은</u> 것은?

> ㈎ 위헌 법률 심판   ㈏ 헌법 소원 심판

① ㈎는 국회의 제청이 있을 경우에 이루어진다.
② ㈎는 재판의 전제가 된 법률이 헌법에 위반되는지 여부를 심판한다.
③ ㈏는 국민의 기본권을 보호하는 중요한 심판이다.
④ ㈏는 법률이나 공권력에 의해 기본권을 침해당한 국민이 직접 구제를 신청했을 경우에 이루어진다.
⑤ ㈎, ㈏는 모두 헌법 재판관 9인 중 6인 이상의 찬성으로 결정이 내려진다.

33 다음 글에서 설명하는 헌법 재판소의 역할로 적절한 것은?

> 헌법 재판소는 직무상 위법 행위를 한 이유로 대통령, 행정 각부의 장, 법관 등 법률이 정한 공무원을 파면하도록 국회가 의결했을 때 그 타당성을 심판하는 권한을 가진다.

① 탄핵 심판   ② 권한 쟁의 심판
③ 위헌 법률 심판   ④ 정당 해산 심판
⑤ 헌법 소원 심판

서 술 형 문제

1 ㉠에 들어갈 국회의 조직을 쓰고, 그 의미를 서술하시오.

> 국회 의원이나 정부가 제출한 법률안은 상임 위원회에서 심의를 한 후 (㉠)에서 질의와 토론을 거쳐 의결된다. 의결된 법률안은 이의가 없을 경우 대통령이 15일 이내에 공포한다.

_____
_____
_____

2 ㉠에 들어갈 행정부 조직을 쓰고, 이 조직의 구성 방식과 역할을 서술하시오.

> 행정부의 최고 심의 기관인 (㉠)에서는 ○○ 지역에서 발생한 지진에 대한 대책 마련을 위한 논의가 이어졌다. 특히 주요 시설에 대한 지진 방재 대책을 점검하고, 앞으로 있을지도 모를 더 큰 규모의 지진에 대비하기 위한 방안이 집중적으로 다루어졌다.

_____
_____
_____

3 밑줄 친 '재판'을 담당하는 법원을 쓰고, 그 역할을 <u>두 가지</u> 이상 서술하시오.

> 가람이는 학원에서 쉬는 시간에 넘어져 전치 3주의 상처를 입었다. 가람이의 가족은 이 사고와 관련하여 학원 측의 책임이 있음을 주장하면서 소송을 제기하였고, 1심과 2심에서 승소하였다. 학원 측은 이에 불복하여 다시 <u>재판</u>을 청구하였다.

_____
_____
_____

III 경제생활과 선택

01 경제생활과 경제 문제

●● 경제 활동의 이해

1. **❶□□ □□**: 재화나 서비스를 생산, 분배, 소비하는 모든 활동 → 인간의 필요와 욕구를 충족해 줌

2. 경제 활동의 종류

❷□□	재화와 서비스를 만들어 내거나 그 가치를 증대하는 활동 → 상품의 운반, 저장, 판매 활동 포함
분배	생산 과정에 참여한 사람들이 생산 요소를 제공한 대가를 나누어 가지는 것
소비	재화나 서비스를 구입하여 사용하는 활동

●● 경제생활에서의 합리적 선택

1. 자원의 희소성
(1) 의미: 인간의 욕구는 무한한 데 비해 이를 충족해 줄 자원은 상대적으로 부족한 현상
(2) 특징: 인간의 **❸□□** 정도에 따라 달라짐, 시대나 장소에 따라 달라질 수 있음

2. 선택의 문제: 자원의 **❹□□□** 때문에 개인과 사회는 경제 활동을 할 때 선택의 문제에 직면함

3. 기회비용
(1) 의미: 어떤 것을 선택함으로써 포기하는 여러 대안이 갖는 가치 중 가장 큰 것
(2) 특징: 모든 선택에는 기회비용이 따름, 같은 선택을 하더라도 사람마다 기회비용은 다를 수 있음

4. 합리적 선택
(1) 의미: 최소 비용으로 최대 편익을 얻을 수 있는 선택

비용	선택으로 치르는 대가
❺□□	선택으로 얻게 되는 이익이나 만족감

(2) 방법: 편익이 **❻□□□□**보다 크도록 선택해야 함

●● 경제 문제를 해결하기 위한 경제 체제

1. 기본적인 ❼□□ □□
(1) 무엇을 얼마나 생산할 것인가? → 생산물의 종류와 수량을 결정하는 문제
(2) 어떻게 생산할 것인가? → 생산 방법을 결정하는 문제
(3) 누구를 위하여 생산할 것인가? → 분배의 문제

2. 경제 체제
(1) 경제 체제: 기본적인 경제 문제를 해결하는 방식이 제도적으로 정착된 것
(2) 경제 체제의 종류
① 시장 경제 체제와 계획 경제 체제

구분	시장 경제 체제	**❽□□** 경제 체제
의미	**❾□□ □□**에 기초하여 경제 문제를 해결하는 경제 체제	국가의 계획과 명령에 따라 경제 문제를 해결하는 경제 체제
특징	• 개인의 자유로운 이익 추구 인정 • 경제 활동의 자유 보장	• 국가가 대부분의 생산 수단 소유 • 경제 활동의 자유 제한
장점	• 개인의 창의성 발휘 가능 • 자원의 효율적 사용 가능	국가가 채택한 주요 목적의 신속한 달성 가능
단점	• 빈부 격차 발생 우려 • 환경 오염 심화 우려	• 근로 의욕 저하 • 경제적 효율성 저하

② 혼합 경제 체제: 시장 경제 체제와 계획 경제 체제의 요소가 섞인 경제 체제 → 오늘날 대부분의 국가에서 채택

02 기업의 역할과 사회적 책임

●● 기업의 의미와 역할

1. 기업: 생산 활동을 담당하는 경제 주체 → 시장 경제에서 **❿□□**의 극대화 추구

2. 기업의 역할

상품 생산	이윤을 얻기 위해 상품을 만들어 판매함
고용과 소득 창출	• 생산을 위해 근로자 고용 → 가계에 일자리 제공 • 생산 과정에서 생산 요소를 사용하고 그 대가로 임금, 이자 등 지급 → 가계에 소득 제공
세금 납부	수입 중 일부를 국가에 세금으로 납부함

●● 기업의 사회적 책임과 기업가 정신

1. 기업의 ⓫□□□ □□

의미	기업이 이윤 추구 활동 이외에 법령과 윤리 준수 등 사회에 대한 역할을 다하는 것
수행 노력	합법적인 경제 활동 수행, 소비자와 근로자의 권익 보호, 사회 공헌 활동 참여, 환경 보호 등

2. 기업가 정신

의미	불확실성과 위험을 무릅쓰고 ⑫◻◻을 토대로 이윤을 창출하려는 기업가의 도전 정신
발휘 사례	신상품 개발, 새로운 시장 개척, 새로운 생산 방법 도입, 새로운 경영 조직 구성, 품질 개선이나 기술 개발 등

03 금융 생활의 중요성

•• 일생 동안의 경제생활

1. 평생 이루어지는 경제생활: 인간의 경제생활은 태어나면서부터 평생에 걸쳐 이루어짐 → ⑬◻◻ ◻◻의 시기별로 개인의 소득과 소비 수준이 달라짐

2. 생애 주기에 따른 일반적인 경제생활 모습

유소년기	주로 부모의 소득에 의존하여 소비 생활을 함
청년기	생산 활동에 참여하여 ⑭◻◻이 발생하며, 소득과 소비가 모두 적은 편임
중장년기	소득이 크게 늘어나지만, 자녀 출산 및 양육 등으로 소비도 집중적으로 늘어남
노년기	은퇴 후 소득이 크게 줄어들거나 없어짐 → 노후 대비 자금이나 연금으로 생활함

•• 지속 가능한 경제생활을 위한 자산 관리

1. 자산: 자신이 소유하고 있는 것 중 경제적 가치를 지닌 것

2. ⑮◻◻ ◻◻

의미	소득을 바탕으로 소비의 시기와 양, 자산 확보 및 운영에 대한 계획을 세우고 실천하는 것
필요성	지속 가능한 경제생활 유지, 고령화 사회 대비, 미래의 불확실한 상황 대비 등

3. 합리적인 자산 관리 방법

(1) **자산의 특성 고려**: 자산의 안전성, 수익성, 유동성을 고려하여 자산 관리 방법을 선택해야 함

안전성	투자한 원금이 손실되지 않는 정도
⑯◻◻◻	투자를 통해 이익을 얻을 수 있는 정도
유동성	필요할 때 쉽게 현금으로 바꿀 수 있는 정도

(2) **분산 투자**: 다양한 유형의 자산에 분산하여 투자해야 함

4. 자산 관리에 활용되는 주요 자산

⑰◻◻, 적금	이자 등을 목적으로 금융 기관에 맡긴 자산 → 안전성 ↑, 수익성 ↓
⑱◻◻	주식회사가 자금 마련을 위해 투자자에게서 돈을 받고 발행하는 증서 → 수익성 ↑, 안전성 ↓
채권	정부, 기업 등이 일정한 이자를 지급할 것을 약속하고 돈을 빌리면서 발행하는 증서
기타	보험, 연금, 부동산 등

•• 지속 가능한 경제생활을 위한 신용 관리

1. 신용

(1) **⑲◻◻**: 개인의 지불 능력에 관한 사회적 평가

(2) **신용 거래의 장단점**

장점	현금 없이 상품 구매 가능, 소득보다 많은 소비 가능
단점	미래에 갚아야 할 빚 증가, 충동구매와 과소비 우려

2. 신용 관리

중요성	신용이 낮아지면 높은 이자 지불, 대출 거절, 취업 제한 등의 불이익을 받을 수 있음
방법	자신의 소득과 지불 능력을 고려하여 신용 이용, 상환 기한 준수, 높은 ⑳◻◻◻ 유지 등

01 경제생활과 경제 문제

01 경제 활동에 대한 옳은 설명만을 〈보기〉에서 있는 대로 고른 것은?

┤보기├
ㄱ. 인간의 필요와 욕구를 충족해 준다.
ㄴ. 기업과 가계의 참여만으로 이루어진다.
ㄷ. 크게 생산, 분배, 소비로 구분할 수 있다.
ㄹ. 생산 요소를 제공한 대가를 받는 것도 포함된다.

① ㄱ, ㄴ　　② ㄱ, ㄷ　　③ ㄴ, ㄹ
④ ㄱ, ㄷ, ㄹ　　⑤ ㄴ, ㄷ, ㄹ

02 경제 활동의 사례로 적절하지 <u>않은</u> 것은?

① 가진이의 아버지는 공장에서 가방을 만드셨다.
② 나진이는 친구들과 학급 규칙에 대해 의논하였다.
③ 다진이의 오빠는 식당에서 일하고 임금을 받았다.
④ 라진이의 동생은 가게에서 빵과 우유를 사 먹었다.
⑤ 마진이의 언니는 돈을 내고 인터넷 강의를 들었다.

03 (가), (나)에 대한 설명으로 옳은 것은?

(가) 옷, 음식, 컴퓨터 등
(나) 물건 배달, 가수의 공연 등

① (가)는 인간의 가치 있는 행위에 해당한다.
② (나)는 경제 활동의 대상이 아니다.
③ (가)는 (나)와 달리 구체적인 형태를 띤다.
④ (나)는 (가)와 달리 인간이 욕구를 채우기 위해 필요로 하지 않는 것이다.
⑤ (가)는 서비스, (나)는 재화에 해당한다.

04 다음 활동들이 생산에 포함되는 이유로 적절한 것은?

• 상품의 운반　• 상품의 저장　• 상품의 판매

① 행복한 삶의 토대가 되는 활동이기 때문이다.
② 상품을 구입하여 사용하는 활동이기 때문이다.
③ 토지를 제공한 대가를 받는 활동이기 때문이다.
④ 재화와 서비스를 만들어 내는 활동이기 때문이다.
⑤ 만들어진 상품의 가치를 높이는 활동이기 때문이다.

05 다음은 한 학생이 쓴 일기이다. 밑줄 친 ㉠~㉢에 해당하는 경제 활동의 종류를 옳게 연결한 것은?

오늘은 주말을 맞아 가족과 함께 복합 쇼핑몰에 가서 ㉠ 피자를 사 먹었다. 피자를 먹은 후에는 쇼핑을 하였는데, ㉡ 애견 카페에서 일하는 삼촌이 ㉢ 성과급을 받았다며 내게 모자를 사 주셨다.

① ㉠ – 소비　　② ㉠ – 생산　　③ ㉡ – 분배
④ ㉡ – 소비　　⑤ ㉢ – 생산

06 다음 내용을 종합하여 내릴 수 있는 결론으로 가장 적절한 것은?

• 기업은 이윤의 일부를 근로자에게 임금으로 준다.
• 근로자는 임금으로 생활에 필요한 상품을 구매한다.
• 근로자가 지불한 상품 대금은 생산의 밑바탕이 된다.

① 소비를 줄일수록 소득이 늘어난다.
② 경제 활동은 문화 활동의 바탕이 된다.
③ 소비 활동은 분배 활동과는 별개로 이루어진다.
④ 경제 활동은 필요를 충족하는 데 적합하지 않다.
⑤ 생산, 분배, 소비는 서로 긴밀히 연결되어 순환한다.

07 ㉠에 들어갈 경제 주체로 옳은 것은?

(㉠)은/는 대가를 내지 않아도 모든 사람이 사용할 수 있는 공공재를 생산하는 경제 주체이다.

① 가계　　② 기업　　③ 정부
④ 외국　　⑤ 주주

08 자원이 희소성을 갖는 사례로 적절한 것을 〈보기〉에서 고른 것은?

┤보기├
ㄱ. 겨울철의 에어컨
ㄴ. 비 오는 날의 우산
ㄷ. 산에서 드물게 발견되는 독버섯
ㄹ. 매연이 심한 도시에서의 맑은 공기

① ㄱ, ㄴ　　② ㄱ, ㄷ　　③ ㄴ, ㄷ
④ ㄴ, ㄹ　　⑤ ㄷ, ㄹ

09 ㈎에 들어갈 내용으로 가장 적절한 것은?

> 과거에는 깨끗한 물이 사람들의 필요와 욕구보다 많았기 때문에 물을 사서 마시지 않았다. 그러나 오늘날에는 환경 오염이 심해지면서 깨끗한 생수를 사 마시기도 한다. 즉, 시간이 지나면서 _____ ㈎

① 깨끗한 물의 희소성이 커진 것이다.
② 깨끗한 물의 희소성이 작아진 것이다.
③ 깨끗한 물의 절대적인 양이 늘어난 것이다.
④ 깨끗한 물에 대한 인간의 욕구가 줄어든 것이다.
⑤ 깨끗한 물의 양이 인간의 욕구보다 많아진 것이다.

10 밑줄 친 '이것'에 해당하는 용어로 옳은 것은?

> • 이것은 어떤 것을 선택함으로써 포기하는 여러 대안이 갖는 가치 중 가장 큰 것이다.
> • 같은 선택을 하더라도 사람마다 이것은 다를 수 있다.

① 편익   ② 공공재   ③ 기회비용
④ 합리적 선택   ⑤ 자원의 희소성

11 합리적 선택을 하기 위한 방법으로 옳은 것은?

① 비용이 편익보다 크도록 선택한다.
② 기회비용이 가장 큰 것을 선택한다.
③ 편익이 기회비용보다 크도록 선택한다.
④ 비용이 같은 경우 편익이 가장 작은 것을 선택한다.
⑤ 편익이 같은 경우 비용이 가장 많은 것을 선택한다.

12 표는 나리가 한 시간 동안 할 수 있는 활동의 만족감을 나타낸 것이다. 이에 대한 분석으로 옳지 않은 것은?

활동	수영	독서	음악 감상
만족감	30	70	50

① 독서를 선택할 때 기회비용이 가장 작다.
② 음악 감상을 선택하는 것이 가장 합리적이다.
③ 수영을 선택할 때의 기회비용은 독서로 얻을 수 있는 만족감이다.
④ 수영을 선택할 때의 기회비용은 독서를 선택할 때의 기회비용보다 크다.
⑤ 음악 감상을 선택할 때의 기회비용은 수영을 선택할 때의 기회비용과 같다.

[13~14] 다음 내용을 읽고 물음에 답하시오.

> ㈎ 어떻게 생산할 것인가?
> ㈏ 무엇을 얼마나 생산할 것인가?
> ㈐ 누구를 위하여 생산할 것인가?

13 ㈎~㈐를 모두 포함하는 용어로 옳은 것은?

① 경제 문제   ② 경제 발전   ③ 경제 주체
④ 경제 체제   ⑤ 경제 활동

14 ㈎~㈐에 대한 옳은 설명을 〈보기〉에서 고른 것은?

> **보기**
> ㄱ. ㈎는 생산 방법을 결정하는 문제이다.
> ㄴ. ㈏의 해결 방식은 모든 사회에서 같게 나타난다.
> ㄷ. 어떤 작물을 심을지 고민하는 것은 ㈐의 문제이다.
> ㄹ. ㈎~㈐를 해결하는 방식이 제도적으로 정착된 것을 경제 체제라고 한다.

① ㄱ, ㄴ   ② ㄱ, ㄹ   ③ ㄴ, ㄷ
④ ㄴ, ㄹ   ⑤ ㄷ, ㄹ

15 경제 문제가 발생하는 원인으로 적절한 것은?

① 인간의 욕구는 자원의 양과 상관없이 충족되기 때문
② 인간의 욕구와 이를 충족해 줄 자원이 모두 무한하기 때문
③ 인간의 욕구와 이를 충족해 줄 자원이 모두 한정되어 있기 때문
④ 인간의 욕구는 유한한 데 비해 이를 충족해 줄 자원은 무한하기 때문
⑤ 인간의 욕구는 무한한 데 비해 이를 충족해 줄 자원은 한정되어 있기 때문

16 ㉠~㉢에 들어갈 경제 체제를 옳게 연결한 것은?

> 경제 체제는 경제 문제를 해결하는 방식에 따라 시장 가격에 기초하여 경제 문제를 해결하는 (㉠)와 국가의 계획과 명령에 따라 경제 문제를 해결하는 (㉡)로 구분할 수 있는데, (㉠)과 (㉡)의 요소가 섞여 있는 경제 체제를 (㉢)라고 한다.

① ㉠ – 혼합 경제 체제   ② ㉠ – 계획 경제 체제
③ ㉡ – 시장 경제 체제   ④ ㉡ – 계획 경제 체제
⑤ ㉢ – 시장 경제 체제

17 가국의 경제 체제가 지닌 장점으로 적절한 것은?

> 가국의 ○○ 기업은 최근 청바지 수출이 급증하자, 생산성을 높이기 위해 청바지 의류 공장의 자동화 설비를 확대하기로 하였다.

① 개인의 창의성이 최대한 발휘될 수 있다.
② 소득의 불평등을 완화하는 데 도움을 준다.
③ 국가가 채택한 주요 목적을 신속히 달성할 수 있다.
④ 지나친 이익 추구로 인해 나타난 환경 오염을 개선할 수 있다.
⑤ 개인의 이익 추구 과정에서 공동체의 이익이 침해되는 문제를 해결할 수 있다.

18 경제 문제의 해결 방식에 관한 A, B의 주장에 대한 옳은 분석을 〈보기〉에서 고른 것은?

> • 사회자: 최근 태풍으로 배추 수확량이 줄었다고 하는데요, 이 문제를 어떻게 해결해야 할까요?
> • A: 시장에 맡겨 두면 배추 가격이 올라 수요량이 줄어 문제가 저절로 해결될 것입니다.
> • B: 정부의 가구당 배추 배급량을 이전보다 줄여야 한다고 생각합니다.

┤ 보기 ├
ㄱ. A는 계획 경제 체제의 입장을 취하고 있다.
ㄴ. B는 개인과 기업의 이익 추구를 인정할 것이다.
ㄷ. A는 B보다 경제 주체의 자율성을 강조할 것이다.
ㄹ. 사회 전체의 생산성을 늘리는 데는 B보다 A의 입장을 취하는 것이 유리할 것이다.

① ㄱ, ㄴ   ② ㄱ, ㄷ   ③ ㄴ, ㄷ
④ ㄴ, ㄹ   ⑤ ㄷ, ㄹ

19 다음 정책을 시행하는 목적으로 적절한 것은?

> 우리나라 정부는 소상공인과 골목 상권을 보호하기 위해 대형 할인점의 주말 영업을 제한하는 주말 휴무제를 시행하고 있다.

① 경제적 효율성 향상   ② 시장의 가격 기능 강화
③ 경제 활동의 자유 보장   ④ 사회 전체의 소득 증대
⑤ 시장 경제 체제의 한계 보완

---

02 기업의 역할과 사회적 책임

20 ㉠, ㉡에 들어갈 경제 주체를 옳게 연결한 것은?

> 시장 경제 체제에서 (㉠)은/는 생산 활동을 통해 이윤의 극대화를 추구하는 경제 주체로, (㉡)이/가 제공하는 생산 요소를 사용하여 상품을 생산한다.

	㉠	㉡		㉠	㉡
①	가계	기업	②	가계	정부
③	기업	가계	④	기업	정부
⑤	정부	가계			

잘 나와!

21 다음은 수업 시간에 진행된 발표의 일부분이다. 이 중 발표 제목을 잘못 정한 모둠은?

발표 주제: 기업의 역할	
모둠	발표 제목
1모둠	노동과 자본의 제공자, 기업
2모둠	가계의 소득을 창출하는 기업
3모둠	기업, 국가의 재정에 기여하다
4모둠	기업, 일자리 만들기에 앞장서다
5모둠	이윤 증대를 위해 노력하는 경제 주체, 기업

① 1모둠   ② 2모둠   ③ 3모둠   ④ 4모둠   ⑤ 5모둠

22 △△ 기업의 사례를 고려할 때 □□시가 밑줄 친 활동을 하는 이유로 적절한 것은?

> • △△ 기업이 한 지역에 공장을 건설한 이후 그 지역은 고용 창출 효과가 나타났고, 주변 상업 시설 및 주택 건설 등으로 주민들의 삶의 질이 높아졌다.
> • □□시는 500여 개의 기업을 대상으로 투자 유치 설명회를 개최하여 다양한 산업에 유리한 □□시의 경쟁력을 소개하고, 세금 감면과 보조금 지원 등 다양한 혜택을 제공하기로 하였다.

① □□시의 재정을 줄이기 위해
② □□시의 경제를 활성화하기 위해
③ □□시의 환경 오염을 최소화하기 위해
④ □□시 소비자의 권리를 보호하기 위해
⑤ □□시 전체의 상품 생산 비용을 늘리기 위해

23 기업의 사회적 책임에 대해 잘못 말한 사람은?

① 가민: 사회적 책임을 다하는 기업은 법의 테두리 내에서 이윤을 추구해야 해.
② 나민: 기업은 사회적 책임을 다하기 위해 이윤을 추구하는 것에만 집중해야 해.
③ 다민: 장애인의 고용을 확대하는 것도 기업의 사회적 책임을 다한 사례로 들 수 있어.
④ 라민: 오늘날 기업의 사회적 역할이 커지면서 기업의 사회적 책임에 대한 요구가 커지고 있어.
⑤ 마민: 기업의 사회적 책임은 기업이 소비자, 주주, 지역 사회 등에 대한 역할을 다하는 것을 의미해.

24 다음 사례에서 A 기업을 사회적 책임을 다한 기업으로 평가할 수 있는 근거로 가장 적절한 것은?

> A 기업은 저소득층 아이들을 대상으로 무료 학습 지도, 도서 기증 등의 공익사업과 함께 자원봉사, 기부 및 후원 활동 등을 꾸준히 전개해 오고 있다.

① 경제 성장을 촉진하였다.
② 생산 과정에서 생태계를 보호하였다.
③ 법령을 준수하여 경제 활동을 하였다.
④ 사회 전체의 복지 증진에 기여하였다.
⑤ 소비자의 이익을 보호하기 위해 노력하였다.

25 ㉠에 들어갈 용어에 대한 옳은 설명을 〈보기〉에서 고른 것은?

> 기업가는 이윤 추구를 위하여 새로운 사업에서 일어날 수 있는 위험을 무릅쓰고, 불확실한 미래를 예측하여 새로운 것에 과감히 도전하는 혁신적이고 창의적인 자세인 (㉠)을/를 가져야 한다.

┤ 보기 ├
ㄱ. 경제 발전의 원동력이 되기도 한다.
ㄴ. 새로운 가치를 창출하는 데는 적합하지 않다.
ㄷ. 기존의 생산 방식을 유지하는 형태로 발휘된다.
ㄹ. 변화하는 사회 환경에 유연하게 대처할 수 있도록 해 준다.

① ㄱ, ㄴ 　② ㄱ, ㄹ 　③ ㄴ, ㄷ
④ ㄴ, ㄹ 　⑤ ㄷ, ㄹ

26 다음 사례들을 활용한 수업의 주제로 가장 적절한 것은?

> • B사는 1회 충전으로 500km 이상을 달릴 수 있는 전기차를 최초로 개발함으로써 친환경 차의 수요가 증가하고 있는 자동차 시장의 변화에 대응하였다.
> • C사는 모바일 중심으로 옮겨 가는 휴대 전화 시장의 변화에 대응하지 못하고 기존 제품의 생산에 치중한 결과, 휴대 전화 시장에서의 경쟁력을 잃어 경쟁 회사에 인수되었다.

① 기업의 윤리적 책임
② 투명 경영의 필요성
③ 기업가 정신의 중요성
④ 안정적인 기업 운영의 장점
⑤ 기업의 활동이 국가 재정에 미치는 영향

03 금융 생활의 중요성

27 중장년기의 일반적인 경제생활에 대한 설명으로 옳은 것은?

① 저축이 가능한 시기이다.
② 연금 생활을 시작하는 시기이다.
③ 소득이 처음으로 발생하는 시기이다.
④ 일생에서 소득이 가장 적은 시기이다.
⑤ 바람직한 경제생활 태도가 필요 없는 시기이다.

28 다음은 한 학생이 작성한 형성 평가의 답안이다. 이 학생이 얻을 점수로 옳은 것은?

형성 평가		
다음 내용에서 설명하는 생애 주기의 시기를 쓰시오. (각 문항당 1점씩)		
문항	내용	답안
1	저축이 필요한 시기이다.	중장년기
2	은퇴 후 모아 둔 돈으로 생활한다.	청년기
3	소득과 소비가 모두 크게 증가한다.	노년기
4	생산 활동보다 소비 활동이 많이 이루어진다.	유소년기

① 0점 　② 1점 　③ 2점 　④ 3점 　⑤ 4점

29 그림은 생애 주기에 따른 소득과 소비를 나타낸 것이다. 이를 통해 알 수 있는 내용으로 적절하지 <u>않은</u> 것은?

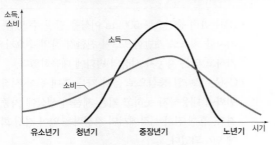

① 저축을 할 수 없는 시기가 존재한다.
② 노후 대비 자금을 마련할 필요가 있다.
③ 일생 동안 소비는 소득보다 항상 많다.
④ 생애 주기별로 소득의 수준이 달라진다.
⑤ 소비 생활을 하는 기간은 소득을 얻을 수 있는 기간보다 더 길다.

30 표는 자산의 유형을 구분한 것이다. (가), (나)에 해당하는 자산의 종류를 옳게 연결한 것은?

구분	금융 자산	실물 자산	
종류	(가)	(나)	

	(가)	(나)		(가)	(나)
①	예금	주식	②	주식	부동산
③	채권	예금	④	자동차	채권
⑤	부동산	자동차			

31 자산 관리에 대한 옳은 설명을 〈보기〉에서 고른 것은?

┤ 보기 ├
ㄱ. 오늘날 평균 수명이 늘어남에 따라 자산 관리의 중요도가 점차 커지고 있다.
ㄴ. 자산 관리 방법을 선택할 때는 자신의 미래 계획을 고려하지 않도록 주의해야 한다.
ㄷ. 한정된 소득으로 평생 동안 지속 가능한 삶을 살기 위해서는 효율적인 자산 관리가 필요하다.
ㄹ. 자산 관리 시에는 노년기의 소득과 소비만을 고려하여 자산을 확보하고 운영하는 것이 바람직하다.

① ㄱ, ㄴ ② ㄱ, ㄷ ③ ㄴ, ㄷ
④ ㄴ, ㄹ ⑤ ㄷ, ㄹ

32 (가)~(마)를 자산 관리 과정의 순서대로 나열한 것은?

(가) 자금 마련 계획을 구체적으로 실행한다.
(나) 자신이 현재 및 미래에 가지게 될 자산의 규모를 파악한다.
(다) 생애 주기별로 자신이 이루고 싶은 목표를 세우고, 비용을 예측한다.
(라) 실행 내용을 정기적으로 검토하고, 필요시 목표나 계획을 재설정한다.
(마) 소득 발생 시점과 은퇴 시점을 고려하여 자금을 마련할 계획을 수립한다.

① (나) - (라) - (다) - (마) - (가)
② (나) - (마) - (가) - (라) - (다)
③ (다) - (나) - (가) - (라) - (마)
④ (다) - (나) - (마) - (가) - (라)
⑤ (마) - (가) - (라) - (다) - (나)

33 (가)에 들어갈 내용으로 적절한 것은?

자산 관리를 할 때는 한 가지 유형의 자산에 집중적으로 투자하는 것보다 서로 다른 특징을 가진 여러 유형의 자산에 나누어 투자하는 것이 합리적이다. 왜냐하면 _____ (가) _____ 때문이다.

① 전문적인 운용 기관의 도움을 받을 수 있기
② 투자에 드는 시간과 비용을 최소화할 수 있기
③ 투자에 따른 손실과 수익의 정도를 정확히 예측할 수 있기
④ 높은 수익성이 보장될 경우 위험성은 고려하지 않아도 되기
⑤ 적정한 이익을 얻는 동시에 투자로 인한 위험을 줄일 수 있기

34 ㉠에 들어갈 자산으로 옳은 것은?

목돈 마련을 꿈꾸신다면 ○○ 은행의 (㉠)을/를 이용해 주세요. 정해진 이자율에 따라 이자를 지급해 드리며, 일정 금액까지 원금을 보장해 드리겠습니다.

① 예금 ② 연금 ③ 주식
④ 채권 ⑤ 펀드

35 자산의 종류와 그 특징을 옳게 연결한 것을 〈보기〉에서 고른 것은?

┤보기├
ㄱ. 주식 – 수익성은 높지만, 안전성은 낮다.
ㄴ. 연금 – 토지와 같이 옮길 수 없는 자산이다.
ㄷ. 보험 – 질병, 사고 등의 위험 대비에 적합하다.
ㄹ. 채권 – 소득의 일부를 저축한 후 노후에 계속해서 일정액을 받는 금융 상품이다.

① ㄱ, ㄴ   ② ㄱ, ㄷ   ③ ㄴ, ㄷ
④ ㄴ, ㄹ   ⑤ ㄷ, ㄹ

36 밑줄 친 '이것'에 해당하는 용어로 옳은 것은?

• 다정: 대학에 합격하였는데 등록금을 낼 형편이 안 되어 걱정이야. 돈을 어떻게 구해야 할까?
• 라정: 나중에 대가를 지불할 것을 약속하고 현재 돈을 빌릴 수 있는 능력인 이것을 이용하면 등록금을 마련할 수 있을 거야.

① 보험   ② 분배   ③ 신용
④ 자산   ⑤ 기회비용

37 다음 사례들의 공통적인 특징으로 적절한 것은?

• 정해진 날짜에 갚기로 하고 은행에서 돈을 빌렸다.
• 한 번에 물건 값을 지불하기 힘들어서 할부 서비스를 이용하여 물건을 샀다.

① 신용을 이용하여 거래한 사례이다.
② 충동구매로 인해 피해를 본 사례이다.
③ 신용도가 낮아 불이익을 받은 사례이다.
④ 분산 투자를 통해 이익을 얻은 사례이다.
⑤ 주식 투자의 위험성을 보여 주는 사례이다.

38 올바른 신용 관리 방법으로 적절한 것을 〈보기〉에서 고른 것은?

┤보기├
ㄱ. 상품 대금은 최대한 늦게 지불한다.
ㄴ. 평소에 높은 신용도를 유지하려고 노력한다.
ㄷ. 미래의 소득에 대한 고려 없이 신용을 이용한다.
ㄹ. 충분히 갚을 수 있는 범위 내에서 신용을 이용한다.

① ㄱ, ㄴ   ② ㄱ, ㄷ   ③ ㄴ, ㄷ
④ ㄴ, ㄹ   ⑤ ㄷ, ㄹ

서술형 문제

1 다음 내용을 읽고 물음에 답하시오.

• 생산에 이용되는 주요 자원을 국가가 소유한다.
• 무엇을 얼마나 생산할지, 생산된 것을 누가 소비할지를 모두 국가가 결정한다.

⑴ 위와 같은 특징이 나타나는 경제 체제를 쓰시오.

_____

⑵ ⑴의 단점을 두 가지 이상 서술하시오.

_____

_____

2 ㉠에 들어갈 경제 주체를 쓰고, 그 역할을 두 가지 이상 서술하시오.

(㉠)은/는 시장 경제 체제에서 생산물의 종류와 양을 직접 결정하는 경제 주체로, (㉠)의 활동이 오늘날 사회와 국가 경제에 미치는 영향력이 커지면서 사회적 책임도 강조되고 있다.

_____

_____

3 예금과 주식의 특징을 제시된 두 가지 기준에서 비교하여 서술하시오.

• 수익성   • 안전성

_____

_____

IV 시장 경제와 가격

01 시장의 의미와 종류

●● 시장의 의미와 종류

1. 시장의 의미와 역할
(1) **❶□□**: 재화나 서비스를 사려는 사람과 팔려는 사람이 만나 거래하는 곳 → 구체적인 장소뿐만 아니라 상품 거래에 필요한 정보가 교환되고 거래가 이루어지는 과정 전체를 포함함
(2) **시장의 역할**: 거래 비용 절약, 상품에 관한 정보 제공, 분업의 촉진으로 생산성 증대 등

2. 시장의 종류
(1) 거래 모습이 구체적으로 드러나는지, 아닌지에 따른 구분

보이는 시장	거래가 이루어지는 장소나 거래하는 모습이 구체적으로 드러나는 시장 ⓔ 재래시장, 백화점, 대형 할인점 등
보이지 않는 시장	거래가 이루어지는 장소나 거래하는 모습이 구체적으로 드러나지 않는 시장 ⓔ 주식 시장, 외환 시장, 전자 상거래 시장 등

(2) 거래되는 대상의 종류에 따른 구분

❷□□□ 시장	생활에 필요한 재화나 서비스가 거래되는 시장 ⓔ 농수산물 시장, 꽃 시장, 영화관 등
생산 요소 시장	상품을 생산하는 과정에서 필요한 토지, 노동, 자본 등의 ❸□□□가 거래되는 시장 ⓔ 부동산 시장, 노동 시장 등

02 시장 가격의 결정

●● 수요 법칙과 공급 법칙

1. 수요와 수요 법칙

수요	구매력이 있는 수요자가 일정한 가격에 어떤 상품을 구매하고자 하는 욕구
수요량	일정한 가격 수준에서 수요자가 구매하고자 하는 상품의 양
수요 법칙	상품의 가격이 상승하면 수요량이 ❹□□하고, 가격이 하락하면 수요량이 ❺□□하는 것 → 상품의 가격과 수요량은 음(−)의 관계에 있음
수요 곡선	수요 법칙을 그래프로 나타낸 것 → 우하향하는 모양을 띰

2. 공급과 공급 법칙

공급	판매 능력이 있는 공급자가 일정한 가격에 어떤 상품을 판매하고자 하는 욕구
공급량	일정한 가격 수준에서 공급자가 판매하고자 하는 상품의 양
공급 법칙	상품의 가격이 상승하면 공급량이 ❻□□하고, 가격이 하락하면 공급량이 ❼□□하는 것 → 상품의 가격과 공급량은 양(+)의 관계에 있음
공급 곡선	❽□□ □□을 그래프로 나타낸 것 → 우상향하는 모양을 띰

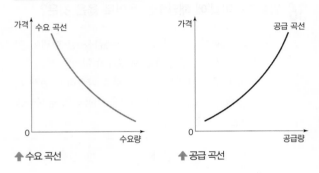

▲수요 곡선　　　▲공급 곡선

●● 시장 가격의 결정

1. 시장 가격의 결정
(1) **시장의 균형**: 수요량과 공급량이 일치할 때 시장이 균형을 이룸 → 수요 곡선과 공급 곡선이 만나는 지점에서 균형 가격과 균형 거래량이 결정됨
(2) 균형 가격과 균형 거래량

균형 가격 (시장 가격)	수요량과 공급량이 일치하여 시장이 균형을 이루는 지점에서의 가격
균형 거래량	균형 가격에서 거래되는 상품의 양

2. 초과 수요와 초과 공급
(1) **초과 수요**: 특정 가격 수준에서 수요량이 공급량보다 많은 상태
(2) **초과 공급**: 특정 가격 수준에서 공급량이 수요량보다 많은 상태
(3) 시장이 균형을 이루는 과정

초과 수요 발생 시	수요자들 간의 구매 경쟁 발생 → 상품 가격 ❾□□ → 수요량 감소, 공급량 증가
초과 공급 발생 시	공급자들 간의 판매 경쟁 발생 → 상품 가격 ❿□□ → 수요량 증가, 공급량 감소

03 시장 가격의 변동

●● 수요와 공급의 변화

1. 수요의 변화

(1) **수요의 변화**: 상품 가격 이외의 요인이 변화하여 수요 자체가 변화하는 것 → 수요 곡선의 이동으로 표현됨

(2) **수요의 변화 요인**: 소득의 변화, 관련 상품의 가격 변화, 소비자의 기호 변화, 미래에 대한 예상, 인구수의 변화 등

2. 공급의 변화

(1) **공급의 변화**: 상품 가격 이외의 요인이 변화하여 공급 자체가 변화하는 것 → 공급 곡선의 이동으로 표현됨

(2) **공급의 변화 요인**: 생산 요소의 가격 변화, 생산 기술의 발달, 공급자 수의 변화, 미래 가격에 대한 예상 등

●● 시장 가격의 변동

1. 수요 변화에 따른 시장 가격의 변동

(1) **수요 증가**: 소득 ⑪☐☐, 대체재 가격 상승, 보완재 가격 하락, 소비자의 기호 상승, 미래에 상품 가격 상승 예상, 인구 증가 등 → 수요 곡선이 ⑫☐☐☐으로 이동 → 균형 가격 상승, 균형 거래량 증가

(2) **수요 감소**: 소득 ⑬☐☐, 대체재 가격 하락, 보완재 가격 상승, 소비자의 기호 하락, 미래에 상품 가격 하락 예상, 인구 감소 등 → 수요 곡선이 ⑭☐☐으로 이동 → 균형 가격 하락, 균형 거래량 감소

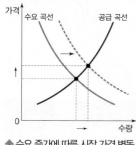
⬆ 수요 증가에 따른 시장 가격 변동

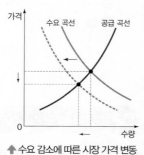
⬆ 수요 감소에 따른 시장 가격 변동

2. 공급 변화에 따른 시장 가격의 변동

(1) **공급 증가**: 생산 요소의 가격 ⑮☐☐, 생산 기술의 발달, 공급자 수의 증가, 미래에 상품 가격 하락 예상 등 → 공급 곡선이 오른쪽으로 이동 → 균형 가격 하락, 균형 거래량 ⑯☐☐

(2) **공급 감소**: 생산 요소의 가격 ⑰☐☐, 공급자 수의 감소, 미래에 상품 가격 상승 예상 등 → 공급 곡선이 왼쪽으로 이동 → 균형 가격 상승, 균형 거래량 ⑱☐☐

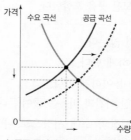
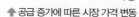
⬆ 공급 증가에 따른 시장 가격 변동

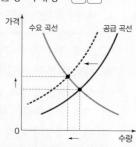
⬆ 공급 감소에 따른 시장 가격 변동

●● 시장 가격의 기능

1. 시장 경제의 신호등 기능: 시장 가격은 소비자와 생산자에게 ⑲☐☐ ☐☐을 어떻게 조절할 것인지 알려 줌

시장 가격 상승	소비자는 소비를 줄이려 하고, 생산자는 생산을 늘리려 함
시장 가격 하락	소비자는 소비를 늘리려 하고, 생산자는 생산을 줄이려 함

2. 자원의 효율적 배분 기능: 시장 가격은 사회에 필요한 적당한 양의 상품을 가장 효율적인 방법으로 생산하게 하고, 이를 ⑳☐☐☐으로 배분하는 기능을 함

소비 측면	같은 상품을 소비하여 가장 큰 만족을 얻을 수 있는 소비자에게 상품이 돌아가게 함
생산 측면	같은 상품을 가장 낮은 비용으로 생산하는 생산자가 상품을 공급하게 함

「정답 확인하기」

❶ 시장	❷ 생산물	❸ 생산 요소	❹ 감소
❺ 증가	❻ 증가	❼ 감소	❽ 공급 법칙
❾ 상승	❿ 하락	⑪ 증가	⑫ 오른쪽
⑬ 감소	⑭ 왼쪽	⑮ 하락	⑯ 증가
⑰ 상승	⑱ 감소	⑲ 경제 활동	⑳ 효율적

「스스로 점검하기」

맞은 개수	이렇게 해봐
10개 이하	본책으로 돌아가 복습해봐!
11 ~ 15개	틀린 문제의 답을 다시 확인하고 **100점 도전 실전 문제**를 풀도록 해!
16 ~ 20개	자신감을 가지고 **100점 도전 실전 문제**를 풀어봐. 학교 시험 100점 도전!

01 시장의 의미와 종류

01 ㉠에 대한 설명으로 옳지 <u>않은</u> 것은?

> (㉠)은/는 재화나 서비스를 사려는 사람과 팔려는 사람이 만나 거래하는 곳이다. (㉠)은/는 구체적인 장소만을 의미하는 것이 아니라, 수요자와 공급자 사이에 교환이 이루어지는 모든 곳을 포함한다.

① 노동, 자본 등은 거래되지 않는다.
② 특화를 통한 분업을 가능하게 한다.
③ 상품에 관한 정보 교환을 용이하게 한다.
④ 거래 상대를 찾는 데 필요한 시간과 비용을 줄여 준다.
⑤ 판매 대상에 따라 도매 시장과 소매 시장으로 나눌 수 있다.

02 (가)~(라)를 시장의 형성 및 발달 과정에 따라 순서대로 나열한 것은?

> (가) 화폐가 등장하면서 시장의 규모는 점차 확대되었다.
> (나) 사람들은 생활에 필요한 물건을 스스로 만들어 사용하였다.
> (다) 교환을 통한 만족감이 커지자 일정한 시간과 장소를 정해 모여 거래를 하게 되었다.
> (라) 경제의 발전으로 자신이 사용하고 남는 생산물이 생기자 이를 다른 물건과 교환하기 시작하였다.

① (가) – (나) – (라) – (다)   ② (나) – (다) – (가) – (라)
③ (나) – (라) – (다) – (가)   ④ (다) – (가) – (나) – (라)
⑤ (라) – (다) – (가) – (나)

03 다음과 같은 기준으로 시장을 구분하였을 때, 밑줄 친 시장의 종류가 나머지와 <u>다른</u> 하나는?

> 거래하는 모습이 구체적으로 드러나는가? 드러나지 않는가?

① 가현이는 꽃 시장에서 카네이션을 구입하였다.
② 나현이는 대형 할인점에서 과자를 구입하였다.
③ 다현이는 수산물 시장에서 새우를 구입하였다.
④ 라현이는 전자 상가에서 휴대 전화를 구입하였다.
⑤ 마현이는 인터넷 쇼핑몰에서 운동화를 구입하였다.

04 다음 내용에 해당하는 시장의 사례를 〈보기〉에서 고른 것은?

> 상품을 생산하는 과정에서 필요한 생산 요소가 거래되는 시장이다.

┤ 보기 ├
ㄱ. 백화점   ㄴ. 부동산 시장
ㄷ. 수산물 시장   ㄹ. 취업 박람회

① ㄱ, ㄴ   ② ㄱ, ㄷ   ③ ㄴ, ㄷ
④ ㄴ, ㄹ   ⑤ ㄷ, ㄹ

05 다음은 시장의 종류에 대한 설명이다. 밑줄 친 ㉠~㉤ 중 옳지 <u>않은</u> 것은?

> 우리 사회에는 여러 종류의 시장이 있다. 우선 거래 모습에 따라 보이는 시장과 보이지 않는 시장으로 구분할 수 있다. 보이는 시장은 ㉠ <u>거래하는 모습이 구체적으로 드러나는 시장</u>이고, 보이지 않는 시장은 ㉡ <u>거래하는 모습이 구체적으로 드러나지 않는 시장</u>이다. 또한 ㉢ <u>개설 시기에 따라 생산물 시장과 생산 요소 시장으로 구분</u>할 수 있다. 이때, 생산물 시장에서는 ㉣ <u>생활에 필요한 재화나 서비스가 거래</u>되고, 생산 요소 시장에서는 ㉤ <u>생산에 필요한 토지, 노동, 자본 등이 거래</u>된다.

① ㉠   ② ㉡   ③ ㉢   ④ ㉣   ⑤ ㉤

02 시장 가격의 결정

06 수요에 대한 설명으로 옳지 <u>않은</u> 것은?

① 수요는 일정한 가격 수준에서 어떤 상품을 구매하려는 욕구이다.
② 수요 법칙에 따르면 상품의 가격과 수요량은 같은 방향으로 움직인다.
③ 상품 가격과 수요량이 음(−)의 관계에 있으므로 수요 곡선은 우하향한다.
④ 수요량은 일정한 가격 수준에서 사람들이 구매하고자 하는 상품의 수량이다.
⑤ 상품의 가격이 올라가면 수요량은 감소하고, 가격이 내려가면 수요량은 증가한다.

07 그림에 대한 설명으로 옳은 것은?

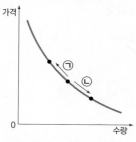

① 공급 법칙을 그래프로 나타낸 것이다.
② 상품 가격과 수요량 간의 양(+)의 관계를 표현한 것이다.
③ 상품 가격이 내려가면 수요자의 만족감도 낮아진다는 것을 알 수 있다.
④ ㉠은 가격 상승에 따른 수요량의 감소를 나타낸다.
⑤ ㉡은 가격 하락에 따른 공급량의 증가를 나타낸다.

08 ㉠~㉢에 들어갈 내용을 옳게 연결한 것은?

일반적으로 어떤 상품의 가격이 상승하면 공급량이 (㉠)하고, 가격이 하락하면 공급량이 (㉡)한다. 이러한 상품의 가격과 공급량의 관계를 (㉢)이라고 한다.

	㉠	㉡	㉢
①	감소	감소	공급 법칙
②	감소	증가	수요 법칙
③	증가	감소	공급 법칙
④	증가	증가	공급 법칙
⑤	증가	증가	수요 법칙

09 수요와 공급에 대한 설명으로 옳지 <u>않은</u> 것은?

① 공급은 상품을 팔고자 하는 욕구이다.
② 수요는 상품을 사고자 하는 욕구이다.
③ 수요량과 공급량은 상품의 가격에 영향을 받는다.
④ 일반적으로 가격이 내려가면 수요자는 상품의 구매량을 늘린다.
⑤ 일반적으로 가격이 올라가면 공급자는 상품의 판매량을 줄인다.

10 교사의 질문에 옳게 답한 학생을 〈보기〉에서 고른 것은?

• 교사: 생과일주스 전문점에서 파는 생과일주스의 가격이 2,000원에서 1,000원으로 하락하였습니다. 다른 조건이 일정할 때 생과일주스의 수요량과 공급량은 어떻게 변화할까요?

┤ 보기 ├
ㄱ. 가람: 생과일주스의 공급량이 감소할 것입니다.
ㄴ. 나람: 생과일주스의 공급량이 증가할 것입니다.
ㄷ. 다람: 생과일주스의 수요량이 감소할 것입니다.
ㄹ. 라람: 생과일주스의 수요량이 증가할 것입니다.

① ㄱ, ㄴ   ② ㄱ, ㄹ   ③ ㄴ, ㄷ
④ ㄴ, ㄹ   ⑤ ㄷ, ㄹ

11 수요 법칙이 성립한 사례로 적절한 것은?

① 김밥 가격이 상승하자 김밥의 수요량이 늘어났다.
② 사과 가격이 상승하자 사과의 공급량이 늘어났다.
③ 고등어 가격이 하락하자 고등어의 공급량이 줄어들었다.
④ 운동화 가격이 하락하자 운동화의 수요량이 늘어났다.
⑤ 티셔츠 가격이 하락하자 티셔츠의 수요량이 줄어들었다.

잘 나와!

12 균형 가격에 대한 옳은 설명을 〈보기〉에서 고른 것은?

┤ 보기 ├
ㄱ. 시장 가격이라고도 한다.
ㄴ. 수요량과 공급량이 일치하는 지점에서 형성된다.
ㄷ. 균형 가격은 상품의 공급자에 의해 일방적으로 결정된다.
ㄹ. 한번 결정된 균형 가격은 어떠한 경우에도 변하지 않는다.

① ㄱ, ㄴ   ② ㄱ, ㄷ   ③ ㄴ, ㄷ
④ ㄴ, ㄹ   ⑤ ㄷ, ㄹ

13 초과 공급에 대한 옳은 설명을 〈보기〉에서 고른 것은?

┤보기├
ㄱ. 공급량이 수요량보다 많은 상태이다.
ㄴ. 초과 공급 발생 시 공급자들은 가격을 높여서라도 상품을 판매하고자 한다.
ㄷ. 초과 공급 발생 시 공급자들 간에 판매 경쟁이 발생하여 상품 가격이 하락한다.
ㄹ. 초과 공급 발생 시 수요자들은 비용을 더 지불하고서라도 상품을 구입하려고 한다.

① ㄱ, ㄴ   ② ㄱ, ㄷ   ③ ㄴ, ㄷ
④ ㄴ, ㄹ   ⑤ ㄷ, ㄹ

14 (가), (나) 상태에 대한 설명으로 옳은 것은?

(가) 어떤 상품의 판매 가격이 균형 가격보다 낮다.
(나) 어떤 상품의 판매 가격이 균형 가격보다 높다.

① (가) 상태에서는 초과 공급이 발생한다.
② (가) 상태에서는 수요량과 공급량이 일치한다.
③ (가) 상태에서는 상품 가격이 시장 가격에 도달할 때까지 상승한다.
④ (나) 상태에서는 초과 수요가 발생한다.
⑤ (나) 상태에서는 초과 수요량이 없어질 때까지 상품 가격이 하락한다.

잘 나와!

15 표는 가격에 따른 딸기의 수요량과 공급량을 나타낸 것이다. 이에 대한 설명으로 옳지 않은 것은?

가격(원)	600	700	800	900	1,000
수요량(개)	100	80	60	40	20
공급량(개)	20	40	60	80	100

① 딸기의 균형 가격은 800원이다.
② 딸기의 균형 거래량은 60개이다.
③ 딸기의 가격이 700원일 때 초과 수요가 발생한다.
④ 딸기의 가격이 900원일 때 공급자는 딸기의 공급량을 늘리고자 할 것이다.
⑤ 딸기의 가격이 1,000원일 때 가격은 더 이상 상승하거나 하락하지 않는다.

[16~17] 그림은 빵 시장의 수요·공급 곡선을 나타낸 것이다. 이를 보고 물음에 답하시오.

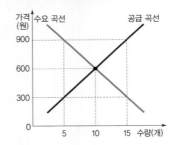

16 위 그림에 대한 설명으로 옳지 않은 것은?

① 빵의 균형 가격은 600원이다.
② 빵의 균형 거래량은 10개이다.
③ 빵의 가격이 300원일 때 수요량은 15개이다.
④ 빵의 가격이 600원일 때 수요량과 공급량은 일치한다.
⑤ 빵의 가격이 900원일 때 수요량이 공급량보다 10개 더 많다.

17 빵의 가격이 600원에서 300원으로 하락할 때, 시장에서 나타날 수 있는 상황으로 적절한 것을 〈보기〉에서 고른 것은?

┤보기├
ㄱ. 공급량이 10개에서 5개로 감소한다.
ㄴ. 수요량이 10개에서 5개로 감소한다.
ㄷ. 공급량이 10개에서 15개로 증가한다.
ㄹ. 수요량이 10개에서 15개로 증가한다.

① ㄱ, ㄴ   ② ㄱ, ㄹ   ③ ㄴ, ㄷ
④ ㄴ, ㄹ   ⑤ ㄷ, ㄹ

03 시장 가격의 변동

18 수요의 변화 요인에 해당하지 않는 것은?

① 인구수의 변화
② 소비자의 기호 변화
③ 소비자의 소득 변화
④ 원자재 가격의 변화
⑤ 관련 상품의 가격 변화

19 바나나 맛 과자의 수요를 증가시키는 요인으로 적절한 것을 〈보기〉에서 고른 것은?

| 보기 |
ㄱ. 대체재인 메론 맛 과자의 가격이 하락하였다.
ㄴ. 최저 임금 상승으로 수요자들의 소득이 증가하였다.
ㄷ. 바나나 맛 과자의 원료인 바나나의 가격이 하락하였다.
ㄹ. 바나나 맛 과자의 유행으로 바나나 맛 과자에 대한 소비자의 선호가 높아졌다.

① ㄱ, ㄴ ② ㄱ, ㄹ ③ ㄴ, ㄷ
④ ㄴ, ㄹ ⑤ ㄷ, ㄹ

20 ㉠에 해당하는 사례로 적절하지 않은 것은?

(㉠)은/는 함께 소비할 때 더 큰 만족을 얻을 수 있는 재화를 말한다.

① 바늘과 실   ② 칫솔과 치약
③ 커피와 녹차   ④ 피자와 콜라
⑤ 연필과 지우개

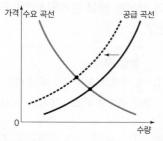
100점이 코 앞!

21 그림은 아이스크림 시장의 변화를 나타낸 것이다. 이러한 변화가 나타난 요인으로 적절한 것을 〈보기〉에서 고른 것은?

가격 수요 곡선   공급 곡선
0   수량

| 보기 |
ㄱ. 아이스크림의 원료인 우유의 가격이 상승하였다.
ㄴ. 아이스크림을 생산하는 기업의 수가 감소하였다.
ㄷ. 아이스크림을 급속 냉동하는 신기술이 도입되었다.
ㄹ. 공급자들이 미래에 아이스크림 가격이 하락할 것으로 예상하였다.

① ㄱ, ㄴ ② ㄱ, ㄷ ③ ㄴ, ㄷ
④ ㄴ, ㄹ ⑤ ㄷ, ㄹ

22 (가)~(마)를 공급 감소 요인과 공급 증가 요인으로 구분하여 옳게 연결한 것은?

(가) 인건비 상승   (나) 원료 가격 하락
(다) 생산 기술 발달   (라) 공급자 수의 증가
(마) 상품의 가격 상승 예상

	공급 감소 요인	공급 증가 요인
①	(가), (다)	(나), (라), (마)
②	(가), (마)	(나), (다), (라)
③	(가), (나), (마)	(다), (라)
④	(가), (다), (라)	(나), (마)
⑤	(가), (라), (마)	(나), (다)

[23~24] 다음 글을 읽고 물음에 답하시오.

○○ 연구소에서 유산균 섭취가 면역력 강화에 도움을 준다는 연구 결과를 발표하자, 유산균 음료인 요구르트의 (㉠)이/가 급격히 증가하였다. 또한 요구르트를 생산하는 기업이 늘어나 요구르트의 (㉡)이/가 증가할 것으로 예상된다.

23 ㉠, ㉡에 들어갈 용어를 옳게 연결한 것은?

	㉠	㉡		㉠	㉡
①	공급	공급	②	공급	수요
③	수요	공급	④	수요	수요
⑤	수요량	공급량			

잘 나와!

24 ㉠, ㉡에 대한 설명으로 옳지 않은 것은?

① 인구의 증가는 ㉠의 증가에 영향을 미친다.
② ㉠의 변동은 곡선 자체의 이동으로 표현된다.
③ ㉡이 감소하면 공급 곡선이 왼쪽으로 이동한다.
④ 원자재의 가격 상승은 ㉡의 감소에 영향을 미친다.
⑤ 미래에 상품 가격 상승이 예상되면 ㉠, ㉡은 모두 증가한다.

25 그림은 어떤 상품의 시장 변화를 나타낸 것이다. 이에 대한 옳은 설명을 〈보기〉에서 고른 것은?

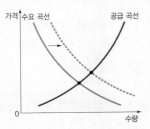

┤보기├
ㄱ. 수요가 증가하였다.
ㄴ. 생산 기술의 발달이 변화의 요인으로 작용한다.
ㄷ. 균형 가격은 상승하고, 균형 거래량은 감소하였다.
ㄹ. 보완 관계에 있는 상품의 가격 하락이 변화의 요인으로 작용한다.

① ㄱ, ㄴ   ② ㄱ, ㄹ   ③ ㄴ, ㄷ
④ ㄴ, ㄹ   ⑤ ㄷ, ㄹ

26 다음 상황에서 나타날 기존 냉장고 시장의 변화로 옳은 것을 〈보기〉에서 고른 것은? (단, 다른 조건은 변함없다.)

△△ 전자가 다음 달에 기존 냉장고에 최첨단 기능이 더해진 새로운 냉장고를 출시할 것이라고 발표했다.

┤보기├
ㄱ. 기존 냉장고의 수요가 증가한다.
ㄴ. 기존 냉장고의 균형 가격이 하락한다.
ㄷ. 기존 냉장고의 균형 거래량이 증가한다.
ㄹ. 기존 냉장고의 수요 곡선이 왼쪽으로 이동한다.

① ㄱ, ㄴ   ② ㄱ, ㄹ   ③ ㄴ, ㄷ
④ ㄴ, ㄹ   ⑤ ㄷ, ㄹ

27 다음 상황에서 나타날 디지털 카메라 시장의 변화를 옳게 예측한 것은? (단, 다른 조건은 변함없다.)

최첨단 기술이 도입되어 높은 품질의 디지털 카메라를 더 많이 생산할 수 있게 되었다.

① 공급 곡선이 왼쪽으로 이동할 것이다.
② 수요 곡선이 왼쪽으로 이동할 것이다.
③ 공급 곡선이 오른쪽으로 이동할 것이다.
④ 수요 곡선이 오른쪽으로 이동할 것이다.
⑤ 수요 곡선과 공급 곡선은 모두 이동하지 않는다.

28 다음 상황에서 팝콘의 균형 가격과 균형 거래량의 변동을 옳게 예측한 사람은? (단, 다른 조건은 변함없다.)

올해 전 세계 옥수수 수확량이 증가하면서 팝콘의 핵심 재료인 옥수수 가격이 급격히 하락하는 추세를 보이고 있다.

① 가진: 균형 가격과 균형 거래량은 변화하지 않아.
② 나진: 균형 가격은 상승하고, 균형 거래량은 감소해.
③ 다진: 균형 가격은 상승하고, 균형 거래량은 증가해.
④ 라진: 균형 가격은 하락하고, 균형 거래량은 감소해.
⑤ 마진: 균형 가격은 하락하고, 균형 거래량은 증가해.

29 (가)에 들어갈 내용으로 적절한 것은?

시장에서 상품의 수요나 공급이 변하면 상품의 가격도 변동한다. 예를 들어 _____(가)_____ 경우 상품 가격은 상승한다.

① 대체재의 가격이 하락하는
② 보완재의 가격이 하락하는
③ 소비자의 소득이 감소하는
④ 원자재의 가격이 하락하는
⑤ 상품을 생산하는 기업의 수가 증가하는

30 다음은 어떤 학생이 작성한 형성 평가의 답안이다. 이 학생이 얻을 점수는?

형성 평가

다른 조건이 일정할 때, 수요와 공급의 변화에 따른 균형 가격의 변동 양상이 옳으면 ○표, 틀리면 ×표를 하시오. (각 1점씩)

문항	내용	답안
1	공급이 감소하면 균형 가격은 하락한다.	○
2	수요가 증가하면 균형 가격은 상승한다.	×
3	공급이 증가하고 수요가 감소하면 균형 가격은 상승한다.	×
4	공급이 감소하고 수요가 증가하면 균형 가격이 하락한다.	○

① 0점   ② 1점   ③ 2점   ④ 3점   ⑤ 4점

31 수요·공급의 변화 요인과 그에 따른 균형 가격의 변동을 옳게 연결한 것은? (단, 다른 조건은 변함없다.)

	수요·공급의 변화 요인	균형 가격의 변동
①	기업의 신기술 개발	상승
②	대체재의 가격 하락	상승
③	소비자의 소득 증가	상승
④	원자재의 가격 상승	하락
⑤	소비자의 선호도 상승	하락

32 시장 가격에 대한 옳은 설명을 〈보기〉에서 고른 것은?

┤ 보기 ├
ㄱ. 사람들이 많이 찾는 상품은 시장 가격이 하락한다.
ㄴ. 시장 가격은 한정된 자원이 효율적으로 배분되도록 한다.
ㄷ. 시장 가격은 정부의 인위적인 개입이나 조정을 통해서만 결정된다.
ㄹ. 시장 가격은 소비자로 하여금 자신이 얻게 될 만족이 가장 큰 상품을 선택하게 한다.

① ㄱ, ㄴ ② ㄱ, ㄹ ③ ㄴ, ㄷ
④ ㄴ, ㄹ ⑤ ㄷ, ㄹ

33 밑줄 친 시장 가격의 기능에 해당하는 사례로 적절하지 <u>않은</u> 것은?

소비자와 생산자는 시장 가격을 신호로 경제 활동을 조절한다. 즉, 시장 가격은 소비자가 시장에서 무엇을 얼마나 살지, 생산자가 무엇을 얼마나 만들어 팔지 결정하도록 도와주는 시장 경제의 <u>신호등 기능</u>을 한다.

① 감귤 가격이 오르자 감귤을 생산하는 사람이 줄어들었다.
② 구두 가격이 낮아지자 구두 회사는 구두 생산량을 줄였다.
③ 초콜릿 가격이 낮아지자 초콜릿을 구매하는 사람이 늘어났다.
④ 휘발유 가격이 오르자 자동차 대신 대중교통을 이용하는 사람들이 늘어났다.
⑤ 책가방 가격이 높아지자 책가방 제조업자들은 책가방을 더 많이 생산하였다.

서술형 문제

1 표는 볼펜의 수요량과 공급량을 나타낸 것이다. 이를 보고 물음에 답하시오.

가격(원)	100	200	300	400	500
수요량(개)	70	60	50	40	30
공급량(개)	30	40	50	60	70

(1) 볼펜의 균형 가격과 균형 거래량을 쓰시오.

(2) 볼펜 가격이 200원일 경우 나타날 볼펜의 가격 변동을 서술하시오.

_____
_____
_____

2 ㉠에 들어갈 용어를 쓰고, 그 의미를 서술하시오.

국제 유가의 하락으로 휘발유 가격이 낮아지자 자동차 판매량이 증가하였다. 이때 자동차와 휘발유는 한 상품의 가격이 상승할 경우 다른 상품의 수요가 감소하는 (㉠) 관계에 있는 재화이다.

_____
_____
_____

3 공급 곡선이 그림과 같이 이동하는 요인을 두 가지 이상 쓰고, 균형 가격의 변동 양상을 서술하시오.

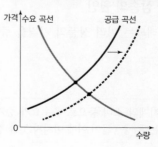

_____
_____
_____

V 국민 경제와 국제 거래

01 국내 총생산과 경제 성장

●● 국내 총생산의 의미와 한계

1. ❶□□ □□□(GDP)
(1) 의미: 일정 기간 동안 한 나라 안에서 새롭게 생산된 최종 생산물의 가치를 시장 가격으로 환산한 것
(2) 의의: 한 나라의 경제 규모와 생산 능력, 국민 전체의 소득 수준을 파악할 수 있음
(3) 한계: ❷□□에서 거래되지 않는 경제 활동은 포함하지 않음, 국민들의 ❸□□ □ 수준이나 소득 분배 수준, 빈부 격차의 정도를 정확하게 파악하기 어려움

2. 1인당 국내 총생산
(1) 의미: 국내 총생산(GDP)을 그 나라의 인구수로 나눈 것
(2) 의의: 한 나라 국민들의 평균적인 ❹□□ 수준을 나타냄

●● 경제 성장의 의미와 영향

1. ❺□□ □□: 한 나라의 생산 능력이 확대되어 경제 규모가 커지는 것 → 국내 총생산이 증가하는 것

2. 경제 성장이 우리 생활에 미치는 영향

긍정적 영향	• 일자리 증가, 국민 소득 증가 → 물질적 풍요 • 질 높은 교육과 의료 혜택, 다양한 문화생활을 누릴 수 있게 됨 → 삶의 질 향상
부정적 영향	• 경제 성장 과정에서 자원 고갈 및 환경 오염 발생 • 경제 성장의 혜택이 일부 계층에 편중될 경우 ❻□□□□ 심화 → 계층 간 갈등 우려

02 물가와 실업

●● 물가의 의미와 물가 상승의 원인

1. ❼□□: 시장에서 거래되는 여러 상품의 가격을 종합하여 평균한 것

2. 물가 상승의 원인

총수요 〉 총공급	가계의 소비 등으로 총수요가 증가하는데, 총공급이 이에 미치지 못할 경우
❽□□□의 상승	임금 등의 상승으로 생산비가 증가하여 기업이 상품의 공급을 줄일 경우
통화량의 증가	통화량이 많아지면서 소비나 투자가 활발해져 화폐 가치가 하락할 경우

●● 물가 상승의 영향과 대책

1. 물가 상승의 영향
(1) ❾□□□□□: 물가가 지속적으로 오르는 현상
(2) 인플레이션의 영향

상품 구매력 하락	화폐의 가치가 하락하여 일정한 금액으로 살 수 있는 재화와 서비스의 양이 감소함
부와 소득의 불공정한 재분배	화폐의 가치는 하락하는 반면 상대적으로 ❿□□ 자산의 가치는 상승함
무역 불균형 발생	외국 상품에 비해 자국 상품의 가격이 상대적으로 비싸지므로, 수출은 감소하고 수입은 증가함

2. 물가 안정을 위한 노력
(1) 물가 안정의 필요성: 과도한 물가 상승은 국민의 안정적인 경제 활동을 어렵게 함
(2) 물가 안정을 위한 경제 주체의 노력

정부	재정 지출 축소, 조세 인상, 생활필수품의 가격 상승 규제 등
중앙은행	⓫□□□ 감축, 시중 은행의 이자율 인상 등
기업	경영과 기술 혁신을 통한 생산의 효율성 향상 등
근로자	과도한 임금 인상 요구 자제 등
소비자	과소비 자제, 건전하고 합리적인 소비 자세 함양 등

●● 실업의 의미와 유형

1. 실업의 의미
(1) 실업: 일할 능력과 ⓬□□가 있는데도 일자리를 구하지 못한 상태
(2) 실업률: 경제 활동 인구 중에서 실업자가 차지하는 비율

2. 실업의 유형

경기적 실업	경기 침체로 기업이 신규 채용이나 고용 인원을 줄이는 경우 발생
⓭□□□ 실업	산업 구조의 변화 등으로 관련 부문의 일자리가 사라지는 경우 발생
계절적 실업	계절의 변화에 따라 고용 기회가 줄어드는 경우 발생
마찰적 실업	이직을 위해 현재의 직장을 그만두는 경우 일시적으로 발생

●● 실업의 영향과 대책

1. 실업의 영향

개인적 측면	소득 감소로 인해 생계유지 곤란, 직업을 통한 자아실현 기회와 자아 존중감 상실
사회적 측면	인적 자원의 낭비, 정부의 재정 부담 증가, 생계형 범죄의 증가 등으로 사회 불안 심화, 경기 침체 등

2. 고용 안정을 위한 경제 주체의 노력

(1) 정부: 체계적인 직업 교육 및 인력 개발 프로그램 마련, 재정 지출 확대를 통한 일자리 창출 등

(2) 기업: 고용 안정과 일자리 창출을 위한 경영 방안 모색, 바람직한 ⑭◻◻ 관계 확립 등

(3) 근로자: 새로운 기술 습득을 통한 업무 처리 능력 향상 등

03 국제 거래와 환율

●● 국제 거래의 의미와 필요성

1. 국제 거래의 의미와 특징

(1) ⑮◻◻ ◻◻: 생산물이나 생산 요소가 국경을 넘어 거래되는 것

(2) 국제 거래의 특징: 관세 부과, 환율 적용, 상품 이동의 제약 등

2. 국제 거래의 필요성: 국가 간 생산 여건의 차이에 따른 생산비의 차이 발생 → 각국이 ⑯◻◻ ◻◻가 있는 품목을 특화하여 교역하면 상호 이익이 됨

●● 국제 거래의 양상

1. 국제 거래 확대의 배경

(1) 세계화와 개방화: 세계화, 개방화 추세에 따라 재화뿐만 아니라 생산 요소의 국가 간 이동도 활발하게 이루어짐

(2) 세계 무역 기구(WTO)의 출범: 국제 거래의 대상 확대, 국가 간 무역 마찰 조정 → ⑰◻◻ ◻◻ 확대, 국가 간 상호 협력 및 의존 관계 심화

2. 국제적 차원의 경제 협력

(1) 지역 경제 협력체: 지리적으로 가깝고 경제적으로 상호 의존도가 높은 나라들이 경제 협력 강화를 위해 구성함

(2) 자유 무역 협정(FTA): 개별 국가 간 또는 국가와 지역 경제 협력체 간에 관세 및 비관세 장벽을 없애거나 완화함

●● 환율의 의미와 변동

1. ⑱◻◻: 자국 화폐와 외국 화폐의 교환 비율

2. 환율의 결정과 변동

(1) 환율의 결정: 외화에 대한 수요와 공급에 의해 결정됨

외화의 수요	외국 상품의 수입, 해외 투자와 유학 등으로 외화가 해외로 나가는 경우 발생함
외화의 ⑲◻◻	우리나라 상품의 수출, 외국인의 국내 투자 등으로 외화가 국내로 들어오는 경우 발생함

(2) 환율의 변동

환율 상승	외화의 수요 증가 또는 공급 감소 시에 발생함
환율 하락	외화의 수요 감소 또는 공급 증가 시에 발생함

●● 환율 변동이 국내 경제에 미치는 영향

구분	환율 상승	환율 하락
수출 및 수입	수출 증가, 수입 감소	수출 감소, 수입 증가
국내 물가	수입 원자재의 가격 상승 → 물가 ⑳◻◻	수입 원자재의 가격 하락 → 물가 안정
외채 상환 부담	외채 상환 부담 증가	외채 상환 부담 감소

〔 정답 확인하기 〕

❶ 국내 총생산	❷ 시장	❸ 삶의 질	❹ 소득
❺ 경제 성장	❻ 빈부 격차	❼ 물가	❽ 생산비
❾ 인플레이션	❿ 실물	⑪ 통화량	⑫ 의사
⑬ 구조적	⑭ 노사	⑮ 국제 거래	⑯ 비교 우위
⑰ 자유 무역	⑱ 환율	⑲ 공급	⑳ 상승

〔 스스로 점검하기 〕

맞은 개수	이렇게 해봐
10개 이하	본책으로 돌아가 복습해봐!
11 ~ 15개	틀린 문제의 답을 다시 확인하고 **100점 도전 실전 문제**를 풀도록 해!
16 ~ 20개	자신감을 가지고 **100점 도전 실전 문제**를 풀어봐. 학교 시험 100점 도전!

01 국내 총생산과 경제 성장

01 국내 총생산(GDP)에 대한 옳은 설명을 〈보기〉에서 고른 것은?

┤보기├
ㄱ. 국적이 아닌 영토를 중심으로 하는 경제 지표이다.
ㄴ. 각국의 생산 규모와 생산 능력을 비교하는 데 유용하다.
ㄷ. 주로 한 나라 국민들의 평균적인 소득 수준을 파악하는 데 활용된다.
ㄹ. 시장에서 거래되는 재화의 가치는 포함하지만, 서비스의 가치는 포함하지 않는다.

① ㄱ, ㄴ   ② ㄱ, ㄷ   ③ ㄴ, ㄷ
④ ㄴ, ㄹ   ⑤ ㄷ, ㄹ

02 국내 총생산(GDP)에 포함되는 사례로 적절한 것은?
① 중고 컴퓨터를 판매하고 받은 돈
② 교통사고로 인해 발생한 병원 치료비
③ 아침에 어머니가 만들어 준 오므라이스의 가치
④ 미국에 있는 기업에서 우리나라 국민이 받은 연봉
⑤ 의류 회사에서 옷을 만들기 위해 구입한 원단의 가치

03 밑줄 친 내용을 뒷받침할 수 있는 근거로 적절한 것을 〈보기〉에서 고른 것은?

국내 총생산은 한 나라의 경제 활동을 파악할 수 있는 유용한 경제 지표이지만, 국민들의 실생활을 정확히 나타내 주지는 못한다.

┤보기├
ㄱ. 중간 생산물의 가치를 포함하지 못한다.
ㄴ. 소득 분배 상태에 관한 정보를 제공하지 못한다.
ㄷ. 외국인이 국내에서 벌어들인 소득을 측정하지 못한다.
ㄹ. 삶의 질을 떨어뜨리는 행위가 국내 총생산을 증가시키기도 한다.

① ㄱ, ㄴ   ② ㄱ, ㄷ   ③ ㄴ, ㄷ
④ ㄴ, ㄹ   ⑤ ㄷ, ㄹ

04 다음에 해당하는 국내 총생산의 한계로 가장 적절한 것은?

국내 총생산은 시장을 통하지 않은 경제 행위는 포함하지 않으므로 경제 활동 규모를 정확히 나타내지 못하는 한계가 있다.

① 국민들의 여가 생활이나 삶의 만족도를 알 수 없다.
② 우리나라에서 일어난 경제 활동의 가치만을 측정한다.
③ 대가를 받지 않는 봉사 활동은 계산에 포함하지 않는다.
④ 소득이 국민 사이에 얼마나 고르게 분배되었는지 알 수 없다.
⑤ 환경 오염을 발생시키는 생산 활동은 계산에 포함하지 않는다.

[05~06] 다음은 한 학생이 작성한 보고서이다. 이를 보고 물음에 답하시오.

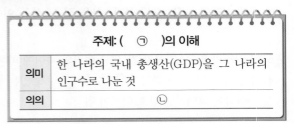

주제: (㉠)의 이해	
의미	한 나라의 국내 총생산(GDP)을 그 나라의 인구수로 나눈 것
의의	㉡

05 ㉠에 들어갈 용어를 쓰시오.

06 ㉡에 들어갈 내용으로 적절한 것은?
① 한 나라의 생산 규모를 알 수 있다.
② 한 나라의 경제 성장 정도를 알 수 있다.
③ 한 국가 전체의 소득 수준을 파악할 수 있다.
④ 국민들의 빈부 격차 상태를 측정하기에 유용하다.
⑤ 국민들의 평균적인 경제생활 수준을 파악할 수 있다.

07 밑줄 친 ㉠~㉤ 중 국내 총생산(GDP)에 포함되는 것은?

음식점을 운영하는 가현 씨는 일찍 일어나 시장에서 하루 동안 장사에 필요한 ㉠ 각종 식재료를 구입하였다. 아침에 가게를 열고 구입한 식재료를 손질하여 만든 ㉡ 칼국수를 손님들에게 판매하였다. 저녁에는 ㉢ 가족을 위해 김치 볶음밥을 요리하였다. 오늘은 ㉣ 직접 키운 채소로 만든 김치를 저녁으로 상에 올렸다. 가현 씨는 최근에 ㉤ 식당의 냉장고를 중고로 구매하여 각종 식재료를 보관하고 있다.

① ㉠ ② ㉡ ③ ㉢ ④ ㉣ ⑤ ㉤

🔦 100점이 코앞!

08 그림은 우리나라의 국내 총생산(GDP) 변화를 나타낸 것이다. 이를 토대로 우리나라에 나타날 수 있는 변화를 추론한 것을 〈보기〉에서 고른 것은?

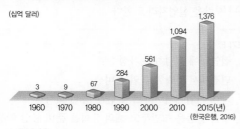

(십억 달러)

3 (1960) 9 (1970) 67 (1980) 284 (1990) 561 (2000) 1,094 (2010) 1,376 (2015년)
(한국은행, 2016)

┤보기├
ㄱ. 인구 천 명당 의사 수가 증가했을 것이다.
ㄴ. 고등 교육 기관 진학률이 낮아졌을 것이다.
ㄷ. 일자리가 증가하여 국민 소득이 높아졌을 것이다.
ㄹ. 환경 오염을 정화하기 위한 비용 부담이 감소했을 것이다.

① ㄱ, ㄴ ② ㄱ, ㄷ ③ ㄴ, ㄷ
④ ㄴ, ㄹ ⑤ ㄷ, ㄹ

09 경제 성장과 삶의 질의 관계에 대한 설명으로 옳지 않은 것은?
① 경제 성장 속도가 빠를수록 삶의 질이 낮다.
② 경제 성장이 반드시 삶의 질 향상으로 이어지지는 않는다.
③ 일반적으로 경제 성장은 여가 생활의 여건을 마련해 준다.
④ 경제 성장 과정에서 발생하는 문제가 삶의 질을 떨어뜨리기도 한다.
⑤ 경제 성장은 국민 소득을 향상시켜 기본적인 삶의 조건을 충족시킨다.

02 **물가와 실업**

10 ㈎~㈐에 대한 설명을 잘못 연결한 것은?

㈎ 가격   ㈏ 물가   ㈐ 물가 지수

① ㈎ – 개별 상품의 가치를 화폐 단위로 나타낸 것이다.
② ㈏ – 여러 상품의 전반적인 시장 가치 변화를 한눈에 파악할 수 있다.
③ ㈏ – 오르기도 하고 내리기도 하면서 국민의 경제 생활에 영향을 미친다.
④ ㈐ – 물가 지수가 100보다 작으면 기준 연도에 비해 물가가 상승한 것이다.
⑤ ㈐ – 기준 시점의 물가를 100으로 했을 때, 비교 시점의 물가를 나타낸 것이다.

👆 잘 나와!

11 다음은 A국의 물가 지수 변화를 나타낸 것이다. 이에 대한 옳은 분석을 〈보기〉에서 고른 것은?

2017년	➡	2018년
100		115

┤보기├
ㄱ. 2018년은 2017년에 비해 물가가 115% 상승하였다.
ㄴ. 2018년에는 2017년에 비해 화폐 가치가 상승하였다.
ㄷ. 물가 지수 측정에 적용되는 기준 연도는 2017년이다.
ㄹ. 2018년에는 2017년에 비해 일정한 금액으로 살 수 있는 재화의 양이 감소하였다.

① ㄱ, ㄴ ② ㄱ, ㄷ ③ ㄴ, ㄷ
④ ㄴ, ㄹ ⑤ ㄷ, ㄹ

12 물가 상승의 원인으로 적절한 것을 〈보기〉에서 고른 것은?
┤보기├
ㄱ. 기업의 투자 확대
ㄴ. 시중의 통화량 증가
ㄷ. 정부의 재정 지출 감소
ㄹ. 수입 원자재의 가격 하락

① ㄱ, ㄴ ② ㄱ, ㄷ ③ ㄴ, ㄷ
④ ㄴ, ㄹ ⑤ ㄷ, ㄹ

13 인플레이션이 발생할 경우 불리해지는 사람을 〈보기〉에서 고른 것은?

┌ 보기 ┐
ㄱ. 지난해에 아파트를 구입한 A 씨
ㄴ. 얼마 전 친구에게 돈을 빌려준 B 씨
ㄷ. 외국에서 물건을 수입하여 판매하는 C 씨
ㄹ. 매달 일정 금액의 용돈을 받는 중학생 D 씨

① ㄱ, ㄴ　　　② ㄱ, ㄷ　　　③ ㄴ, ㄷ
④ ㄴ, ㄹ　　　⑤ ㄷ, ㄹ

14 물가 안정을 위해 ㈎~㈐와 같은 노력을 하는 경제 주체를 옳게 연결한 것은?

㈎ 시중 은행의 이자율을 높여 저축을 유도한다.
㈏ 자기 계발을 통해 생산성 향상을 위해 노력한다.
㈐ 과도한 재정 지출을 줄이고, 공공요금의 인상을 억제한다.

	㈎	㈏	㈐
①	기업	정부	소비자
②	정부	기업	근로자
③	근로자	가계	중앙은행
④	소비자	중앙은행	기업
⑤	중앙은행	근로자	정부

15 물가 안정을 위한 경제 주체의 노력으로 적절하지 않은 것은?

① 소비자는 소득보다 많이 소비해야 한다.
② 정부는 소득세에 대한 세율을 인상해야 한다.
③ 근로자는 과도한 임금 인상 요구를 자제해야 한다.
④ 기업은 생산비를 낮추기 위해 기술 개발에 힘써야 한다.
⑤ 중앙은행은 민간 소비가 줄어들도록 이자율을 높여야 한다.

잘 나와!

16 실업의 의미로 옳은 것은?

① 일할 능력과 의사가 모두 없는 상태
② 일할 능력이 없어 일자리가 없는 상태
③ 일할 의사가 없어 일자리가 없는 상태
④ 일할 능력은 있으나 일자리가 필요하지 않은 상태
⑤ 일할 능력과 의사가 있는데도 일자리를 구하지 못하는 상태

17 밑줄 친 인구에 해당하는 사람을 〈보기〉에서 고른 것은?

15세 이상의 노동 가능 인구는 경제 활동 인구와 비경제 활동 인구로 나뉘며, 경제 활동 인구 중 취업자가 아닌 사람을 실업자라고 한다.

┌ 보기 ┐
ㄱ. 집안일에 전념하는 가정주부
ㄴ. 면접에서 탈락한 취업 준비생
ㄷ. 국내 기업에서 사원으로 근무 중인 회사원
ㄹ. 구직 활동을 그만두고 해외 유학을 준비 중인 학생

① ㄱ, ㄴ　　　② ㄱ, ㄷ　　　③ ㄴ, ㄷ
④ ㄴ, ㄹ　　　⑤ ㄷ, ㄹ

 100점이 코앞!

18 다음 사례에 해당하는 실업의 유형에 대한 설명으로 적절한 것은?

해수욕장에서 안전 요원으로 일하는 가람 씨는 해수욕장이 개장하는 여름에는 수입이 있지만, 겨울에는 수입이 없다.

① 산업 구조가 변화하면서 발생하는 실업이다.
② 일자리에 대한 정보가 부족해서 발생하는 실업이다.
③ 경제 상황이 좋지 않아 기업이 고용을 줄이면서 발생하는 실업이다.
④ 계절의 영향을 받는 특정 업종에서 계절의 변화에 따라 발생하는 실업이다.
⑤ 더 나은 일자리를 구하는 과정에서 스스로의 선택에 의해 일시적으로 발생하는 실업이다.

19 실업이 개인과 사회에 미칠 수 있는 영향으로 적절하지 않은 것은?

① 소비가 활성화되어 조세 수입이 늘어난다.
② 생계형 범죄가 늘어나 사회가 불안해진다.
③ 직업을 통한 자여실현의 기회를 상실한다.
④ 빈부 격차가 더욱 커져 계층 간 갈등이 증가한다.
⑤ 실업 급여 지출이 늘어나서 재정 부담이 증가한다.

20 고용 안정을 위한 경제 주체의 노력으로 적절한 것만을 〈보기〉에서 있는 대로 고른 것은?

┤보기├
ㄱ. 근로자는 생산성 향상을 위해 노력한다.
ㄴ. 기업은 근로자와 바람직한 노사 관계를 형성한다.
ㄷ. 기업은 이윤 향상을 위해 비정규직 고용을 확대한다.
ㄹ. 정부는 고용 보험 제도를 활성화하고 실업 급여를 제공한다.

① ㄱ, ㄴ ② ㄱ, ㄷ ③ ㄷ, ㄹ
④ ㄱ, ㄴ, ㄹ ⑤ ㄴ, ㄷ, ㄹ

03 국제 거래와 환율

21 국제 거래에 대한 설명으로 옳지 않은 것은?

① 국가마다 처한 생산 여건의 차이로 인해 국제 거래가 발생한다.
② 각국은 비교 우위를 가진 상품을 수입할 때 상호 이익을 얻을 수 있다.
③ 국내 거래에 비해 제약 요인이 많지만, 거래의 규모는 점차 커지고 있다.
④ 소비자들은 상품 선택의 기회가 늘어나 보다 풍요로운 소비 생활을 할 수 있다.
⑤ 재화뿐만 아니라 노동, 자본, 기술 등의 생산 요소로 거래 대상이 확대되고 있다.

잘 나와!👆

22 다음 글을 통해 알 수 있는 국제 거래의 특징으로 적절한 것은?

> 수출이 매출의 대부분을 차지하는 ○○ 전자는 최근 환율이 급격하게 상승함에 따라 하반기 사업 계획을 재점검하고 있다고 전했다.

① 화폐 간의 교환 비율을 고려해야 한다.
② 나라마다 보유하고 있는 기술력이 다르다.
③ 재화와 서비스를 수출할 때 세금을 내야 한다.
④ 나라마다 다른 종교와 문화로 거래가 제한될 수 있다.
⑤ 재화의 거래보다 서비스와 생산 요소의 거래가 증가하고 있다.

23 표는 우리나라의 주요 수출 품목 변화를 나타낸 것이다. 이에 대한 옳은 분석을 〈보기〉에서 고른 것은?

1970년대	섬유, 합판, 가발 등
1980년대	의류, 철강판, 신발 등
1990년대	의류, 반도체, 신발 등
2000년대	반도체, 컴퓨터, 자동차 등
2010년대	반도체, 선박, 휴대 전화 등

┤보기├
ㄱ. 우리나라가 보유한 생산 여건은 변함이 없다.
ㄴ. 시대에 따라 우리나라가 비교 우위를 가진 상품이 변화하고 있다.
ㄷ. 오늘날 우리나라는 기술 집약적 상품에 비교 우위를 가지고 있다.
ㄹ. 우리나라의 주요 수출 품목은 기술 집약적 상품에서 노동 집약적 상품으로 변화하였다.

① ㄱ, ㄴ ② ㄱ, ㄷ ③ ㄴ, ㄷ
④ ㄴ, ㄹ ⑤ ㄷ, ㄹ

24 오늘날 국제 거래의 양상에 대한 설명으로 옳지 않은 것은?

① 국제 무역량이 계속 증가하고 있다.
② 거래의 품목과 분야가 확대되고 있다.
③ 전 세계가 더욱 긴밀하게 연결되고 있다.
④ 과거에 비해 국경의 의미가 약화되고 있다.
⑤ 자본, 노동과 같은 생산 요소의 거래가 감소하고 있다.

25 다음 단체들의 공통점으로 가장 적절한 것은?

> • 유럽 연합(EU)
> • 북미 자유 무역 협정(NAFTA)
> • 아시아·태평양 경제 협력체(APEC)

① 국가 간의 무역 마찰을 조정한다.
② 개별 국가 간에 무역 장벽을 강화한다.
③ 국제 거래에서 불공정 행위를 규제한다.
④ 지리적으로 가까운 국가가 모여 구성한다.
⑤ 국가 간 경제적 상호 의존 및 협력 관계를 약화시킨다.

26 ㉠의 영향으로 적절하지 <u>않은</u> 것은?

> 개별 국가 간 또는 개별 국가와 지역 경제 협력체 간에 관세 및 비관세 장벽을 없애거나 완화하고 경제 협력을 강화하기 위해 (㉠)을/를 체결하는 경우가 늘고 있다. 우리나라도 칠레, 미국, 유럽 연합(EU)등과 (㉠)을/를 맺고 있다.

① 국제 시장 규모의 축소
② 협력을 통한 생산성 향상
③ 국가 간 상호 의존도 증가
④ 회원국 간 무역 장벽 완화
⑤ 무역 증진을 통한 공동의 이익 확대

27 다음 중 환율의 변동 양상이 <u>다른</u> 하나는?

① 외국인의 국내 투자가 증가하였다.
② 국내 기업이 외국산 원자재 수입을 늘렸다.
③ 외국으로 유학을 가는 학생 수가 줄어들었다.
④ 우리나라가 외국으로부터 차관을 도입하였다.
⑤ 우리나라로 여행을 오는 외국인 관광객의 수가 늘어났다.

잘 나와!

28 그림은 우리나라 외환 시장의 변동을 나타낸 것이다. 이러한 변화가 나타날 경우 유리해지는 사람은?

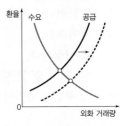

① 우리나라를 여행하는 외국인
② 우리나라의 라면 수출 기업 사장
③ 미국 야구 팀에서 활동하는 우리나라 선수
④ 밀을 수입하여 가공하는 우리나라 기업 사장
⑤ 외국 기업에 투자한 돈을 회수하는 우리나라 투자자

29 다음 내용을 고려할 때 환율이 상승할 경우 유리한 분야를 〈보기〉에서 고른 것은?

> • 우리나라의 주력 수출 분야는 전자와 자동차이다.
> • 식품업계는 주로 원자재를 수입하여 제품을 생산한다.
> • 항공업계는 항공기 임대 등 운영의 대부분을 달러화로 결제한다.

> ┤보기├
> ㄱ. 항공   ㄴ. 제과
> ㄷ. 자동차   ㄹ. 휴대 전화

① ㄱ, ㄴ   ② ㄱ, ㄷ   ③ ㄴ, ㄷ
④ ㄴ, ㄹ   ⑤ ㄷ, ㄹ

30 다음과 같은 환율 변동이 국내 경제에 미치는 영향으로 적절한 것은?

> 1,500원/달러 ➡ 1,000원/달러

① 수입품의 국내 가격이 상승한다.
② 수출은 증가하고 수입은 감소한다.
③ 수출품의 달러 표시 가격이 상승한다.
④ 수입 원자재 가격이 상승하여 물가가 상승한다.
⑤ 우리나라 수출 상품의 가격 경쟁력이 증가한다.

31 다음 상황에서 나타날 환율 변동에 대한 옳은 분석을 〈보기〉에서 고른 것은?

> 한류 드라마의 인기에 힘입어 우리나라 가전제품의 수출이 크게 증가하였다.

┤ 보기 ├
ㄱ. 환율이 하락할 것이다.
ㄴ. 원화의 가치는 상승할 것이다.
ㄷ. 외화의 수요 곡선이 이동할 것이다.
ㄹ. 자국민의 해외여행이 늘어날 경우에도 같은 유형의 환율 변동이 발생할 것이다.

① ㄱ, ㄴ   ② ㄱ, ㄷ   ③ ㄴ, ㄷ
④ ㄴ, ㄹ   ⑤ ㄷ, ㄹ

32 다음 사례에 대한 분석으로 옳은 것은?

> 어제까지 1,000원/달러였던 환율이 오늘은 1,200원/달러로 올랐다. 해외여행을 준비하던 비상 씨는 오늘 여행 경비로 사용하기 위해 120만 원을 환전하였다.

① 환전한 여행 경비는 1,200달러이다.
② 어제 환전하는 것이 더 유리했을 것이다.
③ 여행에 사용할 수 있는 돈이 어제보다 증가했다.
④ 어제 환전했다면 1,000달러를 환전 했을 것이다.
⑤ 같은 금액을 환전하기 위해 필요한 원화가 어제보다 감소했다.

33 원/달러 환율 상승이 예상될 때 경제 주체의 합리적인 행동을 옳게 연결한 것은?

우리나라 수출업자	우리나라 수입업자	외국인 근로자	외국인 관광객	외국인 투자자
(가)	(나)	(다)	(라)	(마)

① (가) – 우리나라 상품의 수출을 줄인다.
② (나) – 외국 상품의 수입을 늘린다.
③ (다) – 자국으로의 송금을 미룬다.
④ (라) – 우리나라로의 여행 계획을 앞당긴다.
⑤ (마) – 우리나라에의 투자를 확대한다.

서술형 문제

1 밑줄 친 부분에 해당하는 내용을 두 가지 이상 서술하시오.

> 국내 총생산(GDP)은 한 나라의 경제 활동 규모를 파악하는 데 유용하지만, 여러 가지 한계를 가지고 있다.

_____

_____

_____

2 다음 기사에 나타난 문제를 해결하기 위한 A국 정부와 중앙은행의 대책을 서술하시오.

> **질주하는 경제, 경기 과열 '경고음'**
> 최근 A국의 물가와 부동산 가격이 폭등하고 있다. 특히 국제 원유 가격의 상승으로 물가가 급등하고 있어, 이를 해결하기 위한 대책 마련이 시급하다.

_____

_____

_____

3 그림과 같은 환율 변동을 발생시키는 요인을 세 가지 이상 서술하시오.

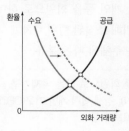

_____

_____

_____

01 국제 사회의 이해

●● 국제 사회의 의미와 특성

1. **❶☐☐ ☐☐**: 세계 여러 나라가 서로 교류하고 의존하면서 공존하는 사회 → 주권을 지닌 국가들을 기본 단위로 하여 형성됨

2. **국제 사회의 특성**
   (1) 자국의 **❷☐☐ 추구**: 각국은 국제 관계에서 자국의 이익을 최우선으로 추구함 → 이 과정에서 국가 간 갈등이나 분쟁이 발생하기도 함
   (2) 힘의 논리 작용: 각국은 원칙적으로 평등한 주권을 지니지만, 실제로는 군사력과 경제력이 큰 **❸☐☐☐**이 약소국보다 많은 영향력을 행사함
   (3) 중앙 정부의 부재: 강제성을 가진 중앙 정부가 존재하지 않음 → 국가 간 분쟁이 일어날 경우 해결이 어려움
   (4) 국제 사회의 질서 유지: **❹☐☐☐**, 국제기구, 세계 여론 등으로 국제 사회의 질서가 일부 유지됨
   (5) 국제 협력의 강화: 국가 간 상호 의존성이 깊어지고, 국제 사회의 문제에 공동으로 대처해야 할 필요성이 커지면서 국제 협력이 증가함

●● 국제 사회의 행위 주체

1. **국가**
   (1) **❺☐☐**: 일정한 영토와 국민을 바탕으로 하여 주권을 가진 행위 주체 → 국제 사회의 가장 기본적이고 전통적인 행위 주체
   (2) 국가의 역할: 국제법상 평등하고 독립적인 지위를 가지고 외교 활동을 함, 다양한 **❻☐☐☐☐**에 회원국으로 가입하여 활동함

2. **국제기구**
   (1) 국제기구: 정부, 민간단체, 개인 등을 회원으로 하여 국제적인 목적이나 활동을 위해 조직된 행위 주체
   (2) 국제기구의 종류: 참여하는 주체에 따른 분류

정부 간 국제기구	각국 **❼☐☐**를 회원으로 하는 국제기구 ⑩ 국제 연합(UN), 경제 협력 개발 기구(OECD), 국제 통화 기금(IMF) 등
국제 비정부 기구	국경을 넘어 활동하는 개인이나 민간단체를 회원으로 하는 국제기구 ⑩ 국제 사면 위원회, 그린피스, 국경 없는 의사회 등

3. **다국적 기업**
   (1) 다국적 기업: 한 나라에 본사를 두고 여러 나라에 자회사와 공장을 설립하여 상품을 생산하고 판매하는 기업
   (2) 다국적 기업의 영향: 국제 사회의 상호 의존성을 높임, **❽☐☐☐**을 바탕으로 국제 관계와 개별 국가의 정책 등에 영향력을 행사하기도 함

4. 그 밖의 행위 주체: 국제적으로 영향력 있는 개인, 국가 내부적 행위체 등

02 국제 사회의 모습과 공존 노력

●● 국제 사회의 경쟁과 갈등, 협력

1. **국제 사회의 경쟁과 갈등**
   (1) 국제 사회의 경쟁
   ① 원인: 각국이 자국의 이익을 우선적으로 추구함
   ② 특징: **❾☐☐☐**로 국가 간 경쟁은 더욱 치열해지며 다양한 분야로 확대되고 있음 → 지나친 경쟁은 갈등으로 이어지기도 함
   (2) 국제 사회의 갈등
   ① 양상: 한정된 자원을 둘러싼 갈등, 민족과 종교의 차이에서 비롯된 갈등, 환경 문제를 둘러싼 갈등, 무역 분쟁 등
   ② 문제점: 평화적으로 해결하지 못할 경우 전쟁이 발생하기도 함

2. **국제 사회의 협력**
   (1) 국제 협력의 필요성: 오늘날 국제 문제는 **❿☐☐**을 초월하여 발생하며, 전 세계에 걸쳐 영향을 미침 → 특정 국가의 노력만으로 국제 문제를 해결하기 어려우므로 국제 협력을 통해 해결해야 함
   (2) 국제 협력의 사례: 인권 선언이나 국제 환경 협약과 같은 주요 결의안 채택, 지속 가능한 개발 목표(SDGs) 설정 등

●● 국제 사회의 공존을 위한 노력

1. **국제 사회의 공존을 위한 외교**
   (1) **⓫☐☐**: 한 국가가 국제 사회에서 자국의 이익을 평화적으로 달성하려는 활동
   (2) 외교의 중요성: 자국의 정치적·경제적 이익 실현, 자국의 위상 강화, 국가 간 **⓬☐☐** 해결 및 예방 등을 위해 외교의 중요성이 커지고 있음

(3) 외교 활동의 변화

전통적인 외교	• 정부 간 활동을 중심으로 이루어짐 • 정치, 군사 분야를 중심으로 이루어짐
오늘날의 외교	• ⑬◻◻ 외교가 활발하게 전개됨 • 경제, 문화, 환경, 인권 등 다양한 분야로 확대됨

2. 국제 사회의 공존을 위한 노력

(1) 국제 사회의 노력

국제법 준수	국가 간 합의로 만든 국제법에 따라 분쟁을 해결함
국제기구 참여	각국은 다양한 국제기구에 참여하여 국제 협력을 증진함
민간단체를 통한 협력	인권, 환경, 보건 등 다양한 영역에서 국제 사회의 문제 해결을 위해 노력함

(2) 세계 시민 의식 함양

① ⑭◻◻ ◻◻ 의식: 공동체 의식을 바탕으로 국제 문제에 관심을 두고, 이를 해결하기 위해 적극적으로 행동하는 참여 의식과 책임 의식

② 세계 시민 의식 함양을 위한 요건: 국제 사회의 상호 의존성 이해, 사회 정의와 같은 보편적 가치 존중 등

03 우리나라의 국가 간 갈등 문제

●● 우리나라가 직면한 국가 간 갈등

1. 우리나라와 일본의 갈등

(1) 일본의 ⑮◻◻ 영유권 주장

① 독도: 역사적, 지리적, 국제법적으로 명백한 우리의 고유 영토 → 현재 우리나라가 영토 주권을 행사하고 있음

② 일본의 주장: 독도의 경제적·군사적 가치를 선점하기 위해 독도 영유권을 주장함 → 국제 사법 재판소를 통한 독도 문제 해결을 주장함

(2) 일본의 역사 교과서 왜곡: 자국 교과서에 독도 영유권 주장을 강화하고, 일본군 '위안부'와 관련된 기술을 삭제하거나 강제 동원 사실을 숨김

(3) 기타: 야스쿠니 신사 참배 문제, ⑯◻◻ 표기를 둘러싼 갈등 등

2. 우리나라와 중국의 갈등

(1) 중국의 ⑰◻◻ ◻◻

① 내용: 고조선, ⑱◻◻◻, 발해를 중국 고대의 지방 정권으로 왜곡함 → 우리나라의 역사를 중국 역사의 일부로 통합하려고 함

② 목적: 한반도 통일 이후 발생할 수 있는 영토 분쟁과 중국 내 소수 민족의 ⑲◻◻ 방지 → 현재의 영토를 확고히 하기 위함

(2) 중국의 불법 조업: 중국 어선이 우리나라의 배타적 경제 수역을 침범하여 불법 조업을 함

●● 우리나라가 직면한 국가 간 갈등의 해결 노력

1. 국가 간 갈등 해결을 위한 정부의 활동

적극적인 외교 활동	국가 간 갈등 문제를 평화적으로 해결하기 위한 외교 정책을 추진하고, 국제 사회에 우리의 입장을 알림
전문 기관의 운영	관련 자료를 수집 및 연구할 수 있는 전문 기관을 운영하고, 연구된 자료들을 체계적으로 홍보함

2. 국가 간 갈등 해결을 위한 시민 사회의 활동

민간 외교 강화	조직적인 활동을 통해 국가 간 갈등 문제를 전 세계에 알림
⑳◻◻ 연구 실시	학자들의 국가 간 공동 연구를 통해 갈등 상황의 사실 관계를 밝히기 위해 노력함
시민 단체 활동	다양한 홍보와 교육을 통해 국민들이 우리나라가 직면한 갈등을 바로 알 수 있도록 함

정답 확인하기

❶ 국제 사회	❷ 이익	❸ 강대국	❹ 국제법
❺ 국가	❻ 국제기구	❼ 정부	❽ 경제력
❾ 세계화	❿ 국경	⓫ 외교	⓬ 분쟁
⓭ 민간	⓮ 세계 시민	⓯ 독도	⓰ 동해
⓱ 동북 공정	⓲ 고구려	⓳ 독립	⓴ 공동

스스로 점검하기

맞은 개수	이렇게 해봐
10개 이하	본책으로 돌아가 복습해봐!
11 ~ 15개	틀린 문제의 답을 다시 확인하고 **100점 도전 실전 문제**를 풀도록 해!
16 ~ 20개	자신감을 가지고 **100점 도전 실전 문제**를 풀어봐. 학교 시험 100점 도전!

01 국제 사회의 이해

[01~02] 다음 글을 읽고 물음에 답하시오.

> (㉠)(이)란 여러 국가가 서로 영향을 주고받으며 공존하는 사회를 의미한다. 오늘날에는 국가뿐만 아니라 국제기구, 다국적 기업, 국제적으로 영향력 있는 개인 등 다양한 주체가 (㉠)에 참여하고 있다.

01 ㉠에 들어갈 용어를 쓰시오.

잘 나와!

02 ㉠의 특성으로 옳은 것을 〈보기〉에서 고른 것은?

> **보기**
> ㄱ. 참여 주체의 이해관계는 상황에 따라 변화한다.
> ㄴ. 정부 간 국제기구를 기본 단위로 하여 형성된다.
> ㄷ. 강제성을 가진 중앙 정부가 있어 국가 간 분쟁 해결이 쉽다.
> ㄹ. 국가 간의 상호 의존성이 심화되며, 국제 협력이 강화되고 있다.

① ㄱ, ㄴ   ② ㄱ, ㄹ   ③ ㄴ, ㄷ
④ ㄴ, ㄹ   ⑤ ㄷ, ㄹ

03 다음 글을 통해 알 수 있는 국제 사회의 특성으로 가장 적절한 것은?

> 국제 사회를 '약육강식의 정글'로 보는 관점이 있다. 이 관점에서는 국제 사회를 강한 자가 살아남는 정글로 바라본다. 개별 국가는 자국의 안전을 지키고 더 큰 힘을 갖기 위해 군사 비용을 늘리거나 다른 국가와 동맹을 맺어 경쟁국을 견제하고 위협하기도 한다.

① 힘의 논리가 작용한다.
② 완전한 무정부 상태이다.
③ 각국은 원칙적으로 평등한 주권을 가진다.
④ 각국은 자국의 이익을 우선으로 추구한다.
⑤ 국제기구를 통해 국제 평화가 유지되고 있다.

04 (가), (나)에 나타난 국제 사회의 특성을 옳게 연결한 것은?

> (가) 영국은 유럽 연합(EU)의 지나친 규제와 과도한 부담금이 자국 경제를 위축시킨다고 판단하여 유럽 연합을 탈퇴하였다.
> (나) 국제 연합(UN) 정상 회담에서 심각해진 난민 수용과 지원에 대한 책임을 각국이 공평하게 분담하도록 하는 '뉴욕 선언'을 채택하였다.

① (가) – 국제법에 따라 국가 간의 분쟁을 해결한다.
② (가) – 개별 국가는 세계 여론을 고려하여 행동한다.
③ (나) – 강대국은 약소국에 비해 큰 영향력을 행사한다.
④ (나) – 국제 사회의 문제에 대처하기 위한 국제 협력이 증가하고 있다.
⑤ (가), (나) – 개별 국가의 이익을 달성하는 것이 국제 질서를 유지하는 것보다 중요하다.

05 국가에 대한 설명으로 옳지 <u>않은</u> 것은?

① 외교 활동을 수행한다.
② 여러 국제기구에 가입하여 활동한다.
③ 일정한 영토와 국민을 바탕으로 주권을 가진다.
④ 국제 사회의 기본적이고 전통적인 행위 주체이다.
⑤ 국경을 초월한 경영 활동을 바탕으로 국제 관계에 영향력을 행사한다.

06 (가), (나)에 해당하는 국제 사회의 행위 주체를 옳게 연결한 것은?

> (가) 정부를 회원으로 하여 국제 사회에 영향력을 행사한다.
> (나) 한 나라에 본사를 두고 세계 여러 나라에 자회사와 공장을 설립하여 상품을 생산하고 판매한다.

	(가)	(나)
①	다국적 기업	국제 비정부 기구
②	다국적 기업	정부 간 국제기구
③	정부 간 국제기구	다국적 기업
④	정부 간 국제기구	국제 비정부 기구
⑤	국제 비정부 기구	다국적 기업

07 정부 간 국제기구의 사례로 적절한 것을 〈보기〉에서 고른 것은?

┤보기├

ㄱ. 그린피스　　　　　ㄴ. 국제 연합

ㄷ. 국제 통화 기금　　ㄹ. 국경 없는 의사회

ㅁ. 국제 사면 위원회　ㅂ. 경제 협력 개발 기구

① ㄱ, ㄴ, ㄷ　　② ㄱ, ㄴ, ㅂ　　③ ㄱ, ㄹ, ㅁ

④ ㄴ, ㄷ, ㅂ　　⑤ ㄷ, ㄹ, ㅂ

08 다음 내용에 해당하는 국제 사회의 행위 주체에 대한 설명으로 옳은 것은?

> 국경을 넘어 활동하는 개인과 민간단체가 모여 조직한 국제기구이다.

① 주권을 가진 행위 주체이다.

② 두 나라 이상이 모여 활동한다.

③ 국제법상 평등하고 독립적인 주체이다.

④ 경제력을 바탕으로 개별 국가의 정책에 영향력을 행사한다.

⑤ 오늘날 시민 참여가 활발해지면서 그 역할이 점차 확대되고 있다.

09 국제 사회의 행위 주체에 대한 옳은 설명을 〈보기〉에서 고른 것은?

┤보기├

ㄱ. 국가는 국내 정치에만 관여하여 활동할 수 있다.

ㄴ. 세계화로 다국적 기업의 수와 규모는 감소하고 있다.

ㄷ. 영향력 있는 개인은 국제 사회의 행위 주체로 참여할 수 있다.

ㄹ. 국제기구는 정부, 민간단체, 개인 등을 회원으로 하여 활동한다.

① ㄱ, ㄴ　　② ㄱ, ㄷ　　③ ㄴ, ㄷ

④ ㄴ, ㄹ　　⑤ ㄷ, ㄹ

---

02 국제 사회의 모습과 공존 노력

10 국제 사회의 경쟁과 갈등에 대한 설명으로 옳지 <u>않은</u> 것은?

① 경쟁이 심화될 경우 갈등으로 이어지기도 한다.

② 국가 간 갈등은 시간이 지나면 저절로 해결된다.

③ 여러 행위 주체의 이해관계를 둘러싸고 나타난다.

④ 국제 사회의 경쟁과 갈등은 점차 다양한 분야로 확대되고 있다.

⑤ 각국이 자국의 이익을 우선적으로 추구하는 과정에서 경쟁이 발생한다.

11 다음 사례에 대한 분석으로 옳은 것은?

> 카슈미르는 주민의 70%가 이슬람교도이다. 민족과 종교 구성상 파키스탄과의 유사성이 더 높지만, 영국에서 독립하면서 인도로 편입되었다. 이로 인해 카슈미르를 둘러싸고 인도와 파키스탄 간에 여러 차례 전쟁이 발생하였다.

① 종교와 영토를 둘러싼 갈등이다.

② 자원을 확보하기 위한 분쟁이다.

③ 환경 오염 문제로 인한 갈등이다.

④ 세계 시장을 확보하기 위한 경쟁이다.

⑤ 군사적 요충지를 차지하기 위한 경쟁이다.

12 국제 사회의 협력이 필요한 이유에 대해 <u>잘못</u> 말한 사람은?

① 가령: 국제 문제가 전 세계에 영향을 주기 때문이다.

② 나령: 국제 문제가 국경을 초월하여 발생하기 때문이다.

③ 다령: 국제 사회의 상호 의존성이 강화되었기 때문이다.

④ 라령: 각국이 자국의 이익보다 국제 질서 유지를 우선하기 때문이다.

⑤ 마령: 국제 문제는 특정 국가의 노력만으로는 해결하기 어렵기 때문이다.

13 국제 사회에서 다음과 같은 활동이 나타나는 목적으로 적절한 것은?

> **파리 협정 체결(2015년)**
> • 21세기 후반 이산화 탄소 순 배출량 0%
> • 2100년까지 지구의 평균 기온 상승 폭을 1.5℃ 이하로 제한함
> • 선진국은 연간 1천억 달러 이상을 개발 도상국에 지원하기로 함

① 가까운 지역끼리 협력하기 위해
② 자국의 이익을 극대화하기 위해
③ 영토와 관련된 분쟁을 해결하기 위해
④ 공동의 문제 해결을 위한 협력을 강화하기 위해
⑤ 환경 문제의 책임을 특정 국가에게 부담시키기 위해

14 외교 활동에 대한 설명으로 옳지 <u>않은</u> 것은?

① 외교 활동을 통해 국가 간 분쟁이 해결되기도 한다.
② 외교 활동은 정치나 군사 분야에 한정되어 이루어진다.
③ 오늘날 국제 사회의 공존을 위해 그 중요성이 커지고 있다.
④ 국제 사회의 갈등을 평화적이고 합리적으로 해결하는 방법이다.
⑤ 각국은 외교 활동을 통해 자국의 정치적·경제적 이익을 실현할 수 있다.

15 국제 사회의 분쟁을 해결하기 위한 노력으로 적절하지 <u>않은</u> 것은?

① 분쟁 당사국 간의 무력 충돌
② 분쟁 당사국 간의 대화와 양보
③ 국제 조약과 같은 국제법의 적용
④ 국제 비정부 기구의 평화 운동 참여
⑤ 국제 연합(UN)과 같은 국제기구의 개입

---

03 우리나라의 국가 간 갈등 문제

16 ㉠에 대한 옳은 설명을 〈보기〉에서 고른 것은?

> 울릉도와 (㉠)이/가 포함된 우산국에 관한 기록은 '지증왕 13년(512), 신라가 우산국을 복속하였다.'는 내용으로 『삼국사기』(1145)에 처음 나온다. 이후 『고려사』와 『세종실록지리지』에도 우산국에 대한 기록이 있다. 이처럼 많은 역사적 자료에서 (㉠)이/가 우리나라 영토라는 기록을 찾아볼 수 있다.

> **보기**
> ㄱ. ㉠은 현재 일본에서 불법적으로 점거하고 있다.
> ㄴ. 우리나라 정부는 ㉠에 대한 영유권 분쟁을 인정하지 않는다.
> ㄷ. 우리나라는 ㉠에 대한 문제를 국제 사법 재판소에 제소하고자 한다.
> ㄹ. 일본은 ㉠을 주변 지역의 군사적 거점으로 이용하기 위해 영유권을 주장하고 있다.

① ㄱ, ㄴ   ② ㄱ, ㄷ   ③ ㄴ, ㄷ
④ ㄴ, ㄹ   ⑤ ㄷ, ㄹ

17 다음 글에 나타난 일본의 태도에 대한 분석으로 옳지 <u>않은</u> 것은?

> 일본군 '위안부' 피해 할머니가 그린 그림과 관련 지도를 실었던 일본 교과서는 처음에는 검정에서 불합격 판정을 받았다. 그러나 관련 부분을 삭제한 후에는 검정을 통과하였다.

① 역사적 사실을 왜곡하고 있다.
② 과거사에 대한 책임을 회피하고 있다.
③ 우리나라와의 갈등을 유발할 수 있다.
④ 미래 세대에 잘못된 역사 인식을 심어 줄 수 있다.
⑤ 갈등 상황의 사실 관계를 밝히기 위해 노력하고 있다.

18 우리나라와 중국의 갈등으로 적절한 것을 〈보기〉에서 고른 것은?

> **보기**
> ㄱ. 동북 공정 문제   ㄴ. 동해 표기 문제
> ㄷ. 독도 영유권 문제   ㄹ. 서해 불법 조업 문제

① ㄱ, ㄴ   ② ㄱ, ㄹ   ③ ㄴ, ㄷ
④ ㄴ, ㄹ   ⑤ ㄷ, ㄹ

19 다음 사례에 나타난 우리나라와 중국 간의 갈등에 대한 설명으로 옳지 <u>않은</u> 것은?

> 중국 정부가 고구려 성산산성의 표지석에 '고구려는 중국의 소수 민족 지방 정권'이라는 문구를 새긴 사실이 확인되었다.

① 현재 중국의 영토를 확장하기 위한 작업이다.
② 왜곡된 고대사를 객관적으로 다시 기술하기 위한 작업이다.
③ 현재 중국 내에 있는 여러 소수 민족이 독립할 수 있는 근거가 된다.
④ 통일 이후 우리나라와의 영토 분쟁을 사전에 차단하려는 목적을 갖고 있다.
⑤ 중국 정부의 정책이므로 우리나라 정부의 외교 활동을 통해서만 대응해야 한다.

20 국가 간 갈등 문제를 해결하는 방법으로 적절하지 <u>않은</u> 것은?

① 우리나라의 역사에 관심을 가진다.
② 우리나라 입장의 정당성을 알리는 캠페인에 참여한다.
③ 친구들과 역사 왜곡 문제에 관한 플래시 몹을 진행한다.
④ 갈등 상대국의 국민을 비난하는 글을 인터넷에 게시한다.
⑤ 시민 단체가 주관하는 역사 교육 활동에 적극적으로 참여한다.

21 다음 사례에 나타나는 국가 간 갈등의 해결 자세로 가장 적절한 것은?

> 동북아 지역의 역사를 연구하고, 중국과 일본의 역사 왜곡 문제에 대응하기 위해 동북아 역사 재단이 설립되었다.

① 상대 국가의 역사 왜곡에 대해 무력으로 대응한다.
② 정부 간 국제기구를 통해 국제 사회의 심판을 받는다.
③ 조직적인 활동을 통해 국제 사회에 국가 간 갈등 문제를 홍보한다.
④ 다른 나라의 지지를 얻어낼 수 있도록 정부 차원에서 외교 활동을 한다.
⑤ 관련 문제에 대해 우리 입장을 뒷받침할 수 있는 논리적 근거를 확립한다.

서술형 문제

1 밑줄 친 부분에 대한 반론을 근거를 들어 서술하시오.

> 국제 사회에는 중앙 정부가 없기 때문에 여러 국가 사이에 갈등이나 분쟁이 생길 경우, 이를 해결하는 것이 쉽지 않다. 따라서 국제 사회는 <u>무정부 상태와 같다.</u>

_____
_____
_____

2 다음 내용을 읽고 물음에 답하시오.

> • 국제 사회를 구성하는 기본 단위이다.
> • 국제 사회에서 국제법에 따라 독립적인 지위를 가진다.

(1) 위 내용에서 설명하는 국제 사회의 행위 주체를 쓰시오.

_____

(2) 국제 사회에서의 (1)의 역할을 <u>두 가지</u> 이상 서술하시오.

_____
_____
_____

3 밑줄 친 부분에 해당하는 사례를 <u>두 가지</u> 이상 서술하시오.

> 국제 사회의 문제는 국경을 초월하여 발생하며, 전 세계에 걸쳐 영향을 주고 있다. 그렇기 때문에 오늘날 국제 사회의 행위 주체들은 상호 이해를 바탕으로 <u>국제적인 협력</u>을 통해 국제 사회의 문제를 해결해 나가고 있다.

_____
_____
_____

한 권 으 로 끝 내 기

한끝

시험 전 한끝

중등 **사회 ②-1**

주제 ① 인권 보장과 헌법

(1) 인권의 의미와 특징

① 인권: 인간이 마땅히 누려야 할 기본적인 권리

② 인권의 특징

천부 인권	인간이 태어나면서부터 당연히 가지는 권리
자연권	국가에서 법이나 제도로 보장하기 이전에 자연적으로 주어진 권리
보편적 권리	피부색, 성별, 나이, 사회적 신분 등에 상관없이 모든 사람이 동등하게 누릴 수 있는 권리
불가침의 권리	국가나 다른 사람이 함부로 침해할 수 없는 권리

(2) 인권 보장의 중요성

① 인권 보장의 중요성: 인권이 제대로 보장될 때 인간이 인격적 존재로 존중받으며 최소한의 인간다운 삶을 살 수 있음 → 인간의 존엄성을 실현하는 바탕이 됨

② 인권 보장의 역사적 전개

근대	시민 혁명의 결과로 시민의 자유와 평등이 제도적으로 보장되기 시작하였음
현대	세계 인권 선언에 모든 사람이 보편적으로 누려야 할 인권의 기준이 제시되었음

(3) 인권과 헌법의 관계

① 헌법의 의의: 한 나라의 최고 법 → 모든 법과 제도의 기초가 됨

② 인권 보장 장치로서의 헌법: 오늘날 대부분의 국가에서는 헌법에 기본적 인권을 규정함 → 헌법이 국가의 부당한 간섭이나 침해로부터 국민의 인권을 보장하는 법적 장치로서의 역할을 함

---

1 인권의 특징으로 적절하지 <u>않은</u> 것은?

① 자연권　　　　　　② 천부 인권　　　　　　③ 보편적 권리

④ 차등적 권리　　　　⑤ 불가침의 권리

2 ㉠, ㉡에 들어갈 내용을 쓰시오.

근대 시민들이 인권 보장을 위해 투쟁한 (㉠)의 결과로 시민의 자유와 평등이 제도적으로 보장되기 시작하였으며, 현대에 들어 국제 연합에서 채택된 (㉡)에 인류가 보편적으로 누려야 할 인권의 기준이 제시되었다.

3 다음에서 설명하는 용어를 쓰시오.

• 모든 법과 제도의 기초가 되는 한 나라의 최고 법이다.
• 국가의 부당한 간섭이나 침해로부터 국민의 인권을 보장하는 법적 장치이다.

주제 2 기본권의 보장과 제한

(1) **기본권**: 헌법에 보장된 기본적 인권 → 모든 기본권이 추구하는 최고의 가치인 인간의 존엄과 가치 및 행복 추구권을 토대로 국민의 기본권을 보장함

(2) **기본권의 종류**

자유권	국가 권력의 간섭을 받지 않고 자유롭게 생활할 수 있는 권리 ⑩ 신체의 자유, 종교의 자유, 언론·출판의 자유, 경제 활동의 자유 등
평등권	성별, 종교, 사회적 신분, 인종, 장애 등에 의해 부당한 차별을 받지 않고 동등하게 대우받을 권리 → 모든 국민은 생활의 모든 영역에서 합리적인 이유 없이 차별받아서는 안 됨
참정권	국가 기관의 형성과 국가의 정치적 의사 형성 과정에 참여할 수 있는 권리 ⑩ 선거권, 공무 담임권, 국민 투표권 등
사회권	국가에 인간다운 생활의 보장을 요구할 수 있는 권리 → 적극적 성격을 띰 ⑩ 교육을 받을 권리, 근로의 권리, 인간다운 생활을 할 권리, 쾌적한 환경에서 살 권리 등
청구권	국가에 대하여 일정한 행위를 요구할 수 있는 권리 → 다른 기본권의 보장을 위한 수단적 성격을 띰 ⑩ 청원권, 재판 청구권, 국가 배상 청구권 등

(3) **기본권의 제한**

① 기본권 제한의 내용: 국가 안전 보장, 질서 유지, 공공복리를 위하여 필요한 경우에 한하여 기본권을 제한할 수 있음

② 기본권 제한의 한계: 국회에서 만든 법률로써만 기본권을 제한할 수 있음, 기본권을 제한하더라도 자유와 권리의 본질적인 내용을 침해해서는 안 됨

③ 기본권 제한의 한계를 명확하게 정한 이유: 국가 권력의 남용을 방지함으로써 국민의 기본권을 최대한 보장하기 위함

---

1 다음 권리들을 포함하는 기본권에 대한 설명으로 옳은 것은?

> • 청원권　　　　• 재판 청구권　　　　• 국가 배상 청구권

① 부당한 차별을 받지 않을 권리이다.
② 국가 권력의 간섭을 받지 않을 권리이다.
③ 모든 기본권이 추구하는 최고의 가치이다.
④ 국가에 대하여 일정한 행위를 요구할 수 있는 권리이다.
⑤ 국가 기관의 형성과 국가의 정치적 의사 형성 과정에 참여할 수 있는 권리이다.

2 우리나라 헌법에 다음 내용들을 규정하고 있는 목적을 쓰시오.

> • 국회에서 만든 법률로써만 기본권을 제한할 수 있다.
> • 기본권을 제한하더라도 자유와 권리의 본질적인 내용을 침해해서는 안 된다.

정답 1 ④ 2 국가 권력의 남용을 방지하여 국민의 기본권을 최대한 보장하기 위해서이다.

주제 ③ 인권의 침해 및 구제

(1) 인권 침해

의미	다른 사람이나 단체 또는 국가 기관에 의하여 개인의 인권이 존중받지 못하고 침해되는 것 → 일상 생활 전반에 걸쳐 다양한 형태로 나타남 예 차별, 집단 따돌림, 사생활 침해, 폭행 등
원인	사회 구성원의 고정 관념이나 편견, 사회의 잘못된 관습이나 관행, 국가의 불합리한 법과 제도 등

(2) 인권 보호를 위한 노력: 인권 감수성 향상, 인권 구제 방법과 절차 이해, 인권 침해를 당한 경우 권리 구제를 위해 적극적으로 대응 및 국가 기관에 도움 요청 등

(3) 국가 기관을 통한 인권 구제

① 법원을 통한 인권 구제

법원	분쟁이나 범죄 발생 시 사법권을 행사하여 국민의 권리를 보호하는 국가 기관
인권 구제 방법	타인이나 국가 기관에 의해 권리를 침해당한 사람이 소를 제기하면 재판을 통해 침해된 권리를 구제함

② 헌법 재판소를 통한 인권 구제

헌법 재판소	헌법 질서를 수호하고 국민의 기본권을 보장하는 국가 기관
인권 구제 방법	공권력에 의해 기본권이 침해된 국민이 헌법 소원을 제기하면 헌법 소원 심판을 통해 권리를 구제함

③ 국가 인권 위원회를 통한 인권 구제

국가 인권 위원회	인권 보호와 관련한 전반적인 업무를 수행하는 독립된 국가 기관
인권 구제 방법	국가 기관에 의해 인권 침해를 당하거나 회사 또는 단체 등에 의해 차별 등 인권 침해를 당한 사람이 진정을 내면 이를 조사하여 권리를 구제함

④ 기타: 국민 권익 위원회에 고충 민원이나 행정 심판 제기, 언론 중재 위원회에 도움 요청 등

---

1 ㉠에 들어갈 용어를 쓰시오.

> (㉠)는 다른 사람이나 단체 또는 국가 기관에 의하여 개인의 인권이 존중받지 못하고 침해되는 것으로, 차별, 집단 따돌림, 사생활 침해, 폭행 등이 이에 해당한다.

2 밑줄 친 ㉠~㉤ 중 옳지 않은 것은?

> 법원은 권리를 침해당한 사람이 ㉠ 소를 제기하면 ㉡ 위헌 법률 심판을 통해 권리를 구제해 주고, 헌법 재판소는 공권력에 의해 기본권을 침해당한 사람이 ㉢ 헌법 소원을 제기하면 ㉣ 헌법 소원 심판을 통해 권리를 구제해 준다. 국가 인권 위원회는 차별 등의 인권 침해를 당한 사람이 ㉤ 진정을 제기하면 조사 등을 통해 권리를 구제해 준다.

① ㉠   ② ㉡   ③ ㉢   ④ ㉣   ⑤ ㉤

정답 1 인권 침해 2 ②

주제 ④ 헌법에 보장된 근로자의 권리

(1) **근로자**: 임금을 받기 위해 사용자에게 근로를 제공하는 사람 → 직업의 종류와 근로 기간에 상관없이 사용자에게 고용되어 일하는 모든 사람이 포함됨

(2) **근로자의 권리**

① 근로의 권리: 일할 의사와 능력을 가진 사람이 국가에 일할 기회를 요구할 권리

② 노동 삼권

단결권	근로자가 근로 조건을 유지·개선하고 경제적 지위를 향상하기 위해 노동조합을 만들고, 이에 가입하여 활동할 수 있는 권리
단체 교섭권	근로자가 노동조합을 통해 사용자와 근로 조건에 관하여 협의할 수 있는 권리
단체 행동권	단체 교섭이 원만하게 이루어지지 않을 경우 일정한 절차를 거쳐 파업, 태업 등의 쟁의 행위를 할 수 있는 권리

③ 최소한의 근로 조건 보장: 최저 임금제 시행을 통한 최소한의 임금 보장, 근로 조건의 최저 기준을 법률로 규정 등

---

1 근로자에 해당하는 사람들을 [보기]에서 골라 기호를 쓰시오.

┤ 보기 ├
ㄱ. 공무원 　　　　　　　　　　ㄴ. 자영업자
ㄷ. 중소기업 사장 　　　　　　　ㄹ. 단기 아르바이트 직원

2 밑줄 친 ㉠, ㉡을 옳게 고쳐 쓰시오.

> 우리 헌법은 ㉠ 사용자의 권리와 이익을 향상하기 위해 일할 의사와 능력을 가진 사람이 국가에 일할 기회를 요구할 권리인 ㉡ 단체 행동권을 보장하고 있다.

3 표는 노동 삼권의 종류를 구분한 것이다. ㉠~㉢에 들어갈 권리를 쓰시오.

종류	의미
(㉠)	근로자가 근로 조건을 유지 및 개선하고 경제적 지위를 향상하기 위해 노동조합을 만들고, 이에 가입하여 활동할 수 있는 권리
(㉡)	근로자가 노동조합을 통해 사용자와 근로 조건에 관하여 협의할 수 있는 권리
(㉢)	단체 교섭이 원만하게 이루어지지 않을 경우 일정한 절차를 거쳐 쟁의 행위를 할 수 있는 권리

주제 ⑤ 노동권 침해 사례 및 구제 방법

(1) 노동권 침해 사례

① 부당 해고

의미	정당한 이유 없이 근로자를 해고하거나 해고의 조건을 갖추지 않은 것
사례	결혼이나 출산, 육아 휴직을 이유로 해고하는 것 등

② 부당 노동 행위

의미	사용자가 근로자의 노동 삼권을 침해하는 행위
사례	노동조합의 조직이나 가입 등을 이유로 불이익을 주는 것, 정당한 이유 없이 노동조합과의 단체 교섭을 거부하는 것 등

③ 기타: 임금 미지급, 최저 임금 미준수, 근로 계약서 미작성, 근로 조건 위반 등

(2) 노동권 침해 시의 구제 방법

부당 해고 및 부당 노동 행위 시	노동 위원회에 구제 신청, 법원에 소 제기
임금 미지급 시	고용 노동부에 진정, 법원에 소 제기

1 다음에서 설명하는 노동권 침해 사례로 옳은 것은?

- 해고의 조건을 갖추지 않은 것
- 정당한 이유 없이 근로자를 해고하는 것

① 부당 해고　　② 임금 미지급　　③ 근로 조건 위반
④ 부당 노동 행위　　⑤ 최저 임금 미준수

2 부당 노동 행위에 해당하는 것을 [보기]에서 골라 기호를 쓰시오.

ᅳ 보기 ᅳ
ㄱ. 임금을 제때 모두 주지 않는 것
ㄴ. 육아 휴직을 신청했다는 이유로 해고하는 것
ㄷ. 정당한 이유 없이 노동조합과의 단체 교섭을 거부하는 것
ㄹ. 노동조합에 가입하여 활동했다는 이유로 개인 평가에서 낮은 등급을 부여한 것

3 ㉠, ㉡에 들어갈 용어를 쓰시오.

부당 해고나 부당 노동 행위로 노동 삼권을 침해받은 근로자는 (㉠)에 권리 구제를 요청하거나 (㉡)에 소를 제기함으로써 권리를 구제받을 수 있다.

주제 6 국회의 위상과 구성

(1) 국회의 위상

국민의 대표 기관	국민이 직접 뽑은 대표들로 구성됨
입법 기관	국가의 조직과 통치의 기초가 되는 법률을 만들거나 고침
국가 권력의 견제 기관	사법부와 행정부 등 다른 국가 기관들을 감시하고 견제함 → 국가 권력의 남용 방지, 국민의 기본권 보장

(2) 국회의 구성

지역구 국회 의원	각 지역구에서 최고 득표자로 선출된 국회 의원
비례 대표 국회 의원	정당별 득표율에 비례하여 선출된 국회 의원

(3) 국회의 조직

본회의	국회의 의사를 최종적으로 결정하는 회의 → 정기회, 임시회로 구분됨
상임 위원회	본회의에서 결정할 안건을 미리 조사 및 심의하는 기관 → 효율적인 의사 진행을 위함
교섭 단체	원활한 국회 운영을 위해 국회 의원들의 의사를 사전에 통합·조정하는 단체

1 다음에서 설명하는 국가 기관을 쓰시오.

> 국민의 대표 기관인 동시에 입법 기관이며, 다른 국가 기관들을 감시하고 견제하는 국가 권력의 견제 기관이다.

2 ㉠, ㉡에 들어갈 용어를 쓰시오.

> 국회는 각 지역구에서 가장 많은 표를 얻어 선출된 (㉠) 국회 의원과 정당별 득표율에 비례하여 선출된 (㉡) 국회 의원으로 구성된다.

3 다음과 같은 국회의 조직을 운영하는 이유로 가장 적절한 것은?

> 본회의에서 결정할 안건을 미리 조사하고 심의하는 기관으로, 각 분야에 전문성과 관심을 가진 국회 의원들이 모여 관련 안건이나 법률을 심사한다.

① 효율적인 의사 진행을 위해서이다.
② 법률안을 최종적으로 결정하기 위해서이다.
③ 국정 전반을 감사하여 바로잡기 위해서이다.
④ 예산이 합리적으로 집행되었는지 조사하기 위해서이다.
⑤ 국회 의원들의 의사를 사전에 통합하고 조정하기 위해서이다.

정답 1. 국회 **2.** ㉠ 지역구 ㉡ 비례 대표 **3.** ①

주제 ⑦ 국회의 권한

(1) 입법에 관한 권한

법률 제정·개정	모든 국가 작용의 근거인 법률을 제정 및 개정함
헌법 개정안 제안·의결	헌법 개정안을 제안하고 의결함
조약 체결 동의	대통령이 체결한 조약에 대해 동의권을 행사함

(2) 재정에 관한 권한

예산안 심의·확정	정부가 제출한 예산안을 심의하여 확정함
결산 심사	정부가 예산을 제대로 집행하였는지 심사함

(3) 일반 국정에 관한 권한

국정 감사 및 국정 조사	국정의 잘못된 부분을 찾아내어 바로잡음
중요 공무원의 임명 동의	대통령이 국무총리, 대법원장 등 중요 공무원을 임명할 때 동의권을 행사함
탄핵 소추 의결	고위 공무원이 헌법이나 법률을 위반한 경우 탄핵 소추를 의결함

1 ㉠에 들어갈 용어를 쓰시오.

법률 제정 및 개정, 헌법 개정안 제안 및 의결 등은 국회의 (㉠)에 관한 권한에 해당한다.

2 밑줄 친 부분에 해당하는 국회의 권한을 두 가지 쓰시오.

국민의 재산과 권리를 보호하기 위해서는 국민의 세금으로 이루어지는 정부의 살림살이에 대해 국회에서 감시하고 통제할 필요가 있다. 따라서 국회는 재정에 관한 권한을 행사할 수 있다.

3 다음과 같은 상황에서 행사할 수 있는 국회의 권한으로 적절한 것은?

국회는 법률을 위반한 국무 위원에 대해 파면을 요구하고자 한다.

① 국정 조사를 실시한다.
② 탄핵 소추를 의결한다.
③ 인사 청문회를 실시한다.
④ 예산안을 심의 및 확정한다.
⑤ 중요 공무원의 임명 시 동의권을 행사한다.

주제 8 행정부의 조직과 대통령의 권한

(1) 행정부의 조직과 기능

대통령	행정부의 최고 책임자 → 행정부의 일을 최종적으로 결정함
국무총리	대통령을 도와 행정 각부를 관리하고 감독함
행정 각부	구체적인 행정 사무를 처리함
국무 회의	행정부의 최고 심의 기관 → 정부의 중요 정책들을 심사하고 논의함
감사원	행정부의 최고 감사 기관 → 국가의 세입·세출 결산을 검사하고, 행정 기관과 공무원의 직무를 감찰함

(2) 대통령의 권한

국가 원수로서의 권한	·외국과 조약 체결, 외교 사절의 파견 및 접견, 외국에 대해 전쟁을 선포함 ·헌법 기관의 구성원을 임명하여 헌법 기관을 구성함 ·헌법 개정이나 국가의 중요 정책 결정 시 국민 투표를 시행할 수 있음 ·국가 비상사태 시에 긴급 명령 및 계엄을 선포할 수 있음
행정부 수반으로서의 권한	·행정부를 지휘·감독함 ·국군을 지휘·통솔함 ·행정부의 고위 공무원을 임명하거나 해임할 수 있음 ·대통령령 제정 및 법률안 거부권을 행사할 수 있음

1 다음에서 설명하는 행정부의 조직을 [보기]에서 골라 기호를 쓰시오.

> ┤보기├
> ㄱ. 대통령　　　　ㄴ. 국무총리　　　　ㄷ. 국무 회의

① 행정 각부를 관리하고 감독한다. (　　　)
② 행정부의 일을 최종적으로 결정한다. (　　　)
③ 정부의 중요한 정책을 심사하고 논의한다. (　　　)

2 다음에서 설명하는 행정부의 조직을 쓰시오.

> · 행정부의 최고 감사 기관이다.
> · 세금이 제대로 쓰이는지 조사하고, 행정 기관과 공무원의 직무를 감찰한다.

3 표는 대통령의 지위에 따른 권한을 나타낸 것이다. ㉠, ㉡에 들어갈 내용을 쓰시오.

(　㉠　)(으)로서의 권한	행정부의 지휘·감독권, 국군 통수권, 행정부의 고위 공무원에 대한 임면권, 대통령령 제정권 등
(　㉡　)(으)로서의 권한	조약 체결권, 전쟁 선포권, 긴급 명령권, 계엄 선포권, 헌법 기관의 구성원에 대한 임명권, 국민 투표 시행 등

주제 ⑨ 법원의 조직과 기능

(1) **사법권의 독립**: 재판이 외부의 간섭 없이 독립적으로 이루어지는 것 → 공정한 재판을 통해 국민의 권리 보장

(2) **법원의 조직**

대법원	고등 법원의 판결에 불복하여 상고한 사건 재판(3심), 특허 법원의 판결에 불복하여 상고한 사건 재판 → 최종적인 재판 담당
고등 법원	지방 법원, 가정 법원, 행정 법원의 1심 판결에 불복하여 항소한 사건 재판(2심)
지방 법원	주로 민사 또는 형사 재판의 1심 판결 담당
특수 법원	특허 법원, 가정 법원, 행정 법원

(3) **법원의 기능**

재판	법적 분쟁을 해결함
위헌 법률 심판 제청	재판의 전제가 된 법률이 헌법에 위반되는지 헌법 재판소에 심판을 제청함
위헌 명령·규칙 심사	명령이나 규칙이 헌법과 법률에 위반되는지 대법원이 최종적으로 심사함
기타	위헌 행정 처분 심사, 등기 업무, 가족 관계 등록 등

1 다음에서 설명하는 용어를 쓰시오.

- 의미: 재판이 독립적으로 이루어지는 것
- 목적: 공정한 재판을 통한 국민의 권리 보장

2 다음에서 설명하는 법원의 조직을 [보기]에서 골라 기호를 쓰시오.

┤ 보기 ├
ㄱ. 대법원   ㄴ. 고등 법원   ㄷ. 지방 법원

① 민사 재판의 1심 판결을 담당한다. (   )
② 특허 법원에서 올라온 2심 사건을 재판한다. (   )
③ 행정 법원의 1심 판결에 대한 항소 사건을 재판한다. (   )

3 (가), (나)에서 설명하는 법원의 기능을 각각 쓰시오.

(가) 법률을 해석하고 적용하여 법적 분쟁을 해결한다.
(나) 재판 진행 과정에서 관련된 법률이 헌법에 위반되는지 여부가 문제가 될 경우 헌법 재판소에 심판을 제청한다.

정답 1 사법권의 독립 2 ① ㄷ ② ㄱ ③ ㄴ 3 (가) 재판 (나) 위헌 법률 심판 제청

주제 ⑩ 헌법 재판소의 위상과 역할

(1) **헌법 재판소의 위상**: 헌법 재판을 담당하는 독립된 국가 기관 → 헌법 수호 기관, 기본권 보장 기관
(2) **헌법 재판소의 구성**: 9명의 재판관으로 구성됨 → 대통령과 대법원장이 각각 3명을 지명하고, 국회에서 3명을 선출하여 대통령이 임명함
(3) **헌법 재판소의 역할**

위헌 법률 심판	법원이 제청한 경우 법률의 위헌 여부를 심판함
헌법 소원 심판	기본권을 침해당한 국민이 직접 구제를 요청한 경우 법률이나 공권력이 국민의 기본권을 침해하였는지 심판함
탄핵 심판	고위 공무원에 대한 파면 요구의 타당성을 심판함
권한 쟁의 심판	국가 기관 간의 권한 분쟁을 심판함
정당 해산 심판	민주적 기본 질서에 위배되는 정당의 해산을 심판함

1 다음에서 설명하는 국가 기관을 쓰시오.

> 헌법의 해석과 관련된 다툼을 해결하여 헌법 질서를 수호하고, 헌법에 위반되는 법률이나 공권력에 의해 침해된 국민의 기본권을 구제해 주는 기관이다.

2 밑줄 친 ㉠~㉤ 중 옳지 <u>않은</u> 것은?

> • 교사: 헌법에 관한 분쟁을 사법적 절차에 따라 해결하는 국가 기관은 어디인가요?
> • 학생: ㉠ 헌법 재판소예요.
> • 교사: 헌법 재판소의 재판관은 어떻게 구성되나요?
> • 학생: ㉡ 국회에서 3명을 선출하고, ㉢ 대법원장이 3명을 지명하고, ㉣ 국무총리가 3명을 지명해요. 재판관은 모두 ㉤ 대통령이 임명해요.

① ㉠　　　② ㉡　　　③ ㉢　　　④ ㉣　　　⑤ ㉤

3 헌법 재판소의 역할로 적절하지 <u>않은</u> 것은?

① 법률이 헌법에 위반되는지 여부를 심판한다.
② 법률이나 공권력이 국민의 기본권을 침해하였는지 심판한다.
③ 명령이나 규칙이 헌법과 법률에 위반되는지 최종적으로 심사한다.
④ 국가 기관이나 지방 자치 단체 간에 발생한 권한 분쟁을 심판한다.
⑤ 직무상 위법 행위를 한 공무원에 대한 파면 요구의 타당성을 심판한다.

주제 11 경제 활동과 합리적 선택

(1) 경제 활동의 의미와 종류

① 경제 활동: 재화나 서비스를 생산, 분배, 소비하는 모든 활동 → 인간의 필요와 욕구를 충족해 줌

② 경제 활동의 종류

생산	생활에 필요한 재화와 서비스를 만들어 내거나 그 가치를 증대하는 활동 예 공장에서 물건을 만드는 것, 의사가 환자를 진료하는 것 등
분배	생산 과정에 참여한 사람들이 노동, 토지, 자본 등의 생산 요소를 제공한 대가를 나누어 가지는 것 예 노동을 제공한 대가로 임금을 받는 것, 자본을 제공한 대가로 이자를 받는 것 등
소비	분배를 통해 얻은 소득으로 생활에 필요한 재화나 서비스를 구입하여 사용하는 활동 예 아이스크림을 사 먹는 것, 영화관에서 영화를 관람하는 것 등

(2) 경제생활에서의 합리적 선택

① 자원의 희소성

의미	인간의 욕구는 무한한 데 비해 이를 충족해 줄 자원은 상대적으로 부족한 현상
특징	· 자원의 절대적인 양에 의해서만 결정되는 것이 아니라 인간의 욕구 정도에 따라 달라짐 · 시대나 장소에 따라 달라질 수 있음

② 선택의 문제: 자원의 희소성 때문에 개인과 사회는 경제 활동을 할 때 한정된 자원 안에서 무엇을 얼마나 생산하고 소비할 것인지 선택해야 하는 문제에 직면함

③ 기회비용: 어떤 것을 선택함으로써 포기하는 여러 대안이 갖는 가치 중 가장 큰 것

④ 합리적 선택

의미	가장 적은 비용으로 가장 큰 편익을 얻을 수 있는 선택
방법	편익이 기회비용보다 크도록 선택해야 함

---

1 다음 사례에 나타난 경제 활동의 종류를 [보기]에서 골라 기호를 쓰시오.

┤ 보기 ├
ㄱ. 분배　　　　　　　ㄴ. 생산　　　　　　　ㄷ. 소비

① 공장에서 가방을 만들어 운반하는 것 (　　　　)

② 가게에서 가방을 구입하여 사용하는 것 (　　　　)

③ 공장에서 가방을 만든 대가로 월급을 받는 것 (　　　　)

2 ㉠, ㉡에 들어갈 용어를 쓰시오.

인간의 욕구는 무한하지만 이를 충족해 줄 자원은 상대적으로 부족한 현상인 (　㉠　) 때문에 개인과 사회는 경제 활동을 할 때 선택의 문제에 직면한다. 모든 선택에는 기회 비용이 따르므로, 최소 비용으로 최대 편익을 얻을 수 있는 선택인 (　㉡　)을 해야 한다.

주제 ⑫ 경제 문제를 해결하기 위한 경제 체제

(1) 기본적인 경제 문제: 자원의 희소성 때문에 모든 사회에서 공통적으로 나타나는 선택의 문제

무엇을 얼마나 생산할 것인가?	생산물의 종류와 수량을 결정하는 문제
어떻게 생산할 것인가?	생산 방법을 결정하는 문제
누구를 위하여 생산할 것인가? (누구에게 분배할 것인가?)	생산물을 누구에게 얼마나 지급할 것인가를 결정하는 문제 → 분배의 문제

(2) 경제 체제

① 경제 체제: 기본적인 경제 문제를 해결하는 방식이 제도적으로 정착된 것

② 경제 체제의 종류

시장 경제 체제	의미	개인과 기업이 시장 가격에 기초하여 자율적으로 의사 결정을 함으로써 경제 문제를 해결하는 경제 체제
	특징	개인의 자유로운 이익 추구 인정, 개인의 자유로운 경제 활동 보장 등
	장점	창의성의 최대 발휘 가능, 자원의 효율적 사용 가능 → 사회 전체의 생산성 증대
	단점	빈부 격차 발생 우려, 개인의 이익 추구 과정에서 환경 오염 심화 우려 등
계획 경제 체제	의미	국가가 경제 활동에 대한 계획을 세우고, 개인과 기업에 명령함으로써 경제 문제를 해결하는 경제 체제
	특징	분배의 평등 추구, 개인의 경제 활동 제한, 일반적으로 국가가 생산 수단 소유 등
	장점	국가가 채택한 주요 목적의 신속한 달성 가능 등
	단점	국민의 다양한 욕구를 반영한 공급 곤란, 근로 의욕 저하, 경제적 효율성 저하 등
혼합 경제 체제		시장 경제 체제와 계획 경제 체제의 요소가 혼합된 경제 체제 → 오늘날 대부분의 국가에서 혼합 경제 체제를 채택하고 있음

---

1 기본적인 경제 문제에 해당하지 <u>않는</u> 것은?

① 무엇을 생산할 것인가?   ② 어떻게 생산할 것인가?

③ 얼마나 생산할 것인가?   ④ 어디에서 생산할 것인가?

⑤ 누구를 위하여 생산할 것인가?

2 시장 경제 체제의 특징에 해당하면 '시', 계획 경제 체제의 특징에 해당하면 '계'라고 쓰시오.

① 경제 활동에서 개인의 자유가 제한된다. (   )

② 자원을 효율적으로 사용하여 사회 전체의 생산성 증대를 가져온다. (   )

3 ㉠에 들어갈 용어를 쓰시오.

> 오늘날 대부분의 국가에서는 시장 경제 체제의 요소와 계획 경제 체제의 요소가 혼합된 경제 체제인 (㉠)를 채택하고 있다.

주제 ⑬ 기업의 역할과 사회적 책임

(1) 기업의 의미와 역할

① 기업: 생산 활동을 담당하는 경제 주체 → 시장 경제에서 이윤의 극대화를 추구함

② 기업의 역할

상품 생산	이윤을 얻기 위해 재화나 서비스를 만들고 이를 판매함
고용과 소득 창출	· 생산 활동을 위해 근로자를 고용함 → 가계에 일자리 제공 · 생산 활동을 하는 과정에서 가계가 제공하는 노동, 토지, 자본 등의 생산 요소를 사용하고 그 대가로 임금, 지대, 이자 등을 지급함 → 가계에 소득 제공
세금 납부	생산 활동으로 벌어들인 수입 중 일부를 국가에 세금으로 납부함 → 국가의 재정에 기여

(2) 기업의 사회적 책임

의미	기업이 이윤 추구 활동 이외에 법령과 윤리를 준수하고, 기업의 유지 기반인 소비자, 주주, 지역 사회 등에 대한 역할을 다하는 것
수행 노력	합법적인 경제 활동 수행, 소비자와 근로자의 권익 보호, 사회 공헌 활동 참여, 환경 보호 등

(3) 기업가 정신

의미	불확실성과 위험을 무릅쓰고 혁신을 바탕으로 한 생산 활동을 통해 이윤을 창출하여 기업을 성장시키려는 기업가의 도전 정신
발휘 사례	신상품 개발, 새로운 시장 개척, 새로운 생산 방법 도입, 새로운 경영 조직 구성 등
의의	소비자의 삶의 질 향상에 기여, 경제 발전의 원동력으로 작용 등

1 기업의 역할로 적절하지 <u>않은</u> 것은?

① 고용 창출 　　② 상품 생산 　　③ 세금 납부

④ 소득 창출 　　⑤ 생산 요소 제공

2 다음에서 설명하는 용어를 쓰시오.

· 기업이 이윤 추구 활동 이외에 법령과 윤리를 준수하고, 기업의 유지 기반인 소비자, 주주, 지역 사회 등에 대한 역할을 다하는 것이다.
· 수행 노력으로는 합법적인 경제 활동 수행, 소비자와 근로자의 권익 보호, 사회 공헌 활동 참여, 환경 보호 등을 들 수 있다.

3 기업가 정신이 발휘된 사례를 [보기]에서 골라 기호를 쓰시오.

| 보기 |
ㄱ. 품질 유지　　　　　　　　ㄴ. 신상품 개발
ㄷ. 기존 상품의 가격 인하　　ㄹ. 새로운 경영 조직 구성

주제 **14** 일생 동안의 경제생활

(1) **평생 이루어지는 경제생활**: 인간의 경제생활은 태어나면서부터 평생에 걸쳐 이루어짐 → 경제생활 모습은 생애 주기에 따라 다르게 나타남

(2) **생애 주기에 따른 일반적인 경제생활 모습**

유소년기	생산 활동보다 소비 활동이 많이 이루어짐. 경제적 자립이 어려워 주로 부모의 소득에 의존하여 소비 생활을 함 → 바람직한 경제생활 태도를 형성하는 것이 중요함
청년기	취업을 통해 본격적으로 생산 활동에 참여하여 소득이 발생함. 소득과 소비가 모두 적은 편임 → 저축을 통해 결혼, 자녀 출산 등에 대비해야 함
중장년기	소득이 크게 늘어나지만, 자녀 출산 및 양육, 주택 마련 등으로 소비도 집중적으로 늘어남 → 노후 준비를 위해 소비를 줄이고 소득을 저축해야 함
노년기	직장에서 은퇴한 후 소득이 크게 줄어들거나 없어져 이전에 모아 둔 노후 대비 자금이나 연금으로 생활함 → 고령화 시대에 접어들면서 노년기의 중요성이 커지고 있음

(3) **생애 주기에 따른 경제생활의 특징**

① 소비 생활은 평생에 걸쳐 이루어지지만, 소득을 얻을 수 있는 기간은 한정되어 있음

② 생애 주기의 시기별로 개인의 소득과 소비 수준이 달라짐

---

1 밑줄 친 부분에 해당하는 시기를 쓰시오.

> 생산 활동보다 소비 활동이 많이 이루어지는 <u>이 시기</u>에는 경제적으로 자립하는 것이 어렵기 때문에 주로 부모의 소득에 의존하여 소비 생활을 한다.

2 노년기의 일반적인 경제생활 모습을 [보기]에서 골라 기호를 쓰시오.

> ┤ 보기 ├
> ㄱ. 소득이 크게 줄어들거나 없어짐
> ㄴ. 노후 대비 자금이나 연금으로 생활함
> ㄷ. 취업을 통해 본격적으로 생산 활동에 참여함
> ㄹ. 자녀 출산 및 양육 등으로 소비가 집중적으로 증가함

3 ㉠, ㉡에 들어갈 용어를 쓰시오.

> 생애 주기에 따른 경제생활을 살펴보면 (㉠) 생활은 평생에 걸쳐 이루어지지만, (㉡)을 얻을 수 있는 기간은 한정되어 있음을 알 수 있다.

정답 | 1 유소년기 2 ㄱ, ㄴ 3 ㉠ 소비 ㉡ 소득

주제 15 지속 가능한 경제생활을 위한 자산 관리와 신용 관리

(1) 지속 가능한 경제생활을 위한 자산 관리

① 자산 관리의 의미와 필요성

의미	자신의 소득으로 어떻게 자산을 모으고 불릴지에 대한 계획을 세우고 실천하는 것
필요성	지속 가능한 경제생활 유지, 고령화 사회 대비, 미래의 불확실한 상황 대비 등

② 합리적인 자산 관리 방법: 자산의 안전성, 수익성, 유동성 고려, 다양한 유형의 자산에 분산 투자 등

안전성(↔ 위험성)	투자한 원금이 손실되지 않는 정도
수익성	투자를 통해 이익을 얻을 수 있는 정도
유동성	필요할 때 쉽게 현금으로 바꿀 수 있는 정도

③ 자산 관리에 활용되는 주요 자산

예금, 적금	이자 등을 목적으로 은행과 같은 금융 기관에 맡긴 자산 → 안전성 ↑, 수익성 ↓
주식	주식회사가 투자자에게서 돈을 받고 발행하는 증서 → 수익성 ↑, 안전성 ↓
채권	정부, 기업 등이 일정한 이자를 지급할 것을 약속하고 돈을 빌리면서 발행하는 증서
기타	보험(질병이나 사고 등 위험 대비), 연금(노후 대비), 부동산(토지 등 옮길 수 없는 자산) 등

(2) 지속 가능한 경제생활을 위한 신용 관리

① 신용: 나중에 대가를 지불할 것을 약속하고 현재 상품을 이용하거나 돈을 빌릴 수 있는 능력

② 신용 관리

중요성	신용이 낮아지면 높은 이자 지불, 대출 거절, 취업 제한 등의 불이익을 받을 수 있음
방법	자신의 소득과 지불 능력을 고려하여 신용 이용, 상환 기한 준수, 높은 신용도 유지 등

---

1 다음에서 설명하는 용어를 쓰시오.

> 자신의 소득으로 어떻게 자산을 모으고 불릴지에 대한 계획을 세우고 실천하는 것이다.

2 ㈎, ㈏에서 설명하는 자산의 특성을 각각 쓰시오.

> ㈎ 투자한 원금이 손실되지 않는 정도로, 예금 등에서 높게 나타난다.
> ㈏ 투자를 통해 이익을 얻을 수 있는 정도로, 주식 등에서 높게 나타난다.

3 ㉠, ㉡에 들어갈 말을 쓰시오.

> (㉠)은 나중에 갚을 것을 약속하고 현재 돈을 빌릴 수 있는 능력으로, 자신의 소득과 (㉡) 능력을 고려하여 갚을 수 있는 범위 내에서 이용해야 한다.

주제 ⑯ 시장의 의미와 종류

(1) 시장의 의미와 역할

① 시장: 재화나 서비스를 사려는 사람과 팔려는 사람이 만나 거래하는 곳 → 구체적인 장소뿐만 아니라 상품 거래에 필요한 정보가 교환되고 거래가 이루어지는 과정 전체를 포함함

② 시장의 역할: 거래 비용 절약, 상품에 관한 정보 제공, 분업의 촉진으로 생산성 증대 등

(2) 시장의 종류

① 거래하는 모습이 구체적으로 드러나는지, 아닌지에 따른 구분

보이는 시장	거래가 이루어지는 장소나 거래하는 모습이 구체적으로 드러나는 시장 예 재래시장, 백화점, 대형 할인점 등
보이지 않는 시장	거래가 이루어지는 장소나 거래하는 모습이 구체적으로 드러나지 않는 시장 예 주식 시장, 외환 시장, 전자 상거래 시장 등

② 거래되는 대상의 종류에 따른 구분

생산물 시장	생활에 필요한 재화나 서비스가 거래되는 시장 예 농수산물 시장, 꽃 시장, 가구 시장, 영화관, 공연장 등
생산 요소 시장	상품을 생산하는 과정에서 필요한 토지, 노동, 자본 등의 생산 요소가 거래되는 시장 예 부동산 시장, 노동 시장 등

1 ㉠에 들어갈 용어를 쓰시오.

(㉠)은 상품을 사고자 하는 사람과 팔고자 하는 사람이 만나 거래하는 곳이다. (㉠)에서 거래가 이루어짐으로써 사람들은 거래할 상대방을 찾는 데 드는 비용과 시간을 줄일 수 있게 되었으며, 다양한 상품을 소비할 수 있게 되었다.

2 다음에서 설명하는 시장의 종류를 [보기]에서 골라 기호를 쓰시오.

| 보기 |
ㄱ. 보이는 시장　　　　　ㄴ. 생산물 시장
ㄷ. 생산 요소 시장　　　　ㄹ. 보이지 않는 시장

① 생활에 필요한 재화나 서비스가 거래되는 시장 (　　　)
② 거래하는 모습이 구체적으로 드러나지 않는 시장 (　　　)
③ 거래가 이루어지는 장소가 구체적으로 드러나는 시장 (　　　)
④ 상품을 생산하는 과정에서 필요한 토지, 노동, 자본 등이 거래되는 시장 (　　　)

주제 ⑰ 수요 법칙과 공급 법칙

(1) 수요와 수요 법칙

수요	구매력이 있는 수요자가 일정한 가격에 어떤 상품을 구매하고자 하는 욕구
수요량	일정한 가격 수준에서 수요자가 구매하고자 하는 상품의 양
수요 법칙	상품의 가격이 상승하면 수요량이 감소하고, 가격이 하락하면 수요량이 증가하는 것 → 상품의 가격과 수요량은 음(−)의 관계에 있음
수요 곡선	수요 법칙을 그래프로 나타낸 것 → 우하향하는 모양을 띰

(2) 공급과 공급 법칙

공급	판매 능력이 있는 공급자가 일정한 가격에 어떤 상품을 판매하고자 하는 욕구
공급량	일정한 가격 수준에서 공급자가 판매하고자 하는 상품의 양
공급 법칙	상품의 가격이 상승하면 공급량이 증가하고, 가격이 하락하면 공급량이 감소하는 것 → 상품의 가격과 공급량은 양(+)의 관계에 있음
공급 곡선	공급 법칙을 그래프로 나타낸 것 → 우상향하는 모양을 띰

1 다음 설명에 해당하는 용어를 [보기]에서 골라 기호를 쓰시오.

┤ 보기 ├
ㄱ. 공급   ㄴ. 수요   ㄷ. 공급량   ㄹ. 수요량

① 일정 가격 수준에서 공급자가 판매하고자 하는 상품의 양 (   )
② 일정 가격 수준에서 수요자가 구매하고자 하는 상품의 양 (   )
③ 구매력이 있는 사람이 일정 가격에 상품을 구매하고자 하는 욕구 (   )
④ 판매 능력이 있는 사람이 일정 가격에 상품을 판매하고자 하는 욕구 (   )

2 ㉠~㉢에 들어갈 내용을 쓰시오.

일반적으로 상품의 가격이 오르면 수요량은 (㉠)하고, 가격이 내리면 수요량은 (㉡)한다. 이와 같은 상품의 가격과 수요량의 관계를 수요 법칙이라고 하며, 이를 그래프로 나타낸 것이 (㉢)이다.

3 밑줄 친 ㉠, ㉡을 옳게 고쳐 쓰시오.

상품의 가격과 공급량이 ㉠ 음(−)의 관계에 있는 것을 공급 법칙이라고 하는데, 이를 그래프로 표현하면 ㉡ 우하향하는 모양을 띤다.

주제 18 시장 가격의 결정

(1) 시장 가격의 결정

① 시장의 균형: 수요량과 공급량이 일치할 때 시장이 균형을 이룸 → 수요 곡선과 공급 곡선이 만나는 지점에서 균형 가격과 균형 거래량이 결정됨

② 균형 가격과 균형 거래량

균형 가격(시장 가격)	수요량과 공급량이 일치하여 시장이 균형을 이루는 지점에서의 가격
균형 거래량	균형 가격에서 거래되는 상품의 양

(2) 초과 수요와 초과 공급

① 초과 수요: 특정 가격 수준에서 수요량이 공급량보다 많은 상태

② 초과 공급: 특정 가격 수준에서 공급량이 수요량보다 많은 상태

③ 시장이 균형을 이루는 과정

초과 수요 발생 시	수요자들 간의 구매 경쟁 발생 → 상품 가격 상승 → 수요량 감소, 공급량 증가
초과 공급 발생 시	공급자들 간의 판매 경쟁 발생 → 상품 가격 하락 → 수요량 증가, 공급량 감소

1 ㉠~㉢에 들어갈 용어를 쓰시오.

> 시장에서 수요량과 (㉠)이 일치할 때, 즉 수요 곡선과 공급 곡선이 만나는 지점에서 시장은 균형을 이룬다. 이때의 가격을 (㉡) 또는 시장 가격이라고 하며, 이때의 거래량을 (㉢)이라고 한다.

2 다음 빈칸에 들어갈 알맞은 말을 [보기]에서 골라 기호를 쓰시오.

> ┤보기├
> ㄱ. 상승　　　　ㄴ. 하락　　　　ㄷ. 초과 공급　　　　ㄹ. 초과 수요

① 공급량이 수요량보다 많은 상태를 ( )(이)라고 한다.

② 수요량이 공급량보다 많은 경우 수요자들 간에 구매 경쟁이 발생하여 상품 가격이 ( )한다.

3 ㉠에 들어갈 내용을 쓰시오.

> 시장에서 초과 공급이 발생할 경우 공급자들은 가격을 낮춰서라도 상품을 팔고자 하므로, 상품 가격은 (㉠)한다.

주제 19 시장 가격의 변동

(1) 수요와 공급의 변화

① 수요의 변화

의미	상품 가격 이외의 요인이 변화하여 수요 자체가 변화하는 것 → 수요 곡선의 이동으로 표현됨
변화 요인	소득의 변화, 관련 상품의 가격 변화, 소비자의 기호 변화, 미래에 대한 예상, 인구수의 변화 등

② 공급의 변화

의미	상품 가격 이외의 요인이 변화하여 공급 자체가 변화하는 것 → 공급 곡선의 이동으로 표현됨
변화 요인	생산 요소의 가격 변화, 생산 기술의 발달, 공급자 수의 변화, 미래 가격에 대한 예상 등

(2) 시장 가격의 변동

① 수요 변화에 따른 시장 가격의 변동

수요 증가	소득 증가, 대체재 가격 상승, 보완재 가격 하락, 소비자의 기호 상승, 미래에 상품 가격 상승 예상, 인구 증가 등 → 수요 곡선이 오른쪽으로 이동 → 균형 가격 상승, 균형 거래량 증가
수요 감소	소득 감소, 대체재 가격 하락, 보완재 가격 상승, 소비자의 기호 하락, 미래에 상품 가격 하락 예상, 인구 감소 등 → 수요 곡선이 왼쪽으로 이동 → 균형 가격 하락, 균형 거래량 감소

② 공급 변화에 따른 시장 가격의 변동

공급 증가	생산 요소의 가격 하락, 생산 기술의 발달, 공급자 수의 증가, 미래에 상품 가격 하락 예상 등 → 공급 곡선이 오른쪽으로 이동 → 균형 가격 하락, 균형 거래량 증가
공급 감소	생산 요소의 가격 상승, 공급자 수의 감소, 미래에 상품 가격 상승 예상 등 → 공급 곡선이 왼쪽으로 이동 → 균형 가격 상승, 균형 거래량 감소

1 수요와 공급의 변화 요인을 [보기]에서 골라 기호를 쓰시오.

┌ 보기 ├
ㄱ. 소득의 변화   ㄴ. 공급자 수의 변화   ㄷ. 생산 기술의 발달
ㄹ. 소비자의 기호 변화   ㅁ. 관련 상품의 가격 변화   ㅂ. 생산 요소의 가격 변화

① 수요의 변화 요인 (   )   ② 공급의 변화 요인 (   )

2 밑줄 친 ㉠~㉤ 중 옳지 않은 것은?

수요와 공급의 변화는 ㉠ 상품 가격 이외의 요인이 변화할 경우 나타난다. 공급이 일정할 때, 수요가 증가하면 ㉡ 수요 곡선이 오른쪽으로 이동하여 ㉢ 균형 가격은 상승하고 균형 거래량은 증가한다. 한편 수요가 일정할 때, 공급이 증가하면 ㉣ 공급 곡선이 왼쪽으로 이동하여 ㉤ 균형 가격은 하락하고 균형 거래량은 증가한다.

① ㉠   ② ㉡   ③ ㉢   ④ ㉣   ⑤ ㉤

주제 20 시장 가격의 기능

(1) **시장 경제의 신호등 기능**: 시장 가격은 소비자와 생산자에게 경제 활동을 어떻게 조절할 것인지 알려 주는 기능을 함

시장 가격 상승	소비자는 소비를 줄이려 하고, 생산자는 생산을 늘리려 함
시장 가격 하락	소비자는 소비를 늘리려 하고, 생산자는 생산을 줄이려 함

(2) **자원의 효율적 배분 기능**: 시장 가격은 사회에 필요한 적당한 양의 상품을 가장 효율적인 방법으로 생산하게 하고, 이를 효율적으로 배분하는 기능을 함

소비 측면	같은 상품을 소비하여 가장 큰 만족을 얻을 수 있는 소비자에게 상품이 돌아가게 함
생산 측면	같은 상품을 가장 낮은 비용으로 생산하는 생산자가 상품을 공급하게 함

1 ㉠에 들어갈 용어를 쓰시오.

(㉠)은 소비자들이 시장에서 무엇을 얼마나 살지, 생산자들이 무엇을 얼마나 만들어 팔지 결정하도록 도와주는 기능을 한다. 또한 (㉠)은 정부의 인위적인 개입 없이도 시장에서 자원이 효율적으로 배분되게 한다.

2 밑줄 친 ㉠~㉤ 중 옳지 <u>않은</u> 것은?

시장 가격은 소비자와 생산자에게 신호를 주어 경제 활동을 조절하게 한다. 시장 가격이 상승하면 ㉠ 소비자는 소비를 줄이라는 신호로 받아들이고, ㉡ 생산자는 생산을 늘리라는 신호로 받아들인다. 또한 시장 가격은 ㉢ 상품이 효율적인 방법으로 생산되고 배분되게 한다. 이때 시장 가격은 ㉣ 같은 상품에 대해 가장 높은 가격을 지불할 의사가 있는 소비자가 상품을 구매하게 하며, ㉤ 같은 상품을 가장 높은 비용으로 생산하는 생산자가 상품을 공급하게 한다.

① ㉠   ② ㉡   ③ ㉢   ④ ㉣   ⑤ ㉤

3 다음에서 설명하는 시장 가격의 기능을 [보기]에서 골라 기호를 쓰시오.

┤보기├
ㄱ. 시장 경제의 신호등 기능   ㄴ. 자원의 효율적 배분 기능

① 시장 가격은 그 상품을 소비하여 가장 큰 만족을 얻을 수 있는 소비자에게 상품이 돌아가게 한다. (　　　)
② 시장 가격은 시장에서 소비자와 생산자에게 경제 활동을 어떻게 조절할 것인지 알려 주는 기능을 한다. (　　　)

주제 ㉑ 국내 총생산과 경제 성장

(1) 국내 총생산(GDP)
① 의미: 일정 기간 동안 한 나라 안에서 새롭게 생산된 최종 생산물의 가치를 시장 가격으로 환산한 것
② 의의: 한 나라의 경제 규모와 생산 능력, 국민 전체의 소득 수준을 파악할 수 있음
③ 한계: 가사 노동, 봉사 활동 등 시장에서 거래되지 않는 경제 활동은 포함하지 않음, 국민의 삶의 질 수준이나 소득 분배 수준, 빈부 격차의 정도를 정확하게 파악하기 어려움

(2) 1인당 국내 총생산
① 의미: 국내 총생산(GDP)을 그 나라의 인구수로 나눈 것
② 의의: 한 나라 국민들의 평균적인 소득 수준을 파악할 수 있음

(3) 경제 성장
① 경제 성장: 한 나라의 생산 능력이 확대되어 경제 규모가 커지는 것 → 국내 총생산이 증가하는 것
② 경제 성장이 우리 생활에 미치는 영향

긍정적 영향	· 일자리 및 국민 소득 증가 → 물질적 풍요 · 질 높은 교육과 의료 혜택, 다양한 문화생활을 누릴 수 있게 됨 → 삶의 질 향상
부정적 영향	· 경제 성장 과정에서 자원 고갈 및 환경 오염 발생 · 경제 성장의 혜택이 일부 계층에 편중될 경우 빈부 격차 심화 → 계층 간 갈등 우려

1 우리나라의 국내 총생산(GDP)에 포함되는 것은?
① 빵을 생산하는 데 사용한 밀가루의 가치
② 직접 텃밭에서 재배해서 먹는 채소의 가치
③ 외국인이 우리나라에서 하는 영어 강의의 가치
④ 매주 노인 복지 시설에서 하는 봉사 활동의 가치
⑤ 우리나라 기업이 중국에서 생산한 운동화의 가치

2 ㉠, ㉡에 들어갈 용어를 쓰시오.

한 나라의 전체적인 경제 규모나 국민 전체의 소득 수준을 파악할 때는 (㉠)을 활용하고, 한 나라 국민들의 평균적인 소득 수준을 파악할 때는 (㉡)을 활용한다.

3 경제 성장의 긍정적·부정적 영향을 [보기]에서 골라 기호를 쓰시오.

┤보기├
ㄱ. 국민 소득 증가
ㄴ. 빈부 격차 확대
ㄷ. 의료 혜택 향상
ㄹ. 자원 고갈 심화

① 긍정적 영향 (   ) ② 부정적 영향 (   )

주제 22 물가와 물가 상승

(1) 물가와 물가 지수
① 물가: 시장에서 거래되는 여러 상품의 가격을 종합하여 평균한 것
② 물가 지수: 물가의 움직임을 한눈에 파악하기 위해 수치로 표현한 것
(2) 물가 상승의 원인: 총수요 > 총공급, 생산비의 상승, 통화량의 증가 등
(3) 물가 상승의 영향
① 인플레이션: 물가가 지속적으로 오르는 현상
② 인플레이션의 영향

상품 구매력 하락	화폐의 가치가 하락하여 일정한 금액으로 살 수 있는 재화와 서비스의 양이 감소함
부와 소득의 불공정한 재분배	· 유리한 사람: 실물 자산을 보유한 사람, 돈을 빌린 사람, 수입업자 등 · 불리한 사람: 봉급생활자, 은행에 예금을 한 사람, 돈을 빌려준 사람, 수출업자 등
무역 불균형 발생	외국 상품에 비해 자국 상품의 가격이 상대적으로 비싸짐 → 수출 감소, 수입 증가

(4) 물가 안정을 위한 경제 주체의 노력
① 정부: 재정 지출 축소, 조세 인상, 생활필수품의 가격 상승 규제 등
② 중앙은행: 통화량 감축, 시중 은행의 이자율 인상 등
③ 기업: 경영과 기술 혁신을 통한 생산의 효율성 향상 등
④ 근로자: 자기 계발을 통한 생산성 향상, 과도한 임금 인상 요구 자제 등
⑤ 소비자: 과소비 자제, 건전하고 합리적인 소비 자세 함양 등

1 밑줄 친 ㉠, ㉡을 옳게 고쳐 쓰시오.

물가 상승은 총수요가 총공급보다 클 경우, 임금 등이 올라 생산비가 ㉠ 하락하는 경우, 시중에 공급되는 통화량이 ㉡ 감소하는 경우에 발생할 수 있다.

2 인플레이션이 발생할 경우 유리해지는 사람을 [보기]에서 골라 기호를 쓰시오.

보기
ㄱ. 돈을 빌린 사람   ㄴ. 부동산을 보유한 사람
ㄷ. 은행에 예금을 한 사람   ㄹ. 매달 정해진 월급을 받는 사람

3 표는 물가 안정을 위한 경제 주체의 노력을 정리한 것이다. ㉠~㉢에 들어갈 경제 주체를 쓰시오.

(㉠)	통화량 감축, 시중 은행의 이자율 인상 등
(㉡)	재정 지출 축소, 생활필수품의 가격 상승 규제 등
(㉢)	과소비 자제, 건전하고 합리적인 소비 자세 함양 등

주제 ㉓ 실업

(1) 실업: 일할 능력과 의사가 있는데도 일자리를 구하지 못하는 상태

(2) 실업의 유형

경기적 실업	경기가 침체되어 기업이 신규 채용이나 고용 인원을 줄이는 경우 발생함
구조적 실업	새로운 기술의 도입, 산업 구조의 변화 등으로 관련 부문의 일자리가 사라지는 경우 발생함
계절적 실업	계절의 변화에 따라 고용 기회가 줄어드는 경우 발생함
마찰적 실업	더 나은 조건의 일자리를 구하기 위해 현재의 직장을 그만두는 경우 일시적으로 발생함

(3) 실업의 영향

개인적 측면	· 소득 감소로 인해 생계유지에 어려움을 겪을 수 있음 · 직업을 통한 자아실현의 기회, 자아 존중감 상실로 심리적 불안을 겪을 수 있음
사회적 측면	· 일할 능력이 있는 사람이 경제 활동에 참여하지 못해 인적 자원이 낭비됨 · 세수는 줄어드는 반면, 실업 인구를 부양하기 위한 정부의 재정 부담이 증가함 · 빈부 격차 확대, 가족 해체 및 생계형 범죄 증가 등으로 사회 불안이 심화될 수 있음 · 가계의 소비 활동 감소로 기업의 생산과 투자가 위축되어 경기가 침체됨

(4) 고용 안정을 위한 경제 주체의 노력

① 정부: 체계적인 직업 교육 및 인력 개발 프로그램 마련, 재정 지출을 확대하여 일자리 창출 등
② 기업: 고용 안정과 일자리 창출을 위한 경영 방안 모색, 근로자와 바람직한 노사 관계 확립 등
③ 근로자: 새로운 기술 습득을 통한 생산성과 업무 처리 능력 향상 등

1 다음에서 설명하는 실업의 유형을 [보기]에서 골라 기호를 쓰시오.

┤ 보기 ├
ㄱ. 경기적 실업　　　　　　　ㄴ. 구조적 실업
ㄷ. 계절적 실업　　　　　　　ㄹ. 마찰적 실업

① 계절 변화에 따른 고용 기회 감소 (　　　)
② 경기 침체로 기업의 고용 인원 축소 (　　　)
③ 산업 구조 변화로 인한 관련 일자리 감소 (　　　)
④ 더 나은 일자리를 찾기 위해 현재 직장 퇴사 (　　　)

2 ㉠, ㉡에 들어갈 용어를 쓰시오.

실업은 국민 생활에 많은 영향을 미친다. 먼저 개인적 측면에서 일자리를 잃은 사람은 소득이 감소하여 (　㉠　)에 어려움을 겪을 수 있다. 또한 사회적 측면에서 일할 능력이 있는 사람이 생산 활동에 참여하지 못해 (　㉡　) 자원의 낭비가 나타나기도 한다.

주제 24 국제 거래

(1) **국제 거래**: 생산물이나 생산 요소가 국경을 넘어 거래되는 것

(2) **국제 거래의 특징**: 관세 부과, 환율 적용, 상품 이동의 제약 등

(3) **국제 거래의 필요성**

생산비의 차이 발생	국가 간 자연환경, 천연자원, 노동, 자본, 기술 등 생산 여건의 차이로 인해 생산비의 차이가 발생함

⬇

국제 거래의 이익 발생	각국이 비교 우위가 있는 품목을 특화하여 수출하고, 그렇지 않은 품목을 수입하면 서로에게 이익이 됨

(4) **국제 거래의 양상**

국제 거래 확대의 배경	· 세계화와 개방화: 세계화, 개방화 추세에 따라 재화뿐만 아니라 생산 요소의 국가 간 이동도 활발하게 이루어짐 · 세계 무역 기구(WTO)의 출범: 국제 거래의 대상 확대, 국가 간 무역 마찰 조정 → 자유 무역이 확대되고, 국가 간 상호 협력 및 의존 관계가 심화됨
국제적 차원의 경제 협력	· 지역 경제 협력체: 지리적으로 가깝고 경제적으로 상호 의존도가 높은 나라들이 경제 협력 강화를 위해 구성함 ⓔ 아시아·태평양 경제 협력체(APEC), 유럽 연합(EU) 등 · 자유 무역 협정(FTA): 개별 국가 간 또는 국가와 지역 경제 협력체 간에 관세 및 비관세 장벽을 없애거나 완화함

1 국제 거래에 대한 설명으로 옳지 않은 것은?

① 국가 간 화폐 교환 비율을 고려해야 한다.

② 거래 상대국의 법과 제도의 영향을 받는다.

③ 국내 거래에 비해 상품의 이동이 자유롭다.

④ 전 세계를 대상으로 하여 시장의 규모가 크다.

⑤ 재화나 서비스의 거래 과정에서 세금이 부과된다.

2 ㉠, ㉡에 들어갈 용어를 쓰시오.

> 국제 거래를 할 때 각국은 생산에 유리한 품목, 즉 비교 우위 품목을 (㉠)하여 생산한다. 각국은 비교 우위를 가진 품목을 (㉡)하고 그렇지 않은 품목을 수입함으로써 상호 이익을 얻을 수 있다.

3 오늘날 국제 거래의 양상을 [보기]에서 골라 기호를 쓰시오.

> ┤보기├
> ㄱ. 자유 무역 축소　　　　　　　ㄴ. 국제 거래의 대상 확대
> ㄷ. 지역 간 경제 협력 감소　　　ㄹ. 국가 간 상호 의존 관계 심화

정답 1 ③ 2 ㉠ 특화 ㉡ 수출 3 ㄴ, ㄹ

주제 25 환율

(1) **환율**: 자국 화폐와 외국 화폐의 교환 비율

(2) **환율의 결정과 변동**

① **환율의 결정**: 외화에 대한 수요와 공급에 의해 결정됨

외화의 수요	외국 상품의 수입, 해외 투자와 유학 등으로 외화가 해외로 나가는 경우 발생함
외화의 공급	우리나라 상품의 수출, 외국인의 국내 투자 등으로 외화가 국내로 들어오는 경우 발생함

② **환율의 변동**

환율 상승	외화의 수요 증가 또는 공급 감소 시에 발생함
환율 하락	외화의 수요 감소 또는 공급 증가 시에 발생함

(3) **환율 변동이 국내 경제에 미치는 영향**

구분	환율 상승	환율 하락
수출 및 수입	수출은 증가하고 수입은 감소함	수출은 감소하고 수입은 증가함
국내 물가	수입 원자재 가격의 상승으로 국내 물가가 상승함	수입 원자재 가격의 하락으로 국내 물가가 안정됨
외채 상환 부담	외화로 빚을 진 경우에 갚아야 할 금액이 늘어남	외화로 빚을 진 경우에 갚아야 할 금액이 줄어듦

1 다음에서 설명하는 용어를 쓰시오.

> 자국 화폐와 외국 화폐의 교환 비율로, 외국 화폐 1단위와 교환되는 자국 화폐의 가격으로 표시한다.

2 외화의 수요와 공급이 발생하는 요인을 [보기]에서 골라 기호를 쓰시오.

> ┤ 보기 ├
> ㄱ. 외채 상환 ㄴ. 외국인 관광객 유치
> ㄷ. 자국민의 해외 투자 ㄹ. 우리나라 상품의 수출

① 외화의 수요 (   ) ② 외화의 공급 (   )

3 환율 상승으로 인한 영향은 '상', 환율 하락으로 인한 영향은 '하'라고 쓰시오.

① 국내 물가가 안정된다. (   )
② 수입 원자재의 가격이 상승한다. (   )
③ 외채 상환에 대한 부담이 증가한다. (   )

정답 | 1 환율 2 ①ㄱ, ㄷ ②ㄴ, ㄹ 3 ①하 ②상 ③상

주제 26 국제 사회의 이해

(1) **국제 사회**: 세계 여러 나라가 서로 교류하고 의존하면서 공존하는 사회 → 주권을 지닌 국가들을 기본 단위로 하여 형성됨

(2) **국제 사회의 특성**

자국의 이익 추구	각국은 국제 관계에서 자국의 이익을 최우선으로 추구함 → 이 과정에서 국가 간 갈등이나 분쟁이 발생하기도 함
힘의 논리 작용	각국은 원칙적으로 평등한 주권을 지니지만, 실제로는 군사력과 경제력이 큰 강대국이 약소국보다 많은 영향력을 행사함
중앙 정부의 부재	개별 국가를 강제할 권위와 힘을 가진 중앙 정부가 존재하지 않음 → 국가 간 분쟁이 일어날 경우 해결이 어려움
국제 사회의 질서 유지	국제법, 국제기구, 세계 여론 등이 국가들의 행위에 일정한 제약을 주어 국제 사회의 질서가 일부 유지됨
국제 협력의 강화	국가 간 상호 의존성이 깊어지고, 국제 사회의 문제에 공동으로 대처해야 할 필요성이 커지면서 국제 협력이 증가함

1 ㉠에 들어갈 용어를 쓰시오.

오늘날 세계 각국은 여러 부문에서 폭넓게 교류하며 밀접한 관계를 맺고 있다. 이처럼 세계 여러 나라가 서로 교류하고 의존하면서 공존하는 사회를 (㉠)라고 한다.

2 밑줄 친 ㉠~㉤ 중 옳지 않은 것은?

㉠ 국가는 국제 사회의 기본 단위로서 국제 관계에서 ㉡ 자국의 이익을 우선으로 추구한다. 이러한 과정에서 ㉢ 국가 간의 분쟁이 발생하기도 하는데, 이러한 ㉣ 분쟁은 중앙 정부에 의해 해결된다. 또한 국제 사회에서 ㉤ 각국은 국가 간 합의에 의해 만들어진 국제법 등을 존중함으로써 국제 사회의 질서를 유지하기 위해 노력한다.

① ㉠ ② ㉡ ③ ㉢ ④ ㉣ ⑤ ㉤

3 다음 사례를 통해 알 수 있는 국제 사회의 특성으로 가장 적절한 것은?

국제 연합 안전 보장 이사회에서 중요 안건은 상임 이사국이 모두 찬성해야 의결된다. 상임 이사국은 거부권을 행사할 수 있어 국제 사회에서 다른 나라보다 큰 영향력을 행사한다.

① 힘의 논리 작용 　　② 국제 협력의 강화
③ 자국의 이익 추구 　④ 중앙 정부의 부재
⑤ 국제 사회의 질서 유지

주제 27 국제 사회의 행위 주체

(1) 국가
① 국가: 일정한 영토와 국민을 바탕으로 하여 주권을 가진 행위 주체 → 국제 사회의 가장 기본적이고 전통적인 행위 주체
② 국가의 역할: 국제법상 평등하고 독립적인 지위를 가지고 외교 활동을 함, 다양한 국제기구에 회원 국으로 가입하여 활동함

(2) 국제기구
① 국제기구: 정부, 민간단체, 개인 등을 회원으로 하여 국제적인 목적이나 활동을 위해 조직된 행위 주체
② 국제기구의 종류: 참여하는 주체에 따른 분류

| 정부 간 국제기구 | 각국 정부를 회원으로 하는 국제기구
예 국제 연합(UN), 경제 협력 개발 기구(OECD), 국제 통화 기금(IMF) 등 |
| 국제 비정부 기구 | 개인이나 민간단체를 회원으로 하는 국제기구
예 국제 사면 위원회, 그린피스, 국경 없는 의사회 등 |

(3) 다국적 기업
① 다국적 기업: 한 나라에 본사를 두고 여러 나라에 자회사와 공장을 설립하여 국제적 규모로 상품을 생산하고 판매하는 기업
② 다국적 기업의 영향: 국제 사회의 상호 의존성을 높임, 경제력을 바탕으로 국제 관계와 개별 국가의 정책 등에 영향력을 행사하기도 함 → 세계화로 인해 영향력이 확대되고 있음

(4) 그 밖의 행위 주체: 국제적으로 영향력 있는 개인, 국가 내부적 행위체 등

1 표는 국제 사회의 행위 주체를 비교한 것이다. ㉠~㉢에 국제 사회의 행위 주체를 쓰시오.

구분	의미
(㉠)	국제 사회의 가장 기본이고 전통적인 행위 주체
(㉡)	세계 여러 나라를 대상으로 상품을 생산하고 판매하는 행위 주체
(㉢)	정부, 민간단체, 개인 등을 회원으로 하여 국제적으로 활동하는 행위 주체

2 정부 간 국제기구와 국제 비정부 기구의 사례를 [보기]에서 골라 기호를 쓰시오.

┤보기├
ㄱ. 그린피스　　　　　　　　　ㄴ. 국제 연합
ㄷ. 국경 없는 의사회　　　　　ㄹ. 경제 협력 개발 기구

① 정부 간 국제기구 (　　　)　　② 국제 비정부 기구 (　　　)

주제 ㉘ **국제 사회의 경쟁과 갈등, 협력**

(1) **국제 사회의 경쟁**
  ① 원인: 각국이 자국의 이익을 우선적으로 추구함
  ② 특징: 세계화로 국가 간 경쟁은 더욱 치열해지며, 다양한 분야로 확대되고 있음 → 지나친 경쟁은
    갈등으로 이어지기도 함
(2) **국제 사회의 갈등**
  ① 양상: 한정된 자원을 둘러싼 갈등, 민족과 종교의 차이에서 비롯된 갈등, 무역 분쟁 등
  ② 문제점: 평화적으로 해결하지 못할 경우 전쟁이 발생하기도 함
(3) **국제 사회의 협력**
  ① 국제 협력의 필요성: 오늘날 국제 문제는 국경을 초월하여 발생하며, 전 세계에 걸쳐 영향을 미침
    → 특정 국가의 노력만으로는 국제 문제를 해결하기 어려우므로 국제 협력을 통해 해결해야 함
  ② 국제 협력의 사례: 인권 선언이나 국제 환경 협약과 같은 주요 결의안 채택, 지속 가능한 개발 목표
    (SDGs) 설정 등

1 ㉠, ㉡에 들어갈 용어를 쓰시오.

> 각국이 자국의 (㉠)을 추구하는 과정에서 국가 간 경쟁이 발생하며, (㉡)로
> 인해 국가 간 경쟁은 더욱 치열해지며, 다양한 분야로 확대되고 있다.

2 다음 사례에 해당하는 국제 사회의 갈등 양상을 [보기]에서 골라 기호를 쓰시오.

┤ 보기 ├
ㄱ. 무역 분쟁   ㄴ. 자원을 둘러싼 갈등   ㄷ. 환경을 둘러싼 갈등

① 천연가스를 차지하기 위한 국가 간 갈등 (   )
② 시장 확보를 둘러싼 다국적 기업 간 갈등 (   )
③ 해양 오염 물질 배출을 둘러싼 국가 간 갈등 (   )

3 국제 사회의 협력 사례에 해당하지 <u>않는</u> 것은?
  ① 영유권 분쟁   ② 경제 협력체 구성
  ③ 국제 환경 협약 채택   ④ 세계 인권 선언 채택
  ⑤ 지속 가능한 개발 목표(SDGs) 설정

주제 29 국제 사회의 공존을 위한 노력

(1) 국제 사회의 공존을 위한 외교

① 외교: 한 국가가 국제 사회에서 자국의 이익을 평화적으로 달성하려는 활동

② 외교의 중요성: 자국의 정치적·경제적 이익 실현, 자국의 위상 강화, 국가 간 분쟁 해결 및 예방 등을 위해 외교의 중요성이 커지고 있음

③ 외교 활동의 변화

전통적인 외교	·외교관 파견, 정상 회담 등 정부 간 활동을 중심으로 이루어짐 ·안보를 위한 정치, 군사 분야를 중심으로 이루어짐
오늘날의 외교	·정부 간 활동을 포함하여 민간 외교가 활발하게 전개됨 ·경제, 문화, 환경, 자원, 인권 등 다양한 분야로 확대됨

(2) 국제 사회의 공존을 위한 노력

① 국제 사회의 노력

국제법 준수	국가 간 합의로 만든 국제법에 따라 분쟁을 해결함
국제기구 참여	각국은 다양한 국제기구에 참여하여 국제 협력을 증진함
민간단체를 통한 협력	인권, 환경, 보건 등 다양한 영역에서 국제 사회의 문제 해결을 위해 노력함

② 세계 시민 의식 함양: 공동체 의식을 바탕으로 국제 문제에 관심을 두고, 이를 해결하기 위해 적극적으로 행동하는 참여 의식과 책임 의식을 가져야 함

---

1 다음에서 설명하는 용어를 쓰시오.

- 국제 사회에서 나타나는 갈등을 평화적으로 해결하는 방법
- 한 국가가 국제 사회에서 자국의 이익을 평화적으로 달성하기 위해 수행하는 활동

2 외교의 기능을 [보기]에서 골라 기호를 쓰시오.

┌─ 보기 ┐
ㄱ. 힘의 논리 실현　　　　　　　ㄴ. 국가 간 긴장 심화
ㄷ. 자국의 위상 강화　　　　　　ㄹ. 자국의 경제적 이익 실현
└─────────────────────────────┘

3 국제 사회의 공존을 위한 노력으로 보기 <u>어려운</u> 것은?

① 국제 협약과 같은 국제법을 준수한다.

② 국제 비정부 기구의 평화 운동에 참여한다.

③ 국제기구에 가입하여 국제 협력을 증진한다.

④ 국가 간 갈등 발생 시 강대국의 국내법을 따른다.

⑤ 국제 문제에 관심을 갖고 문제 해결 과정에 참여한다.

정답및해설 1 외교 2 ㄷ, ㄹ 3 ④

주제 30 우리나라의 국가 간 갈등 문제

(1) 우리나라가 직면한 국가 간 갈등

① 우리나라와 일본의 갈등

일본의 독도 영유권 주장	일본이 독도의 경제적·군사적 가치를 선점하기 위해 역사적, 지리적, 국제법적으로 명백한 우리 영토인 독도의 영유권을 주장함 → 국제 사법 재판소를 통한 해결을 주장함
일본의 역사 교과서 왜곡	자국 교과서에 독도 영유권 주장을 강화하고, 일본군 '위안부'와 관련된 기술을 삭제하거나 강제 동원 사실을 숨김

② 우리나라와 중국의 갈등

중국의 동북 공정	고조선, 고구려, 발해를 중국 고대의 지방 정권으로 왜곡함 → 한반도 통일 이후 발생할 수 있는 영토 분쟁과 중국 내 소수 민족의 독립을 방지하여 현재의 영토를 확고히 하기 위함
중국의 불법 조업	중국 어선이 우리나라의 배타적 경제 수역을 침범하여 불법 조업을 함 → 해양 자원을 둘러싼 중국과의 갈등이 증가함

(2) 우리나라가 직면한 국가 간 갈등의 해결 노력

① 정부의 활동: 적극적인 외교 활동 추진, 관련 자료를 수집 및 연구할 수 있는 전문 기관 운영 등

② 시민 사회의 활동: 민간 외교 강화, 학자들의 국가 간 공동 연구 실시, 시민 단체 활동 등

---

1 ㉠에 들어갈 용어를 쓰시오.

> 일본은 명백한 우리의 고유 영토인 독도를 (㉠)에 제소함으로써 국제 사회에서 영토 분쟁 지역으로 인식시키고자 한다.

2 밑줄 친 ㉠~㉤ 중 옳지 않은 것은?

> ㉠ 동북 공정은 중국의 역사 왜곡 사업으로, ㉡ 고조선, 고구려, 발해 등을 중국의 역사에 포함시키려는 움직임이다. 이는 ㉢ 한반도 통일 이후 발생할 수 있는 영토 분쟁을 방지하고 ㉣ 중국 내 소수 민족의 독립을 지원하기 위한 것으로, 이러한 움직임을 막기 위해서는 ㉤ 우리 역사와 영토를 지키려는 관심이 필요하다.

① ㉠   ② ㉡   ③ ㉢   ④ ㉣   ⑤ ㉤

3 국가 간 갈등 해결을 위한 정부와 시민 사회의 활동을 [보기]에서 골라 기호를 쓰시오.

> ┤보기├
> ㄱ. 민간 외교 강화   ㄴ. 전문 기관의 운영
> ㄷ. 적극적인 외교 정책 시행   ㄹ. 학자들의 국가 간 공동 연구 실시

① 정부 (   )   ② 시민 사회 (   )

정답 1 국제 사법 재판소 2 ④ 3 ① ㄴ, ㄷ ② ㄱ, ㄹ

MEMO